MANUEL DE DROIT PÉNAL GÉNÉRAL CONGOLAIS

Notes de cours

Dirigée par Benjamin Mulamba Mbuyi

L'objet de la collection est de susciter les publications dont la vocation est double : d'une part offrir aux professeurs d'universités l'opportunité de publier leurs notes de cours, utilisées tout au long de leur carrière, et d'autre part offrir aux étudiants et chercheurs les outils de travail dont ils ont grandement besoin.

La collection s'adresse principalement aux étudiants et se propose d'envisager toutes les questions qui touchent tous les aspects de droit, de science politique et de relations internationales qui font l'objet d'un enseignement universitaire autonome.

Nous privilégierons la publication de manuels de grande qualité scientifique qui seront mis à la disposition des étudiants, régulièrement révisés comme des outils pédagogiques et utilisés dans un grand nombre d'institutions universitaires à travers le monde.

Déjà parus :

Alphonse NGOYI KASANJI, *La responsabilité civile des entités territoriales décentralisées,* 2019.

Émile NGOY KASONGO, *La clé de l'émergence de l'économie congolaise, Analyse critique et nouvelles orientations de politique économique,* 2018.

Rémy MUSUNGAYI BAMPALE, *Apport des groupes pré-politiques à l'émancipation politique du congo ex-belge (RDC), cas de l'association lulua-frères*, 2018.

Jean KILUILA NTAMBUE, *Récupérer sa dignité humaine, Vers l'actionnalisme auto-dynamisant*, 2018.

Hubert MUKENDI MPINGA, *Éléments de psychologie médicale*, 2018.

Jean Pierre LOTOY ILANGO-BANGA, *Apprendre la science politique pour comprendre la politique*, 2018.

Berthold OYANGANDJI DIMANDJA, *Essentiel de la géopolitique,* 2017.

Beaujolais BOFOYA KOMBA, *Mathématiques pour économistes, Cours et exercices résolus,* 2017.

Marie-Thérèse KENGE NGOMBA TSHILOMBAYI, *Droit civil, Les obligations,* 2017 ;

Rémy MUSUNGAYI BAMPALE, *Les associations pré-politiques dans la ville de Luluabourg (Kananga) avant 1960, Cas de l'association Lulua-Frères, Nouvelle édition,* 2017

Georges MUYAYABANTU MUPALA, *La culture du maïs sur les oxisols en République Démocratique du Congo*, 2017.

José-Marie TASOKI MANZELE, *Procédure pénale congolaise*, 2016.

Dieudonné MIRIMO MULONGO, *Comment briser le plafond de verre pour les femmes candidates aux élections en RD Congo*, 2016.

Angélique SITA MUILA

MANUEL DE DROIT PÉNAL GÉNÉRAL CONGOLAIS

Préface de
Alexis THAMBWE-MWAMBA

L'Harmattan

Du même Auteur

- *Les crimes contre l'humanité en droit congolais*, publié en collaboration avec le professeur Pierre AKELE ADAU, Editions CEPAS, Kinshasa, 1999, 80 pages.
- « La protection pénale de la famille et de ses membres. Comment la famille et ses membres sont-ils protégés par la loi pénale… ? », ODF, Kinshasa, 2000, 124 pages.
- *Des lois indispensables pour l'application de la Constitution du 18 février 2006 de la RDC,* en collaboration avec le professeur Pierre AKELE ADAU, Editions du CEPAS, Octobre 2007.
- « Guide destiné aux étudiants de deuxième graduat en Droit pour la lecture du cours de Droit Pénal Général », in *Cahiers Africains des Droits de l'Homme et de la Démocratie,* 17ème année n°039, vol. II, Avril-Juin 2013, pp. 145-175.

5-7, rue de l'Ecole-Polytechnique, 75005 Paris

www.editions-harmattan.fr

ISBN : 978-2-343-18632-0
EAN : 9782343186320

IN MEMORIAM

Le Professeur ordinaire Pierre AKELE ADAU

EPIGRAPHE

L'idée de l'excellence dans le domaine de l'enseignement et de la recherche ne peut exister que si elle est fondée sur le dialogue, l'ouverture d'esprit et l'interdisciplinarité, précisément là où le terme « université » plonge ses racines.

Françoise Tulkens

PREFACE

Le droit pénal est, dans chaque Etat, le reflet des conceptions morales, politiques, économiques et sociales sous-tendues par un ensemble hiérarchisé de valeurs, si bien que l'on peut affirmer qu'en réalité le droit pénal est le reflet des valeurs essentielles de ces sociétés, logique à laquelle, l'Etat congolais n'échappe pas.

De manière générale, les valeurs dont il est question évoluent au fil du temps aussi bien en nature qu'en importance. Et s'agissant de la République Démocratique du Congo, l'évolution s'est compliquée, depuis la période coloniale, du fait de l'instauration d'un pluralisme juridique due à la ténacité d'un droit coutumier refusant de se laisser anéantir face à un droit écrit d'importation. La situation des valeurs s'est encore davantage aggravée suite à la compétition entre les exigences d'une civilisation mondiale dominée par les puissances politiques et économiques et la nécessité pour les communautés de base et des individus qui les composent d'assurer leur survie.

Plutôt que de se laisser entraîner par un courant moderniste, le Constituant congolais de 2006 a préféré consacrer le pluralisme juridique en élevant la coutume, comme source du droit praticable par les cours et tribunaux, au même rang que les traités internationaux dûment ratifiés, les lois, les actes réglementaires conformes aux lois. La seule réserve contrairement aux textes fondamentaux antérieurs qui l'assujettissaient à la loi est qu'elle doit respecter l'ordre public et les bonnes mœurs. En outre, la mondialisation par l'apport des technologies nouvelles et des avancées de la science ainsi que par celle de l'internalisation et de l'importance croissante du droit international pénal, est venue compliquer la donne, en obligeant entre autres la République Démocratique du Congo à réceptionner, par la voie du monisme à travers la ratification des instruments internationaux, des règles dont l'application pratique s'avère, le moins que l'on puisse dire, malaisée.

Dès lors, le défi du droit pénal pour garder son efficacité est, d'une part, de s'accrocher aux racines culturelles de la population nationale tout en s'agrippant, d'autre part, aux branches de la modernité. Dans cet exercice périlleux, il est concevable que l'on puisse perdre ses repères à moins de systématiser la matière pour lui donner une certaine rationalité que comprendraient et suivraient le législateur ainsi que toutes les personnes amenées à interpréter ou à appliquer les lois.

Convaincue qu'il serait moins ardu pour les étudiants, en l'absence de généralisation d'un cours d'introduction au droit pénal, d'appréhender le droit pénal comme une réalité systémique, la professeure Sita a entrepris de sortir des sentiers battus en incluant les grandes divisions habituelles du droit pénal général, c'est-à-dire la loi pénale, l'infraction, la responsabilité pénale et la sanction pénale, dans un champ plus large qui comprend des éléments d'histoire puisés non seulement dans des droits européens, spécialement les droits romain, belge et français, qui ont inspiré dans une large mesure le droit national mais également dans l'histoire proprement congolaise en remontant jusqu'à la période traditionnelle précoloniale.

Ensuite, dans le but de décrire la structure et le fonctionnement de l'appareil pénal congolais, elle a inclus dans son ouvrage, l'énumération et la définition des éléments du système pénal en y intégrant non seulement les règles, ou plutôt les normes, et les institutions pénales, mais en alignant en outre dans cet inventaire les acteurs et les techniques entrant en jeu dans le fonctionnement du système. Dans le même ordre d'idée, elle a tenu à définir brièvement aussi bien les branches internes que les branches connexes du droit pénal en vue de démontrer la nécessaire pluridisciplinarité et interdisciplinarité de la matière.

Les éléments ainsi retenus tissent des relations entre eux, à l'intérieur du système pénal, et avec d'autres appartenant à l'environnement extérieur, attestant par-là le caractère ouvert du système. Ce dernier fonctionne grâce à l'action de ces mécanismes que sont la loi pénale, l'infraction, la responsabilité pénale et la sanction pénale auxquels l'auteure a ajouté la peur, adjonction inattendue non pas par sa prise en compte mais par le développement qu'elle lui consacre ainsi que par l'importance qu'elle lui accorde dans l'élaboration des règles pénales et dans leur application à des faits concrets. Ces mécanismes fonctionnent essentiellement sur la base du raisonnement juridique devant aboutir nécessairement à l'interprétation et la qualification des faits et des règles en vue de l'application de ces dernières.

Ainsi, l'ancrage dans le terroir congolais et l'adoption d'une approche systémique représentent les deux grands atouts de l'ouvrage. En effet, ils ont permis de présenter des règles et des principes qui valent pour tout le droit pénal de manière à lui assurer sa cohérence et sa pertinence en mettant l'accent non seulement sur les connaissances proprement pénales mais également sur la méthode et notamment le raisonnement juridique. La division de l'ouvrage en un préliminaire expliquant la justification et les modalités d'entrée des règles de droit pénal dans le système pénal et en deux titres consacrés l'un à la structure dudit système et l'autre à son fonctionnement a eu comme ambition de cerner au plus près les réalités de la société congolaise.

Cette structure de l'ouvrage a comme objectif ambitieux d'inciter à repenser la manière d'exposer les connaissances du droit pour une meilleure compréhension de l'ordonnancement pénal. Il est en effet possible de concilier les positions des tenants et des adversaires du pluralisme juridique, droit écrit et droit coutumier, en s'appuyant sur la promotion et la garantie des valeurs primordiales de la société congolaise qui tiennent compte du passé et du présent, en retenant ce qui va dans le sens du développement de la Nation, de la promotion et de la garantie des droits fondamentaux et des libertés publique des particuliers, de la sauvegarde de l'Etat, de l'instauration d'un Etat de droit fondé sur une véritable démocratie, de l'adaptation du droit pénal à une réalité sans cesse en mouvement, notamment au niveau de la multiplication et la diversification des sources internes et internationales du droit due à la mondialisation, de l'évolution technologique et scientifique, de celle des mœurs pour les adopter ou les rejeter, de la diversification des domaines d'intervention juridique tels que l'économie, l'informatique, la bioéthique, la criminalité organisée, le terrorisme, les crimes d'Etat, etc..,

L'ouvrage est écrit dans un style simple et clair de manière à pouvoir atteindre le but que l'auteure s'est proposée : celui de mettre entre les mains des étudiants un outil capable de les aider à améliorer leurs performances.

Alexis THAMBWE-MWAMBA,
Président du Sénat,
Ministre honoraire de la Justice et Garde des Sceaux

AVANT-PROPOS

La nouvelle présentation de ce cours procède d'une ambition et d'une préoccupation. L'ambition a été de donner, en attendant l'introduction, dans le curriculum facultaire, d'un cours d'introduction au droit pénal, une idée générale, synoptique, de ce qu'est le droit pénal, des principes et règles qui le régissent, de son importance et de sa place dans toute société. Quant à la préoccupation, elle a été avant tout pédagogique. Elle part de l'interpellation qu'un professeur de droit pénal s'est fait lorsqu'il s'aperçut, « au fil des cours et surtout lors des examens, que certaines questions (de droit pénal) d'une importance capitale étaient mal comprises par un trop grand nombre d'étudiants pour que cela pût résulter d'un manque d'attention ou de travail de leur part. C'était manifestement, pensa-t-il, la structure du cours qui était en cause ainsi qu'une présentation pédagogiquement mal agencée des catégories pénales ».

En conséquence, au fil des ans, il a progressivement déplacé les questions soulevant les plus grandes difficultés afin de les présenter aux étudiants à l'instant le plus favorable.

Ainsi, par tâtonnements successifs, hors de toute idéologie et de toute idée préconçue, il a vu la matière s'ordonner d'elle-même selon un plan qui ne lui apparaissait pas toujours très clairement, mais qui présentait l'immense avantage d'être de plus en plus satisfaisant pour ses étudiants. Et, lorsque chaque point fondamental ou délicat eut trouvé place là où il s'insérait le plus logiquement dans l'ensemble de la matière, quelle ne fut pas sa surprise de constater qu'il en était tout simplement arrivé à un plan différent de la structure traditionnelle de l'enseignement du droit criminel.

Interpellée par cette expérience, j'ai, pour ma part, opté pour l'enseignement du droit pénal sous la forme d'un système. Il a fallu, dès lors, en exposer les éléments puis en décrire le fonctionnement. Cette nouvelle approche pédagogique a l'ambition d'introduire les étudiants dans la connaissance du droit pénal ou criminel allié au raisonnement juridique, deux volets inséparables si l'on veut atteindre l'objectif d'inscrire l'enseignement du droit pénal dans un cadre pratique qui considère la réaction pénale dans l'interaction permanente de ses catégories essentielles que sont le fait social et le phénomène criminel, la loi pénale et la décision pénale.

LISTE DES SIGLES ET PRINCIPALES ABREVIATIONS

Aff.	:	Affaire
A.P.J.	:	Agent de Police judiciaire
App.	:	Appel
B.A.	:	Bulletin des arrêts
C/	:	Contre
C.A.	:	Cour d'appel
CAB	:	Cabinet
C.C.M.	:	Country Coordinating Mechanism ou Mécanisme de Coordination du Fonds mondial de lutte contre le VIH/Sida, le paludisme et la tuberculose
CEPAS	:	Centre d'Etudes Pour l'Action Sociale
CERDAS	:	Centre d'études de recherches et de documentation des Avocats
Cf.	:	Confer
Coll.	:	Collections
Cons. Sup.	:	Conseil supérieur
C.P.	:	Code pénal
C.P.D.Z.	:	Connaissance et Pratique du Droit Zaïrois
C.P.I.	:	Cour pénale internationale
C.P.R.D.C.	:	Commission permanente de réforme du Droit congolais
C.P.U.	:	Centre de Publications Universitaires
C.R.P.C.	:	Comparution sur reconnaissance préalable de culpabilité
C.S.J.	:	Cour suprême de justice
D.E.S.	:	Droit et Société
D.O.I.	:	Digital Object Identifier
D.P.	:	Droit pénal
D.P.G.	:	Droit pénal général
E.I.C.	:	Etat indépendant du Congo
Ex.	:	Exemple
F.U.	:	Freie Universität ou Free University
Inst. App.	:	Instance d'appel
I.P.J.	:	Inspecteur de Police judicaire

J.O.	:	Journal officiel
Kin.	:	Kinshasa
Kis.	:	Kisangani
L'shi.	:	Lubumbashi
L.G.D.J.	:	Librairie générale de droit et de jurisprudence
L.I.	:	Livre premier
L.P.P.E.	:	Loi n°09/001 du 10 janvier 2009 portant protection de l'enfant
L.S.D.	:	Lysergsäurediethylamid
M.I.N.	:	Ministériel
M.P.	:	Ministère public
M.P.R.	:	Mouvement populaire de la Révolution
N°	:	Numéro
O.	:	Ordonnance
O.D.F.	:	Observation du Droit de la famille
OHADA	:	Organisation pour l'harmonisation en Afrique du droit des affaires
O-L	:	Ordonnance-loi
O.M.S.	:	Organisation mondiale de la santé.
O.P.J.	:	Officier de Police judiciaire
O.U.A.	:	Organisation de l'Union africaine
P.	:	Page
P.A.R.J.	:	Programme d'appui à la réforme de la Justice
P.D.F.	:	Portable Document Format
P.F.I.	:	Paulo Freire Institut (PFI) (de l'Université Libre de Berlin)
P.G.R.	:	Procureur général de la République
P.U.C.	:	Presses universitaires du Congo
P.U.F.	:	Presses universitaires de France
P.U.L.	:	Publications de l'Université de Lille
P.U.Z.	:	Presses universitaires du Zaïre
R.C.D.	:	Revue congolaise de droit
R.D.C.	:	République Démocratique du Congo
REJUSCO	:	Restauration de la Justice congolaise
Rev.	:	Revue
R.F.I.	:	Radio France internationale
R.J.C.	:	Revue juridique du Congo
R.J.Z.	:	Revue juridique du Zaïre
R.P.	:	Rôle pénal
R.P.A.	:	Rôle pénal en appel

S.	:	Suivant
SIED	:	Soutien à l'instauration d'un Etat de droit
S.P.	:	Servitude pénale
TPIY	:	Tribunal pénal international pour l'ex-Yougoslavie
U.A.	:	Union africaine
UNIKIN	:	Université de Kinshasa
Vol.	:	Volume

INTRODUCTION

Le droit pénal est à la fois une expression et une matière familières. Expression familière en ce qu'elle fait appel à des notions que le grand public croit connaître : association de malfaiteurs, assassinat, vol à mains armées, empoisonnement, complicité, tentative, flagrant délit, condamnation avec sursis, récidiviste etc., ...[1] et surtout parce qu'elle est utilisée par toute société quelconque pour lutter, par la garantie de la sanction pénale, contre le phénomène criminel entendu comme l'ensemble des comportements délinquants ou déviants qui troublent l'ordre public et qui sont incriminés par la loi pénale ou susceptibles de l'être.

Cependant, connaître ce qu'est exactement le droit pénal n'est pas si évident étant donné que cette branche de droit est sous-tendue par un système d'idées, de représentations, de valeurs, voire par une certaine conception de l'homme et de la société. Il convient donc de garder présente à l'esprit cette multiplicité d'enjeux afin de ne pas confondre le droit pénal avec d'autres notions qu'on tend parfois à lui substituer. D'où la nécessité de bien cerner le concept « droit pénal » pour en clarifier les contours.

1. LA NOTION DE DROIT PÉNAL

La notion de droit pénal peut être précisée à travers sa définition, son objet, sa place et ses caractères.

1.1. La définition du droit pénal

Le droit pénal, perçu comme l'expression juridique de la réaction sociale anticriminelle, est la branche du droit positif qui tend à prévenir vigoureusement, à réparer énergiquement et à réprimer efficacement les atteintes à l'ordre social. Son principe d'action consiste à tirer avantage de la crainte de la coercition en utilisant « la peur comme mécanisme

---

[1] BENILLOUCHE M., *Leçons de droit pénal,* 2e édition, Ellipses, Collection « Leçons et droit », Paris, 2012, pp. 7 et 9.

normal de droit »[2]. Ses instruments de travail sont, d'une part, l'incrimination, d'autre part, la sanction, peine ou mesure de sûreté.

La doctrine s'est interrogée sur la définition du droit pénal. Nous citerons quelques auteurs à titre d'illustration.

- Pour Merle et Vitu, le droit pénal est : « l'ensemble… des règles… (juridiques) qui définissent… les grands principes de la responsabilité : éléments généraux de la notion d'infraction punissable, quelle qu'elle soit ; classification générale des infractions ; causes d'irresponsabilité ; règles générales de fixation de la peine, etc. »[3].

- Pradel le définit comme « l'ensemble des normes juridiques qui réglementent le recours de l'Etat à la sanction pénale »[4].

- Desportes et Le Guhenec le considèrent comme des « règles applicables à l'ensemble des infractions ou une partie d'entre elles, comme, par exemple, celles fixant le champ d'application de la loi pénale dans le temps et dans l'espace ou celles déterminant les causes d'irresponsabilité pénale ou encore les règles précisant la nature des peines et leurs modalités d'application »[5].

- Nyabirungu mwene Songa soutient que c'est une « branche du droit public qui traite des infractions et des peines, et dont l'objet essentiel est de déterminer les faits punissables et de fixer les sanctions qui doivent leur être appliquées, compte tenu de la situation personnelle du délinquant et de la gravité objective de l'acte, en vue de faire régner dans les relations sociales, à l'instar des autres disciplines juridiques, mais avec plus de puissance et de contrainte, l'autorité et la liberté »[6].

- Pour Akele Adau, « le droit pénal est le droit qui étudie les faits infractionnels, tels que déterminés par l'Etat ainsi que la réaction pénale que ces faits engendrent, c'est-à-dire, la répression par l'Etat de ces faits et la sanction applicable à chacun d'eux »[7].

Enfin, le droit pénal peut encore être défini comme « l'ensemble de règles par lesquelles la société, l'autorité publique, détermine les

---

[2] CARBONNIER J., *Flexible droit. Pour une sociologie du droit sans rigueur*, 9e édition revue et augmentée, LGDJ, Paris, 1998, p. 196.

[3] MERLE R. et VITU A., *Traité de droit criminel, Problèmes généraux de la législation criminelle, Droit pénal général*, 12e édition, Cujas, Paris, 1997, n°181, p. 214.

[4] PRADEL J., *Traité de droit pénal et de science criminelle comparée, Tome I. Introduction générale. Droit pénal général*, 12e édition, Cujas, Paris, 1999, n°279, p. 267.

[5] DESPORTES F. et LE GUNEHEC F., *Droit pénal général*, 16e édition, Economica, Paris, 2009, p. 6.

[6] NYABIRUNGU mwene SONGA R., *Traité de droit pénal général congolais*, 2e édition, Editions Universitaires Africaines, Collection « Droit et Société », Kinshasa, 2007, p. 22.

[7] AKELE ADAU P., *Cours de Méthodes de droit pénal*, D.E.S., Faculté de droit, Université de Kinshasa, 2011-2013, pp.14-15.

comportements et les manquements dangereux pour l'ordre public, les érige en infractions et inflige à leurs auteurs, à titre de sanction, des souffrances physiques ou morales qui les frappent dans leur patrimoine, dans leurs droits et libertés, leur honneur (mais en principe jamais leur dignité), leur intégrité corporelle ou psychique, voire leur vie »[8].

Cette variété de définitions a cependant un dénominateur commun : l'existence de règles coercitives édictées par une autorité publique et destinées à prévenir ou à sanctionner des comportements hautement préjudiciables à la société.

1.2. L'objet du droit pénal

L'objet du droit pénal est la défense de la société par la prévention et la répression des infractions, c'est-à-dire des comportements violant les règles qui protègent les valeurs les plus essentielles de cette société. Le terme « infraction », qui sera amplement utilisé dans ce manuel vient du verbe « enfreindre » qui veut dire transgresser, ne pas respecter[9]. « Ce concept signifie en outre tout fait, action ou omission, qui viole l'une quelconque des valeurs fondamentales de la société, et, en conséquence, trouble ou est susceptible de troubler la paix ou l'ordre public en portant atteinte aux droits légitimes des particuliers, des collectivités privées ou publiques, et auquel la loi attache des sanctions prévues par le code pénal ou par toute autre disposition pénale particulière »[10].

L'infraction est donc une entité juridique abstraite qui comprend deux parties : l'incrimination et la sanction. L'incrimination définit les comportements, actions ou omissions, prohibés, et en détermine les éléments constitutifs, tandis que la sanction est soit une peine, soit une mesure de sûreté, soit les deux à la fois. La peine est une sanction spécifique caractérisée par la souffrance (physique, morale ou patrimoniale) infligée au délinquant. Elle est destinée à le punir, à le corriger ou à le neutraliser. Tandis que la mesure de sûreté tend à traiter l'auteur de l'infraction ou à le neutraliser en vue de la protection de la société.

Le droit pénal tient une place centrale dans le système juridique de la société ainsi que nous le précisons ci-dessous.

---

[8] AKELE ADAU P. et SITA MUILA A., Dictionnaire des termes juridiques du droit pénal congolais, ouvrage inédit.
[9] Le nouveau Petit Robert de la langue française, 2009, p. 871.
[10] Article 151.1 de l'avant-projet du code pénal congolais, version 2014 inédit.

1.3. La place du droit pénal

A. Le droit pénal est une branche des sciences juridiques

Par l'assertion « le droit pénal est une branche des sciences juridiques », l'on entend que le droit pénal relève des sciences humaines, mais que sa nature est juridique contrairement aux sciences philosophiques, psychologiques et sociologiques ou encore à la métaphysique.

B. Le droit pénal est une branche du droit positif

Le droit pénal fait partie du droit positif qui est le droit effectivement appliqué dans un Etat à un moment donné. Il évolue donc dans le temps et dans l'espace. Mais à chaque époque et dans un territoire donné ou une communauté déterminée, il fait partie intégrante du droit positif au même titre, par exemple, que le droit constitutionnel, le droit administratif, le droit civil, le droit du travail, le droit des affaires, le droit disciplinaire. Il s'en distingue néanmoins par des sanctions propres.

C. Les sanctions spécifiques du droit pénal

Les sanctions pénales revêtent des formes diverses, à savoir : la privation de la vie, la privation ou la restriction de la liberté ou d'autres droits, le discrédit, la privation de certains biens. Par leur nature, elles diffèrent des sanctions *civiles* qui visent essentiellement la réparation du préjudice causé, par le remboursement, la restitution, l'annulation, la révocation, les déchéances, les astreintes, les dommages-intérêts. Elles diffèrent également des sanctions *disciplinaires* propres à un corps professionnel donné, consistant en un avertissement, un blâme, une mise à pied, une révocation[11] et des sanctions *administratives*, constituées d'amendes fiscales ou administratives, de la majoration des droits, des nullités, des déchéances.

Toujours dans le souci de bien faire comprendre la notion de droit pénal, il faut enfin décrire ses multiples caractères.

---

[11] La loi n°16/013 du 15 juillet 2016 portant statut des agents des carrières des services publics de l'Etat prévoit à l'article 67 comme sanctions disciplinaires suivant la gravité des faits : 1. le blâme ; 2. la retenue du tiers du traitement pour une durée ne dépassant pas un mois ; 3. l'exclusion temporaire avec privation de traitement pour une période ne dépassant pas trois mois ; 4. la révocation.

1.4. Les caractères du droit pénal

A. La nature hybride du droit pénal

Jusqu'à ce jour, les auteurs s'interrogent sur la nature du droit pénal. Certains le classent dans le droit privé en se basant sur les arguments suivants :

1° Il défend les intérêts privés des citoyens ou de l'Etat ;

2° La victime peut, du moins pour certaines infractions et sous certaines conditions, mettre en mouvement l'action publique par une plainte (adultère, grivèlerie, outrages) ou par une citation directe ;

3° L'action civile ainsi que l'action publique relèvent de la compétence des juridictions judiciaires ordinaires ;

4° Le contentieux pénal peut être réglé par des institutions privées (cas des règlements extrajudiciaires des vols dans les supermarchés)[12] ;

5° L'enseignement du droit pénal est confié aux professeurs de droit privé et non de droit public.

D'autres soutiennent que le droit pénal comporte aussi des éléments de droit public en ce que : 1° l'action publique poursuit la protection de l'intérêt général ; 2° la répression est fondamentalement un monopole étatique aussi bien dans la poursuite des auteurs d'infractions et la condamnation des délinquants que dans l'application des peines[13].

Une troisième catégorie d'auteurs parmi lesquels nous nous situons considère le droit pénal comme un droit *sui generis* ou un droit mixte[14].

B. L'autonomie du droit pénal

Si le droit pénal sanctionne la violation d'obligations civiles, administratives ou autres, c'est-à-dire des obligations appartenant à d'autres branches du droit, les textes sur lesquels il repose et les sanctions qu'il prévoit lui sont propres.

Les notions auxquelles le droit pénal a recours sont largement indépendantes de celles utilisées en droit public ou en droit privé[15]. C'est que le droit pénal crée des obligations spécifiques consistant en la protection des valeurs les plus essentielles de la société partout où elles se trouvent en péril. Il institue des concepts propres tels : le principe de la légalité des infractions et des peines, la non rétroactivité de la loi

---

[12] DESPORTES F. et LE GUNEHEC F., *op.cit.*, p. 18.

[13] NYABIRUNGU mwene SONGA R., *op. cit.*, p. 41-42 ; DESPORTES F. et LE GUNEHEC F., *op.cit.*, p. 15-17.

[14] DESPORTES F. et LE GUNEHEC F., op.cit., p.19.

[15] RENOUT H., *Droit pénal général*, CPU, 2002, p. 4.

pénale, la tentative punissable. Dans la manifestation de son autonomie, il s'éloigne des définitions des autres branches du droit.

C'est ainsi que l'infraction d'émission de chèque sans provision est constituée même si le chèque est nul du point de vue du droit commercial ou encore l'infraction de stellionat de l'article 96 du code pénal qui vise tous les biens réellement immeubles, peu importe le régime foncier et immobilier les réglementant en droit privé, que ce soit le régime de l'enregistrement ou bien celui du droit spécial urbain constaté par le titre d'occupation qualifié de livret de logeur ou bien enfin, le régime foncier coutumier rural[16]. De même, l'infraction d'abus de confiance est constituée malgré la nullité du contrat qui a déterminé la remise de la chose, et celle de faux et usage de faux, en présence d'un document non valide.

Le droit pénal retient la responsabilité pénale et civile d'un individu en dépit du consentement de la victime, de sa faute, et même de sa participation au délit (ex. l'avortement)[17] et tient compte de la personnalité de l'auteur de l'infraction (par l'individualisation de la peine). En outre, aujourd'hui le juge doit effectivement non seulement se prononcer sur la responsabilité pénale du délinquant poursuivi mais également sur la possibilité de sa réadaptation sociale.

C. Le caractère évolutif du droit pénal

Le caractère évolutif du droit pénal s'observe au niveau des incriminations et des sanctions, puisque l'on constate tour à tour des phénomènes de criminalisation et de décriminalisation des comportements, d'aggravation, d'atténuation ou de suppression des peines, de création de nouvelles sanctions.

Trois raisons essentielles expliquent cette situation. Primo, la conception de l'interdit change avec le temps et la société. Un comportement peut perdre son caractère antisocial (le blasphème, le suicide ne sont plus interdits par le droit pénal). A l'inverse de nouvelles valeurs à protéger apparaissent : l'altruisme (non-assistance à personne en danger, articles 66 *bis* à 66 *quinquies* du CP), la vulnérabilité (infractions contre les enfants, article 41 de la Constitution), les ressources naturelles (infractions du code minier), l'environnement (infractions de lutte contre la pollution). Secundo, le combat pour la

---

[16] CSJ, RP 130, du 15 avril 1975, V. c/ MP et K.RJZ n° 1, 2 et 3 de janvier à décembre 1979, p.54-55.

[17] BOULOC B., *Droit pénal général*, 21e édition, Paris, Dalloz, 2009, p. 31.

protection de l'être humain par la garantie des droits et libertés fondamentaux de l'homme joue un rôle déterminant depuis un certain nombre d'années, rôle qui a atteint son point culminant avec la création de la Cour pénale internationale. Tertio, la criminalité évolue et prend des formes nouvelles contre lesquelles il faut lutter (cybercriminalité ou crimes informatiques, criminalité organisée et criminalité transnationale organisée, terrorisme).

C'est pourquoi, la politique criminelle d'un Etat change au gré des contraintes de la lutte contre la délinquance.

En RDC, la Constitution de 2006 n'a pas dérogé à ce phénomène évolutif du droit pénal en incriminant :

- l'institution d'un parti unique (pour haute trahison, article 7) ;
- toute violence sexuelle faite sur toute personne, dans l'intention de déstabiliser, de disloquer une famille et de faire disparaître tout un peuple (comme crime contre l'humanité, article 15) ;
- l'abandon et la maltraitance d'enfant, notamment, la pédophilie, les abus sexuels, l'accusation de sorcellerie ainsi que toute autre forme d'exploitation d'enfant mineur (article 41) ;
- le transit, l'importation, le stockage, l'enfouissement, le déversement dans les eaux continentales et les espaces maritimes sous juridiction nationale, l'épandage dans l'espace aérien, de déchets toxiques, polluants, radioactifs, et tout autre produit dangereux, en provenance ou non de l'étranger (en tant que crime, article 55) ;
- tout acte, tout accord, toute convention qui a pour conséquence de priver la nation, les personnes physiques ou morales de tout ou partie de leurs propres moyens d'existence (comme le pillage, article 56) ;
- la violation du devoir de sauvegarder l'unité de la République et l'intégrité du territoire, par toute autorité nationale, provinciale, locale et coutumière (pour haute trahison, article 63) ;
- toute tentative de renversement du régime constitutionnel (infraction imprescriptible, article 64) ;
- les infractions politiques de haute trahison, d'outrage au Parlement, d'atteinte à l'honneur et à la probité, délits d'initié, dans le chef du président de la République et du premier Ministre (articles 164 et 165). La Constitution a décrit les comportements poursuivis. Sont constitutifs de haute trahison : la violation intentionnelle de la Constitution, les violations graves et caractérisées des droits de l'Homme, la cession d'une partie du territoire national ;

- l'atteinte à l'honneur ou à la probité : le comportement personnel contraire aux bonnes mœurs, les malversations, la corruption, l'enrichissement illicite ;
- le délit d'initié : la réalisation d'opérations sur des valeurs immobilières ou sur des marchandises à l'égard desquelles l'on possède des informations privilégiées et dont on tire profit avant que ces informations ne soient connues du public. Le délit d'initié englobe l'achat ou la vente d'actions fondés sur des renseignements qui ne seraient jamais divulgués aux actionnaires ;
- l'outrage au Parlement : l'absence de réponse aux questions de l'une ou l'autre chambre du Parlement sur l'activité gouvernementale, dans un délai de trente jours.
- le détournement des Forces armées à des fins propres (pour haute trahison, article 188) ;
- l'organisation des formations militaires, paramilitaires ou des milices privées ainsi que l'entretien d'une jeunesse armée (pour haute trahison, article 190).

2. LES BRANCHES INTERNES ET LES BRANCHES CONNEXES DU DROIT PÉNAL

Compris dans un ensemble plus vaste de sciences qui ont un rapport avec le crime et qui sont dénommées « sciences criminelles », le droit pénal comporte à son tour de nombreuses autres matières celles-là spécifiquement juridiques.

2.1. Les branches internes du droit pénal

A. Le droit pénal général

Le droit pénal général est la branche du droit criminel qui étudie les conditions générales de l'intervention pénale, c'est-à-dire de la réaction répressive de la société contre le crime. Il délimite ainsi le champ de l'intervention pénale et en définit les principes d'action quant à l'incrimination et à la sanction, à la participation criminelle, à la responsabilité pénale.

Plus en détail, le droit pénal général :
- étudie les conditions générales d'incrimination et les règles générales sur la responsabilité pénale et la fixation des peines ;
- prévoit diverses catégories d'infractions selon leur gravité, en crimes, délits et contraventions (droit français et avant-projet du code pénal

congolais) ; ou selon leur nature, en infractions de droit commun et en infractions particulières ;
- précise les éléments : légal (nécessité d'une loi), matériel (action ou omission) et psychologique (intention criminelle ou faute pénale) de chaque infraction ;
- vise ou détermine l'élément axiologique qui indique la valeur essentielle protégée, et ces modalités prohibées de l'infraction que sont la violence et la ruse ;
- détermine l'élément injuste (absence d'un fait justificatif). Comme l'élément légal, l'élément injuste est extérieur à la commission matérielle de l'infraction. L'élément injuste conforte l'infraction car l'auteur de l'acte proscrit ne peut justifier d'aucune excuse légalement ou « jurisprudentiellement » acceptable telle l'obéissance à l'ordre de la loi ou au commandement d'une autorité légitime et la réaction à une situation exceptionnellement injuste. Fondent ainsi les causes de justification, l'agression qui provoque la légitime défense, l'exigence d'opérer un choix entre respecter la loi et l'enfreindre qui fait agir en état de nécessité, la compassion, dans une certaine mesure, qui amène à souscrire au consentement de la victime ;
- prévoit les causes d'irresponsabilité qui tiennent aux circonstances de l'acte (ex. légitime défense, état de nécessité) ou aux réactions mentales de l'auteur (trouble psychique, contrainte, erreur de droit ou de fait dans une certaine mesure) ;
- prévoit les conditions de répression de la tentative, de la participation criminelle (comme coauteur ou complice), de la répression des personnes morales ;
- détermine les règles de fixation de la peine, avec les causes d'aggravation, d'atténuation ou d'exonération de la peine.

Le droit pénal général possède également des caractères propres :
- Droit substantiel (opposé à formel) en ce qu'il détermine les conditions de la responsabilité pénale et les conséquences quant aux sanctions encourues ;
- Droit fédérateur d'une part, par les principes directeurs qu'il crée et qui permettent de coordonner les différentes données du droit pénal spécial, d'autre part, par les notions qui permettent d'intégrer le contenu de la matière : légalité, tentative, complicité, imputabilité, culpabilité… ;
- Droit de tradition, le DPG est le produit d'une transmission séculaire au cours de laquelle le droit romain et le droit canonique ont joué un rôle décisif (événements, débordements, grandes réflexions…) ;

- Droit constitutionnalisé, car la Cour constitutionnelle chargée de veiller au respect de la Constitution par les pouvoirs législatif, exécutif et judiciaire vérifie la conformité à la Constitution des actes pris par ces autorités et prononce leur non application le cas échéant. En ce qui concerne spécialement le pouvoir judiciaire, les décisions ne sont soumises à la compétence de la Cour que si les textes sur lesquels elles se fondent sont repris dans la liste de l'article 43 de la loi organique portant organisation et compétence de la Cour constitutionnelle. Cependant, le Procureur général peut saisir d'office la Cour pour inconstitutionnalité lorsque les actes visés à l'article 43 de la loi organique portent atteinte aux droits fondamentaux de la personne humaine ou aux libertés publiques ;
- Droit didactique et linguistique, parce que, non seulement, il a pour objet d'instruire et de former au raisonnement ceux qui doivent l'enseigner ou l'appliquer, mais également parce qu'il utilise les concepts spécifiques comportant théories et pratiques[18].

B. Le droit pénal spécial

Le droit pénal spécial est la branche de droit criminel qui étudie concrètement chaque infraction de façon à dégager sa base légale, sa définition, ses éléments constitutifs et le régime des sanctions qui lui est applicable.

Selon le professeur Likulia, le droit pénal spécial « se définit comme une discipline des sciences criminelles consacrée à l'étude concrète et particulière de chaque incrimination précisant ses éléments constitutifs spéciaux, les modalités de sa répression ainsi que son régime juridique propre. »[19]

Plus particulièrement, le droit pénal spécial est le catalogue des infractions :
- il étudie l'application des principes généraux du droit pénal au cas de chaque infraction ;
- il analyse les conditions précises de l'incrimination et des sanctions.

C. La procédure pénale

La procédure pénale a pour objet la réglementation du procès pénal intenté par la société dont l'ordre a été troublé, contre l'auteur de

[18] MAYAUD Y., *Droit pénal général*, 4e édition, Paris, PUF, 2013, pp. 13-17.
[19] LIKULIA BOLONGO, *Droit pénal spécial zaïrois*, tome 1, 2e édition, Paris, LGDJ, 1985, p.11.

l'infraction, en vue de faire prononcer par le juge la peine ou la mesure de sûreté prévue par la loi et, le cas échéant, la réparation due à la victime.

Selon Beziz-Ayache, la procédure pénale « étudie l'ensemble des règles sur la recherche de l'infraction, la poursuite et la condamnation du délinquant. Il s'agit des lois de forme, qui organisent les juridictions répressives et définissent les règles de compétence, de recherche, de constatation, de poursuite et de jugement des infractions. Elles sont soumises au principe de l'application immédiate de la loi nouvelle ».[20]

Dans cet ordre d'idées, la procédure pénale :

- définit l'organisation judiciaire en matière répressive du procès pénal ;
- enseigne l'organisation des différentes juridictions, leur compétence et leurs règles de fonctionnement ;
- relève les caractères fondamentaux de l'action publique, et de l'action civile née d'une infraction ;
- retrace le déroulement du procès pénal depuis les premières investigations de la police jusqu'aux voies de recours.

D. Le droit pénitentiaire

Le droit pénitentiaire est l'ensemble des normes juridiques se rapportant au traitement des détenus, condamnés ou en prévention, vivant en milieu carcéral, fermé ou semi-ouvert. L'on parle aussi actuellement de droit de l'exécution des peines car non seulement les peines peuvent être privatives ou non privatives de liberté, mais en outre, le juge peut prononcer des mesures de sûreté qui s'exécutent en dehors des prisons.

L'objectif du droit pénitentiaire est l'organisation, d'une part, des cadres d'exécution de la peine et d'autres mesures de protection sociale et de sauvegarde des droits d'une personne entrée en conflit avec la société, d'autre part, des moyens les plus adéquats pour récupérer cette personne, en vue de sa resocialisation et de sa réinsertion dans cette même société.[21]

---

[20] BEZIZ-AYACHE, cité par LUZOLO BAMBI LESSA E. J. et BAYONA BA MEYA N., *Manuel de procédure pénale*, PUC, Kinshasa, 2011, p. 20.

[21] PLAWSKI S., *Droit pénitentiaire*, Presses universitaires Septentrion, Publications de l'Université de Lille III, SD, p.11.

E. Le droit pénal comparé

« Le droit pénal comparé confronte entre eux les systèmes répressifs des Etats pour en tirer des principes communs et des enseignements ».[22]

F. Le droit pénal international

D'après la définition du professeur Nyabirungu, « le droit pénal international est constitué des règles de droit pénal interne qui régissent ses rapports avec l'étranger. Il résout les problèmes posés par les conflits de lois et de juridictions dans l'espace ». Il relève du droit interne[23]. C'est donc un droit pénal de fond et de forme qui a cette particularité de régler les problèmes d'application des lois pénales dans l'espace et d'organiser la coopération inter-étatique (extradition, effets internationaux des jugements répressifs)[24].

G. Le droit international pénal

Le droit international pénal est « une branche du droit international public, constituée par l'ensemble des règles imposées à la communauté des Etats et à chacun des Etats membres en vue d'assurer l'ordre public international fait de paix et de respect des droits de l'homme, au besoin par des sanctions fondées sur la responsabilité individuelle »[25]. Il organise « la répression par des juridictions pénales internationales de crimes définis par des textes internationaux (génocide, crimes contre l'humanité, crimes de guerre, crimes d'agression) »[26]. Plusieurs juridictions ont été créées dans ce cadre : le tribunal de Nuremberg, en 1945, pour juger les criminels de guerre nazis, le Tribunal pénal international de La Haye pour juger les crimes commis en ex-Yougoslavie en 1993, le Tribunal ad hoc d'Arusha pour les crimes commis au Rwanda en 1994, la Cour pénale internationale en 1998.[27]

Comme on le voit, le droit international pénal relève du droit international.

---

[22] RENOUT H., *op. cit.*, p. 6.

[23] NYABIRUNGU mwene SONGA, *Droit international pénal. Crimes contre la paix et la sécurité de l'humanité*, Editions Droit et Société « DES », Kinshasa, 2013, p. 9.

[24] DESPORTES et Le GUNEHEC, *op. cit.*, p.8.

[25] NYABIRUNGU mwene SONGA, *Droit international pénal, op. cit.*, p. 9.

[26] RENOUT H, *op. cit.*, p. 6.

[27] *Idem.*

2.2. Les branches connexes au droit pénal

Le phénomène criminel[28] n'est pas qu'affaire de juristes. Il concerne d'autres disciplines scientifiques d'origine et de contenu divers : philosophie pénale, criminologie, politique criminelle, criminalistique, pénologie[29] ..., leur dénominateur commun étant de connaître de la criminalité, de l'inadaptation[30] et de la déviance[31].

A. La philosophie pénale

La philosophie pénale est l'étude de la pensée pénale. Selon le Dictionnaire des sciences criminelles[32], « la philosophie pénale est à la fois une discipline et une méthode. Comme discipline, elle interfère avec les domaines de la philosophie, de l'histoire, du droit, de la sociologie et de la criminologie. Comme méthode, elle élabore les différentes données des autres disciplines, de façon critique, notamment, elle travaille idées et concepts par l'analyse, la comparaison et la synthèse. Elle use alors de l'art dialectique ». Elle vise à répondre à deux questions fondamentales : « Qu'est-ce que la punition ? » Et « Pourquoi punir ?[33] ». Pour y arriver, elle étudie les valeurs des justices légale et morale qui pénètrent l'univers criminel. Elle cherche à expliquer la profondeur des faits juridiques en matière pénale.

B. La criminologie

La criminologie est l'étude du phénomène criminel[34]. Cette définition apparemment simple s'avère très complexe du fait de la

---

[28] Ensemble des comportements qui soit ont la particularité à la fois de troubler l'ordre public et d'être incriminés par la loi pénale (délinquance) soit sont susceptibles d'acquérir cette particularité (déviance).

[29] CARIO R., *Introduction aux sciences criminelles. Pour une approche globale et intégrée du phénomène criminel*, 6e édition, L'Harmattan. Traité de sciences criminelles, Paris, 2008, p.22.

[30] « Incapacité plus ou moins prononcée de l'individu à réagir harmonieusement aux stimuli de son milieu ». CARIO R., *op. cit.*, p. 23.

[31] Comportement problématique nécessitant une solution (toxicomanie résultant de l'ingestion d'alcools, drogues, médicaments psychotropes ; suicide ; prostitution ; vagabondage ; mendicité).

[32] Gérard Lopez et Stamatios Tzitzis *Dictionnaire des sciences criminelles*, sous la direction de, Paris, Dalloz, 2004.

[33] Lire à ce sujet : CUSSON M., *Pourquoi punir ?,* Dalloz, Collection « Criminologie et droits de l'homme », Paris, 1987.

[34] Même ordre d'idées chez Sutherland, voir Gassin, Cimamonti et Bonfils, *Criminologie*, *op. cit.*, p. 5.

multitude des aspects que la criminologie revêt au point de vue de sa notion et de son domaine. C'est une discipline qui envisage la criminalité moins d'un point de vue juridique que d'un point de vue sociologique et qui a connu l'apport de trois grands courants scientifiques : les sciences médicales, les sciences sociales, les sciences psychologiques et psychiatriques.

1) L'apport des sciences médicales

➢ L'anatomie et la biologie criminelles

Selon certaines études, notamment les analyses morpho-caractérologiques (ex. l'homme criminel de Lombroso), la cause de la criminalité résiderait dans la personnalité physique de l'homme. On a, par exemple, avancé que certains types morphologiques humains peuvent orienter vers certaines formes de délinquance, ex. les voleurs et les escrocs seraient des leptosomes, les actes de violence seraient commis par des athlétiques ; cependant il faut nuancer les conclusions de ces études et admettre avec Merle et Vitu que « la délinquance d'un individu qui appartient à tel ou tel basique n'est ni fatale ni probable, mais si, sous l'impulsion de quantité d'autres facteurs, cet individu commet un jour une infraction, la nature de cette infraction risque d'être partiellement influencée par la morpho-caractérologie du sujet »[35].

Néanmoins, on a remarqué empiriquement que les réactions de l'individu étaient parfois en étroite dépendance avec ses capacités physiques et son système physiologique (par exemple le caractère acariâtre des personnes qui ont le foie malade ou qui souffrent d'ulcère à l'estomac). Il faut ajouter à cela les études sur les jumeaux univitellins et sur l'impact des tares héréditaires des délinquants majeurs ou mineurs dans certaines familles : alcoolisme, maladies mentales, épilepsie, etc. qui ont démontré que l'hérédité pouvait jouer un rôle important en matière criminelle.

➢ La psychologie et la psychiatrie criminelles

D'autres auteurs[36] ont dépassé les aspects physiques ou physiologiques de la criminalité pour s'attacher au fonctionnement mental de l'individu. L'étude des pensées, sentiments, comportements

---

35 MERLE R. VITU A., *op. cit.*, n° 22, p.56.

36 Par exemple, STEFANI, LEVASSEUR et JAMBU-MERLIN, *Criminologie et science pénitentiaire*, cité par Merle et Vitu, *op. cit.*, n° 27, p. 61.

d'une personne peut expliquer pourquoi cette personne est devenue délinquante, de même, l'étude et le traitement des maladies mentales, des troubles psychologiques, peut donner une indication sur le niveau de sa responsabilité pénale. Ce courant est revenu à l'étude de l'individu, mais en mettant l'accent sur sa personnalité non plus seulement physique ou physiologique mais également psychologique ou psychiatrique en interaction avec la première et avec son milieu de vie. Le fonctionnement mental normal relève du psychologique tandis que le fonctionnement pathologique relève de la psychiatrie[37]. Plus précisément, la psychiatrie criminelle étudie le fonctionnement mental pathologique, les anomalies et les maladies du cerveau et leur action sur la criminalité (aliénés, anormaux, déficients mentaux, déséquilibrés)[38].

➢ La psychologie judiciaire

La psychologie judiciaire est la partie de la psychologie appliquée au droit qui comprend l'étude psychologique des faits relatifs à l'activité judiciaire. Elle est à distinguer de la psychologie criminelle qui est la science du criminel et de la criminalité. La psychologie judiciaire et la psychologie criminelle forment la psychologie légale (ensemble des applications de la psychologie aux questions juridiques).

2) L'apport des sciences sociales

Dans l'espoir d'en connaître un peu plus sur la criminalité, l'attention des chercheurs s'est tournée vers l'incidence de la société sur le phénomène criminel. C'est ainsi que sont nées l'anthropologie et la sociologie criminelles.

➢ L'anthropologie criminelle

L'anthropologie criminelle est l'étude « scientifique de l'origine et de l'évolution des déviances sociales de l'homme »[39]. Elle étudie la dimension sociale de l'homme, c'est-à-dire les manifestations de sa vie en société qui ont un impact sur la criminalité : lien de parenté, mariage,

---

37 BOULOC B., *op. cit.* p. 40.

38 KASONGO Muidinge Maluilo, *Psychiatrie criminelle, Approche analytique et explicative des maladies mentales et des psychopathies constitutionnelles ou déséquilibres psychopathiques et de leur corrélation avec la criminalité*, Editions KAMUIDMA, Kinshasa, mars 2011, p. 5.

39 BAUZON Stéphane, « Anthropologie criminelle », *Dictionnaire des sciences criminelles*, *op. cit.*, p. 59.

naissance, et en général, modes de vie, coutumes et rites. Il s'agit précisément de l'étude de l'homme en société dans sa relation avec le crime[40].

➢ La sociologie criminelle

A la différence de l'anthropologie criminelle, la sociologie criminelle étudie la criminalité considérée dans son ensemble. Elle analyse l'influence de l'environnement familial et social du délinquant et des relations interindividuelles qui s'établissent entre lui et son environnement ; étudie des problèmes de reclassement social du délinquant comme celui de la prévention collective du crime[41]. Un auteur a proposé d'adopter le point de vue de la société, et de considérer, non plus le criminel comme un être anormal, mais le crime comme un fait social normal, susceptible d'investigations scientifiques.[42] Durkheim déjà considérait le crime comme un phénomène normal de sociologie.

➢ La pénologie

La pénologie est la branche des sciences criminelles qui étudie les sanctions pénales, les règles de leur exécution et les méthodes utilisées

---

[40] A titre d'exemple, on peut citer deux études récentes. La première, menée dans le cadre du Programme REJUSCO pour la restauration de la justice à l'Est de la RDC, par sa Cellule « Genre et violences sexuelles », examine, sous l'angle de l'anthropologie, les mécanismes extra-juridictionnels de réponse aux violences sexuelles à l'Est » (Ministère de la Justice, mars 2010). La seconde étude, effectuée conjointement par CERDAS & PFI (anthropologues) de l'UNIKIN et de l'Université Libre de Berlin (FU), ainsi que des juristes du CCM, Université de Mbanza Ngungu, est intitulée « Recommandation d'activités au PARJ pour soutenir l'amélioration de l'articulation entre la justice écrite et la justice coutumière et pour la réforme judiciaire ». Cette étude s'appuie notamment sur un document filmé, produit par l'anthropologue Sophie Kotanyi, sous le titre « La palabre qui tranche. Kinzonzi au Congo RD » : « …Ces palabres sont présidées par la cheffesse ou le chef du groupement, assisté(e) de notables. L'argumentation est articulée par le biais de proverbes juridiques. L'art de la parole est porté par le rythme de la gestuelle et par des chants métaphoriques. L'hommage à l'ancêtre et le sacrifice sanglant apportent une réflexion en unifiant. Ils ouvrent l'horizon du conflit en dépassant l'espace-temps du différend. Le corps dansant du notable, par l'articulation de ses membres, double le remembrement des droits. Au travers du sens multidimensionnel ainsi produit, cette performance permet à la palabre de trancher au sein de la communauté concernée. La palabre vise un départage pluriel et équilibré des responsabilités, des dommages et des fautes. Elle évite les peines lourdes, et renforce le tissage des liens de réciprocité » (Documentaire anthropologique, 71 min., 2012).

[41] GASSIN R., CIMAMONTI S. et BONFILS Ph., Criminologie, 7è édition, Dalloz, 2011, p. 37.

[42] LOMBART F., *Criminologie*, Université de Lille II, Faculté des Sciences juridiques, politiques et sociales, p. 35

dans leur application. On parle de science pénitentiaire lorsque l'étude porte plus particulièrement sur l'exécution des peines privatives de liberté en milieu carcéral.

- La prophylaxie criminelle

La prophylaxie criminelle est l'ensemble des mesures à caractère collectif qui ont pour objet de s'opposer à la commission des infractions. Les mesures de prophylaxie criminelle sont donc des mesures de prévention. Le professeur Kasongo Muidinge Maluilo, citant J. Constant[43] donne de la prophylaxie criminelle, la définition suivante : « branche de la criminologie appliquée qui étudie tous les moyens auxquels la société a recouru pour prévenir, éliminer ou tout au moins diminuer les facteurs criminogènes sociaux, économiques, etc. Elle présente un aspect médical et social ».

- La sociologie pénale ou « sociologie du droit pénal et de la justice pénale »

La sociologie pénale est une branche de la sociologie (juridique) qui étudie les divers aspects de la réaction sociale contre le crime, non en tant que normes juridiques, mais en tant que faits sociaux susceptibles d'être appréhendés par les méthodes de la sociologie[44].

- La sociologie pénitentiaire ou sociologie de la prison

La sociologie pénitentiaire ou sociologie de la prison est une branche spéciale de la sociologie qui étudie le monde carcéral. Elle est une spécialité de la sociologie qui étudie spécifiquement le monde de la prison, la vie dans les établissements pénitentiaires par des enquêtes sur le terrain en vue d'observer les phénomènes sociaux et de recueillir des informations concrètes. L'étude allie théorie, méthodologie et empirisme comme toute enquête sociologique. Elle peut être menée par un chercheur externe ou interne à l'institution étudiée.

---

[43] KASONGO Muidinge Maluilo, *Cours de prophylaxie criminelle, « Questions approfondies de prophylaxie criminelle »*, année académique 2007-2009, p. 9 ; *Prophylaxie criminelle. Analyse des structures et situations sociales génératrices de la délinquance et des actions spécifiques de prévention à mener*, Editions KAMUIDMA, Kinshasa, juin 2010, p. 13.
[44] GASSIN R. et *al.*, op. cit., p. 19.

Patrick MORVAN a défini la criminologie de manière détaillée, en en cernant le contour et en la comparant avec d'autres branches des sciences criminelles[45].

C. La victimologie

La victimologie est l'étude de la victime. Elle aborde plusieurs aspects relatifs à la prévention de la victimisation, aux relations entre la victime, d'une part, et, d'autre part, l'agresseur, le système judiciaire ou les structures de prise en charge (optimisation par une meilleure connaissance des conséquences de l'infraction et des possibilités d'aide, du stress, du traumatisme).

D. La criminalistique

La criminalistique peut être définie comme « l'ensemble des procédés applicables à la recherche et à l'étude matérielle du crime pour aboutir à sa preuve »[46]. Selon Gassin, la criminalistique est « l'ensemble des sciences et des techniques utilisées en justice pour établir les faits matériels constitutifs de l'acte délictueux et la culpabilité de la personne qui l'a commis ». La criminalistique comprend selon lui : la médecine légale, la police scientifique, la police technique et la psychologie judiciaire[47]. Les techniques sont multiples et se diversifient au fur et à mesure que la société devient plus complexe[48].

a. La police scientifique

La police dite « scientifique » regroupe les services et les activités de la police liés à la recherche et l'identification des auteurs, des victimes et parfois des témoins d'infractions, par des moyens techniques et scientifiques.

Sa mission est plus particulièrement dédiée à l'étude effective, sur la scène du crime et en laboratoire, des traces et des indices matériels. Son domaine d'activité est la criminalistique.

---

[45] MORVAN P., *Criminologie*, LexisNexis, 2013, p. 3 à 12.

[46] CECCALDI P.F., *La criminalistique*, PUF, Collection « Que sais-je ? », 370, Paris, 1962, p. 6. Cité par KASONGO MUIDINGE MALUILO, *Criminalistique. Approche analytique des techniques et méthodes applicables à la recherche des infractions en vue de l'établissement de leur matérialité et à l'identification de leurs auteurs, op. cit.*, p.21.

[47] GASSIN R. et al., *op. cit.*, p. 19-20.

[48] Il est intéressant de lire l'ouvrage de FOMBONNE J., *La criminalistique*, PUF, « Que sais-je ? », 1996, qui discute des conceptions française et anglo-saxonne de la définition de la criminalistique, p. 9 à 22.

Cette discipline applique les progrès les plus récents des sciences pour identifier un malfaiteur, innocenter un suspect ou éclairer la justice dans la reconstitution du fait criminel.

b. La police technique

La police technique est chargée de fixer l'état des lieux où se sont produites les infractions, de rechercher et de recueillir d'éventuelles traces ou indices, d'exploiter les éléments découverts par des méthodes comparatives et enfin d'identifier les personnes impliquées dans les faits.

c. La médecine légale

La médecine légale permet de connaître les causes d'un décès, le moment exact où il s'est produit, l'arme employée par un meurtrier, la distance d'où le coup a été porté ou la manière avec laquelle il a été administré, etc. Elle permet aussi de savoir s'il y a eu violence sexuelle, avortement, etc.

d. La toxicologie

La toxicologie est la « discipline biomédicale ayant pour objet l'étude des effets sur un organisme, des substances étrangères à cet organisme ». L'on peut la définir également comme une « science qui traite des poisons ou toxiques, de leur origine, de leur détection et de leur dosage, de leurs modalités et mécanismes d'action, et des moyens de combattre leurs actions nocives, soit par la mise en œuvre de moyens thérapeutiques (antidotes), soit par l'établissement de mesures de prévention »[49].

Elle renseigne notamment sur l'existence et la nature d'un produit permettant de prouver un homicide par empoisonnement ou l'administration de substances nuisibles pour la santé.

e. L'anthropométrie

L'anthropométrie permet de mettre sur fichier des mensurations exactes et des photographies qui facilitent la recherche et l'identification des malfaiteurs. Cette technique a été remplacée par la dactyloscopie.

---

[49] CHARIOT P. citant Truhaut R., 1991, *Dictionnaire des sciences criminelles*, *op. cit.*, p. 925.

f. La dactyloscopie

La dactyloscopie, ou technique des empreintes digitales, permet d'identifier une personne qui peut être reliée soit à la victime d'une infraction, soit à l'instrument du crime soit à la scène du crime.

g. La cryptographie

La cryptographie est l'ensemble des procédés visant à crypter des informations, c'est-à-dire à les coder en langage chiffré ou en des caractères secrets, pour en assurer la confidentialité entre l'émetteur et le destinataire.

h. Le détecteur de mensonge et le sérum de vérité

Le détecteur de mensonge, ou polygraphe, est un ensemble d'appareils qui mesurent les réactions psychophysiologiques d'un individu pendant qu'on l'interroge, afin de déterminer s'il dit la vérité ou s'il ment. Le postulat selon lequel est censé fonctionner le polygraphe est que le fait de mentir provoque une réaction émotionnelle et s'accompagne donc de manifestations psychophysiologiques mesurables.

Quant au sérum de vérité, c'est une substance utilisée afin d'obtenir des informations d'un sujet non consentant. Les psychotropes employés à cette fin ont été successivement l'éthanol, des extraits végétaux comme la scopolamine, le cannabis, des hallucinogènes comme le LSD (de l'allemand Lysergsäurediethylamid), ou encore des opiacés. Le plus célèbre est le penthotal, un barbiturique à effet rapide. Ces substances interfèrent avec la capacité de jugement et des fonctions cognitives supérieures. L'effet attendu est que le sujet interrogé au moyen du sérum de vérité ne peut pas mentir. L'information obtenue cependant au moyen des sérums de vérité est peu fiable car les personnes interrogées mélangent le réel et l'imaginaire.

i. Le profilage criminel ou analyse criminelle

Le profilage criminel est une technique qui a pour objet, en présence d'un acte criminel dont l'auteur est inconnu, de faciliter son identification en dressant un profil psychologique de son auteur à partir de l'analyse de l'acte criminel qui a été commis et de l'ensemble des constatations effectuées par la police judiciaire appelée « scène du crime ».

Plus précisément, l'analyse de l'acte criminel (ou analyse criminelle ou Anacrim) est l'œuvre de la police judiciaire sur la « scène du crime ». Le profilage criminel est l'inférence (déduction, induction) du profil de la personnalité de l'auteur potentiel du crime et de son comportement à partir de l'observation de la *« scène du crime »*.

E. La politique criminelle

1) La définition de la politique criminelle

L'expression « politique criminelle » est apparue dans la littérature pénale vers 1800 (Feuerbach) pour désigner l'« ensemble des procédures répressives par lesquelles l'Etat réagit contre le crime»[50]. Mais la politique criminelle ne se réduit pas qu'à l'aspect pénal. C'est un élément de la stratégie globale de lutte contre le phénomène criminel. C'est ainsi qu'elle comprend également des mesures préventives qui ne sont pas forcément pénales. Globalement, la politique criminelle est « l'ensemble des procédés par lesquels le corps social organise la réponse au phénomène criminel », selon Mireille Delmas-Marty[51], ou encore l' « ensemble des procédés et moyens, tant préventifs que répressifs, par lesquels un Etat s'efforce de mettre en place une stratégie sous-tendue par des options idéologiques et destinée à lutter contre le phénomène criminel »[52].

La politique criminelle peut encore être définie en extension ou en compréhension. En extension, selon Donnedieu de Vabres, c'est la réaction répressive contre le crime (conception étroite) ou alors le droit de la prévention ou de la criminalité ainsi que l'ensemble des pratiques des différentes institutions chargées d'assurer l'application de ces deux droits : police judiciaire, parquet, juridictions, administration pénitentiaire, etc. En compréhension, la politique criminelle est soit un modèle idéal de lutte contre le crime (Jean Pinatel, Franz Von Liszt, Marc Ancel), soit une politique concrète « quel que soit son degré de cohérence ou d'efficacité (Denis Szabo). [53]

---

[50] FEUERBACH cité par Desportes F. et Le GUNEHEC F., Droit pénal général, 16è édition, Economica, 2009, p. 5.
[51] Idem.
[52] GUINCHARD S. et DEBARD T. (dir.), Lexique des termes juridiques, 18e édition, Dalloz, 2011, p. 609.
[53] LOPEZ G. et TZITZIS S., Dictionnaire des sciences criminelles, Dalloz, 2004, pp. 716-717.

2) La politique criminelle de la RDC

a. L'existence d'une politique criminelle en RDC

A la question de savoir s'il existe une politique criminelle en RDC, la réaction immédiate serait de répondre par la négative compte tenu de nombreux griefs adressés aux pouvoirs publics à propos de l'état de la justice. Cependant, s'il n'existait pas de politique criminelle, l'on assisterait sans nul doute à une anarchie totale. Le problème se pose plutôt en termes d'efficacité ou d'inefficacité de la mise en œuvre de cette politique criminelle.

Pour mesurer le niveau d'efficacité d'une politique criminelle, il faut mesurer le taux de criminalité et plus précisément le taux de récidive. Or, les statistiques, en RDC, ne sont pas tenues de manière systématique. C'est le sentiment général, donc subjectif, d'une part, et des chiffres partiels mais objectifs, d'autre part, qui génèrent cette perception d'inefficacité de la politique criminelle de la RDC. On parle ainsi d'impunité, de récidive et d'augmentation de la délinquance dans tous les domaines : atteintes aux personnes, aux biens ou aux institutions…

Si l'on estime néanmoins qu'une politique criminelle existe en RDC, il faudrait pouvoir en dégager les caractéristiques.

b. Les caractéristiques de la politique criminelle de la RDC

Les définitions en compréhension permettent de faire ressortir les caractéristiques essentielles ci-après :

- Le modèle idéal de la politique criminelle de la RDC

En se basant sur la Constitution et les incriminations récentes, on peut relever les traits suivants :

- Protection de la personne et prise en compte des victimes de l'acte criminel ; référence au droit international et intégration des dispositions des instruments juridiques ratifiés par la RDC ;
- Abolition de la peine de mort et refonte du système de sanctions et du système pénitentiaire ;
- Moralisation de la vie publique, redressement de l'ordre public et de la sécurité juridique ;
- Lutte contre l'impunité ;
- Mise en œuvre de la coopération internationale à travers un droit pénal international conséquent et un réseau international efficace d'aide judiciaire.

- La politique criminelle concrète de la RDC

La question de la politique concrète ne peut utilement être abordée que si l'on mène des enquêtes sur les modalités de recherche et de constatation des infractions, le profil des personnes poursuivies, l'état des poursuites, les statistiques des condamnations, la nature et l'échelle des peines prononcées (problématique de la peine de mort), les modalités d'exécution des peines… Or ces enquêtes ne sont pas réalisées de manière systématique. Néanmoins, dès à présent, on peut faire le constat de la volonté d'interdire les juridictions d'exception, concrétisée par la suppression de la Cour de sûreté de l'Etat et de la Cour d'ordre militaire ; de la non organisation de la peine des travaux forcés pourtant prévue par le code pénal ; de l'utilisation abondante par les parquets de la détention préventive conçue cependant comme une mesure exceptionnelle ; et de l'assimilation de la peine de servitude pénale à celle d'emprisonnement.

Après avoir circonscrit les grandes lignes de la notion de droit pénal, il convient à présent de tracer l'historique de ce droit.

3. L'HISTOIRE DU DROIT PÉNAL

Il ne s'agit pas ici de retracer toute l'histoire du droit pénal, mais plutôt d'affirmer la constance en même temps que l'évolution de la réaction sociale. En effet, depuis la nuit des temps, les sociétés ont toujours réagi devant les transgressions à l'ordre social. Cependant, cette réaction a pris des formes diverses selon les époques. Constance et évolution de la réaction sociale sont les caractéristiques signalées ici en plus de la notion même de réaction sociale.

De l'origine à nos jours le droit pénal est passé par plusieurs périodes que l'on peut, avec Adolphe PRINS[54], dénommer : période coutumière ou de réparation ; période d'expiation ou d'intimidation ; période humanitaire ; et période scientifique contemporaine. Cependant quelles que soient les périodes, les caractéristiques de différenciation portent sur les idées et l'application de ces idées dans le droit positif.

3.1. L'évolution des idées pénales

Pour expliquer la délinquance, les penseurs ont retenu trois grandes orientations prises alternativement ou cumulativement. La délinquance

---

[54] Adolphe Prins, *science pénale et droit positif*, Bruxelles, Paris, 1899, disponible sur https://ledroitcriminel.fr, consulté le 7 janvier 2020.

s'expliquerait soit par la personnalité du délinquant, soit par ses conditions de vie, soit enfin par l'action stigmatisante de la réaction sociale. Les courants de pensée qui suivent ont été conduits par l'une ou l'autre d'entre elles.

A. Le système classique[55]

Le système classique est fondé sur le libre arbitre de l'homme qui le rend entièrement responsable de ses actes et fait valoir la peine à son égard. Au cours du temps, ce système a subi des variations dues au souci de corriger les imperfections des idées antérieures. Celles-ci sont l'œuvre de philosophes, de jurisconsultes et des agents des administrations publiques. La source première de la théorie classique se trouve dans les œuvres de Montesquieu qui a dénoncé les incriminations excessives et humiliantes et préconisé un adoucissement général de la répression ; de Rousseau pour qui on ne peut restreindre la liberté de l'individu que dans une stricte limite ; il faut leur ajouter Beccaria et Bentham.

1) La répression rétributive

La répression rétributive réunit la première série d'idées. Selon cette conception, le crime doit être « rétribué, rémunéré, compensé par une souffrance infligée au délinquant ».[56]

Platon, auquel Saint Thomas d'Aquin a fait écho, professait que le crime opérant une rupture intolérable dans l'ordre du monde, devait entraîner la restauration, la reconstitution de cet ordre par l'application de la peine.

Aristote considérait la peine (« zemia », c'est-à-dire le dommage infligé au délinquant en guise de réparation) comme l'équivalent égalisateur qui permet de rétablir l'équilibre rompu par le crime ; la peine rétablit donc le droit perturbé.

Emile Durkheim estimait que la répression, en dissolvant les émotions collectives provoquées par le crime, maintenait la cohésion sociale.

La justice rétributive lie donc l'administration de la sanction pénale à la démonstration préalable de la culpabilité de l'accusé ; car la peine n'est juste que dans la mesure où elle a pour cible un homme, ou une femme, qui s'est mis(e) consciemment hors la loi en participant au crime.

---

[55] Merle et Vitu, *op.cit.,* pp. 101 et suivants.

[56] Merle et Vitu, *Traité de droit criminel*, 6e édition, *op. cit.,* 1984, p. 102.

2) L'Ecole de Justice absolue

Kant et Joseph de Maistre avaient en commun l'idée selon laquelle la répression est imposée par une exigence fondamentale de la morale qui se suffit à elle-même et doit être satisfaite dans n'importe quelle circonstance.

La peine est la rétribution du délinquant, violateur lucide des normes sociales et qui a délibérément choisi de faire un mauvais usage de sa liberté.

Le droit de punir qui procède de ce devoir s'exerce de façon impérative.

« La punition doit être infligée au coupable dès la constatation de l'imputabilité formelle, non comme un moyen d'amendement du condamné ou même au titre de l'exemplarité sociale, mais pour la seule raison qu'il a commis un crime ».

KANT l'illustre dans son célèbre apologue de l'île abandonnée : « Une société vivant depuis longtemps sur une île se dispose à émigrer définitivement sur le continent et à se disperser. Un membre de cette société a été condamné à mort. Avant de se dissoudre et de quitter l'île, il reste à cette société une dernière tâche à accomplir : l'exécution de ce condamné à mort. Exécution dépourvue d'utilité sociale puisque la société va disparaître. Mais la morale exige que justice soit faite ».

3) La doctrine utilitariste ou le droit pénal libéral

Pour les tenants de la doctrine utilitariste, la peine était certes nécessaire mais il fallait la proportionner aux strictes nécessités de son but. Les citoyens doivent sortir de l'oppression due à l'arbitraire et à la cruauté du système répressif de l'ancien régime. La mission du droit pénal doit consister moins à lutter contre la délinquance qu'à canaliser, limiter et contrôler la distribution des sanctions. Il faut soumettre la force au droit, faire du droit pénal le bouclier des citoyens contre l'Etat et un instrument de pédagogie populaire.

Beccaria et Bentham sont les deux auteurs qui émargent dans ce groupe.

a. Beccaria, Traité des délits et des peines (1764) : Principe de légalité

Beccaria dénonce la rigueur et l'inutilité des systèmes pénaux en vigueur, la cruauté des peines telles l'emploi de la torture, l'application de la peine de mort.

Il a la certitude qu'une peine modérée vaut mieux qu'une peine effrayante mais aléatoire ; il met l'accent sur l'amendement du coupable et son retour à une place normale et honorable dans la société. Pour lui, la peine doit intervenir « non quia peccatum est » (non parce qu'il a péché) « sed ne peccatur » (mais pour qu'il ne pèche plus).

Il préconise un système de stricte légalité, une égalisation objective de la répression et la nécessité d'un équilibre entre la faute et la peine.

Le but de la peine est de mettre autant que possible le coupable dans l'impossibilité de commettre de nouvelles infractions et d'empêcher les autres citoyens de l'imiter. La répression n'a pour but ni l'assouvissement de la vindicte, ni la satisfaction d'un besoin de justice absolue, ni même l'expiation d'un coupable ou la rétribution de son forfait. Elle sert simplement à empêcher que de nouveaux délits soient commis dans le futur.

Au point de vue pratique, il était constaté que la rigueur excessive de la répression entraînait trois conséquences possibles :

- la répulsion qu'elle inspirait incitait parfois le juge à ne pas appliquer la loi ;
- elle poussait l'opinion publique à prendre les coupables en pitié contre la justice elle-même ;
- elle entraînait l'endurcissement des coupables condamnés.

b. Bentham, Traité de législation civile et pénale (1820) : Doctrine de l'utilitarisme

Pour Bentham, le délinquant est perçu comme un homme raisonnable, calculateur véreux qui pèse consciemment le pour et le contre, le gain et le manque à gagner que peut lui procurer une activité criminelle. L'homme criminel de Bentham est ainsi, à l'image de l'*homo œconomicus* d'Adam SMITH, un modèle abstrait dominé par l'intérêt. Il y a lieu donc de prévenir les délits par la menace de peines très sévères. Cependant, il ne faut pas exagérer. La formule qui rend cette idée est « Ni plus qu'il n'est utile, ni plus qu'il n'est nécessaire ».

La peine ici a une double fonction :

- rechercher une prévention générale de la délinquance par l'intimidation ;
- rechercher une prévention spéciale par la rétribution de la peine et l'amendement auquel cette rétribution aboutit.

4) L'Ecole néo-classique

L'Ecole néo-classique est marquée par l'adoucissement de la peine. Elle constitue un équilibre entre le libre arbitre et l'utilitarisme. Sa devise est « pas plus qu'il n'est juste, pas plus qu'il n'est utile ». Les tenants de cette école avancent que l'utilité de la répression ne consiste pas uniquement dans l'intimidation produite sur le coupable et les délinquants potentiels mais qu'elle réside également dans l'amendement, surtout moral, et dans le reclassement du condamné. Ses principaux représentants furent Guizot, Ortolan, Rossi), dans la première moitié du 19ème siècle ainsi que Charles Lucas. Ce dernier, fut le tenant le plus influent d'une variante de l'Ecole néo-classique appelée Ecole pénitentiaire. Abolitionniste de la peine de mort et fervent théoricien de l'emprisonnement préventif, répressif et pénitentiaire, il s'était fondé sur des statistiques criminelles et les annales judiciaires pour se convaincre que la peine capitale pouvait et devait être remplacée par la peine d'emprisonnement.

L'Ecole néo-classique avait mis l'accent sur la complexité et la relativité de la responsabilité morale. En effet, les tenants de ce courant enseignaient que : « entre les auteurs d'une même infraction ou d'un même type d'infraction, il n'y a rien d'autre de commun que l'infraction qu'ils ont commise alors que tout le reste les sépare quant à leur personnalité et leurs responsabilités respectives : leur âge, leurs antécédents, leur éducation, leur intelligence, leur structure mentale, les malheurs ou les tentations qui les ont accablés »

Ils préconisent une individualisation de la peine. Celle-ci doit être adaptée de façon quantitative : à la responsabilité de chaque délinquant. Ni plus qu'il n'est nécessaire (doctrine classique), ni plus qu'il n'est juste (doctrine néo-classique). Cette adaptation quantitative (mathématique ?) leur sera reprochée.

5) Le Néoclassicisme contemporain

Représenté par Levasseur, Merle, Léauté, Larguier, il prône les idées de blâme, de responsabilité morale, de jugement de valeur et de rétribution nécessaires et utiles à la lutte contre la criminalité ; « la peine est fondée sur l'idée de liberté et de responsabilité, mais appliquée en fonction de l'aptitude du condamné à supporter le châtiment et à en tirer profit ».

La responsabilité morale constitue le fondement de la répression conformément à la doctrine classique ; l'aptitude du condamné à subir la sanction tout en s'améliorant constitue le critère de la sanction individualisée et l'apport majeur du néo-classicisme contemporain.

B. Le système positiviste

Le système positiviste tire sa dénomination du positivisme[57] d'Auguste Comte qui rejette toute investigation métaphysique[58] et voit dans l'achèvement du système de sciences la condition de l'accès de l'humanité au bonheur. Il se propose d'organiser la répression sur une base nouvelle, la personnalité du délinquant, non pas au point de vue moral mais à celui de la dangerosité que ce délinquant présente pour la société. « C'est son état dangereux qui doit justifier et déterminer les mesures à prendre à son endroit »[59].

Basés sur le déterminisme et donc à l'opposé de la doctrine du libre arbitre, l'Ecole positiviste a eu le triple mérite de rechercher et de trouver des causes concrètes à la délinquance, d'ouvrir la voie à la criminologie et de proposer une autre sanction que la peine.

Pour les positivistes en effet, l'homme ne jouissant pas du libre arbitre ne peut être tenu responsable moralement de ses actes, mais plutôt socialement, car il est mu par des facteurs internes ou externes. Il doit être puni non pas « parce qu'il a commis une faute mais parce que la société doit se défendre ». Il doit être condamné non « parce qu'il est coupable mais parce qu'il est dangereux ».

On peut considérer donc que pour les tenants de la doctrine positiviste, la défense de la société est une priorité du droit pénal. Dès lors, ils prévoient deux sortes de mesures : les mesures préventives et les mesures répressives. Les premières sont soit des mesures générales de prophylaxie sociale, soit des mesures individuelles de sûreté (traitement). La répression, elle, doit être adaptée à la personnalité de chacun. L'adaptation est ici qualitative et non plus simplement quantitative. C'est ainsi que le délinquant peut être au besoin neutralisé, voire éliminé.

Le flambeau de ce courant de pensée a été tenu par l'Ecole positiviste italienne au 19e siècle, notamment par Lombroso, Ferri et Garofalo, représentants de deux écoles, l'une anthropologique, l'autre sociologique.

---

[57] Doctrine qui se réclame de la seule connaissance des faits, de l'expérience scientifique.

[58] Métaphysique : philosophie qui relève ou traite de la branche de la philosophie ayant pour objet la recherche rationnelle de la connaissance de l'être, de l'univers et l'étude des fondements de la pensée et de la conscience.

[59] BOULOC B., *op. cit.* p. 65

1) L'Ecole anthropologique

Dans son ouvrage « L'Homme criminel » paru en 1875, César Lombroso soutient que la grande criminalité repose sur des prédispositions de nature anthropologique. Il développe la théorie du criminel né. En effet, après avoir étudié les caractéristiques morphologiques des délinquants, il dresse sur cette base le portrait physique de l'Homme criminel en distinguant le criminel-né du criminel passionnel et du criminel aliéné. Il considère que dès que les conclusions scientifiques sont certaines, le criminel doit faire l'objet de mesures nécessaires. Celles-ci seront impitoyables pour les criminels-nés, susceptibles de diminuer la sensibilité des criminels passionnels et de traiter les criminels aliénés, dans un lieu d'enfermement tenant de l'asile et de la prison.

2) L'Ecole sociologique

➢ Enrico Ferri (1856-1929)

Enrico Ferri, professeur de droit et avocat, publie en 1881, un ouvrage intitulé la sociologie criminelle dans lequel il défend l'idée que le crime est le résultat de la conjonction de plusieurs facteurs : physiques, sociaux et psychologiques.

Les causes de la criminalité devraient être recherchées en dehors de l'individu, elles proviendraient essentiellement du milieu dans lequel il vit, un bouillon de culture dans lequel se développe le microbe, lui-même impuissant en milieu stérile. Mais le milieu ne saurait à lui seul avoir un effet fatal et déterminant comme Ferri semble l'avoir pensé en formulant sa loi de saturation criminelle.

➢ Raphael Garofalo (1851-1914)

Adepte des idées de Ferri, Garofalo rejette le libre arbitre qui d'après lui est une fiction. Il préconise la substitution de la responsabilité morale par la responsabilité sociale.

Il publie en 1895 un ouvrage intitulé « La criminologie ». Il y développe le concept d'état dangereux de la personne. Cet état dépend de deux facteurs opposés : la tendance naturelle du délinquant à commettre un crime d'une part et d'autre part son aptitude à résister à cette tendance en s'adaptant à la vie sociale. Pour Garofalo, il est important de connaître la vie et la personnalité du délinquant ainsi que son environnement social ou professionnel pour connaître les raisons de son passage à l'acte.

Cette position aboutit à l'alourdissement des peines et au renforcement des pouvoirs de l'accusation.

C. Le mouvement de défense sociale

1) Le Mouvement de défense sociale (20e siècle)

L'idée de base est que la réaction sociale doit intervenir *ante delictum*, c'est-à-dire avant la commission de l'infraction. Le mouvement de Défense sociale rejette les postulats des deux autres systèmes, celui du libre arbitre et celui du déterminisme. Il présente le phénomène criminel comme un problème nécessairement concret ; il analyse la commission de l'infraction pour démontrer le degré de liberté et donc de responsabilité du délinquant au moment où cela se produit. Il prône l'individualisation de la sanction par la peine ou la mesure de sûreté.

2) Marc Ancel, la « défense sociale nouvelle » (1954)

Marc Ancel est la figure prédominante du mouvement de défense sociale nouvelle. Il rejette l'idée du déterminisme et réintroduit le concept de responsabilité. Il rejette le libre arbitre mais reconnait qu'il existe en l'homme un certain sentiment de liberté ; l'homme fait donc des choix sur la base de ce sentiment de liberté.

Selon sa conception, la réaction sociale doit consister en un traitement individualisé destiné à responsabiliser le délinquant de manière à le protéger contre le rejet par la société et à permettre sa réinsertion.

3.2. Permanence et évolution du phénomène criminel

A. Notion de phénomène criminel

1. Définition

Le phénomène criminel est l'ensemble des comportements qui ont la particularité à la fois de troubler l'ordre public et d'être incriminés par la loi pénale (la délinquance) ou qui sont susceptibles de l'être (la déviance). Les comportements décriés expriment un refus de respecter les normes considérées comme importantes par une société déterminée. Plus particulièrement, on entend par délinquance, une conduite caractérisée par des infractions répétées, considérée surtout sous son aspect social. La déviance, elle, est un comportement qui échappe aux règles admises par la société, mais qui n'a pas été érigé en infraction. Exemple : le phénomène « enfant de rue » n'est pas érigé en infraction, il est cependant une déviance puisque contraire aux règles de vie en société.

Le crime, ici synonyme d'infraction, est un acte sanctionné par une peine. Dans les pays qui admettent la division tripartite des infractions en crime, délit et contravention, le crime est une infraction grave, punie des peines les plus sévères (réclusion ou détention criminelle), assorties, selon les cas, de peines d'amende et de peines complémentaires.

2. Causes

1) Les facteurs endogènes de la criminalité

Selon un courant médical de la criminologie, les causes de la criminalité seraient à rechercher en priorité dans le système physiologique de la personne humaine et plus précisément dans son fonctionnement endocrinien. Il a même été avancé qu'il existerait un chromosome du crime suite à une étude menée sur un certain nombre de délinquants et qui a démontré qu'ils étaient porteurs d'une aberration chromosomique. Il ne s'agit là que d'une variante de la théorie de Lombroso, transférée à la génétique. De nombreuses études cependant ont montré l'inexactitude de la théorie des aberrations chromosomiques[60]. On sait pourtant que des facteurs individuels jouent un rôle dans la criminalité comme l'âge ou le sexe.

- *Les caractères innés*

Les caractères innés marquent l'individu dès sa naissance. Ils sont d'ordre organique (anatomie et biologie) ou psychologique (race, sexe). Par exemple, les femmes seraient moins délinquantes que les hommes.

- *Les caractères acquis*

Les caractères acquis le sont de manière volontaire ou involontaire par : l'alcoolisme, l'usage des stupéfiants ; différentes périodes de la durée de vie de l'être humain (puberté, sénescence, sénilité) ; maladies organiques (ex. tumeur au cerveau).

---

[60] MERLE R. et VITU A., Traité de droit criminel, op. cit., pp. 57-58.

2) Les facteurs exogènes de la criminalité

Les facteurs exogènes sont, selon les criminologues, tiennent au milieu dans lequel évolue l'individu et peuvent le mener à la délinquance. On a notamment souligné l'importance du milieu démographique. Les conditions de travail personnelles peuvent avoir également une influence. Le constat est qu'on ne peut pas systématiser les causes de la délinquance ; celle-ci résulte d'une pluralité de causes. « Par sa théorie des associations différentielles, Edwin H. Sutherland, essaie de préciser comment les individus sont devenus criminels et pourquoi les taux de criminalité varient suivant les nations »[61].

a) Le milieu physique

Par milieu physique, l'on entend milieu géographique, le climat, les saisons, la démographie. On a remarqué que les actes de violence sont commis de préférence sous des climats de forte chaleur. La criminalité est plus importante dans les zones de forte concentration de population.

b) Le milieu économique

Les difficultés économiques dues par exemple à la guerre, aux troubles sociaux, au chômage, mais aussi à la prospérité économique discriminatoire par le sentiment d'injustice qu'elle produit, occasionnent la criminalité. Le milieu économique et social semble également jouer un rôle. Il va donc falloir prendre en compte aussi bien l'état général de la société que les situations individuelles. Par exemple, la criminalité s'élève dans des périodes de crise ou de pénurie. L'on peut dire plus concrètement que le phénomène « Kuluna » procède notamment de la situation socio-économique qui déstructure l'autorité parentale, accroit les abandons scolaires et le nombre de jeunes désœuvrés.

c) Le milieu social

Le milieu social englobe une série de milieux spécifiques où l'on peut voir surgir des infractions spécifiques.

- *Le milieu professionnel*

Ce milieu connaît la commission des délits économiques sous forme de fraudes diverses, la délinquance des hommes publics qui se conjugue

[61] GASSIN, *Criminologie*, *op. cit.* p. 205.

en corruption, concussion, détournement des biens publics et enrichissement illicite.

- *Le milieu scolaire*

Les enfants mal adaptés, ou intégrés, à ce milieu commettent des actes de violence. Mais surtout ce sont des fraudes, des injures publiques, le harcèlement, qui caractérisent le mieux ce milieu.

- *Le milieu d'habitation*

La délinquance des quartiers résidentiels est différente de celle des quartiers populaires. Il y aurait une proportion plus grande de crimes basés sur la violence que de ceux réalisés par le moyen de la ruse.

- *Le milieu familial*

Le milieu familial, par l'éducation et l'encadrement qu'il fournit, joue un rôle important sur la propension d'une personne à devenir ou non délinquante : formation de la personnalité, développement affectif, acquisition des valeurs, rôle stabilisateur ou déséquilibrant du foyer.

- *Le milieu culturel*

Ce milieu génère le système de valeurs sociales. Il peut produire des anti-valeurs ou des sous-cultures déviantes voire délinquantes.

- *Le milieu associatif*

Dans le milieu associatif, le choix des membres est de grande importance pour deux raisons, la première est que les relations conviviales peuvent devenir conflictuelles si les personnalités s'affrontent et n'ont pas l'esprit de conciliation ; la seconde est que toute association peut devenir criminelle si l'objet est illicite ou étant licite, les moyens pour l'atteindre sont illégaux.

Le caractère constant de la délinquance étant circonscrite, il faut voir maintenant que cette constance dans le temps n'est pas limitative de la nature et du nombre des faits criminels.

3. Les mesures du phénomène criminel

a. Mesure quantitative du phénomène criminel

1) La criminalité réelle

La criminalité réelle constitue l'ensemble des infractions effectivement commises sur un territoire donné. Le nombre de ces infractions est inconnu. On l'appelle le chiffre noir ou le chiffre obscur du crime. Les sondages de victimisation peuvent cependant en donner une idée. Pour expliquer ce chiffre noir, l'on a avancé des causes possibles : certaines victimes n'ont pas conscience d'avoir subi un préjudice (abus de faiblesse, escroquerie) et ne déposent pas plainte ; la peur des représailles ; la peur des auditions devant la police ou le parquet ; les solutions extrajudiciaires (restitution, remboursement, transaction…) ; nature et modalités d'exécution de certaines infractions (les infractions économiques sont découvertes bien souvent longtemps après leur commission).

2) La criminalité apparente

On appelle criminalité apparente celle qui résulte du nombre des affaires pénales traitées par la police et le parquet.

3) La criminalité légale

La criminalité légale est représentée par le nombre des affaires traitées par les juridictions et qui ont abouti à une condamnation.

On appelle chiffre gris de la criminalité l'écart entre la criminalité apparente et la criminalité légale.

b. Mesure qualitative du phénomène criminel

La perception par les autorités chargées d'assurer l'ordre public de la mesure qualitative du phénomène criminel devrait se baser sur les statistiques permettant de tracer le profil des infracteurs et la nature des infractions perpétrées. En dehors des statistiques, l'on pourrait réaliser des sondages d'opinion pour identifier les éléments nécessaires afin d'avoir une idée du phénomène criminel bien qu'il faille reconnaître que l'impossibilité de connaître le chiffre réel de la criminalité handicape cette connaissance. Les réactions des autorités se basent alors sur des considérations divergentes, d'une part, un imaginaire statu quo, de l'autre, des incidents événementiels défrayant la chronique.

Quant aux justiciables, c'est sur la base du vécu par soi-même ou par les personnes que l'on connaît et sur celle des médias écrites ou audio-visuelles, qu'ils fondent leurs opinions. On ne peut dès lors s'étonner que cette perception ait, à bien des égards, des connotations émotives.

B. La permanence du phénomène criminel

Le phénomène criminel ainsi entendu est une constance de toutes les sociétés humaines quel que soit leur degré de développement. En effet, toute société humaine connait trois étapes d'un même mécanisme lié, peut-être, à la structure même des collectivités humaines. La première est celle de l'établissement des lois pénales. Sous les formes tantôt coutumières, tantôt écrites, variables selon le degré d'évolution de la civilisation considérée, toute collectivité humaine édicte des normes de conduite imposées sous la menace d'une sanction pénale. Ce premier temps du phénomène ne prend jamais fin, par suite de la naissance, de la vie et de la mort des règles pénales, qui se renouvellent au cours de l'histoire des sociétés. Le deuxième temps consiste en l'établissement des lois, qui entraîne partout leur violation par une fraction de la collectivité rebelle, sans doute, à l'uniformité de la règle imposée par une majorité des membres de la société ou par la volonté des chefs de celle-ci. Le troisième temps est celui de la réaction sociale qui de primitive, dans les temps reculés, est devenue petit à petit rationnelle et organisée.

C. La transformation du phénomène criminel

1. Changement de la nature des faits criminels

Les faits criminels sont constitués de diverses atteintes : atteintes à la vie et à l'intégrité des personnes, atteintes aux biens, atteintes contre la communauté. Ces atteintes cependant se sont diversifiées au cours du temps pour englober de nouveaux comportements dus au développement politique et socio-économique des sociétés. C'est ainsi que sont nées les infractions contre la Nation et l'Etat, les incriminations internationales, les infractions de prévarication, les infractions particulières telles les infractions militaires, les infractions économiques et des affaires, les infractions du travail et de la prévoyance sociale, les infractions de la presse et des nouvelles technologies de l'information et de la communication, les infractions écologiques, les infractions de la circulation et des transports, etc. Ces catégories seront revues lors de l'examen de la deuxième partie du cours consacrée à l'infraction.

2. Accroissement du volume de la criminalité

Il s'agit en fait de l'accroissement du nombre d'infractions connexes commises. Les facteurs en sont l'accroissement de la démographie, des conséquences de la dégradation de la situation socio-économique qui provoque la précarité, le chômage, la promiscuité. Cet accroissement est dû également à l'arrivée des nouvelles technologies, à des inventions nouvelles au point de vue de la technique, de la médecine, de la lutte contre la dégradation de l'environnement. En fait, des carences ou des besoins nouveaux entrainent des comportements préjudiciables à la société et leur nombre va sans cesse croissant. Un petit exemple est donné par l'augmentation du nombre d'accidents de la circulation, qu'il s'agisse de la circulation routière, fluviale, lacustre, marine ou aérienne. Ces accidents peuvent être provoqués ou involontaires. Il y a la multiplication des actes de terrorisme dont on parle de plus en plus dans l'Est de la RDC.

Devant cette aggravation de la criminalité, la réaction sociale qui cependant existe dès les premières constitutions de la société ne peut que s'adapter.

3.3. Constance et variation de la réaction sociale

A. Notion de réaction sociale

1. La définition

« Le terme de réaction sociale, comme son nom l'indique d'ailleurs, peut être défini, pour l'instant, comme l'ensemble des moyens (ici, les institutions pénales) que la société va se donner et mettre en œuvre pour réagir, face au crime : en matière pénale, la réaction sociale va se manifester essentiellement par la poursuite et la répression du délinquant »[62].

2. Les caractéristiques

La réaction sociale face à la délinquance peut prendre plusieurs formes. Tantôt, elle ne consiste qu'à venger les victimes, c'est souvent une réaction arbitraire, tantôt elle s'efforce de rendre la justice. Au départ, il s'agissait d'une justice privée à laquelle s'est substituée peu à peu la justice publique. Cependant, face au mauvais fonctionnement de la justice, sous divers cieux, l'on assiste à des épisodes de vengeance ou de justice privée intervenant en même temps que la justice publique.

La réaction pénale allie prévention des crimes, punition des infracteurs et traitement aussi bien des auteurs d'infractions que des victimes en privilégiant l'un ou l'autre aspect. Elle met un accent plus ou moins prononcé sur la réparation ou la restauration des victimes et de leurs agresseurs, lorsque ceux-ci ont pu être identifiés.

---

[62] LOMBARD F., *op. cit.*, p. 6.

B. Constance de la réaction sociale

1. La prévention

Pour détourner les individus des agissements plus ou moins attentatoires à l'intérêt social, pour empêcher que ces agissements ne se reproduisent, le législateur prévoit les mesures générales de prophylaxie sociale, les mesures de sûreté individuelle, l'établissement d'une liste complète et précise des infractions et l'institution de délits obstacles à des infractions plus graves.

a. Les mesures générales de prophylaxie sociale

Les mesures générales de prophylaxie sociale sont des mesures d'organisation générale de l'environnement social destinées à assainir le milieu de vie et à tarir les sources les plus importantes de la criminalité. Elles interviennent dans une multiplicité de domaines comme l'habitat, le règlement des débits de boisson, la circulation des personnes et des biens, les occupations, la vie familiale, etc.).

b. Les mesures de sûreté individuelles

Les mesures de sûreté individuelles sont des mesures coercitives, sans coloration morale, imposées à des individus présentant un état dangereux pour l'ordre social afin de prévenir les infractions que leur état rend probables. Elles peuvent être des mesures éducatives, thérapeutiques, d'assistance tutélaire (tutelle ou curatelle), ou de surveillance. Il peut par exemple être interdit à ces individus de fréquenter certains lieux ou leur faire obligation de suivre une cure de désintoxication.

c. La liste complète et précise des incriminations et sanctions

Une liste complète des infractions serait un atout appréciable dans la lutte contre la criminalité mais compte tenu de la multiplicité des textes d'incrimination, une pareille liste semble un peu utopique à moins qu'une institution soit spécialement chargée de sa mise à jour régulière.

d. Les délits obstacles

Les délits obstacles ont pour but de prévenir les infractions les plus graves. On en trouve un grand nombre dans la réglementation du commerce, la détention ainsi que de la circulation de certains produits ou instruments dangereux (substances toxiques, armes à feu, etc.).

2. La répression

La société ne peut rester indifférente devant les actes des personnes qui troublent l'ordre public autrement ces actes vont se généraliser au point d'instaurer l'anarchie. Cependant, pour que cette réaction soit pénale, il faut encore que les comportements décriés mettent suffisamment en danger l'ordre public dans ses aspects de sécurité, tranquillité et salubrité.

Les mesures répressives sont destinées à punir les délinquants convaincus d'avoir commis une infraction.

a. Les peines

Les personnes convaincues d'avoir perpétré des infractions sont condamnées à des peines c'est-à-dire à des sanctions qui les privent de leur vie, de leur liberté ou atteignent leur réputation ou leur patrimoine.

b. Les mesures alternatives à la peine

Les mesures alternatives à la peine ne doivent pas être confondues avec les peines alternatives (à l'emprisonnement). On désigne par « mesures alternatives » les dispositifs auxquels le Parquet peut recourir afin d'éviter les poursuites, en matière d'infractions de faible gravité. Un cabinet parisien, le cabinet Torossian[63], spécialisé en droit pénal et en droits des affaires, a recensé les catégories ci-dessous en droit français. Il est à noter que ces mesures ne sont pas connues du droit pénal congolais.

1) Le classement sous condition

Le Parquet accepte de classer une affaire sans suite, aux conditions qu'il fixe : régulariser une situation, réparer le dommage causé, ne pas réitérer le comportement prohibé, etc.

Le Parquet peut ainsi :

- procéder au simple rappel des faits et des obligations résultant de la loi ;

---

[63] www.torossian-avocats.com

- orienter la personne vers une structure sanitaire, sociale ou professionnelle ;
- lui demander de régulariser sa situation ;
- lui demander de réparer le dommage causé ;
- faire procéder à une mission de médiation.

Cette procédure suspend la prescription de l'action publique. Le Procureur établit un procès-verbal, signé par lui et les parties. Si le comportement de l'auteur des faits n'est pas satisfaisant durant cette procédure, le Procureur peut mettre en œuvre une composition pénale ou engager les poursuites.

2) La composition pénale

La composition pénale est une sorte de transaction qui permet au Procureur de proposer à une personne majeure qui reconnaît avoir commis un délit, dans les cas prévus par la loi, d'effectuer certaines mesures présentant un caractère de sanction. Il peut s'agir de verser une amende au trésor, de se dessaisir de la chose utilisée pour l'infraction, de remettre son véhicule, son permis de conduire ou son permis de chasser, d'accomplir au profit de la collectivité un travail non rémunéré, de suivre un stage ou une formation, de ne pas émettre de chèque, de ne pas utiliser de carte de paiement, de ne pas apparaître dans des lieux désignés, de ne pas rencontrer les victimes, auteurs ou complices de l'infraction commise, de ne pas quitter le territoire national, de faire un stage de citoyenneté, etc.

La personne à qui est proposée une composition pénale est informée qu'elle peut se faire assister d'un avocat avant de donner son accord.

3) La médiation pénale

Il s'agit d'une procédure réunissant l'auteur et la victime d'une infraction, en présence d'un tiers médiateur habilité par la justice pour que soit trouvée une solution librement négociée.

4) La comparution sur reconnaissance préalable de culpabilité (CRPC)

Il s'agit d'une procédure qu'on appelle plus vulgairement le « plaider coupable » : elle permet au Procureur de proposer, directement et sans procès, une peine à une personne majeure qui reconnaît les faits. Elle s'applique aux personnes ayant commis un délit puni d'une amende ou d'une peine de prison inférieure ou égale à 5 ans. Elle n'est pas applicable aux mineurs de moins de 18 ans, au délit d'homicide involontaire, aux délits de presse, aux délits politiques et aux délits dont la procédure est prévue par la loi.

Il peut proposer une peine de prison qui ne peut être supérieure à 3 ans, ni excéder la moitié de la peine encourue ou une amende, dont le montant ne peut être supérieur à celui encouru. Ces peines peuvent être assorties d'un sursis ; le Procureur peut également proposer des peines complémentaires.

La personne est informée qu'elle est obligatoirement assistée de son avocat. Elle a droit à un délai de réflexion de 10 jours avant de faire connaître sa décision au Procureur. Pendant le délai, il peut être placé sous contrôle judiciaire, mais également en détention provisoire si la peine proposée est supérieure à 2 mois de prison ferme et immédiate.

Si la personne accepte la proposition du Procureur, celui-ci saisit le Président du tribunal de grande instance pour la faire homologuer. Si la personne refuse les propositions du Procureur, celui-ci saisit le Tribunal correctionnel. Si toute personne faisant l'objet de l'une de ces mesures alternatives aux poursuites doit être assistée d'un avocat, cette assistance n'est pas obligatoire pour la victime.

Les alternatives à la peine visent également les cas où le juge tout en se prononçant affirmativement sur la culpabilité du délinquant, ordonne une obligation de traitement, un internement ou une décision spécifique telle que l'interdiction d'exercer une profession ou la publication d'un jugement. Le traitement peut avoir lieu dans un pénitencier si le juge l'ordonne. La mesure institutionnelle ou ambulatoire a pour objectif de soigner une personne qui a commis une infraction en lien avec un trouble mental ou une addiction. Le juge peut se contenter d'infliger au délinquant une admonestation, en fait un avertissement. Cette attitude du juge est plus rigoureuse que la pratique qui tend à acquitter le prévenu bien que convaincu de sa culpabilité, en raison de circonstances tenant à sa personnalité ou à la commission de l'infraction.

C. Variation de la réaction sociale

1. Nécessité d'adaptation

Le caractère constant de la réaction sociale n'altère en rien sa relativité. Les comportements réprimés n'ont pas toujours été les mêmes en termes de nature ou de gravité. Plusieurs périodes se sont succédé dans le temps, même si, ici ou là, l'on note des imbrications entre les différentes modalités.

a. La période de la vengeance privée

La période de la vengeance privée est caractérisée par l'absence de l'Etat et de contrôle étatique. Ce sont les chefs de communauté ou de famille qui exercent une autorité sur les membres du clan. L'initiative de la répression appartient à la victime et à sa famille restreinte ou élargie (solidarité active). Leur réaction menée, souvent sous le coup de l'émotion, à l'encontre de l'auteur et de sa famille (solidarité passive) est souvent démesurée. Le dommage subi constitue généralement l'unique fondement de la répression. L'abus de ces actes répressifs a amené l'instauration d'une compensation facultative puis obligatoire.[64]

b. La période de la justice privée

Le caractère épuisant des luttes interminables entre clans, ou villages, l'incompatibilité de telle situation avec une organisation politique même sommaire, l'importance du facteur religieux, ont été à la base de l'avènement de la justice privée : restriction au principe de la vengeance privée (abandon de l'arbitraire et de l'extrême rigueur des peines) ; limitation du degré de vengeance ; détermination des lieux et moments d'asile et trêves.

La victime et sa famille continuent néanmoins à jouer un rôle encore important dans l'initiative du déclenchement, dans la conduite du déroulement ainsi que dans la poursuite de la réparation.[65]

c. La période de la justice publique

La justice publique est née de la nécessité d'une intervention judiciaire (action publique). Le droit d'accusation est étendu, l'Etat prend le relais de la victime pour l'organisation et la direction de la répression : initiative du procès, recherche des preuves, décision sur la culpabilité, condamnation à une sanction pénale, exécution de la peine (sanction sociale), compositions légales.

La réparation du préjudice social prend la primauté sur la réparation de la victime.[66]

---

[64] BOULOC B., op. cit., pp. 46-48.

[65] Idem, pp.49-52 ; AKELE ADAU Pierre, Le citoyen-justicier. La justice privée dans l'Etat de droit, ODF Editions, Kinshasa, décembre 2002, pp. 11-16.

[66] Idem, pp. 52-55.

2. Modalités de réaction sociale

Si la société est fondée à agir devant les actes posés qui menacent la survie de la société, elle se doit d'organiser cette réaction de manière à éviter aussi bien la tyrannie que l'anarchie. Pour ce faire, elle détermine à l'avance les comportements à proscrire et les sanctions à appliquer aux infracteurs.

a. L'établissement des incriminations

Etant donné la gravité de ses interventions, le droit pénal ne peut être utilisé pour sanctionner tous les comportements. La première tâche des pouvoirs publics est donc de sélectionner les prescriptions, obligations ou interdictions, qui nécessitent les sanctions les plus sévères (violences contre les personnes et les biens, atteintes à l'Etat, actes immoraux, etc.). C'est l'incrimination. Le législateur sélectionne, par ce biais, les comportements qui portent atteinte aux valeurs essentielles de la société et aux intérêts fondamentaux des particuliers et qui sont imputables à des personnes reconnues pénalement responsables.

1) Les valeurs

D'après PAN WEI, les valeurs sont des idées essentielles pour l'existence et le développement des êtres humains. Ces idées seraient relatives à ce qui est juste et injuste, des idées sur lesquelles se fondent la honte et l'honneur, des idées qui nourrissent nos rêves d'avenir meilleur. Il ajoute cependant qu'il est impossible et inutile de construire une science des idées, et plus encore une science des valeurs[67]. Nous nous démarquons cependant de cette dernière opinion, car l'axiologie ou science des valeurs a servi de fondement à la fonction axiologique du droit pénal.

Les valeurs résultent en principe du choix libre des citoyens. Elles sont à rechercher dans des textes consensuels tels la Constitution, les Actes de la Conférence nationale souveraine, la Charte congolaise des droits de l'homme, les instruments internationaux régulièrement ratifiés, mais également dans les résultats des enquêtes d'opinion, des enquêtes de sociologie ou d'anthropologie juridiques, dans les conclusions des analyses des sensibilités philosophiques ou culturelles des populations.

Elles concernent les individus dans leurs relations avec d'autres individus, avec l'environnement naturel, les communautés (famille,

[67] Pan Wei, Les valeurs fondamentales des sociétés contemporaines, Diogène 2008/1 (n°221), p. 74.

milieu d'études, milieu professionnel, milieu socio-économique), les pouvoirs publics, enfin l'environnement mondial.

2) Les principes

Les principes, entendus ici comme des règles générales théoriques qui guident les comportements, montrent l'engagement qu'une personne a envers des valeurs jugées positives. Il s'agit des règles morales.

3) Les intérêts

L'intérêt est considéré comme une utilité matérielle ou morale, actuelle ou future, en général égoïste mais parfois altruiste, d'une personne physique ou morale. Cette utilité consiste pour son porteur à avoir la possibilité matérielle de satisfaire des besoins, d'obtenir des avantages ou d'éviter des inconvénients.

b. L'établissement des sanctions et de leur gravité

Le législateur détermine les infractions en établissant les sanctions en nature et en gravité selon le degré de réprobation que la société éprouve et l'importance que lui-même accorde aux valeurs protégées, avec pour objectif, non seulement, la répression mais également la réhabilitation de la victime ou de l'auteur de l'infraction.

3.4 L'évolution du droit positif congolais

A. Le droit pénal traditionnel de la période précoloniale

Par droit pénal traditionnel, il faut entendre, avec le professeur FOFE[68], le système juridique qui était en vigueur dans la société traditionnelle pure, c'est-à-dire avant toute pénétration coloniale. Ce droit traditionnel se distingue du droit coutumier, appellation qui devrait être réservée au droit coexistant avec le droit écrit depuis la colonisation.

---

[68] FOFE DJFIA MALEWA, Les caractères victimocentriques du droit pénal traditionnel, in Le droit aux prises avec les réalités socioculturelles, Actes des Journées scientifiques organisées par la Faculté de droit du 25 au 26 avril 1997, Revue de la Faculté de droit, 1ère année, numéro spécial, 1998, Université Protestante au Congo.

1. Le domaine du droit pénal traditionnel

Ce domaine est limité. D'après Sohier, il se réduit aux manquements au droit que la conscience publique réprouve au point d'estimer qu'il doit entraîner, non seulement la réparation du tort causé à la victime, mais également un châtiment. Si l'auteur du châtiment est un particulier, c'est la vengeance privée, mais si c'est un tribunal, c'est la justice publique.

2. Les caractéristiques du droit pénal traditionnel

La première caractéristique du droit traditionnel est la conciliation. En effet, la conception africaine de la justice la place à un degré supérieur à toute autre technique juridique, pour régler ou prévenir les conflits. Elle se base sur une manière de vivre ensemble où les justiciables font confiance au chef à qui ils portent leurs différends et qui réagit plus en arbitre qu'en juge.

Le droit pénal traditionnel est un droit oral, d'indifférenciation (de nature privatiste et publique en même temps), poursuivant des objectifs de réparation plutôt que de répression, reflétant la conception bantoue du monde[69] et considérant l'homme dans sa totalité relationnelle.

Ce droit subit l'influence du sacré ou de l'invisible. Les croyances religieuses et magiques non respectées, méprisées ou même simplement ignorées de bonne foi, entraînent une série de sanctions spéciales qui, par leur effet, ressemblent à celles qui dérivent d'un crime. Cependant, le fondement de la sanction est tout à fait différent car il s'agit d'une offense aux forces occultes ou supra-terrestres assez similaire à la sacralité de l'époque ancienne du droit romain. La réaction sociale contre ces actes est assurée par les membres du clan qui déterminent le sacré, à savoir les sorciers, féticheurs et autres devins. Ces sorciers

---

[69] LA VISION DU MONDE SELON LES BANTU. Selon John Mbiti, la conception bantu du monde est anthropocentrique, c'est à dire que tout est considéré en termes de relation avec l'être humain. Il énumère 5 catégories :

1) Dieu, l'explication ultime de l'origine de la substance de l'homme et de toutes les choses ;
2) les esprits, faits d'êtres surhumains et des esprits des hommes morts longtemps auparavant ;
3) l'homme, comprenant les êtres humains qui sont en vie et ceux qui sont sur le point de naître ;
4) les animaux et les plantes, ou le reste de la vie biologique ;
5) les phénomènes et objets qui ne participent pas à la vie biologique.

En termes anthropocentriques, Dieu est le créateur et celui qui nourrit l'homme; les esprits expliquent la destinée de l'homme; l'homme est le centre; les animaux, les plantes, les phénomènes naturels et les objets constituent le milieu où il vit et lui procurent les moyens d'exister. http://afriquepluriel.ruwenzori.net/bantu.htm, consulté le 01/07/2019.

agissent selon une procédure spéciale, par l'administration des preuves qui leur sont propres (épreuves superstitieuses, ordalies[70]...). Il s'agit ici moins d'un ordre moral que de ce que l'on pourrait appeler l'ordre du sacré.

3. La place de la coutume dans la période précoloniale

Le caractère oral, parfois mystérieux, du droit traditionnel pouvait faire croire au règne d'un ordre arbitraire. Mais en réalité, il était la conséquence d'un consensus coutumier général.

Selon le professeur Lamy[71], dans l'organisation patriarcale et ethnique, il n'existait pas de gouvernement assez fort pour imposer largement et exclusivement son autorité. Même dans les entités politiques déjà fortement structurées comme les royaumes du Kongo (XVIe - XVIIe siècles), Lunda et Luba (au XVIIIe siècle notamment), etc., l'autorité du centre politique le plus fort était limitée par l'autonomie des groupes familiaux ou parentélaires qui prenaient en charge de façon collective la poursuite des infractions dont était victime l'un des leurs ou la réparation civile ou pénale des infractions commises par un membre de la communauté.

L'ordre public était donc, à l'image de la structuration et de la stratification sociale coutumière, dominé par les intérêts des groupes familiaux. La répression pénale était l'expression d'une vengeance privée collectivement assumée par l'entité familiale ou parentélaire. Il y avait identité entre ordre public et ordre social des groupes familiaux.

Dans les régions où étaient installés des pouvoirs centraux forts, qu'il s'agisse de royaumes ou d'empires, on constate le même déséquilibre entre l'aspect public du droit pénal et son aspect privé. Tandis que le premier a les faveurs du souverain puisqu'il s'agit avant toute autre chose de protéger son autorité et de l'étendre au plus grand nombre possible de groupes parentélaires, le second est volontiers laissé à la compétence des patriarches au sein des différentes communautés classiques.

---

[70] Epreuve judiciaire dont l'issue, censée dépendre de Dieu ou d'une puissance surnaturelle, établit la culpabilité ou l'innocence d'un accusé.

[71] LAMY Emile, *Le droit privé zaïrois, vol. 1er : Introduction à l'étude du droit écrit et du droit coutumier zaïrois*, P.U.Z., Kinshasa, 1975.

4. Le principe de légalité dans la période précoloniale

Du fait même de l'oralité du système juridique traditionnel, de la multiplicité et de la variation des coutumes, un tel principe était difficilement concevable.

5. La nature et la gravité des sanctions dans la période précoloniale

Les sanctions du droit traditionnel étaient extrêmement variées mais souvent cruelles et arbitraires. Cette sévérité était une caractéristique de la société de l'époque qui se percevait même dans les sanctions disciplinaires infligées par les parents en guise de correction de leurs enfants.

B. Le droit pénal intermédiaire de l'Etat Indépendant du Congo 1885-1908

Le droit pénal intermédiaire de l'EIC prend sa source dans les décrets du Roi souverain qui pouvait déléguer son pouvoir législatif en cas de besoin au Gouverneur général. Les arrêtés du Secrétaire général n'intervenaient que dans le cadre de la mise en exécution des textes législatifs.

1. Les règles en vigueur

« L'administration de l'État du Congo n'est pas basée sur le principe de la séparation des pouvoirs que semble comporter à première vue cette distinction, car ce principe est le propre des pays constitutionnels »[72].

C'est ce qu'enseignait entre autres Octave LOTJWERS, avocat à la cour d'appel de Bruxelles, ancien magistrat de l'État Indépendant du Congo, professeur au cours colonial et greffier au Conseil supérieur de l'Etat Indépendant du Congo.

Il poursuivait ainsi : « La situation est tout autre dans l'État du Congo, qui est une monarchie absolue. Sa caractéristique, c'est que la source ou tout au moins la jouissance des trois pouvoirs réside sur une seule et même tête : celle du Souverain. »

Cette opinion est partagée par Félix VUNDUAWE te PEMAKO et Jean-Marie MBOKO DJ'ANDINA, qui déclarent qu'en « l'absence de Constitution et d'un Parlement, la législation de l'Etat Indépendant du

---

[72] LOTJWERS Octave, *Eléments de droit de l'Etat Indépendant du Congo*, M. Meissenbruch, imprimeur du roi, éditeur, 49, rue du poinçon, 49, Bruxelles, pp. 5 à 8.

Congo exprime la volonté du Roi-souverain. Agissant en toutes matières par voie de décrets, le Roi-souverain a donc dû prendre des décrets ayant, selon le cas, valeur constitutionnelle, législative ou administrative ». « C'est la doctrine », poursuivent les auteurs, « qui a pu faire la distinction entre les décrets dits constitutionnels, législatifs ou administratifs à l'exemple du doit public belge de l'époque »[73].

Octave LOTJWERS ajoutait encore : « Si nous trouvons cependant aussi au Congo, comme dans tous les États modernes, des autorités ou des organismes les uns chargés de faire la loi, d'autres de veiller à l'exécution générale de la loi, d'autres enfin d'appliquer la loi en cas de difficultés, c'est que le Roi-Souverain n'a pas voulu exercer directement son autorité dans tous les domaines où elle doit se manifester et qu'il en a réparti l'exercice sur différents corps ou différentes personnes qui ont reçu chacune la mission d'agir en son nom dans une sphère d'attributions parfaitement déterminée ».

Ainsi, au niveau du pouvoir exécutif, « le Roi-souverain est le titulaire de la plénitude du pouvoir. C'est par délégation de pouvoir que d'autres sources formelles ont pu exister au sein de l'Etat ».[74]

Mais en réalité, le Roi-souverain n'a jamais pris de décrets réglementaires. En effet, le pouvoir réglementaire a été exercé par les Administrateurs généraux (1885-1894) et le Secrétaire d'Etat (1894-1908) qui agissaient par voies d'arrêtés. Au niveau local, ce pouvoir était délégué à l'Administrateur général du Congo (1885-1887), puis au Gouverneur général du Congo (1887-1908) qui ont statué par voie d'arrêtés.[75] Il en est également de même pour le pouvoir législatif. En effet, l'Administrateur général au Congo et, plus tard, le Gouverneur général du Congo, avaient également reçu du Roi-souverain délégation du pouvoir législatif leur permettant de prendre des ordonnances ayant force de loi. Ces actes étaient dénommés ordonnances législatives, et devaient être approuvés dans le délai de six mois de leur édiction, sous peine de cesser de produire des effets.

Sous l'Etat Indépendant du Congo, le pouvoir législatif se trouvait en plénitude entre les mains du Roi-Souverain qui en concédait quelques parcelles au Secrétaire d'État[76] et une bonne part au

---

[73] VUNDUAWE te PEMAKO Félix et MBOKO DJ'ANDINA Jean-Marie, *Droit constitutionnel du Congo*. Textes et documents fondamentaux, Vol. 1, Harmattan-Academia, 2012, p. 59.

[74] VUNDUAWE te PEMAKO Félix et MBOKO DJ'ANDINA Jean-Marie, *op. cit.*, p. 60.

[75] Idem, p. 61.

[76] Un membre du Gouvernement central de l'EIC.

Gouverneur général[77]. Aucune autre autorité, par conséquent, quel que fut son pouvoir en d'autres matières, ne pouvait édicter des lois, c'est-à-dire des règles obligatoires pour les particuliers et qui lieraient l'autorité judiciaire.

Quant aux formes légales dont les actes de ces autorités étaient revêtus, elles consistaient en des décrets, arrêtés ou ordonnances suivant leur source ou leur nature, qui étaient publiés pour qu'ils puissent être connus du public[78].

Les décrets étaient pris par le Roi, « Ce pouvoir du chef de l'État du Congo n'est écrit dans aucun acte législatif, et il n'a pas besoin de l'être parce qu'il est la résultante immédiate de son autorité absolue »[79].

Les arrêtés du Secrétaire d'Etat relevaient également du pouvoir législatif. Ils exécutaient les mesures décidées par le Roi. En cas d'absence ou d'empêchement du Secrétaire d'Etat, les trois Secrétaires Généraux, de concert, prenaient des arrêtés d'exécution.[80] Le Gouverneur général pouvait édicter des ordonnances ayant force de loi. Il pouvait aussi, en cas d'urgence, suspendre l'exécution d'un décret du Roi-Souverain[81]. Ces ordonnances cessaient leurs effets à l'expiration de six mois si elles n'avaient pas été approuvées par décret dans ce délai.[82]

Le gouverneur pouvait également prendre des règlements obligatoires de police et d'administration[83]. Ces règlements prévoyaient des peines qui cependant ne pouvaient dépasser sept jours de servitude pénale et 200 francs d'amende.[84]

Conformément à l'idée que le pouvoir législatif et le pouvoir exécutif étaient confondus, ces règlements étaient considérés comme relevant du pouvoir législatif mais ayant une force moindre que celle des ordonnances.[85]

Les définitions ci-dessous permettaient de distinguer les règlements de police et d'administration, à coloration législative, des règlements purement exécutifs.

---

[77] Le responsable du Gouvernement local de l'EIC.
[78] LOTJWERS Octave, *op. cit.*, pp.5-8.
[79] Ibid.
[80] Idem, p. 10.
[81] Idem, p. 11.
[82] Ibid.
[83] Ibid.
[84] Idem, p. 12.
[85] Idem, p. 16.

« Les règlements de police sont ceux qui ont pour but de faire jouir les habitants d'une bonne police, notamment de la propreté, de la salubrité, de la sûreté et de la tranquillité dans les rues, lieux et édifices publics ». « Les règlements d'administration sont ceux qui ont pour objet et pour but la gestion, le soin, la surveillance, l'entretien des choses communes, biens ou institutions »[86].

Le Gouverneur avait toutefois un pouvoir exécutif bien distinct du pouvoir législatif. Il pouvait prendre des arrêtés ou règlements d'exécution pour la mise en œuvre des décrets du Roi ou des arrêtés du Secrétaire d'Etat. Ces arrêtés ou règlements d'exécution ne pouvaient avoir force obligatoire et être appliqués par les tribunaux que pour autant qu'ils restent dans les limites dudit décret, qu'ils y puisent leur force obligatoire et qu'ils ne dérogent pas aux lois et aux principes de droit existants.[87]

2. Le domaine du droit pénal

L'Etat indépendant du Congo a posé les premiers jalons pour le traçage du cadre normatif du droit pénal congolais. En effet, les premiers textes pénaux apparaissent dès 1886, avec le décret du 7 janvier dont les 20 premiers articles portent organisation des juridictions, compétences et procédures. Les articles 21 à 39 définissent les règles générales relatives aux infractions et aux peines. L'article 23 soumet à la juridiction coutumière les actes commis par les indigènes sauf s'ils le sont au préjudice d'un non indigène ou de l'Etat ou dans les établissements de ces derniers jusqu'à un rayon de 1 km ou encore s'ils sont connexes à une infraction imputable à un non indigène. Les infractions sont prévues par les articles 40 à 64.

La première ébauche du code pénal apparaît avec le décret du 26 mai 1888 qui coordonne tous les textes pénaux qui ont vu le jour à partir du décret de janvier 1886.

Le décret du 27 avril 1889 vient fixer la procédure pénale et les principes généraux du droit pénal, notamment le principe de légalité des peines. En effet, l'article 87 alinéa 1er dispose que « l'infraction commise sur le territoire de l'Etat est punie conformément à la loi ». Cependant, ce texte apporte une limitation au principe en prescrivant que le ministère public peut renvoyer à la juridiction coutumière les infractions commises par un indigène au préjudice d'un autre indigène.

---

[86] Idem, p. 15.
[87] LOTJWERS Octave, *op. cit.*, p. 20.

Le décret du 1er juillet 1891 vient réprimer la traite d'êtres humains, entendue comme achat d'un esclave pour le revendre. Le décret du 6 octobre de la même année, dans son article 5, prévoit que les chefs indigènes exerceront leur autorité conformément aux us et coutumes, pourvu que ceux-ci ne soient pas contraires à l'ordre public et respectent les lois de l'Etat. Les chefs indigènes sont cependant placés sous la direction et la surveillance des commissaires de district et de leurs délégués.

Le décret de 1896 réprime l'anthropophagie, la mutilation des cadavres, des épreuves de poison ou épreuves superstitieuses.

Enfin, l'arrêté du 19 décembre 1896 du Secrétaire d'Etat réalise la dernière coordination des textes pénaux pour cette période. Le code pénal ainsi institué comprend deux livres : le livre 1er définit la théorie générale du droit pénal, les infractions et leur répression en général (articles 83 à 118 du décret du 27 avril 1889) ; le livre 2 traite des infractions et de leur répression en particulier (article 1 à 77 du décret du 26 mai 1888).

3. Les caractéristiques

On constate, durant cette période, une réduction progressive du champ d'application de la justice coutumière à cause, notamment, du caractère trop local, discriminatoire, brutal, cruel, barbare, arbitraire et conflictuel de la justice rendue par les chefs coutumiers. Certaines coutumes sont par ailleurs déclarées infractionnelles, ce qui entraîne une certaine humanisation de la justice pénale. Le droit coutumier devient ainsi un droit légaliste mais accessoire.

C. Le droit pénal du Congo-belge 1908-1960

Durant la période coloniale, les textes législatifs pénaux sont pris par décret du Roi souverain après avis consultatif du conseil colonial et sous la responsabilité du ministère ayant le Congo-belge dans ses attributions. Cependant, en cas d'urgence et pour une durée de 6 mois renouvelable (indéfiniment !), le Gouverneur général pouvait légiférer. Le pouvoir de cette autorité s'exerça de façon régulière pendant les deux guerres mondiales sous forme d'ordonnances législatives.

1. Règles en vigueur

Dans la Colonie comme dans la métropole, sous la période du Congo-belge, le pouvoir exécutif appartient au Roi[88] qui l'exerce par voie de règlements et d'arrêtés[89]. Le gouverneur général et le vice-gouverneur général l'exercent, eux, par délégation, en statuant par voie d'ordonnances. Les actes qu'ils prennent ainsi sont soit des règlements obligatoires de police ayant « pour objet le maintien de l'ordre, de la tranquillité, de la sûreté et de la salubrité publics, soit des règlements d'administration publique destinés à procurer et à faciliter l'exécution des lois.

Le pouvoir législatif relève de la compétence du parlement qui édicte des lois et du Roi qui agit par décret. Bien que la Charte coloniale ait interdit dans son article 22, *in limine*, la délégation du pouvoir législatif, elle y avait dérogé elle-même en permettant au Roi d'autoriser le Gouverneur général en cas d'urgence à suspendre temporairement l'exécution des décrets et à rendre des ordonnances ayant force de loi[90].

a. La loi, le décret et l'ordonnance ayant force de loi

D'après la Charte coloniale du 18 octobre 1908, la loi intervient souverainement en toute matière. Elle est de l'apanage du parlement. Néanmoins, le Roi a également compétence pour exercer le pouvoir législatif dans les domaines non réservés à la loi. Il agit par décrets sur proposition du ministre des colonies. Ces décrets sont soumis à la loi qui, dès sa publication, abroge de plein droit ceux qui lui sont contraires. La force obligatoire du décret découle de sa publication dans les formes requises et de son insertion dans le mois de sa promulgation, au Moniteur belge. Pour être appliqué, le décret ne doit pas être contraire à la loi[91]. L'article 22 alinéa 3 de la Charte coloniale interdit la délégation du pouvoir législatif aux représentants du Roi dans la colonie. Toutefois, le Roi pouvait autoriser le Gouverneur général, s'il y avait urgence, à suspendre temporairement l'exécution des décrets et à prendre des ordonnances ayant force de loi. Les ordonnances ayant cet objet cessaient d'être obligatoires après un délai de six mois si elles n'étaient, avant l'expiration de ce terme, approuvées par décret. Les

---

[88] VUNDUAWE, *op. cit.*, p. 110.
[89] Idem, p. 111.
[90] VUNDUAWE, *op. cit.*, p.111.
[91] Article 7 de la loi du 18 octobre 1908 sur le gouvernement du Congo-belge dite la Charte coloniale.

ordonnances ayant force de loi n'étaient obligatoires qu'après avoir été publiées dans les formes prescrites par décret.[92]

b. Le règlement, l'arrêté et l'ordonnance

Le pouvoir exécutif appartient au roi qui l'exerce par voie de règlements et d'arrêtés.[93] Les cours et tribunaux ne les appliquent qu'autant qu'ils sont conformes aux lois et aux décrets. Le règlement ou l'arrêté ne devient obligatoire qu'après avoir été publié.[94]

Cependant, pour avoir effet, un acte du roi doit être contresigné par un ministre qui s'en rend responsable.[95]

D'après l'article 22 de la Charte coloniale, le pouvoir exécutif ne pouvait déléguer l'exercice de ses droits qu'aux personnes et aux corps constitués qui lui étaient hiérarchiquement subordonnés. C'est ainsi que le gouverneur général, assisté d'un ou de plusieurs vice-gouverneurs généraux exerçaient ces pouvoirs délégués par voie d'ordonnances[96].

2. Le domaine du droit pénal

Le régime colonial a légiféré de manière abondante. On peut citer à titre purement illustratif :

a) le décret du 12 mai 1910 limitant les peines corporelles au fouet avec 12 coups maximum et interdisant la peine de fouet pour les vieillards, les femmes et les enfants ;
b) l'ordonnance du 4 juillet 1910 sur la violation de domicile simple ;
c) le décret du 11 août 1913 limitant l'incarcération avec ou sans travaux forcés à 15 jours pour autant que la coutume la prévoit et interdisant les sanctions coutumières telles que l'interdiction de séjour, la résidence forcée, l'exil ;
d) l'ordonnance législative du 22 novembre 1913 sur le vol avec effraction ou réputé comme tel ;
e) l'ordonnance législative du 12 août 1915 relative à la répression des crimes contre la sûreté extérieure de l'Etat ;
f) l'ordonnance législative du 8 novembre 1915 sur la corruption des fonctionnaires, arbitres ou experts en justice ;

---

[92] Article 22 alinéa 4 de la Charte coloniale.
[93] Article 8 de la Charte coloniale.
[94] Article 8 de la Charte coloniale.
[95] Article 9 alinéa 1er de la Charte coloniale.
[96] Article 22 de la Charte coloniale.

g) le décret du 17 juillet 1931 modifiant la disposition sur le concours d'infraction ;
h) le décret du 14 janvier 1934 modifié par le décret du 6 juin 1958 instituant la condamnation conditionnelle ;
i) le décret du 9 juillet 1936 portant interdiction du mariage de la jeune fille impubère ;
j) l'ordonnance du 31 janvier 1947 sur la prohibition de la polyandrie ;
k) le décret du 4 avril 1950 portant interdiction des mariages polygyniques.
l) le décret du 6 décembre 1950 sur l'enfance délinquante.
m) le décret du 17 mai 1952 sur les restitutions et les dommages-intérêts ;
n) le décret du 4 août 1953 sur la répression de la grivèlerie ;
o) le décret du 6 août 1959 instaurant de nouvelles peines et mesures de sûreté.

3. Caractéristiques

Le code pénal congolais de la période coloniale n'est pas une simple copie succincte du code pénal belge. En effet, s'il ne comporte pas les nombreuses infractions dictées par la nécessité de gérer la vie moderne à l'occidental, il prévoit néanmoins des infractions répondant aux spécificités de la vie autochtone. C'est ainsi, par exemple, que sont réprimées les épreuves superstitieuses et les pratiques barbares. Il faut noter l'atténuation du régime pénal des mineurs délinquants. Le décret de 1950 s'applique aux mineurs de moins de 18 ans, considérés, du fait même de leur jeunesse, comme totalement irresponsables pénalement. A leur égard, la sanction pénale est remplacée par des mesures de garde, d'éducation, de reclassement social et de préservation contre la délinquance.

4. Place de la coutume

A partir de 1910, le rôle des tribunaux répressifs coutumiers est minorisé et infériorisé par rapport à celui des tribunaux de police. Plusieurs raisons peuvent expliquer cette situation :

La première provient de l'édiction du décret du 15 avril 1926 qui organise les juridictions indigènes. Il dispose que lorsqu'une infraction coutumière est aussi prévue par la loi écrite, le tribunal indigène est incompétent pour en connaître si l'infraction prévue par la loi écrite dépasse 5 ans de servitude pénale. Les tribunaux coutumiers restent compétents pour les infractions coutumières et pour les infractions de droit écrit pour lesquelles ils sont déclarés expressément compétents, suivant leur composition, pour autant que la peine ne dépasse pas 1 ou 2 mois de servitude pénale principale et 1000 ou 2000 francs d'amende.

La deuxième est que les administrateurs territoriaux, en leur qualité d'officier de police judiciaire, les juges de police et de district ainsi que les officiers du ministère public, en osant s'aventurer dans la forêt, parviennent à appliquer le droit écrit dans les coins les plus reculés. La conséquence en est la réduction du domaine judiciaire et extrajudiciaire des chefs coutumiers.

La troisième se base sur le fait que des indigènes livrés à eux-mêmes trouvent dans la justice pénale écrite une garantie que ne leur procure pas la justice coutumière : l'égalité de tous devant la loi, la suppression des sanctions barbares.

La quatrième enfin vient du fait que les indigènes immatriculés depuis le décret du 8 décembre 1953, ne sont plus justiciables des tribunaux coutumiers.

Mais en compensation, si l'on peut dire, le pouvoir colonial va créer un système judiciaire coutumier cohérent, réglé selon les ratios organiques et fonctionnels de la justice de droit écrit, en s'appuyant sur l'autorité détenue par les chefs coutumiers dans l'exercice de la justice civile.

Ainsi, le droit coutumier disposera d'un cadre écrit qui le soutient et qui l'oblige à se soumettre à certains prescrits : respect de la procédure prévue, obligation de rédiger, de motiver et de publier les jugements.

5. Principe de légalité

Le champ du principe de légalité s'élargit considérablement avec la promulgation de nombreux textes pénaux.

6. Nature et gravité des peines

Les peines de droit écrit s'échelonnent de la peine d'amende à celle de mort. Des mesures de sûreté sont instituées contre le vagabondage et la mendicité par les décrets du 6 juin 1958 et du 8 août 1959.

Mais les tribunaux coutumiers ne peuvent condamner à des peines dépassant 2 mois de servitude pénale ou 2000 francs d'amende. Les peines coutumières barbares sont prohibées. La peine corporelle du fouet qui subsistait est réduite de 12 à 8 coups puis supprimée en 1959.

D. Le droit pénal contemporain de la République Démocratique du Congo

Le recueil des textes constitutionnels de la République du Zaïre, publié par IYELEZA MOJU-MBEY, MASIKA KATSUVA et ISENGINGO KAMBERE-ng'ISE en 1991, et préfacé par le professeur NYABIRUNGU mwene SONGA, recense une multitude de textes constitutionnels portant diverses dénominations : loi fondamentale, décret-loi constitutionnel, constitution, proclamation, acte constitutionnel. La plupart de ces textes, selon les républiques qui les ont déterminés, donnent une indication sur l'appellation et la nature des actes législatifs ou réglementaires pris par des autorités publiques.

1. Les Constitutions

a. La Première République (1960-1965)

Selon les dispositions de la loi fondamentale de 19 mai 1960 relative aux structures du Congo, les sources écrites de droit sont constituées par des lois (textes pris collectivement par le Chef de l'Etat, la Chambre des Représentants et le Sénat, d'une part, et, sous la dénomination d'édit (article 148), par chacune des Assemblées provinciales, d'autre part (article 15). En outre, en cas d'urgence, le Chef de l'Etat peut prendre des ordonnances-lois dans une matière déterminée (article 37). Pour l'application de ces textes, la Loi fondamentale a donné pouvoir au Président de la République de prendre des ordonnances (article 37), à l'assemblée provinciale, des édits-règlements (article 148), aux commissaires d'Etat, des règlements (article 184) et au gouvernement provincial, des arrêtés (article 176).

Le décret-loi constitutionnel du 29 septembre 1960 relatif à l'exercice des pouvoirs législatifs et exécutif à l'échelon central, en son article 2, confie au Conseil des Commissaires généraux l'exercice du pouvoir législatif sous forme de décrets-lois contresignés par le Président du Conseil et le Commissaire général intéressé et l'exercice du pouvoir exécutif sans indiquer la dénomination des actes que ceux-ci auraient à prendre. Le décret-loi constitutionnel du 9 février 1961 relatif à l'exercice des pouvoirs législatif et exécutif à l'échelon central qui a mis fin à la mission du Conseil des Commissaires généraux institué par le décret-loi constitutionnel du 29 septembre 1960, en son point 3 indique que le gouvernement provisoire exerce le pouvoir législatif sous forme de décrets-lois contresignés par le premier ministre et le ministre intéressé. Enfin, en vertu de la Constitution de la

République Démocratique du Congo du 1er août 1964 dite Constitution de Luluabourg et son Annexe, les lois et les règlements sont nationaux ou provinciaux.

Les lois nationales sont élaborées par la Chambre des députés et le Sénat et promulguées par le président de la République[97]. La Constitution provinciale et les lois provinciales sont prescrites par l'Assemblée provinciale.[98]

Le président de la République prend des règlements nationaux de police et d'organisation interne de l'administration centrale. Il exerce ce pouvoir par voie d'ordonnances ou de décrets (article 61). Il peut, sous certaines conditions, édicter des décrets ayant force de loi nationale (article 61).

Le gouverneur de province règlemente la police et l'organisation interne de l'administration provinciale, par voie d'arrêtés, et en cas d'urgence, par des arrêtés-lois (article 105).

b. La Deuxième République (1965-1990)

La Deuxième République commence par un coup d'Etat qui bouleverse l'organisation des pouvoirs législatif et exécutif en application, malgré la proclamation du Haut commandement de l'armée nationale congolaise du 24 novembre 1965 qui, en son point 4, avait décidé que les « institutions démocratiques de la République, telles qu'elles sont prévues par la Constitution du 1er août 1964, continueront à fonctionner et à siéger en exerçant leurs prérogatives ; Tel est le cas de la Chambre des députés, du Sénat et des institutions provinciales »[99].

En effet, dès le lendemain, le Haut commandement instaurait un régime d'exception sur toute l'étendue de la République[100]. Ensuite, une ordonnance-loi du 30 novembre 1965[101] devait accorder des pouvoirs spéciaux au président de la République et, notamment, celui de prendre, par ordonnance-loi, des mesures qui relevaient normalement du domaine de la loi. D'autres textes subséquents devaient élargir ou réduire le domaine d'intervention du président de la République : l'ordonnance-loi n°66-92 bis du 7 mars 1966 attribuait le

---

[97] Articles 90 et 117 de la Constitution de Luluabourg.

[98] Articles 90 et 117 de la Constitution de Luluabourg.

[99] VUNDUAWE te PEMAKO Félix et MBOKO DJ'ANDINA Jean-Marie, *Droit constitutionnel du Congo. Textes et documents fondamentaux,* Vol. 1, Harmattan-Academia, 2012, p. 456.

[100] Idem, p. 458.

[101] Idem, p. 461.

pouvoir législatif au président de la République[102] ; l'ordonnance-loi n°66-621 du 21 octobre 1966 relative aux pouvoirs du président de la République restituait le pouvoir de voter les lois au Parlement[103], le chef de l'Etat était cependant autorisé en cas d'urgence à légiférer par ordonnance-loi dans le domaine de la loi ; enfin, par ordonnance n°66-612 du 26 octobre 1966, le président de la République s'arrogeait tous les pouvoirs du premier ministre.[104]

Mais, c'est la Constitution du 24 juin 1967 dix-sept fois modifiée[105] dite Constitution de la Deuxième République qui devait donner à celle-ci ses caractéristiques, notamment, l'exercice d'un pouvoir législatif d'attribution et d'un pouvoir réglementaire résiduel. Le Président de la République assurait l'exécution des lois, édictait des règlements de police et d'organisation interne de l'administration et prenait des actes individuels, par voie d'ordonnances. Il pouvait en outre sur habilitation parlementaire, exercer le pouvoir législatif par voie d'ordonnances-lois. Il promulguait les lois votées par l'Assemblée nationale. Il faut noter par ailleurs que du 24 juin 1967 au 1er décembre 1970, date de l'ouverture de la première session de l'Assemblée nationale, l'essentiel de la législation congolaise a été édictée par des ordonnances-lois, conformément à l'article IV, alinéa 1er des dispositions transitoires de la Constitution[106]. Les ministres eux, chefs de département, statuaient par voie d'arrêtés.

La Constitution de 1967 confie donc, en premier lieu, le pouvoir législatif à l'Assemblée nationale. L'article 46 détermine les domaines d'intervention de la loi. Il fixe notamment les règles relatives à la détermination des infractions qui entraînent des peines d'une durée dépassant 6 mois, l'amnistie, la création de nouveaux ordres de juridictions et au statut des magistrats. Globalement, les matières qui ne sont pas du domaine de la loi ont un caractère[107] réglementaire.

---

[102] Idem, p. 462.

[103] Idem, p. 463.

[104] VUNDUAWE te PEMAKO Félix et MBOKO DJ'ANDINA Jean-Marie, *op. cit.*, p. 464.

[105] La Constitution de la République Démocratique du Congo du 24 juin 1967 (modifiée et complétée par Ordonnance-loi n°70-025 du 17 avril 1970 ; Loi n°70-001 du 23 décembre 1970, Loi n°71-006 du 29 octobre 1971, Loi n°71-007 du 19 novembre 1971, Loi n°71-008 du 31 décembre 1971, Loi n°72-003 du 5 janvier 1972, Loi n°72-008 du 3 juillet 1972, Loi n°73-014 du 5 janvier 1973, Loi n°74-020 du 15 août 1974, Loi n°78-010 du 15 février 1978, Loi n°80-007 du 19 février 1980, Loi n°80-012 du 5 novembre 1980, Loi n°82-004 du 31 décembre 1982, Loi n°88-004 du 27 janvier 1988, Loi n°88-009 du 27 juin 1988, Loi n°90-002 du 5 juillet 1990, Loi n°90-008 du 25 novembre 1990) ;

[106] VUNDUAWE, *op. cit.*, p. 519.

[107] Article 47 de la Constitution de la Deuxième République.

La loi constitutionnelle du 24 juin 1974 devait radicalement changer le paysage politique du Congo. La plénitude de l'exercice du pouvoir était désormais exercée par le Président du Mouvement Populaire de la Révolution, de droit Président de la République. Celui-ci devient à la fois le pouvoir législatif et le pouvoir exécutif du pays.[108] Les lois parlementaires deviennent des lois présidentielles, les règlements de police et d'administration publique sont pris par le Président de la République sous forme d'ordonnances.[109]

La loi constitutionnelle du 15 février 1978 devait modifier ce système politique en réhabilitant le Conseil législatif (parlement) « dans son rôle d'organe législatif avec comme conséquence la disparition des lois présidentielles, la réapparition des lois parlementaires et la possibilité de prendre des actes ayant force de loi sous forme d'ordonnances-lois… ».[110] Par ordonnance, le Président de la République assure l'exécution des lois et exerce le pouvoir réglementaire général.[111]

Sous l'empire de la loi n° 80-012 du 15 novembre 1980, le Président du MPR, par voie d'ordonnance, assure l'exécution des lois et édicte des règlements de police et d'administration publique (article 45). Les lois sont élaborées par le Conseil législatif (article 72). L'article 87 confie à la loi notamment le pouvoir de fixer les règles concernant la détermination des infractions qui entraînent des peines privatives de liberté d'une durée supérieure à six mois, l'amnistie, la création de nouveaux ordres de juridiction et le statut des magistrats. Le Premier Commissaire d'Etat et les commissaires d'Etat statuent par voie d'arrêté (article 103).

Par son message à la Nation du 24 avril 1990, le Président de la République déclenche le processus de démocratisation du Zaïre. Commence ainsi une longue période de transition vers la Troisième République qui prendra fin avec la promulgation de la Constitution du 18 février 2006.

Plusieurs évènements ont marqué cette période, nous nous en tiendrons cependant, en vue de satisfaire notre préoccupation, à la nature des textes législatifs ou réglementaires qui formèrent les sources du droit pénal.

---

108 VUNDUAWE, *op. cit.*, p.557.
109 VUNDUAWE, *op. cit.*, p. 559.
110 Idem, p. 561.
111 Idem.

La Constitution du 24 juin 1967 telle que révisée par les lois n° 90-002 du 5 juillet 1990 et n° 90-008 du 25 novembre 1990 maintient l'article 43 qui autorise le Président de la République, en son alinéa 2, à prendre par ordonnance-loi des dispositions qui sont normalement du domaine de la loi, en dehors des sessions de l'Assemblée nationale et en cas d'urgence. En situation normale, c'est cette dernière qui est chargée d'élaborer les lois. Quant au pouvoir exécutif, il est exercé par le Président de la République qui assure l'exécution des lois et fait des règlements de police et d'administration publique par voie d'ordonnance (article 45), ainsi que par le Premier ministre et les ministres qui statuent par voie d'arrêté en vertu de la responsabilité du gouvernement dans l'exécution des lois et la conduite de la politique de l'Etat (article 93) et en plus pour les ministres dans l'application du programme et des décisions prises par le gouvernement (article 97 alinéa 3).

c. Période de transition (1990 – 2006)

Nous nous contenterons de citer ici les différents actes pris pendant cette période :

a) Acte portant dispositions constitutionnelles relatives à la période de Transition du 4 août 1992 ;
b) Acte constitutionnel harmonisé relatif à la période de transition du 2 avril 1993 ;
c) Acte constitutionnel de la Transition du 9 avril 1994 ;
d) Décret-loi constitutionnel n° 003 du 27 mai 1997 ;
e) Décret-loi constitutionnel n° 074 du 25 mai 1998 ;
f) Décret-loi constitutionnel n° 122 du 21 septembre 1998 ;
g) Décret-loi constitutionnel n° 180 du 10 janvier 1999 ;
h) Décret-loi constitutionnel n° 096/2000 du 1er juillet 2000 ;
i) La Constitution de la Transition du 4 avril 2003.

d. La troisième République (de 2006 à ce jour)

Il s'agit de la Constitution de la République Démocratique du Congo du 18 février 2006 telle que révisée à ce jour.

La loi fondamentale du 19 mai 1960 ayant disposé à son article 2 que les lois, décrets et ordonnances législatives, leurs mesures d'exécution, ainsi que toutes les dispositions réglementaires existant au 30 juin 1960, restent en vigueur tant qu'ils n'auront pas été expressément abrogés, le droit pénal de l'Etat Indépendant du Congo et du Congo-belge est donc reconduit dans son ensemble. Depuis lors, le code pénal a été maintes fois amendé par des ajouts, des suppressions, des modifications qui, bien que destinés à l'adapter aux nécessités de l'évolution de la société, tant au plan national qu'international, n'ont pas réussi à en faire un instrument juridique cohérent et harmonieux. La nécessité d'une refonte du code pénal s'est fait alors sentir et la première tentative s'est produite en 1976 sans aboutir à un résultat concret. La deuxième tentative est en cours de réalisation.

1) Le domaine du droit pénal contemporain

Le domaine du droit pénal contemporain est très étendu, il couvre l'ensemble des dispositions relatives à la répression en général, contenues dans le livre premier du code pénal (de article 1er à l'article 42 ter), dans le livre 2, celles relatives à la répression en particulier (de l'article 43 à l'article 220), ainsi que de nombreuses dispositions complémentaires au code pénal.

2) Les caractéristiques du droit pénal contemporain

Le droit pénal contemporain présente deux caractéristiques essentielles :

- un droit pénal âgé dont la structure n'a pas changé malgré le nombre élevé de textes complémentaires et de textes particuliers disséminés dans des lois diverses et multiples ainsi que l'adoption de plusieurs textes d'inspiration étrangère mais sans réelle adaptation ou inculturation.
- un droit pénal mal perçu, mal appliqué, dans lequel les citoyens ne se retrouvent guère. Ils appliquent le droit coutumier qui répond mieux à leurs aspirations surtout en matière familiale.

3) La place de la coutume dans le droit pénal contemporain

Le droit coutumier qui s'est vu assigner un rôle secondaire a continué à régir la plus grande partie de la population au point que le législateur a dû prendre en compte la coutume dans le code de la famille et le Constituant du 18 février 2006 l'a confirmé au rang de source de droit. La coutume internationale doit, pour qu'elle soit considérée, être intégrée dans le système national à travers des mécanismes pré déterminés, essentiellement par la ratification des instruments juridiques internationaux qui les portent, tels que la Charte africaine des droits de l'homme et des peuples en son article 61.

4) Le principe de légalité

En plus de l'article 17 de la Constitution de 2006 qui réaffirme le principe de légalité des incriminations et des peines, il faut signaler les articles 15 point 1 du Pacte international relatif aux droits civils et politiques ratifié par la RDC, le 19 novembre 1976, l'article 7 point 2 de la Charte africaine des droits de l'homme et des peuples, ratifiée le 20 juillet 1987 et l'article 11 alinéa 2 de la Déclaration universelle des droits de l'homme.

5) La nature et la gravité des peines

L'échelle des peines demeure dans la législation mais celle-ci doit être corrigée pour tenir compte des dispositions constitutionnelles des articles 16 et 61 qui protègent la vie de tout individu. Ainsi, « La personne humaine est sacrée. L'Etat a l'obligation de la respecter et de la protéger. Toute personne a droit à la vie, ...»[112]. Cette disposition constitutionnelle interdit également l'esclavage et les conditions analogues, le traitement cruel, inhumain ou dégradant et le travail forcé ou obligatoire.

L'objectif de la protection intégrale de la vie et de l'intégrité physique de la personne ne sera atteint que par l'abolition expresse de la peine de mort, de la peine des travaux forcés et de la peine de servitude pénale.

On note un renforcement de la répression à l'égard des infractions portant atteinte aux intérêts économiques (répression des fraudes commerciales et fiscales, du trafic illicite des matières précieuses), à la défense militaire, à une certaine conception de la solidarité sociale (répression de l'omission de porter secours), à la législation sociale ou à la réglementation en matière de circulation routière[113]. Le renforcement de la sévérité de la répression est surtout remarquable en matière des infractions de violence[114].

E. Le processus de la réforme du code pénal

Le processus de la réforme du code pénal a été conduit sous l'autorité du Ministère de la Justice et des Droits humains.

---

112 Article 16 de la Constitution de la RDC du 18 février 2006 telle que modifiée en 2011.

113 BOUZAT, *Les transformations contemporaines, op. cit.*, pp.60 et s.

114 GASSIN R., « La criminologie et les tendances modernes de la politique répressive », in *Revue de Sciences Criminelles et de droit pénal comparé*, n°2, avril-juin 1981, pp. 265-279.

Les institutions et organes ci-après ont collaboré à l'élaboration de l'avant-projet du code pénal :

- la Commission permanente de réforme du droit congolais (CPRDC) ;
- le Comité technique de la révision du code pénal (CTCP) ;
- le Projet de soutien à l'instauration d'un Etat de droit (SIED) de la Coopération française.

Créée en 1971 et devenue permanente en 1976, la Commission permanente de réforme du droit congolais, composée de 30 membres, a pour mission d'évaluer les états successifs de l'application du droit positif congolais au regard des réalités socio-culturelles nationales et internationales ainsi que des avancées scientifiques et technologiques, sous la supervision du ministère ayant la justice dans ses attributions, afin de proposer les réajustements juridiques nécessaires sous forme d'avant-projet de lois au sens large, à soumettre au gouvernement. Elle se compose de cinq sous-commissions : droit public, droit privé, droit pénal et criminologie, droit des affaires et droit judiciaire.

Quant au CTCP, organe technique temporaire, il était chargé spécifiquement de la rédaction de l'avant-projet du code pénal. Il était composé de quatre personnalités :

- Président, le professeur AKELE ADAU (Coordonnateur du projet et responsable de la rédaction du manuel du nouveau code pénal congolais) ;
- Vice-présidente, la professeure SITA MUILA (responsable de la rédaction du livre 1er du code pénal, du lexique pénal et du code de procédure pénale) ;
- Membre, le professeur KASONGO MUIDINGE (responsable de la rédaction du livre 2 du code pénal) ;
- Membre, le professeur KIENGE-KIENGE INTUDI (Rapporteur, responsable de la rédaction du livre 3 du code pénal relatif au droit pénal particulier, du code pénitentiaire et du texte sur la nouvelle politique criminelle).

Un séminaire-atelier préparatoire avait réuni, du 14 au 19 avril 2008, des chercheurs et des praticiens venus de divers horizons scientifiques, professeurs, magistrats, avocats et de plusieurs disciplines juridiques et non juridiques ainsi que des membres de la société civile. Il avait pour objectif [115]d'élargir le cadre de concertations à des spécialistes des différents domaines concernés par la réforme et de donner une publicité

[115] Réforme du code pénal congolais, tome 1, Etat des lieux et inventaire des problèmes du droit pénal congolais, *op. cit.*, p. 10.

suffisante à cette entreprise afin de recueillir également les réactions des forces vives de la société congolaise.

Ces travaux ont permis de lever des options fondamentales quant à l'orientation de la réforme envisagée, à savoir :

- la nécessité de recréer l'unité du code pénal ;
- l'identification des valeurs essentielles de la société congolaise ; et
- la concrétisation des orientations fondamentales focalisées autour du primat de la personne humaine et de la protection de la démocratie.

A l'issue de ce séminaire, l'ensemble des textes élaborés par le CTCP ont été discutés et adoptés en plénière, puis remis au Ministre de la justice pour son examen par le Conseil des ministres.

TITRE PRELIMINAIRE :

LA JUSTIFICATION ET LES MODALITES DE CREATION DES REGLES PENALES

A quoi reconnaît-on le système pénal ? Notamment, par l'origine et la fonction de ses règles. C'est ainsi que nous examinerons la justification de la création de la règle pénale et les modalités de leur entrée dans le système pénal.

CHAPITRE 1 : LA JUSTIFICATION DE LA CRÉATION DES RÈGLES PÉNALES

La création des règles de droit pénal est justifiée par le souci de lutter contre la criminalité en se basant sur la protection des valeurs les plus essentielles de la société, allusion faite à la fonction axiologique du droit pénal. Par ailleurs, les exigences d'une protection efficace de l'Etat et des citoyens font appel à l'intervention globale du système juridique, évocation de la fonction intégrante du droit pénal. Cependant, en dehors de ces deux fonctions, plusieurs autres viennent attester la justification de la création des règles pénales.

Section 1 : La fonction axiologique du droit pénal

L'axiologie, de *axios* – valable – et de logos – science, est la science des valeurs morales. Certains auteurs parlent de la théorie ou de la philosophie des valeurs.

La question des valeurs se pose au niveau de l'élaboration des règles pénales et à celui de leur application.

§1. La pertinence de la fonction axiologique lors de l'élaboration des règles pénales

Se basant sur l'idée que le législateur identifie et sélectionne les valeurs sociales qu'il juge indispensable de défendre par la coercition pénale, on peut déduire qu'il donne à ces valeurs une place prépondérante dans les impératifs de la défense de la société. C'est en cela que la fonction est dite axiologique ou encore expressive parce que le droit pénal exprime par le choix des valeurs à défendre et par leur importance en fonction de la gravité des atteintes à l'ordre social, l'image que la société veut défendre. En outre, les sanctions édictées pour la répression des atteintes à ces valeurs n'étant pas d'égale gravité, on peut conclure que le législateur les a hiérarchisées.

§2. Le rejet de la fonction axiologique dans l'application des règles pénales

Le juge qui doit appliquer les règles pénales peut se trouver face à un conflit de valeurs[116]. Et comme il n'existe ni de morale absolue, ni de valeur absolue, il ne peut, là où la loi n'est pas très explicite ou là où existe un conflit de valeurs, se fier uniquement à son jugement en fonction de son système de valeurs personnelles pour orienter sa décision. « Les différents courants de la pensée juridique montrent que si le droit peut être mis au service d'une axiologie, dans son fonctionnement, il écarte l'axiologie »[117].

Section 2 : La fonction protectrice et utilitaire du droit pénal

Le droit pénal assure cette fonction protectrice et utilitaire en garantissant, au profit de la société, l'ordre, la sécurité, la tranquillité et la salubrité publiques, et au profit des individus, le respect de leurs droits fondamentaux ou des libertés publiques, qu'ils soient auteurs présumés ou convaincus d'infractions, ou au contraire victimes de celles-ci.

On peut dire alors que cette fonction couvre globalement les fonctions préventive, répressive et resocialisante du droit pénal. La fonction utilitaire du droit pénal vient du fait que la prévention spéciale ou générale qu'elle poursuit ainsi que la neutralisation ou l'élimination du délinquant sont censées réduire le nombre des infractions commises ou à tout le moins le cantonner dans des limites admissibles.

---

[116] RABAULT H., « Droit et axiologie : la question de la place des « valeurs » dans le système juridique », disponible sur http://www.droitconstitutionnel.org/congresNancy/comN5/rabaultTD5.pdf consulté le 21 juillet 2019.

[117] Idem.

§1. La fonction préventive

La fonction préventive comprend concrètement des mesures de prophylaxie générale et de prévention spéciale. Pour ce qui est de la prophylaxie générale, lorsque l'on note néanmoins l'accroissement du phénomène criminel par le nombre des actes commis et par l'aggravation des comportements adoptés, d'une part, et d'autre part, par la survenance de nouvelles formes de criminalité, l'on peut bien se poser la question de savoir si cette fonction de protection n'est pas un leurre.

La société espère en outre que l'édiction des sanctions pénales ou l'application de celles-ci auront pour effet de décourager ou de dissuader des candidats potentiels à la commission des mêmes faits (intimidation).

Il faut alors admettre qu'elle ne fait que limiter quelque peu la criminalité dans une mesure non vraiment appréciable.

§2. La fonction répressive du droit pénal

La répression des infractions ainsi que la réparation des dommages causés par celles-ci constituent la fonction répressive du droit pénal. Cette dernière exprime le caractère rétributif et expiatoire de la sanction qui fait que l'individu, auteur d'une infraction, est blâmé pour son geste (caractère infamant), en paye le prix (caractère rétributif ou rétribution), par la souffrance (expiation ou caractère afflictif). Et s'il est irrécupérable, il sera neutralisé ou éliminé.

§3. La fonction resocialisante du droit pénal

L'évolution de la société et des mentalités fait voir que le délinquant est le produit de divers facteurs dont certains dépendent de lui mais dont la plupart échappent à son contrôle, tels que l'éducation et l'environnement ou même la maladie. C'est pourquoi, notamment, le droit pénal a pris comme option de réinsérer les délinquants dans la société lorsque cela est possible, de leur donner comme une seconde chance de s'en sortir. Il utilise dans ce but des mesures de reclassement, de réadaptation, de rééducation, de traitement médical ou thérapeutique, pour leur permettre de s'amender. Elle tend donc à réduire la criminalité ou à la cantonner en agissant uniquement sur les délinquants déjà condamnés, par la rééducation.

Section 3 : La fonction intégrante et sanctionnatrice des autres droits

Le système pénal contient des normes pénales communes sanctionnant des comportements répréhensibles affichés par les individus ou les personnes morales, mais également des normes pénales particulières propres, à l'une quelconque des disciplines régissant des domaines spécifiques, parce que ces conduites blâmables portent justement atteinte à des valeurs énergiquement protégées. L'action du droit pénal ainsi visée démontre sa fonction intégrante parce que par ce biais, il consolide tout le système juridique.

Le système pénal ainsi identifié évolue dans un environnement au sein duquel se produisent des échanges multiformes.

CHAPITRE 2 : LES MODALITÉS D'ENTRÉE DANS LE SYSTÈME PÉNAL

La création de la règle de droit nécessite des modalités différentes selon que la forme est écrite ou non écrite. Il s'agit, dans le premier cas, de projet ou proposition de loi, de règlement ou décisions de justice (par exemple les arrêts de la Cour constitutionnelle), dans le second cas, de la coutume, de l'ordre public ou des bonnes mœurs.

L'intérêt de la question est d'indiquer le moment précis où cette règle de droit s'introduit dans le système pénal. Si l'on prend par exemple la loi au sens strict, une fois rédigée, elle doit être adoptée par le Parlement, puis promulguée par le Président de la République et enfin publiée au Journal officiel. En effet, pour que la loi devienne obligatoire, elle doit entrer en vigueur. Cependant, même alors, elle ne peut être opposable aux tiers que si elle a été publiée, et ne peut se prévaloir d'une règle personnelle, que la personne intéressée qui en a été notifiée.

Section 1 : Les normes pénales écrites

Il faut entendre ici les normes pénales nationales et internationales écrites : les lois au sens large et les instruments juridiques internationaux régulièrement ratifiés par la RDC.

§1. Les normes pénales nationales écrites

1) L'entrée en vigueur

En principe, lorsqu'il s'agit de règles de droit pénal, leur introduction dans le système pénal s'opère par leur entrée en vigueur. L'entrée en vigueur se définit comme le début du caractère obligatoire de la loi, c'est-à-dire le moment à compter duquel les systèmes de droit voient leurs droits et leurs obligations atteints par la loi nouvelle[118]. Dans certains pays comme la France, l'expression entrée en vigueur est quelquefois remplacée par celle de prise d'effet.

2) La prise d'effet

La prise d'effet est proche par le sens de l'entrée en vigueur. Elle s'en distingue néanmoins par une moindre technicité et semble généralement réservée aux règles de droit écrit dont la portée est sensiblement plus vaste. La prise d'effet s'emploie relativement à d'autres types de documents ou à des choses abstraites, comme des opérations juridiques[119].

3) La notification

La notification est le fait de porter à la connaissance d'une personne un fait, un acte ou un projet d'acte qui la concerne individuellement[120]. Cette procédure est soumise à certaines formes. Un magistrat nommé par ordonnance présidentielle et qui sera amené à prendre des décisions pénales, ne pourra entrer dans le système que s'il est régulièrement notifié.

§2. Les normes pénales internationales écrites

Il s'agit ici des traités internationaux selon la lettre de l'article 153 de la Constitution. On retrouve dans cette catégorie les conventions internationales et les accords régulièrement conclus par la RDC sous réserve pour chaque convention ou accord, de son application par l'autre partie[121].

---

[118] Tremblay Richard, *L'entrée en vigueur des lois : Principes et techniques*, Ed Yvon Blais, 1997, cité par le Ministère de la justice du Canada. http://www.justice.gc.ca/fra/pr-rp/sjc-csj/redact-legis/juril/no51.html consulté le 07/08/2019.

[119] *Idem.*

[120] GUINCHARD S. et DEBARD T. (dir.), *Lexique des termes juridiques*. 25e édition 2017-2018, Paris, Dalloz, 2018, p. 1394.

[121] Article 215 de la Constitution de la RDC du 18 février 2006 telle que modifiée en 2011.

Les traités internationaux ont un caractère contraignant pour les Etats qui les ont signés ou y ont adhéré, et les ont ratifiés. En effet, la ratification est l'acte par lequel l'organe compétent d'un Etat, généralement le Chef de l'Etat, confirme la signature apposée sur un traité par un plénipotentiaire ou l'adhésion à ce traité et marque ainsi le consentement définitif de l'Etat à être lié par ce traité.

Dans le système congolais, la ratification suivie de la publication suffit en principe pour que le traité entre dans l'ordonnancement juridique national et que les juges puissent l'appliquer. C'est le système dit « monisme ». Il arrive cependant que des adaptations soient indispensables dans le but de se conformer à l'article 17 de la Constitution du 18 février 2006, notamment lorsque le traité porte des infractions. Dans ce cas, des lois de mise en œuvre sont nécessaires. En 2015, par exemple, il a fallu prendre des lois de mise en œuvre pour faire rentrer le Statut de Rome dans l'ordonnancement juridique interne. L'on devait notamment déterminer la juridiction compétente, décider des sanctions pénales et indiquer les éléments constitutifs des crimes dénommés « crimes contre la paix et la sécurité de l'humanité ».

Le débat sur le monisme et le dualisme en droit international est persistant et offre deux conceptions antagonistes du rapport entre les ordres juridiques nationaux et internationaux : les tenants du dualisme tendent à affirmer que les normes du droit international n'acquièrent de force juridique qu'après avoir été transposées dans le droit national, tandis que pour ceux du monisme, le droit international prévaut de façon immédiate sur le droit interne.

En RDC, à la lecture de l'article 215 de la Constitution, les traités et accords internationaux régulièrement conclus ont, dès leur publication, une autorité supérieure à celle des lois. C'est donc le monisme qui a été adopté.

L'élaboration de ces différents textes auxquels nous venons de faire allusion et l'instauration des règles non écrites ci-dessous ne sont pas le fait du hasard. Elles reposent sur une politique criminelle censée combattre avec efficacité le phénomène criminel.

Section 2 : Les normes nationales et internationales non écrites

Par ces normes, on entend la coutume et les principes généraux.

§1. La coutume

La coutume est une norme de droit objectif, généralement non écrite, fondée sur une tradition populaire qui prête à une pratique constante, un caractère juridiquement contraignant[122]. En droit congolais, depuis la promulgation de la Constitution de 2006, elle peut être appliquée par les cours et tribunaux à condition qu'elle soit conforme non plus à la loi comme dans les lois fondamentales antérieures mais à l'ordre public ou aux bonnes mœurs[123].

En droit international, la coutume est une pratique juridique acceptée comme étant le droit[124]. Elle implique deux éléments, l'un matériel qui consiste en la répétition de précédents constituant un usage continu et général, l'autre psychologique, le fait pour les Etats de considérer que cet usage est en réalité une règle de droit obligatoire à laquelle ils doivent se soumettre dans les relations entre eux.

Cette coutume cependant ne pourrait être appliquée par les cours et tribunaux que si elle est intégrée comme règle juridique écrite dans un traité international, celui-ci dûment ratifié, selon l'expression de l'article 153 avant-dernier alinéa, par l'Etat congolais.

§2. Les principes généraux du droit

En droit pénal, il existe une catégorie particulière de principes généraux de droit que l'on pourrait appeler principes généraux fondamentaux. Ils comprennent des règles et des principes qui déterminent le cadre, les conditions et les principes de référence de l'intervention pénale. Ils constituent des principes essentiels auxquels même les lois pénales particulières ne peuvent déroger[125].

En droit public international, les principes généraux, communs aux ordres juridiques, interne et international, ou spécifiques à l'ordre international, sont une source de droit international au regard de l'article 38 du Statut de la Cour internationale de justice, qui fait référence aux principes généraux de droit reconnus par les nations civilisées. Mais il faut faire observer que ces principes sont parfois difficiles à distinguer des règles coutumières. De plus, pour que les juridictions congolaises

---

[122] Vocabulaire juridique, *op. cit.*, p. 219.

[123] Article 153 de la Constitution.

[124] Article 38-§ 2 du Statut de la Cour internationale de justice.

[125] Position prise par les rédacteurs de l'Article 143.2.8 de l'avant-projet du code pénal congolais de 2014, Inédit.

les appliquent, il faut qu'elles soient intégrées sous forme de règles écrites dans l'ordonnancement juridique interne.

Section 3 : La jurisprudence

Dans le Lexique des termes juridiques[126], l'on trouve trois définitions de la jurisprudence allant en se restreignant : « au sens large, ensemble des décisions de justice rendues pendant une certaine période dans un domaine du droit ou dans l'ensemble du droit ; dans un sens plus restreint, ensemble des décisions concordantes rendues par les juridictions sur les mêmes questions de droit ; au sens strict, propositions contenues dans les décisions rendues par les juridictions de rang supérieur, et présentant l'apparence d'une norme en raison de leur formulation générale et abstraite ».

Quoiqu'il en soit, les caractéristiques primordiales d'une jurisprudence restent la constance et la pluralité des décisions de justice sur une question déterminée.

En Droit congolais, les arrêts de la Cour constitutionnelle relèvent de cette troisième acception. En effet, selon la lettre de l'article 168 de la Constitution, ces arrêts ne sont susceptibles d'aucun recours et sont immédiatement exécutoires. Ils sont obligatoires et s'imposent aux pouvoirs publics, à toutes les autorités administratives et juridictionnelles, civiles et militaires, ainsi qu'aux particuliers. Le Constituant ajoute encore que tout acte déclaré non conforme à la Constitution est nul de plein droit.

Néanmoins, les normes pénales internationales écrites ou non écrites ne peuvent constituer une source directe de la répression pénale. Cette règle est stricte pour la détermination des sanctions pénales mais peut être modulée pour les incriminations. Le droit répressif de l'OHADA en est une illustration.

Section 4 : Les cas de l'équité et de la doctrine

L'équité peut se définir comme le principe modérateur du droit objectif (lois, règlements) selon lequel chacun peut prétendre à un traitement juste, égalitaire et raisonnable. Statuer en équité, c'est utiliser des critères tels que la raison, l'utilité, l'amour de la paix et la morale. Il s'agit d'une atténuation ou d'une modification apportées au Droit, à la loi, en considération de circonstances particulières.

---

[126] GUINCHARD S. et DEBARD T. (dir.), *Lexique des termes juridiques, op cit*, p. 472.

Encadré par le principe de légalité des délits et des peines, il serait difficilement concevable d'admettre que l'équité, qui généralement prend des libertés avec la loi, puisse être envisageable. Cependant, si l'on considère le traitement que le juge doit appliquer à l'infracteur et à la victime, on peut admettre que le juge puisse faire une part à l'équité. Il s'agit pour lui de ne pas traiter de manière inégalitaire ou disproportionnée l'infracteur et la victime.

Une thèse intéressante sur le sujet intitulée « Essai sur l'équité en droit pénal » montre l'utilité que ce concept peut avoir pour la justice pénale. L'auteur de la thèse la résume de la manière suivante : « A première vue, l'équité apparaît comme un phénomène absent du droit pénal… L'absence de référence explicite à la notion et l'anathème dont elle fait l'objet, dans une matière qui ne tolère aucun facteur déstabilisant, ne sauraient pourtant signifier que l'équité ait été totalement évincée du droit pénal. En réalité, elle est un phénomène occulte, dont il faut révéler les manifestations latentes, pour finalement convenir d'une utilisation implicite de la notion par le juge et le législateur. La rigidité inspirée par la légalité criminelle n'étant qu'apparente, l'équité jouit en effet d'une importante marge d'expression. D'une part, flexible, l'équité permet de réaliser une égalité concrète. Elle se trouve en conséquence implicitement tolérée dans la matière pénale en tant qu'outil d'harmonisation du droit. L'équité joue alors un rôle de complément à la loi pénale, en assurant le passage du général – la loi – vers le cas particulier. D'autre part, l'équité peut être mobilisée par le juge pénal, sans qu'il en ait nécessairement conscience, lorsque, confronté à un cas particulier, il décide de contourner l'application de la loi pénale qui risquerait de produire des effets iniques. Au service d'un jugement individuel subjectif, en référence à des valeurs issues du fond culturel dont il procède, l'équité s'exprime hors du cadre de la loi pénale. Elle se place alors en élément perturbateur venant concurrencer l'échelle des valeurs fixées par le législateur. Qu'elle vienne compléter ou concurrencer la loi, l'équité constitue toujours un moyen d'interroger les objectifs de la matière pénale dans la mesure où elle est souvent à l'origine d'évolutions législatives »[127].

Enfin, la doctrine définie comme opinion des auteurs dans le domaine du droit n'est pas source de droit mais peut inspirer celui-ci en

---

[127] Amélie ANDRÉ, *Essai sur l'équité en droit pénal*, thèse de doctorat en Droit privé et Sciences criminelles, soutenue le 09-12-2015 à Montpellier, www.theses.fr, consulté le 23/06/2019

influençant le législateur lors de l'élaboration des lois et les magistrats au moment de la prise des décisions. Le rôle de la doctrine prend trois axes, vers le législateur, en étudiant les techniques législatives, vers le judiciaire, en proposant « des méthodes de raisonnement judiciaire les plus conformes aux besoins de leur fonction et enfin vers l'exécutif, en recherchant les moyens dont les agents du gouvernement disposent pour faire pénétrer le droit dans la vie quotidienne sans abuser de la coercition ».[128]

[128] La doctrine est-elle source de droit ? A la mémoire du professeur Georges Levasseur, https://ledroitcriminel.fr/la_science_criminelle/articles/doctrine_source_droit.htm, consulté le 07/08/2019.

TITRE 1 :
LE DROIT PENAL COMME SYSTEME

L'idée d'analyser le droit pénal comme système est venue notamment de Pierrette Poncela[129]. Cependant, chez les auteurs qui traitent du droit comme système, il n'y a unanimité ni sur la manière de le concevoir, ni sur la façon dont il opère. D'où la multitude de définitions du système juridique aussi bien que de catégories de systèmes.

CHAPITRE 1 : LA DÉFINITION DU SYSTÈME JURIDIQUE

Dans son ouvrage sur la « Théorie générale du droit », Jean-Louis BERGEL, après avoir caractérisé le droit comme un « système organisé de valeurs, de principes, d'instruments techniques ... qu'expriment des règles précises », indique que l'analyse du droit en tant que système, c'est-à-dire comme « un ensemble d'éléments en interaction, constituant une totalité et manifestant une certaine organisation », se résume dans l'affirmation simple mais fondamentale qu'en droit tout se tient ».[130] L'auteur ajoute que la « systémique » ou « science des systèmes », développant des méthodes de modélisation des phénomènes complexes, semble parfaitement applicable au droit dont elle permet d'étudier les éléments constitutifs et les relations entre ces éléments et l'environnement extérieur.[131]

De leur côté, André-Jean ARNAUD et Maria José FARINAS DULCE, proposent une définition « stipulative » du système de droit :

> « Le droit est l'ensemble de principes et de règles à caractère normatif, régissant les rapports des individus et des groupes en société, et tel qu'il

---

[129] PONCELA Pierrette, « Analyses systémiques et systèmes normatifs dans le champ pénal », *Archives de philosophie du droit*, tome 31, « Le système juridique », Sirey, Paris, 1986, p. 121-131, cité par Sita Muila Akele, dans le droit pénal et la famille. Essai d'analyse systémique et axiologique, *op. cit.*, pp. 368-369.

[130] BERGEL Jean-Louis, *op. cit.*, 1999, p.9.

[131] *Idem.*

repose, dans l'esprit de ceux qui y sont assujettis par attache personnelle, réelle ou territoriale, sur la croyance :

a) dans le caractère légitime de l'autorité dont il émane ;
b) dans le caractère supérieur, vrai et valide des règles posées, et leur correspondance aux valeurs de civilisations où il émerge (justice, paix, moralité, ordre, conformité à une tradition culturelle, voire religieuse) ;
c) dans le caractère obligatoire de ce qui est ainsi posé ;
d) dans la nécessité et la légitimité d'une sanction ainsi que de l'autorité chargée de l'appliquer ».[132]

Ces auteurs distinguent système de droit et système juridique, le second contenant le premier[133]. La nécessité de faire la part entre ce qui est inclus dans le système et ce qui en est exclu les a amenés à retenir trois critères de « juridicité » : la vocation à devenir droit ; le caractère parallèle et concurrentiel de la solution érigée en règle de droit par rapport à celle ou celles qui ont été délaissées ; l'exigence de définir de façon précise les limites du droit. Les solutions non prises en compte mais ayant vocation à l'être font partie d'un système juridique qu'ils appellent « systèmes simplement juridiques ». Et, c'est cet ensemble, système de droit (système formel) et système « simplement juridique » (système informel), qu'ils appellent système juridique, susceptible d'une modélisation au titre systémique.[134]

L'on a cependant fait observer que les phénomènes juridiques ne se prêteront sans doute jamais au traitement systémique intégral et rigoureux que laisse entrevoir la « théorie du système général ».[135] Mais en même temps on considère[136] comme indéniable l'idée de système et l'idéal de systématisation qui caractérisent le droit moderne de souche

---

[132] ARNAUD André-Jean et FARINAS DULCE Maria José, *Introduction à l'analyse sociologique des systèmes juridiques*, Bruylant, 1998, p. 248.
[133] *Idem*, p. 251.
[134] *Idem*, p. 266.
[135] Van de KERCHOVE Michel et OST François, *Le système juridique entre ordre et désordre*, PUF, Paris, 1988, p. 19.
[136] C'est que, « la pensée du système des juristes modernes a été à l'origine, et pour des raisons historiques évidentes, celle du code ». Il est certes vrai que « le code ne cherche pas à séduire l'esprit par des subtilités logiques ou par la rigueur sans failles d'un ordre parfaitement déductif ». Il n'en prétend pas moins cependant à la cohérence. Et celle-ci « ne provient pas ici du respect des chaînes déductives mais de l'unité d'intention … » ; SEVE René, « Système et code », *Archives de philosophie du droit*, *op. cit.*, p. 81 et 83 ; PONCELA P. et LASCOUMES P., *Réformer le code pénal. Où est passé l'architecte ?*, PUF, 1998 : idée d'un code « système référentiel », donc aspiration à une relative systématicité, p. 279 ; idéal de systématisation, nécessité par les problèmes de mise à relation du juridique et du social dans les sociétés dites post-modernes, p. 281.

romano-germanique.[137] Ceci se dégage aussi bien de la délimitation minimale de la notion de système qui fonde l'analyse systémique que de l'intérêt de cette notion pour l'étude du droit et des perspectives épistémologiques.

De prime abord, il semble plus difficile de définir la notion de système que de la caractériser dans les traits généraux qui lui paraissent associés de façon récurrente. A la difficulté s'ajoute une certaine confusion entretenue par le sens banalisé que nombre de juristes donnent indifféremment aux termes « ordre juridique », « ordonnancement juridique » et « système juridique ». Il faut bien reconnaître que la notion de système n'est pas ignorée en droit et en sociologie du droit. On parle en effet en droit de « système juridique », expression que la sociologie juridique a empruntée au droit comparé sans cependant lui conférer la même extension. Jean Carbonnier[138] explique que « pour le droit comparé, un système juridique est une famille de droits : les droits nationaux sont multiples, mais ils se regroupent en quelques systèmes, quelques grands systèmes, tel le système de la common law ou le système romano-germanique ». Tandis que pour la sociologie du droit, « un système juridique a une aire d'application moins étendue, c'est pratiquement un droit national, non pas un regroupement des droits nationaux, … c'est le droit d'une société globale. Partout où la sociologie constate l'existence d'une société globale formant une unité, du moins à voir les choses de l'extérieur, il est permis de postuler la présence d'un système juridique correspondant ».

A l'évidence, il y a, dans l'assimilation des termes « ordre juridique » et « système juridique », une dualité de significations : ordonnancement ou système, d'une part, et commandement ou norme, d'autre part. Il est vrai que le droit est un ordre à la fois en tant qu'il est systématique et en tant qu'il est normatif et que le concept d'ordre juridique exprime cette conjonction et ce croisement des deux dimensions de systématicité et de normativité du droit.

Indépendamment de cette dualité de significations entre ordre juridique et système juridique, la question de savoir s'il faut considérer comme strictement synonymes la notion de système et celle d'ordre lorsque cette dernière est comprise dans sa dimension et

---

[137] Van de KERCHOVE Michel et OST François, *op. cit.*, p. 9.
[138] CARBONNIER Jean, *Sociologie juridique*, PUF, « Quadrige », Paris, 1994, p. 202.

d' « ordonnancement » ou de « systématicité » n'est pas tranchée par les auteurs[139].

En définitive, le plus important dans le concept de système juridique n'est pas tant une certaine référence au droit objectif ou au droit positif, mais l'idée qu'un droit est un ensemble[140] et que ses éléments composants, loin d'être rassemblés fortuitement, sont liés entre eux par des rapports nécessaires[141]. Ainsi, observe Jean Carbonnier, « bien avant que le structuralisme[142] n'eut répandu ses thèses, les comparatistes avaient insisté sur la cohérence intérieure de tout le système juridique, sur l'interdépendance qui en soude les parties, sur la rigidité, voire l'immobilité qui en résulte. A la vérité, ils avaient en vue des structures techniques plutôt que sociologiques. En effet, ils considéraient que seules son originalité et sa permanence fondent un système juridique plutôt qu'une technique de vocables et de notions, de classifications et de catégories. Ce n'est pas sous cet aspect principalement formel que la sociologie du droit va reprendre à son compte le concept de système juridique, mais par rapport à son fond sociologique. Elle conserve néanmoins, en commun avec le droit comparé, cette hypothèse qui ne sera pas sans conséquence : que, forme

---

[139] Van de KERCHOVE M. et OST F., *op. cit.,* p. 23-24 ; ARNAUD A.J. (dir.), *Dictionnaire Encyclopédique de théorie et de sociologie du droit*, LGDJ, 1993, p. 596 : « Bien qu'on utilise souvent de façon interchangeable les expressions « système juridique » et « ordre juridique », elles ont des connotations différentes. Le terme « système juridique » donne d'un droit positif essentiellement l'image d'un ensemble de normes, et insiste sur l'aspect de systématisation et de cohérence logique : il plaît à ceux qui privilégient le caractère logique du droit et à ceux qui attribuent à la doctrine un rôle important dans l'élaboration d'un droit positif. Par contre, le terme « ordre juridique » a une saveur sociologisante et évoque davantage qu'un ensemble de normes : soit la société, la culture ou le *volksgeist* qui donne naissance aux normes, soit les relations sociales et l'ensemble de l'ordre social qui résultent des normes juridiques ». Certains auteurs le préfèrent à « système juridique » pour cette raison. D'autres voient là deux aspects complémentaires du droit : l'aspect logique et l'aspect organique, et utilisent « système juridique » et « ordre juridique » pour exprimer ces deux aspects … ».

[139] « Un ensemble structuré des normes juridiques, depuis les Déclarations des droits et les constitutions jusqu'aux plus infimes des normes individuelles. Certes dans cette galaxie normative, se dessinent des constellations ou des groupes cohérents de normes définis selon leur objet, leur situation hiérarchique … mais la systématicité appartient en dernière analyse à l'ordre juridique dans son ensemble », SEVE René, *op. cit.,* p. 81. LEMOIGNE conteste cette idée d'ensemble : « un système est un système, pas un ensemble ! », p. 18.

[140] SEVE René, *op. cit.,* p. 81.

[141] CARBONNIER J., *op. cit*., p. 203.

[142] Structuralisme : courant de pensée né dans les années 1960 en philosophie et sciences humaines. Il privilégie la synchronie sur l'évolution des faits, la totalité sur l'individu. Le structuralisme a entraîné une remise en cause généralisée des représentations fondatrices de l'identité personnelle ou sociale (LEVI-STRAUSS, PIAGET, LACAN, ALTHUSSER, FOUCAULT, DENIDA, BARTHES).

ou fond, la totalité d'un droit a une existence distincte de ses parties constitutives – distincte et plus durable »[143].

Tout ceci souligne la nécessité de dépasser l'approche juridique traditionnelle de la notion de système au profit d'une perception plus technique et néanmoins courante de cette notion qui emporte essentiellement les trois idées d'ensemble, d'ordre ou d'organisation, de cohésion ou de structure[144]:

- la notion de système requiert la réunion d'un ensemble d'éléments (selon l'expression utilisée dans la théorie des systèmes) ou de composantes qui peuvent être de nature très différente d'un système à l'autre ou au sein d'un même système. Ils peuvent en outre constituer eux-mêmes des sous-systèmes, réunissant à leur tour des entités plus élémentaires ;
- la notion de système suppose ensuite l'existence de relations spécifiques entre ces éléments ; autrement dit, elle implique non pas une simple juxtaposition des éléments, mais l'existence d'un tout ordonné et organisé, de liens d'interdépendance, d'interaction, de solidarité entre les éléments du système ;
- la notion de système implique enfin une certaine unité et non pas seulement un jeu d'interactions entre différents éléments. Cette unité comporte à la fois un aspect négatif de différenciation avec l'extérieur et un aspect positif d'identité permettant de déterminer les éléments qui appartiennent ou qui n'appartiennent pas au système. Elle traduit la cohésion de l'ensemble et se fonde sur un ou plusieurs principes qui commandent les relations entre les divers éléments constitutifs et déterminent la structure du système.

---

[143] CARBONNIER J., *op. cit.*, p. 203. Dans le même sens DURKHEIM écrit : « Les divers phénomènes juridiques ne sont pas isolés les uns des autres ; mais il y a entre eux toute sorte de rapports et ils se composent les uns avec les autres de manière à former, dans chaque société, un tout, un ensemble qui a son unité et son individualité ... Chaque pratique est immédiatement solidaire d'autres pratiques avec lesquelles elle forme un tout qui présente déjà une certaine autonomie ; ce tout du premier degré pourrait être appelé institution... Enfin, toutes les institutions d'un même peuple sont solidaires les unes des autres ; elles forment par leur réunion un ensemble nouveau, plus hautement composé ; c'est le système juridique de la société considérée » (CARBONNIER, *op. cit.*, p. 203-204).

[144] Van de KERCHOVE M. et OST F., *op. cit.*, p. 24-25.

CHAPITRE 2 : LA DÉFINITION DU SYSTÈME PÉNAL

Au-delà du concept de système juridique, il faut encore comprendre ce qu'est le système pénal. En effet, écrit Poncela[145], quand elle résonne dans le champ pénal, la notion de système suscite une inquiétude et une interpellation.

L'inquiétude apparaît dans ce que le droit pénal, éclaté[146], annexé, dénaturé par la multiplication des dispositions pénales disséminées dans les législations particulières, techniques ou bureaucratiques, paraît en perte de cohérence. Au point que l'on est en droit de se demander si la justice pénale forme bien un système institutionnel.

La confrontation avec le système pénal de la notion de système telle que définie en sociologie, a permis à Pierrette Poncela de répondre affirmativement à la question posée et à formuler quatre désignations de la justice pénale, à savoir :

- une totalité[147] composée d'unités institutionnelles en interaction ;
- une totalité complexe dont les acteurs interagissent dans le cadre d'organisations de type professionnel ;
- une totalité complexe dépendante du politique et du social, structurée par des règles procédurales et composée d'unités institutionnelles en interaction ;
- une totalité complexe, structurée par des règles procédurales, composée d'unités institutionnelles en interaction orientées vers une même fin, et formant un système dépendant du politique et du social.

PONCELA conclut ainsi à la fécondité de la notion de système pour décrire et comprendre, dans certains de ses éléments, l'ensemble institutionnel que constitue la justice pénale. Mais elle ne s'interroge pas moins sur la capacité de la notion de système de nous permettre de penser cette masse de dispositions juridiques unifiées par une référence incertaine au « droit pénal ».

Quant à l'interpellation, elle fait écho à l'inquiétude. Elle se formule autour d'une autre question : le droit pénal constitue-t-il un système normatif ? Cette question, affirme PONCELA, « résulte d'un double

---

[145] PONCELA Pierrette, *op. cit.,* 1986, p. 121 à 131.

[146] Sur le morcellement du droit pénal général et du droit pénal spécial, « nébuleuse d'infractions », cfr. DESPORTES et LE GUNEHEC, *Le nouveau droit pénal*, tome 1, DSG, 6e édition, 1999, Economica, coll. « DP », p. 8, n°19 et 20. Voir aussi TOUBON Jacques, « Introduction aux enjeux de pénalisation de la vie économique », in *Les enjeux de la pénalisation de la vie économique. Thèmes et commentaires*, D. 1997, s/dir de Marie Anne FRISON-ROCHE, p. 4.

[147] INDJESSILOGLOU Nikolaos G., *L'apport de l'analyse systémique dans le domaine juridique*, thèse pour le doctorat en droit, Paris II, p. 38 et s.

phénomène d'éclatement du droit pénal et d'« inflation pénale » (Carbonnier, 1979 ; Delmas-Marty, 1985). Le droit pénal serait en perte de cohérence, devenu totalement hétérogène, face à la multiplication de constructions juridiques où l'élément pénal n'occuperait qu'une place secondaire dans un ensemble où une logique réglementaire ou « disciplinaire » l'emporterait. La menace viendrait des droits pénaux dits techniques ou administratifs ou encore bureaucratiques (Lascoumes, 1983). Dans ces législations pénales, poursuit-elle, la technique d'incrimination la plus utilisée est l'incrimination par renvoi, parfois en cascade, à d'autres textes. La sanction pénale prévue est le plus souvent une amende, voire une courte peine d'emprisonnement ou encore une peine standard à usages multiples.

En somme, constate Poncela, l'on ne saurait figer en une formule ce que l'on nomme « droit pénal », lequel s'affiche maintenant comme un système différentiel[148] où coexistent plusieurs modèles normatifs. Cette conception du système pénal nous permet d'étudier le droit pénal sous forme de système tout en gardant à l'esprit que le droit pénal général est lui-même un élément de ce système.

En résumé, le système pénal, vu comme un ensemble organisé et dynamique, contient des normes et des institutions d'incrimination, de répression et de prévention. Ces normes et institutions sont formulées au moyen de concepts qui participent également à la compréhension de la structure du système pénal. Par ailleurs, ces normes et institutions entretiennent entre elles des interactions spécifiques qui permettent d'identifier le système et d'en consolider les éléments. Ces interactions supposent un jeu complexe d'acteurs mettant en œuvre divers moyens techniques d'expression ou de formulation des difficultés et des problèmes pénaux en cause, ainsi que des solutions y relatives.

Aussi pour faire ressortir les particularités de la structure du système pénal, convient-il d'en étudier, d'une part, la composition ou les éléments spécifiques, et, d'autre part, les relations qui se tissent entre ces différents éléments. Ce sera l'objet des titres 2 et 3 de la présente partie.

---

[148] Par cette idée d'un droit pénal – plus précisément d'un code pénal – perçu comme un système différentiel, PONCELA et LASCOUMES visent « un ensemble de formulations cognitives et normatives permettant la qualification et la hiérarchisation des situations sociales et fixant les principes qui seront à la base de leur régulation dans chaque sous-système », in Réformer le code pénal. Où est passé l'architecte ?, *op. cit.*, p. 283.

TITRE 2 :
LA STRUCTURE DU SYSTEME PENAL

La structure du système pénal doit pouvoir rendre compte schématiquement de la pluralité des éléments qui composent ce système (chapitre 1er), ainsi que l'organisation spécifique des relations qu'il est possible d'établir entre ces éléments (chapitre 2).

CHAPITRE 1 : LES ÉLÉMENTS DU SYSTÈME PÉNAL

Les éléments du système pénal peuvent être répartis en quatre groupes pénaux principaux : les règles, les institutions, les acteurs et les techniques.

Section 1 : Les règles de droit pénal

Jean PRADEL définit la règle de droit criminel comme « toute disposition générale émanée d'une autorité habilitée pour établir des normes de conduite ou les normes selon lesquelles les contrevenants à celle-ci sont jugés »[149]. Il distingue ainsi nettement les « normes de conduite qui, en fait, renvoient à la règle de droit criminel de fond, et les normes de mise en œuvre concrète de la justice criminelle qui sont des règles de droit criminel de forme ».

Pour Robert LEGROS, la règle de droit pénal est toute disposition impersonnelle, émanant d'une autorité habilitée à établir des normes de conduite, ou d'une coutume constante et générale, sur la base desquelles les comportements prohibés sont définis, les peines déterminées, et les contrevenants jugés[150].

Disposition générale ou impersonnelle, émanant d'une autorité habilitée pour établir des normes de conduite, législatives ou coutumières, ainsi que des normes de mise en œuvre des premières, en relation avec le droit pénal, voilà les caractéristiques définitionnelles

---

[149] PRADEL Jean, « Droit pénal », 3e édition, Cujas, Paris, 1981, n°131.

[150] LEGROS Robert, La règle de droit pénal, études publiées par Ch. Perelman, Bruylant, Bruxelles, 1971, p. 242 et s.

qui nous permettent de retenir deux grandes catégories de règles de droit pénal : les règles écrites et les règles non écrites, d'une part, les règles de fond (ou règles d'incrimination et de sanction) et les règles de forme (ou règles de mise en œuvre de la répression), d'autre part.

« Les Cours et Tribunaux, civils et militaires, appliquent les traités internationaux dûment ratifiés, les lois, les actes réglementaires pour autant qu'ils soient conformes aux lois ainsi que la coutume pour autant que celle-ci ne soit pas contraire à l'ordre public ou aux bonnes mœurs ».[151] Par conséquent, se fondant sur la lecture de cet alinéa, il convient de retenir deux catégories de sources de la légalité pénale, en l'occurrence les sources ou règles écrites (paragraphe 1er) et les sources ou règles non écrites (paragraphe 2e).

§1. Les règles écrites de droit pénal

Les lois et les actes réglementaires constituent les règles écrites énumérées par la Constitution en vigueur. Ils sont amplement détaillés dans son titre III relatif à l'organisation et à l'exercice du pouvoir. Cependant, la nomenclature des lois et des actes réglementaires ayant varié au cours de l'histoire de notre pays, il n'est pas sans intérêt d'avoir un bref aperçu de cette évolution.

A. Considérations générales

La Constitution du 18 février 2006, dans quelques-unes de ses dispositions, a incriminé certains comportements, les a qualifiés et même décidé à quelques reprises du niveau de leur gravité. Elle a toutefois confié les peines à la discrétion de la loi. De manière générale, c'est la loi, dit-elle, qui « fixe les règles concernant la détermination des infractions et des peines qui leur sont applicables, la procédure pénale, l'organisation et le fonctionnement du pouvoir judiciaire, la création de nouveaux ordres de juridictions, le statut des magistrats, le régime juridique du Conseil supérieur de la magistrature[152] ». La loi détermine en outre les mesures relatives à l'amnistie et l'extradition[153] et les principes fondamentaux concernant le régime pénitentiaire[154]. Quant au

---

[151] Article 153 alinéa 4 de la Constitution.
[152] Article 122 (6) de la Constitution de la RDC du 18 février 2006 telle que modifiée en 2011.
[153] Article 122 (9) de la Constitution de la RDC du 18 février 2006 telle que modifiée en 2011.
[154] Article 123 (6) de la Constitution de la RDC du 18 février 2006 telle que modifiée en 2011.

règlement, il porte sur « les matières autres que celles qui sont du domaine de la loi[155] ».

La conjonction des dispositions ci-dessus semble attribuer de manière simple et claire à la loi la compétence exclusive en matière pénale. Cependant, un examen minutieux des textes complémentaires du code pénal pris après la promulgation de la Constitution laisse perplexe. Il en est ainsi par exemple de l'arrêté ministériel n° « MS.1250/MIN/CAB/S/010/EKA/2006 du 27 juin 2006 portant interdiction de la fabrication, de l'importation, de la distribution ou de la vente en gros ou au détail et de l'utilisation des produits cosmétiques contenant de l'hydroquinone en République Démocratique du Congo. Selon l'article 3 de cet arrêté, « les infractions aux dispositions du présent arrêté sont punies des peines prévues par l'ordonnance n° 27 bis/Hyg du 15 mars 1933 spécialement son article 64 » ou de l'arrêté ministériel n° 409/CAB/MIN/TC/0082/2006 du 18 juillet 2006 portant réglementation de l'emballage en République Démocratique du Congo dont l'article 18 prévoit une amende transactionnelle pour les infractions portant atteinte à ses dispositions. Seul le montant de l'amende est renvoyé aux lois et règlements en vigueur. Il faut noter en outre que les éléments matériels ne sont pas suffisamment circonscrits. Ce chevauchement, en matière pénale, entre la loi et le règlement, aggravé par des dénominations identiques qui ne reflètent cependant pas la même nature juridique, peut s'observer dans les régimes politiques successifs de notre pays depuis l'arrivée des colons. Il n'est donc pas sans intérêt de survoler l'état de la question depuis sa gestation en tant que nation.

B. Les Constitutions

1. La Première République (1960-1965)

Selon les dispositions de la loi fondamentale du 19 mai 1960 relative aux structures du Congo, les sources écrites de droit sont constituées par des lois (textes pris collectivement par le Chef de l'Etat, la Chambre des Représentants et le Sénat[156] et par chacune des Assemblées provinciales[157]). En outre, en cas d'urgence, le Chef de l'Etat peut

---

[155] Article 128 alinéa 1 de la Constitution de la RDC du 18 février 2006 telle que modifiée en 2011.

[156] Loi fondamentale du 19 mai 1960 relative aux structures du Congo, article 148.

[157] *Idem,* article 15.

prendre des ordonnances-lois dans une matière déterminée[158]. Pour l'application de ces textes, la Loi fondamentale a donné pouvoir au Président de la République de prendre des ordonnances[159], à l'Assemblée provinciale, des édits-règlements[160], aux commissaires d'Etat, des règlements[161] et au gouvernement provincial, des arrêtés[162].

Le Décret-loi constitutionnel du 29 septembre 1960 relatif à l'exercice des pouvoirs législatif et exécutif à l'échelon central, en son article 2, confie au Conseil des Commissaires généraux l'exercice du pouvoir législatif, sous forme de décrets-lois contresignés par le Président du Conseil et le Commissaire général intéressé, et l'exercice du pouvoir exécutif sans indiquer la dénomination des actes que ceux-ci auraient à prendre. Le Décret-loi constitutionnel du 9 février 1961 relatif à l'exercice des pouvoirs législatif et exécutif à l'échelon central qui a mis fin à la mission du Conseil des Commissaires généraux institué par le décret-loi constitutionnel du 29 septembre 1960, en son point 3, indique que le gouvernement provisoire exerce le pouvoir législatif sous forme de décrets-lois contresignés par le premier ministre et le ministre intéressé. Enfin, en vertu de la Constitution de la République Démocratique du Congo du 1er août 1964 dite Constitution de Luluabourg et son Annexe, les lois et les règlements sont nationaux ou provinciaux.

Les lois nationales sont élaborées par la Chambre des députés et le Sénat et promulguées par le Président de la République[163]. La Constitution provinciale et les lois provinciales sont prescrites par l'Assemblée provinciale.[164]

Le Président de la République prend des règlements nationaux de police et d'organisation interne de l'administration centrale. Il exerce ce pouvoir par voie d'ordonnances ou de décrets[165]. Il peut, sous certaines conditions, édicter des décrets ayant force de loi nationale[166].

---

158 Loi fondamentale du 19 mai 1960 relative aux structures du Congo, article 37.
159 *Ibid.*
160 *Idem*, article 184
161 *Idem*
162 *Idem*, article 176
163 Constitution de Luluabourg, articles 90 et 117.
164 *Idem.*
165 *Idem,* article 61
166 *Idem*

Le Gouverneur de province règlemente la police et l'organisation interne de l'administration provinciale, par voie d'arrêtés, et en cas d'urgence, par des arrêtés-lois[167].

2. La Deuxième République (1965-1990)

La Deuxième République commence par un coup d'Etat qui bouleverse l'organisation des pouvoirs législatif et exécutif en application, malgré la proclamation du Haut commandement de l'armée nationale congolaise du 24 novembre 1965 qui, en son point 4, avait décidé que les « institutions démocratiques de la République, telles qu'elles sont prévues par la Constitution du 1er août 1964, continueront à fonctionner et à siéger en exerçant leurs prérogatives ; Tel est le cas de la Chambre des députés, du Sénat et des institutions provinciales »[168].

En effet, dès le lendemain, le Haut commandement instaurait un régime d'exception sur toute l'étendue de la République[169]. Ensuite, une ordonnance-loi du 30 novembre 1965[170] devait accorder des pouvoirs spéciaux au Président de la République et, notamment, celui de prendre, par ordonnance-loi, des mesures qui relevaient normalement du domaine de la loi. D'autres textes subséquents devaient élargir ou réduire le domaine d'intervention du Président de la République : l'ordonnance-loi n°66-92 bis du 7 mars 1966 attribuait le pouvoir législatif au Président de la République[171] ; l'ordonnance-loi n°66-621 du 21 octobre 1966 relative aux pouvoirs du Président de la République restituait le pouvoir de voter les lois au Parlement[172], le chef de l'Etat était cependant autorisé en cas d'urgence à légiférer par ordonnance-loi dans le domaine de la loi ; enfin, par ordonnance n°66-612 du 26 octobre 1966, le Président de la République s'arrogeait tous les pouvoirs du Premier ministre.[173]

Mais, c'est la Constitution du 24 juin 1967 dix-sept fois modifiée[174] dite Constitution de la Deuxième République qui devait donner à celle-

---

[167] Constitution de Luluabourg, article 105.

[168] VUNDUAWE te PEMAKO F. et MBOKO DJ'ANDINA J.-M., *op. cit.*, p. 456.

[169] *Idem*, p. 458.

[170] *Idem*, p. 461.

[171] *Idem*, p. 463.

[172] Ordonnance-loi n°66-92 *bis* du 7 mars 1966, article 1er.

[173] VUNDUAWE te PEMAKO F. et MBOKO DJ'ANDINA J.-M., *op. cit.*, p. 464.

[174] La Constitution de la République Démocratique du Congo du 24 juin 1967 (modifiée et complétée par Ordonnance-loi n°70-025 du 17 avril 1970 ; Loi n°70-001 du 23 décembre 1970, Loi n°71-006 du 29 octobre 1971, Loi n°71-007 du 19 novembre 1971, Loi n°71-008

ci ses caractéristiques, notamment, l'exercice d'un pouvoir législatif d'attribution et d'un pouvoir réglementaire résiduel. Le Président de la République assurait l'exécution des lois, faisait des règlements de police et d'organisation interne de l'administration et prenait des actes individuels, par voie d'ordonnances. Il pouvait en outre sur habilitation parlementaire, exercer le pouvoir législatif par voie d'ordonnance-loi. Il promulguait les lois votées par l'Assemblée nationale. Il faut noter par ailleurs que du 24 juin 1967 au 1er décembre 1970, date de l'ouverture de la première session de l'Assemblée nationale, l'essentiel de la législation congolaise a été édictée par des ordonnances-lois, conformément à l'article IV, alinéa 1er des dispositions transitoires de la Constitution[175]. Les ministres eux, chefs de département, statuaient par voie d'arrêtés.

La Constitution de 1967 confie donc, en premier lieu, le pouvoir législatif à l'Assemblée nationale. L'article 46 détermine les domaines d'intervention de la loi. Il fixe notamment les règles relatives à la détermination des infractions qui entraînent des peines d'une durée dépassant 6 mois, à l'amnistie, à la création de nouveaux ordres de juridictions et au statut des magistrats. Globalement, les matières qui ne sont pas du domaine de la loi ont un caractère réglementaire.[176]

La loi constitutionnelle du 24 juin 1974 devait radicalement changer le paysage politique du Congo. La plénitude de l'exercice du pouvoir était désormais exercée par le Président du Mouvement Populaire de la Révolution, de droit Président de la République. Celui-ci devient à la fois le pouvoir législatif et le pouvoir exécutif du pays.[177] Les lois parlementaires deviennent des lois présidentielles, les règlements de police et d'administration publique sont pris par le Président de la République sous forme d'ordonnances.[178]

La loi constitutionnelle du 15 février 1978 devait modifier ce système politique en réhabilitant le Conseil législatif (parlement) « dans son rôle d'organe législatif avec comme conséquence la disparition des lois présidentielles, la réapparition des lois parlementaires et la

---

du 31 décembre 1971, Loi n°72-003 du 5 janvier 1972, Loi n°72-008 du 3 juillet 1972, Loi n°73-014 du 5 janvier 1973, Loi n°74-020 du 15 août 1974, Loi n°78-010 du 15 février 1978, Loi n°80-007 du 19 février 1980, Loi n°80-012 du 5 novembre 1980, Loi n°82-004 du 31 décembre 1982, Loi n°88-004 du 27 janvier 1988, Loi n°88-009 du 27 juin 1988, Loi n°90-002 du 5 juillet 1990, Loi n°90-008 du 25 novembre 1990).

[175] VUNDUAWE et MBOKO, *op. cit.*, p. 519.

[176] Article 47 de la Constitution de la Deuxième République.

[177] VUNDUAWE et MBOKO, *op. cit.*, p.557.

[178] *Idem*, p. 559.

possibilité des actes ayant force de loi sous forme d'ordonnances-lois... »[179]. Par ordonnance, le Président de la République assure l'exécution des lois et exerce le pouvoir réglementaire général[180].

Sous l'empire de la loi n° 80-012 du 15 novembre 1980, le Président du MPR, par voie d'ordonnance, assure l'exécution des lois et fait des règlements de police et d'administration publique[181]. Les lois sont élaborées par le Conseil législatif[182]. L'article 87 confie à la loi notamment le pouvoir de fixer les règles concernant la détermination des infractions qui entraînent des peines privatives de liberté d'une durée supérieure à six mois, l'amnistie, la création de nouveaux ordres de juridiction et le statut des magistrats. Le Premier Commissaire d'Etat et les commissaires d'Etat statuent par voie d'arrêtés[183].

Par son message à la Nation du 24 avril 1990, le Président de la République déclenche le processus de démocratisation du Zaïre. Commence ainsi une longue période de transition vers la Troisième République qui prendra fin avec la promulgation de la Constitution du 18 février 2006.

Plusieurs évènements ont marqué cette période, nous nous en tiendrons cependant, en vue de satisfaire notre préoccupation, à la nature des textes législatifs ou réglementaires qui formèrent les sources du droit pénal.

La Constitution du 24 juin 1967 telle que révisée par les lois n° 90-002 du 5 juillet 1990 et n° 90-008 du 25 novembre 1990 maintient l'article 43 qui autorise le Président de la République, en son alinéa 2, de prendre par ordonnance-loi des dispositions qui sont normalement du domaine de la loi, en dehors des sessions de l'Assemblée nationale et en cas d'urgence. En situation normale, c'est cette dernière qui est chargée d'élaborer les lois. Quant au pouvoir exécutif, il est exercé par le Président de la République qui assure l'exécution des lois et fait des règlements de police et d'administration publique par voie d'ordonnance [184], ainsi que par le Premier ministre et les ministres qui statuent par voie d'arrêté en vertu de la responsabilité du gouvernement dans l'exécution des lois et la conduite de la politique de l'Etat [185] et en

---

179 VUNDUAWE et MBOKO, *op. cit.*, p. 561.
180 *Idem.*
181 Loi n° 80-012 du 15 novembre 1980, article 45
182 Idem, article 72
183 Loi n° 80-012 du 15 novembre 1980, article 103.
184 Constitution du 24/6/1967 telle que révisée en 1990, article 45
185 *Idem,* article 93.

plus pour les ministres dans l'application du programme et des décisions prises par le gouvernement[186].

3. La Période de transition (1990-2006)

Nous nous contenterons de citer ici les différents actes pris pendant cette période :

- Acte portant dispositions constitutionnelles relatives à la période de Transition du 4 août 1992 ;
- Acte constitutionnel harmonisé relatif à la période de transition du 2 avril 1993 ;
- Acte constitutionnel de la Transition du 9 avril 1994 ;
- Décret-loi constitutionnel n° 003 du 27 mai 1997 ;
- Décret-loi constitutionnel n° 074 du 25 mai 1998 ;
- Décret-loi constitutionnel n° 122 du 21 septembre 1998 ;
- Décret-loi constitutionnel n° 180 du 10 janvier 1999 ;
- Décret-loi constitutionnel n° 096/2000 du 1er juillet 2000 ;
- Constitution de la Transition du 4 avril 2003.

4. La troisième République (de 2006 à ce jour)

- La Constitution de la République Démocratique du Congo du 18 février 2006 telle que révisée au 20 janvier 2011.

C. Les instruments internationaux

C'est aussi à partir de l'article 153 alinéa 4 de la Constitution que l'on peut dégager les sources internationales du droit pénal. Ce sont les traités internationaux dûment ratifiés. Dans la mesure où un traité est un accord conclu entre plusieurs sujets de droit international, ces instruments internationaux comprennent notamment les accords, les conventions et les pactes internationaux ou régionaux.

1. Les instruments internationaux relatifs aux droits de l'homme régulièrement ratifiés par la RDC

Dix-huit instruments ont été recensés sous cette rubrique dont 4 protocoles à des conventions :

---

186 Constitution du 24/6/1967 telle que révisée en 1990, article 97 alinéa 3.

1. La Convention pour la prévention et la répression du crime de génocide du 9 décembre 1948, entrée en vigueur le 12 janvier 1951, adhésion de la RDC le 31 mai 1972 ;
2. La Déclaration Universelle des Droits de l'Homme du 10 décembre 1948 ;
3. La Convention pour la répression de la traite des êtres humains et de l'exploitation de la prostitution d'autrui du 2 décembre 1949, entrée en vigueur le 25 juillet 1951, adhésion de la RDC le 31 mai 1972 ;
4. La Convention relative au statut des réfugiés du 28 juillet 1951 entrée en vigueur le 22 avril 1954 ;
5. La Convention sur les droits politiques de la femme du 20 décembre 1952, entrée en vigueur le 7 juillet 1954 ;
6. La Convention supplémentaire relative à l'abolition de l'esclavage, de la traite des esclaves et des institutions et pratiques analogues à l'esclavage, du 30 avril 1956, entrée en vigueur le 30 avril 1957 ;
7. La Convention Internationale sur l'élimination de toutes les formes de discrimination raciale du 21 décembre 1965, entrée en vigueur le 4 janvier 1969, adhésion de la RDC le 21 août 1976 ;
8. Le Protocole relatif au statut des réfugiés du 16 décembre 1966, entré en vigueur le 4 octobre 1967 ;
9. Le Pacte International relatif aux droits civils et politiques du 16 décembre 1966 entré en vigueur le 23 mars 1976, ratifié par la RDC, le 1er novembre 1976 ;
10. Le Protocole facultatif se rapportant au Pacte International relatif aux droits civils et politiques du 16 décembre 1966 entré en vigueur le 23 mars 1976, ratifié par la RDC, le 1er novembre 1976 ;
11. Le Pacte International relatif aux droits économiques, sociaux et culturels du 16 décembre 1966, entré en vigueur le 3 janvier 1976, ratifié par la RDC, le 1er novembre 1976 ;
12. La Convention Internationale sur l'élimination et la répression du crime d'apartheid du 30 novembre 1973, entrée en vigueur le 18 juillet 1976, ratifié par la RDC, le 11 juillet 1978 ;
13. La Convention sur toutes les formes de discrimination à l'égard des femmes du 18 décembre 1979, entrée en vigueur le 3 septembre 1981 ;
14. La Convention contre la torture et autres peines ou traitements cruels, inhumains et dégradants du 10 décembre 1984 entrée en vigueur le 26 juin 1987 ;
15. La Convention relative aux droits de l'enfant du 20 novembre 1989, entrée en vigueur le 2 septembre 1990 ;

16. Le Protocole facultatif à la convention relative aux droits de l'enfant, concernant la vente d'enfants, la prostitution des enfants et la pornographie mettant en scène des enfants, 2000 ;
17. Le Protocole facultatif à la convention relative aux droits de l'enfant, concernant l'implication d'enfants dans les conflits armés, ratifié le 28 mars 2001 ;
18. Le Statut de Rome de la Cour Pénale Internationale du 17 juillet 1998 dont la ratification a été autorisée par le décret-loi n° 0013/2002 du 30 mars 2002.

Plus spécifiquement au niveau régional :

1. La Convention de l'Organisation de l'Unité Africaine régissant les aspects propres aux problèmes des réfugiés en Afrique du 10 septembre 1969, entrée en vigueur le 20 juin 1974;
2. La Charte africaine des droits de l'homme et des peuples, adoptée le 27 juin 1981, entrée en vigueur, le 21 octobre 1986 ;
3. La Charte africaine relative aux droits et à la protection de l'enfant ou Charte africaine sur les droits et le bien-être de l'enfant du 11 juillet 1990, entrée en vigueur le 29 novembre 1999 ;
4. Le Protocole relatif à la création d'une Cour africaine des Droits de l'homme et des peuples, Ouagadougou, juin 1998;
5. Le Protocole à la Charte africaine des droits de l'Homme et des peuples relatif aux droits des femmes en Afrique : adopté le 12 juillet 2003, entré en vigueur le 25 novembre 2005 ;
6. La Charte africaine sur la démocratie, les élections et la gouvernance : adoptée le 30 janvier 2007 ;
7. La Convention de l'UA sur la protection et l'assistance aux personnes déplacées en Afrique, adoptée le 23 octobre 2009.

2. Les instruments internationaux relatifs au droit international humanitaire

Le droit international humanitaire est la branche du droit international qui régit la conduite des conflits armés et vise à limiter leurs conséquences. Les Conventions de Genève et leurs Protocoles additionnels sont au cœur du droit international humanitaire. Ils protègent tout particulièrement les personnes qui ne participent pas aux hostilités (les civils, les membres du personnel sanitaire et religieux ou d'organisations humanitaires) ainsi que celles qui ne prennent plus part aux combats (les blessés, les malades, les naufragés et les prisonniers de guerre).

Les Conventions et leurs Protocoles prévoient que des mesures seront prises pour prévenir ce que l'on appelle les « infractions graves» ou y mettre un terme. Les auteurs de ces infractions doivent être punis.

a. Les Conventions de Genève du 12 août 1949

- La Convention de Genève pour l'amélioration du sort des blessés et des malades dans les forces armées en campagne du 12 août 1949 ;
- La Convention de Genève pour l'amélioration du sort des blessés, des malades et des naufragés des forces armées sur mer du 12 août 1949 ;
- La Convention de Genève relative au traitement des prisonniers de guerre du 12 août 1949 ;
- La Convention de Genève relative à la protection des personnes civiles en temps de guerre du 12 août 1949.

L'article 3, commun aux quatre Conventions de Genève, représente une forte avancée dans la mesure où il couvre, pour la première fois, les situations de conflits armés non internationaux. Ces types de conflits sont très variés : ils comprennent notamment les guerres civiles traditionnelles, les conflits armés internes qui s'étendent à d'autres États et les conflits internes durant lesquels un État tiers ou une force multinationale intervient aux côtés du gouvernement. L'article 3 commun établit des règles fondamentales qui n'acceptent aucune dérogation. Il contient les règles essentielles des Conventions de Genève sous forme condensée et les rend applicables aux conflits ne présentant pas un caractère international.

b. Les Protocoles additionnels aux Conventions de Genève

- Protocole additionnel I du 8 juin 1977– relatif à la protection des victimes lors des conflits armés internationaux, mais également lors des conflits armés dans lesquels les peuples luttent contre la discrimination coloniale et l'occupation étrangère et contre les régimes racistes dans l'exercice du droit des peuples à disposer d'eux-mêmes ;
- Protocole additionnel II du 8 juin 1977– relatif à la protection des victimes lors des conflits armés non internationaux ;
- Protocole additionnel III du 8 décembre 2005– signe distinctif additionnel le cristal rouge. Un losange rouge sur fond blanc pour ceux qui refusent d'adopter la Croix Rouge ou le Croissant Rouge.

c. Les conventions internationales de lutte contre la criminalité

Nombreux sont les instruments de lutte contre la criminalité internationale, en dehors des crimes de droit international, nous ne retiendrons que quelques-uns ici à titre indicatif :

1. La Convention internationale contre le recrutement, l'utilisation, le financement et l'instruction des mercenaires, du 4 décembre 1989 ;
2. La Convention internationale pour la répression du financement du terrorisme du 9 décembre 1999 (ratifiée par la loi n° 05-007 du 12 juin 2006) ;
3. La Convention internationale pour la répression des actes de terrorisme nucléaire du 14 septembre 2005 (ratifiée par la loi n°2-6-008 du 12 juin 2006) ;
4. La Convention internationale pour la répression des attentats terroristes à l'explosif du 15 décembre 1997 (ratifiée par la loi n°06-009 du 12 juin 2006) ;
5. La Convention des Nations Unies contre la criminalité transnationale organisée dite Convention de Palerme du 15 novembre 2000 ;
6. Le Protocole additionnel à la convention des Nations Unies contre la criminalité transnationale organisée visant à prévenir, réprimer et punir la traite des personnes, en particulier des femmes et des enfants, du 15 novembre 2000 ;
7. La Convention des Nations Unies contre la corruption, adoptée par la résolution de l'Assemblée générale des Nations Unies 58/4 du 31 octobre 2003 (l'adhésion de la RDC date du 23 septembre 2010).

Plus spécifiquement au niveau régional :

1. La Convention de l'OUA sur la prévention et la lutte contre le terrorisme, adoptée le 14 juillet 1999, entrée en vigueur le 6 décembre 2002 ;
2. Le Protocole à la Convention de l'OUA sur la prévention et la lutte contre le terrorisme du 8 juillet 2004 ;
3. La Convention de l'Union Africaine sur la prévention et la lutte contre la corruption du 11 juillet 2003.

D. Les lois nationales

Deux catégories se partagent les lois : selon la forme, les lois proprement dites et les textes assimilés aux lois, selon le fond, les lois pénales communes et les lois particulières.

1. Selon la forme du texte

a. Les lois proprement dites

1) Les lois organiques

La qualité de loi organique[187] est conférée par la Constitution. Les lois organiques sont votées et modifiées à la majorité absolue des membres composant chaque chambre et dans les conditions suivantes :

- soumission de la proposition de loi à la délibération et au vote de la première chambre saisie à l'expiration d'un délai de quinze jours après son dépôt au Gouvernement ;
- si, en cours d'examen, les deux chambres ne se mettent pas d'accord sur le texte, l'Assemblée nationale peut l'adopter en dernière lecture à la majorité absolue de ses membres ;
- promulgation après la déclaration de leur conformité à la Constitution par la Cour constitutionnelle.

2) Les lois ordinaires

Les lois ordinaires, c'est-à-dire celles qui ne sont pas organiques, sont comme ces dernières adoptées par le Parlement et promulguées par le Président de la République, à l'issue d'une procédure initiée par le Gouvernement, pour les projets de loi, par un ou plusieurs parlementaires, pour les propositions de loi.

b. Les textes assimilés aux lois

1) Les ordonnances-lois

Les ordonnances-lois[188] sont des textes pris dans le domaine de la loi par le Gouvernement sur autorisation de l'Assemblée nationale ou du Sénat en vue de l'exécution urgente de son programme d'action.

Les ordonnances-lois délibérées en Conseil des Ministres et ratifiées ne peuvent être modifiées dans leurs dispositions que par la loi.

2) Les édits

Les édits sont les actes législatifs des Assemblées provinciales[189]. Ils portent sur des matières soit exclusives, soit concurrentes au pouvoir central.

[187] Article 124 de la Constitution.
[188] Article 129 de la Constitution.
[189] Article 197 alinéa 2 de la Constitution.

Les édits doivent être conformes à la loi. La législation nationale prime sur l'édit provincial[190].

2. Selon le contenu du texte

a. La règle pénale de fond et la règle pénale de forme

1) La règle pénale de fond

La règle de droit pénal de fond peut être définie comme une règle coercitive composée de deux éléments essentiels : d'une part, l'incrimination, c'est-à-dire la description du comportement prohibé ; d'autre part, la sanction, c'est-à-dire la substance de la réaction sociale relative spécifiquement à ce comportement. Elle peut être une peine ou une mesure de sûreté. Mais cette règle coexiste avec des principes généraux d'origine législative, jurisprudentielle ou doctrinale ainsi que des lois interprétatives qui permettent de reconnaître la nature, le sens ou la portée de la règle pénale.

On peut classer les règles pénales de fond de trois manières différentes : en règles pénales générales ou en règles pénales spéciales ; en règles pénales communes ou en règles pénales particulières ; en règles pénales ordinaires ou en règles pénales d'exception.

a) Règle pénale générale et règle pénale spéciale

Les règles pénales générales sont portées par les dispositions du livre 1er du code pénal qui fixe les règles générales de l'intervention pénale. Tandis que les règles pénales spéciales sont les règles du livre 2 du code pénal qui déterminent, pour chaque incrimination, ses éléments constitutifs spécifiques et les sanctions applicables.

b) Règle pénale commune et règle pénale particulière

Les règles pénales communes comprennent un ensemble de dispositions qui visent la protection des valeurs essentielles de la société et, à travers elle, la réaffirmation de la dignité de la personne humaine, victime ou auteur d'une infraction, ainsi que le maintien de la paix civile, de l'ordre public et des bonnes mœurs.

Elles fixent les règles et les principes qui déterminent le cadre, les conditions et les principes référentiels de l'intervention pénale en RDC.

---

[190] Article 205 dernier alinéa de la Constitution.

Elles s'appliquent, sauf clause contraire, à toutes les personnes, à toutes les infractions et à toutes les sanctions pénales. Elles indiquent les principes fondamentaux communs et les garanties essentielles du droit pénal auxquelles les lois particulières, quelles qu'elles soient, ne peuvent, en aucun cas, déroger.

Par contre les règles pénales particulières sont créées autour des ensembles suivants en fonction de l'unité spécifique de leurs matières. Elles sont aussi nombreuses que variées :

a) Droit pénal de la famille ;
b) Droit judiciaire et pénal militaire ;
c) Droit pénal économique et des affaires ;
d) Droit pénal social : travail et sécurité sociale ;
e) Droit pénal de l'information, de la presse et des Nouvelles technologies de l'information et de la communication ;
f) Droit pénal écologique et forestier : environnement et conservation de la nature ;[191]
g) Droit pénal de la circulation et des transports : voies routières, ferrées, aériennes et navigables ;
h) Droit pénal administratif : police administrative et territoriale.

c) Règle pénale ordinaire et règle pénale d'exception

Les règles pénales ordinaires sont celles habituellement appliquées en tout temps par les juridictions de droit commun dans leurs attributions ordinaires tandis que les règles pénales d'exception sont des règles inhabituelles, généralement abandonnées à la discrétion des juridictions d'exception.

2) La règle pénale de forme

La règle pénale de forme a pour objet d'assurer la mise en œuvre de la réaction sociale sur les personnes présumées d'avoir commis une infraction portée par les règles pénales de fond. Il s'agit des règles de procédure pénale, d'organisation et de compétence judiciaires, de voies d'exécution et de droit pénitentiaire.

Plus en détail, les lois pénales de forme indiquent les institutions de poursuite et déterminent leurs compétences et leur organisation, les modalités de poursuites, notamment les délais et les formes de procédure, les conditions et les délais de la prescription de l'action

[191] Avant-projet du nouveau code pénal de la République Démocratique du Congo, octobre 2011.

publique et celle de la peine, l'exécution des peines, les voies de recours, les règles de preuve[192].

Cependant, s'agissant des règles de preuve, il y a lieu de distinguer celles qui relèvent strictement des lois de forme de celles qui sont assimilées aux lois de fond. Dans la première catégorie, l'on trouve les lois qui favorisent la découverte de la vérité, comme celles qui déterminent les personnes sur qui repose la charge de la preuve, les modes de preuve, l'étendue de la liberté de la preuve, la matière pour laquelle la preuve peut être rapportée, les personnes habilitées à témoigner, les modalités d'administration de la preuve, les modalités de recherche de la preuve, la légalité des preuves, dans la seconde, les lois qui régissent la force probante des preuves telles celles portant sur les présomptions de responsabilité et d'existence des éléments matériels ou psychologiques de l'infraction.

Les règles pénales de forme font l'objet des cours d'organisation et de compétence judiciaires ainsi que de procédure pénale. Les institutions pénales constituent une deuxième catégorie d'éléments du système pénal. Elles sont portées par des règles pénales.

Les règlements sont les dernières sources écrites du droit pénal.

E. Les règlements

1. La notion de règlement ou acte réglementaire

Les actes réglementaires sont, dans le présent contexte, des actes du pouvoir exécutif qui contiennent des règles générales et/ou impersonnelles ; en ce sens, l'acte réglementaire se distingue des actes individuels ou collectifs et s'identifie à l'acte législatif au sens matériel.

2. Le domaine du règlement

Le domaine du règlement a un caractère résiduel. En effet, l'article 128 de la Constitution décrète que les matières autres que celles qui sont du domaine de la loi ont un caractère réglementaire. Néanmoins, lorsque la matière devant être régie par le règlement l'a été par une loi, un décret du Gouvernement peut modifier cette loi, après que la Cour constitutionnelle a déclaré qu'elle avait en réalité un caractère

---

[192] « En matière pénale, la preuve consiste à démontrer, non seulement l'existence d'un fait dans les formes admises par la loi, mais encore son imputation à une personne ainsi que, la plupart du temps, l'intention que celle-ci avait de commettre tel fait ». Buisson, Répertoire Dalloz, voir Jean-Paul Doucet, ledroitcriminel.free.fr

réglementaire[193]. En outre, en cas d'urgence et conformément à la Constitution[194], le gouvernement peut prendre des règlements dans le domaine de la loi.

Les actes réglementaires que le Président de la République signe dans les matières relevant du Gouvernement ou sous gestion ministérielle sont couverts par le contreseing du Premier ministre qui en endosse la responsabilité devant l'Assemblée nationale.

3. Les sortes de règlements

1. Les ordonnances du Président de la République ;
2. Les décrets du premier ministre ;
3. Les arrêtés des ministres ;
4. Les arrêtés des gouverneurs de province.

Les actes réglementaires, qu'ils soient des ordonnances du Président de la République, des décrets du Premier ministre, des arrêtés des ministres nationaux ou provinciaux, ou encore des arrêtés des gouverneurs de provinces, doivent être conformes à la loi[195].

§2. Les règles de droit pénal non écrites

L'article 153 alinéa 4 indique comme autres sources du droit : la coutume, l'ordre public et les bonnes mœurs.

A. La coutume

Ordinairement non écrite, la coutume consiste en la pratique constante, par un peuple donné, d'une règle de vie sociale tenue depuis longtemps pour obligatoire dans l'opinion commune. La coutume est généralement une règle de droit façonnée par l'expérience.

Cette coutume cependant n'a pas toujours eu bonne presse. Certains l'ont assimilée à des règles grossières ou magiques qui ne permettaient

---

[193] Article 128 de la Constitution.

[194] Article 129 de la Constitution.

[195] Article 153 de la Constitution alinéa 4. On pourrait se demander dans quelle mesure les circulaires prises par le ministre de la justice pour « éclairer sur le sens de la loi ou rappeler les magistrats à l'ordre, en vertu des attributions lui dévolues par l'ordonnance n°17/025 du 10 juillet 2017 fixant les attributions des ministères », notamment à propos du contrôle des activités judiciaires, pourraient contribuer à l'enrichissement du droit pénal, sans évidemment empiéter sur le domaine de celui-ci. Voir Alexis THAMBWE-MWAMBA, *Organisation et fonctionnement des institutions judiciaires en République Démocratique du Congo. Critiques et perspectives*, PUC, Kinshasa, 2018, pp. 67-68.

ni l'épanouissement de la personne ni le développement des communautés ou de la société.

Il n'est pas sans intérêt de reprendre ici ce que Michel Alliot dit dans son ouvrage, « La coutume dans les droits originairement africains[196] » : « Quand on lit les anthropologues sur les sociétés d'Afrique noire comme tant d'autres, on est frappé de constater qu'ils n'y voient que l'envers de nos propres sociétés : qu'elles soient sans Etat, sans chefferie, sans complexité, sans écriture, sans histoire, sans surplus, froides comme les nôtres sont chaudes, répétitives quand nous sommes créatifs, mythiques quand nous sommes rationnels, elles ne se définissent que par le manque de ce que nous sommes ».

Non seulement les administrateurs et les juristes coloniaux participaient du même esprit mais les peuples autochtones s'en sont imprégnés au point que la référence à la coutume était devenue l'apanage des esprits rétrogrades, qui refusaient d' « évoluer » !

Il a fallu, toujours d'après Michel Alliot, qu'avec Elias T. Olowale, en 1957, l'on reconnaisse la nature propre du droit coutumier. Il n'est d'ailleurs pas étonnant qu'en RDC, alors que la Constitution de 2006 telle que révisée en 2011, n'a assujetti la coutume qu'à l'ordre public et aux bonnes mœurs, bien des citoyens congolais proclament encore que la coutume doit être conforme à la loi.

B. L'ordre public

L'ordre public que l'on assimile parfois à l'ordre social n'est pas toujours bien défini. Les rédacteurs du projet du nouveau code pénal congolais ont proposé à l'article 6 de ce code la définition suivante : « L'ordre public s'entend comme des mécanismes normatifs de sûreté, de concorde, de paix, de sécurité, de développement et de bien-être mis en place par la Constitution et les lois de la République au profit des personnes, de leurs familles et de leurs biens, des collectivités privées et publiques, de l'Etat et de ses démembrements » [197]. L'ordre public contient ce que l'on appelle communément : la sécurité, la tranquillité et la salubrité publiques. Actuellement, on y ajoute aussi la santé publique et l'esthétique publique.

---

[196] ALLIOT Michel, *La coutume dans les droits originairement africains*, http://www.dhdi.free.fr/recherches/theoriedroit/articles/alliotcoutume.pdf, consulté le 07/06/2019.

[197] Article 12.3 de l'Avant-projet du nouveau code pénal, version 2014.

C. Les bonnes mœurs

Les bonnes mœurs se fondent sur la conscience sociale et morale et portent un consensus autour des valeurs, des règles de vie, des règles du jeu social, du sens des convenances et des rites, du sens de soi et d'autrui, et du sens des rapports de soi à autrui au sein de la société.

Elles se fixent notamment sur :

- le respect de la vie et de la personne, quels que soient le sexe, l'âge, les origines et les conditions de vie de cette dernière ;
- la protection de la femme, de l'enfant, et de façon générale, des personnes vulnérables ;
- la considération des ancêtres et des anciens ;
- la protection de la famille, des valeurs et des biens collectifs ; les principes d'humanisme et de solidarité mutuellement bénéfiques ;
- les valeurs de sexualité responsable, respectueuse de la personne d'autrui et des convenances communes ;
- la déconsidération de tout geste, acte, parole, image contraire à la morale, aux usages et faisant scandale[198].

§3. Les règles pénales mixtes, écrites ou non écrites

Les principes et les adages se situent dans cette catégorie des règles mixtes. Ce sont des règles qui dirigent certaines matières. Initialement, ils n'étaient pas écrits, mais au fil des législations, certains d'entre eux ont reçu valeur législative voire constitutionnelle.

A. Les principes fondamentaux de droit pénal

A côté des règles de droit pénal, des principes généraux de droit pénal guident l'élaboration ou l'application des dispositions pénales. Il en est ainsi par exemple des principes proclamés par certains traités internationaux dûment ratifiés par la RDC[199] ou affirmés par la Constitution de la République[200].

---

[198] Article 12.3 de l'Avant-projet du nouveau code pénal, version 2014.

[199] Le principe « *Non bis in idem* » (article 14, 7° du Pacte International relatif aux droits civils et politiques).

[200] La Constitution de la RDC du 18 février 2006 pose les principes de l'interdiction du traitement cruel, inhumain et dégradant (article 16) ; de légalité des délits et des peines (article 17 alinéa 2, 3, 4, 5) ; de la non rétroactivité (article 17 alinéas 3 et 4) ; d'égalité (article 12) ; de la présomption d'innocence (article 17 dernier alinéa) ; de la liberté est de règle, la détention d'exception (article 17 alinéa 1er), de la rétroactivité de la règle pénale la plus douce (article 17 alinéas 6 et 7), de la responsabilité pénale est individuelle (article 17 avant-dernier

1. Le principe de légalité des délits et des peines

a. L'énoncé du principe de légalité

Le principe de légalité a d'abord été proclamé par la Déclaration des droits de l'homme et du citoyen de 1789[201], puis relayé en droit national et en droit international.

1) Au niveau national

Deux textes essentiellement prévoient le principe de légalité : la Constitution et le code pénal. La Constitution dispose que : « Nul ne peut être poursuivi, arrêté, détenu ou condamné qu'en vertu de la loi et dans les formes qu'elle prescrit.

Nul ne peut être poursuivi pour une action ou une omission qui ne constitue pas une infraction au moment où elle est commise et au moment des poursuites.

Nul ne peut être condamné pour une action ou une omission qui ne constitue pas une infraction à la fois au moment où elle est commise et au moment de la condamnation. Il ne peut être infligé de peine plus forte que celle applicable au moment où l'infraction est commise»[202]. Ce principe a donc valeur constitutionnelle. Quant au code pénal, son article premier est ainsi libellé : « Nulle infraction ne peut être punie des peines qui n'étaient pas portées par la loi avant que l'infraction fût commise ».

Il faut relever néanmoins que la Constitution et le code pénal ne couvrent qu'imparfaitement le champ de protection du principe de légalité. C'est ainsi que les rédacteurs de l'Avant-projet du code pénal ont pensé proposer la formulation suivante :

« Nulle infraction ne peut être instituée ni réalisée, nulle sanction ne peut être établie ni appliquée qu'en vertu de la loi.

Nul ne peut être poursuivi, arrêté, détenu ou condamné qu'en vertu de la loi et dans les formes qu'elle prescrit.

Une peine ou une mesure à caractère pénal ne peuvent être prononcées qu'en raison d'un acte expressément réprimé par la loi »[203].

On retrouve le principe de légalité dans plusieurs autres textes internationaux ou régionaux.

---

alinéa) ; du contradictoire (articles 18 et 19) ; du double degré de juridiction (article 21 alinéa 2), etc.

201 Article 5 de la DUDH : « Tout ce qui n'est pas défendu par la loi ne peut être empêché, et nul ne peut être contraint de faire ce qu'elle n'ordonne pas et article 8 : nul ne peut être puni qu'en vertu d'une loi établie et promulguée antérieurement au délit et légalement appliquée ».

202 Article 17 alinéas 2, 3, 4 et 5 de la Constitution.

203 Article 131.1.1 de l'Avant-projet du code pénal, version, mars 2014.

2) Au niveau international

Ce principe a été développé par Cesare Beccaria dans son ouvrage intitulé « Des délits et des peines » :« *Nullum crimen, nulla poena sine lege*» (en français : nul crime, nulle peine sans loi). Il l'a complété avec d'autres principes, notamment, « La loi ne doit établir que des peines strictement et évidemment nécessaires, et nul ne peut être puni qu'en vertu d'une loi établie et promulguée antérieurement au délit et légalement appliquée. » « Nul ne peut être arrêté, accusé ni détenu que dans les cas déterminés par la loi et selon les formes qu'elle a prescrites »[204]. Des instruments internationaux sont venus réaffirmer ce principe, notamment :

a) La Déclaration Universelle des droits de l'homme de 1948 :

Article 11 alinéa 2 : « Nul ne sera condamné pour des actions ou omissions qui, au moment où elles ont été commises, ne constituaient pas un acte délictueux d'après le droit national ou international. De même, il ne sera infligé aucune peine plus forte que celle qui était applicable au moment où l'acte délictueux a été commis ».

b) Le Pacte international relatif aux droits civils et politiques du 23 mars 1976 :

Article 15, point 1 : « Nul ne sera condamné pour des actions ou des omissions qui ne constituaient pas un acte délictueux d'après le droit national ou international au moment où elles ont été commises ».

c) La Charte africaine des droits de l'homme et des peuples de 1981 :

Article 7 :« 2. Nul ne peut être condamné pour une action ou une omission qui ne constituait pas, au moment où elle a eu lieu, une infraction légalement punissable. Aucune peine ne peut être infligée si elle n'a pas été prévue au moment où l'infraction a été commise ».

b. L'explication du principe de légalité

Le principe de légalité signifie qu'une personne ne peut faire l'objet d'une condamnation pénale que pour les infractions définies par la loi (légalité des incriminations), par les peines qu'elle fixe (légalité des peines), selon la procédure prévue par la loi (légalité de procédure). Il s'impose au législateur comme au juge. Le législateur doit élaborer des textes clairs et précis[205], et le juge, appliquer la loi telle qu'elle a été édictée.

---

[204] Encyclopédie de l'Agora, pour un monde visible, http://agora.qc.ca/dossiers/cesare_beccaria, consulté le 07/06/2019.

[205] HERZOG-EVANS M. et Gildas ROUSSEL, *op. cit.*, p. 34.

c. La justification du principe de légalité

Deux considérations justifient le principe de légalité : l'une politique, l'autre criminologique. Au niveau politique, le principe de légalité « serait le signe d'une société démocratique »[206]. Il proviendrait du souci de se prémunir contre l'arbitraire en dictant au droit pénal de ne réprimer que les comportements dont l'interdiction a été préalablement et clairement établie par la loi (garantie pour la liberté individuelle contre l'arbitraire des juges)[207]. Au niveau criminologique, il résulterait de l'espoir de voir le principe jouer un rôle préventif aussi bien qu'éducatif par l'édiction de règles juridiques claires et comprises par tous de manière à ce que chacun sache ce qui est proscrit, à quoi il s'expose en transgressant l'interdit, et que son attention soit attirée sur la grande probabilité de se voir appliquer une sanction pénale pour tous actes ou omissions incriminés par la loi.

d. Les effets du principe de légalité

Trois effets principaux peuvent être retenus, deux pour le législateur et un pour le juge. En ce qui concerne le législateur, il doit faire en sorte, premièrement, que le système juridique comporte la liste de la totalité des infractions prévues dans le pays, deuxièmement, que le texte répressif aussi bien quant à l'incrimination qu'à la peine soit extrêmement précis. Quant au juge, il lui est interdit de créer du droit ou de dénaturer le droit.[208] Cette interdiction apparemment claire est parfois violée lors de l'interprétation des normes pénales.

e. Les limites du principe de légalité

Les limites du principe de légalité concernent le législateur et portent sur le contenu de la loi. Celui-ci ne devrait incriminer que les actes qui menacent, nuisent ou portent atteinte, par la violence ou la ruse, aux biens essentiels ou au sentiment de justice. Cependant, trois phénomènes ont mis à mal l'observation du principe de légalité. Le premier est que la loi n'est plus la seule source du droit pénal[209]. En

---

[206] *Idem.*
[207] *Ibidem.*
[208] *Idem*, p. 37.
[209] Cette rigueur qui s'attachait à la forme du texte incriminateur telle que prônée par Michelle-Laure Rassat (principe de la textualité, Lire à ce propos Michèle-Laure RASSAT, *Droit pénal général,* 3è éd., ellipses, 2014, p. 93) nous parait aujourd'hui dépassée en vertu de l'article 153 alinéa 4 de la Constitution de la RDC qui donne, entre autres, pouvoir aux cours et tribunaux d'appliquer les traités et accords internationaux dûment ratifiés, ainsi que le

effet, notre Constitution prévoit également la coutume, l'ordre public et les bonnes mœurs[210]. En deuxième lieu, un nombre de plus en plus élevé de textes pénaux est pris par le législateur au point d'entraîner un risque avéré d'incohérence, de contradictions, de répétitions, de difficultés d'interprétation. C'est ce que l'on a appelé l'inflation pénale. Cette situation a accru le pouvoir du juge. Troisièmement, c'est l'apparition aux côtés de la loi pénale commune d'une multitude de textes formant le droit pénal particulier qui échappent quelquefois aux règles strictes imposées par les principes fondamentaux du droit pénal. Aussi trois principes sont venus encadrer l'élaboration de la loi pénale : le principe de nécessité, le principe de proportionnalité et le principe de subsidiarité. Ces principes qui existent de manière empirique ont été expressément proposés par les rédacteurs de l'Avant-projet du code pénal. En France, les principes de nécessité et de proportionnalité tirent leur origine de l'article 8 de la Déclaration des droits de l'homme et du citoyen de 1789 qui énonce : « Les lois ne doivent établir que des peines strictement et évidemment nécessaires ».

f. Les corollaires du principe de légalité

1) Le principe de nécessité

En vertu du principe de nécessité[211], la loi ne doit viser que les actes dont la répression est strictement nécessaire pour protéger les valeurs, les intérêts publics ou privés, les biens juridiques, l'ordre public et les bonnes mœurs (limitation du domaine de la répression). La loi ne doit viser que les peines et mesures de sûreté susceptibles de réaliser, dans les cas d'espèces, les objectifs de réhabilitation de la victime ou de l'auteur de l'infraction (cantonnement de la nature et de la gravité de la sanction).

---

règlement, la coutume, l'ordre public et les bonnes mœurs. Cependant, alors que les traités et accords internationaux subissent le contrôle de l'autorité de ratification, les règlements et la coutume, sont reçus de plein fouet par le juge qui doit en examiner le bien-fondé, alors que ces deux dernières sources prévoient des infractions dans leurs domaines d'intervention. Néanmoins, pour des raisons de flexibilité compte tenu de la complexité et de la technicité de notre temps, il serait souhaitable que la Constitution autorise le législateur à déléguer la détermination des incriminations pour certaines infractions mineures et sous certaines conditions. Cette délégation ne pourra en aucun cas comprendre la création, voire la détermination du taux des sanctions pénales déjà existantes.

[210] Article 153 avant dernier alinéa de la Constitution.

[211] Avant-projet du code pénal, version octobre 2011, article 11.

Lorsque le législateur va au-delà de sa mission, ses textes devraient pouvoir être sanctionnés par rapport à la Constitution, par la Cour Constitutionnelle ou par référendum.

2) Le principe de proportionnalité

Selon le principe de la proportionnalité[212], la loi doit doser la sévérité de la sanction en fonction de la gravité de l'incrimination et des chances d'amendement et de réhabilitation de l'auteur de l'infraction. Cette démarche doit être respectée par le législateur pour ne pas avoir comme effet de rendre injuste la condamnation prononcée. C'est ainsi que le législateur a été amené à prévoir des circonstances atténuantes ou aggravantes pour permettre au juge de tenir compte tant des circonstances de l'infraction que de la personnalité de l'auteur des faits. Cette question se pose avec acuité actuellement avec la différence d'échelle entre les sanctions édictées par le Statut de Rome et les sanctions internes. « Les violations de la réglementation nationale doivent être sanctionnées dans des conditions de fond et de procédure analogues à celles applicables aux violations du droit international d'une nature et d'une importance similaires... »[213]. C'est ainsi qu'il n'est pas admissible que la peine de mort soit maintenue dans un Etat ayant ratifié le Statut de Rome créant la Cour Pénale Internationale alors que celle-ci ne prévoit pas cette peine pour des infractions les plus graves.

Le principe de proportionnalité emporte celui de subsidiarité.

3) Le principe de subsidiarité

Le principe de subsidiarité[214] commande que pour un même fait, lorsque les peines prévues au niveau national et au niveau international sont de nature différente, la peine la moins forte soit préférée à la peine la plus forte et qu'entre deux peines de même nature, la peine de sévérité inférieure l'emporte sur la peine de sévérité supérieure. Ceci éviterait ce qu'on pourrait qualifier de gaspillage de peine ou de recours excessif à une peine trop sévère. Les lois de mise en œuvre du Statut de Rome ont maintenu la disparité des peines entre le niveau national et le Statut de Rome en ne modifiant pas l'article 5 du code pénal.

---

212 Avant-projet du code pénal, version octobre 2011, article 12.
213 *Idem.*
214 *Idem*, article 12.3.

Il faut noter que le contrôle de la légalité formelle a été renforcé avec la création de la Cour constitutionnelle. Il est certes vrai que la Cour suprême de justice connaissait de la constitutionnalité des lois ; cependant, cette compétence ayant été dévolue à une juridiction particulière, on peut s'attendre à ce que le législateur et l'administration apportent un soin particulier dans l'élaboration des actes législatifs et réglementaires.

2. Le principe d'égalité devant la loi pénale

Notion fluctuante aux contours mal définis, le principe d'égalité est entré dans le droit positif congolais par l'article 12 de la Constitution, mais également via des instruments internationaux et régionaux.

a. L'énoncé du principe d'égalité

Les énoncés du principe d'égalité ont trait, selon les sources, à la loi ou aux juridictions.

1) Le cadre juridique

a) Le cadre juridique international

Au plan international, le principe d'égalité est garanti principalement par trois textes.

1° La Déclaration Universelle des droits de l'homme de 1948

Article 7 : « Tous sont égaux devant la loi et ont droit à une égale protection de la loi ».

2° Le Pacte international relatif aux droits civils et politiques du 23 mars 1976

Article 14 : « Tous sont égaux devant les tribunaux et les cours de justice ».

3° La Charte africaine des droits de l'homme et des peuples de 1981

Article 3 :

« 1. Toutes les personnes bénéficient d'une totale égalité devant la loi.

2. Toutes les personnes ont droit à une égale protection de la loi ».

Le Pacte International relatif aux droits civils et politiques est le seul de ces instruments qui fait une allusion aux juridictions.

b) Le cadre juridique national

Conformément à la Constitution : « Tous les Congolais sont égaux devant la loi et ont droit à une égale protection des lois »[215].

Le Code pénal, lui, est muet sur la question. Il faut dire que le concept d'égalité est délicat à saisir. En fait, l'égalité en droit n'est pas une égalité mathématique. Le serait-elle qu'elle confinerait à l'identité (dans le sens de similitude), promouvant ainsi par-là l'inégalité[216]. En effet, « l'égalité ne consiste pas à traiter toutes choses également, mais à traiter également toutes choses égales »[217]. C'est pourquoi, « l'égalité est, en droit positif, tantôt recherchée, tantôt repoussée »[218]. Assurément, à vouloir appliquer un traitement identique à tous, l'on aboutit à l'injustice, ... ce que l'on cherchait à éviter. Ainsi, le doyen Maistre du Chambon rend très bien la chose en affirmant que « le respect du principe d'égalité passe par la promotion de la diversité à travers une diversification du droit et des droits. L'exception à la règle apparaît alors comme un moyen privilégié de parvenir à l'égalité recherchée et permet de traiter différemment le terroriste du délinquant de droit commun ou le récidiviste du primo-délinquant. C'est également cette recherche de la véritable égalité qui conduit le législateur à accroître les pouvoirs du juge en matière d'individualisation de la sanction et qui l'entraîne parfois à multiplier les règles procédurales

---

[215] Article 12 de la Constitution.

[216] Sur « L'égalité en matière pénale » de David DECHENAUD, LGDJ, Collection thèses. 12/ 2008. Cette étude s'attache à examiner le caractère égalitaire du droit pénal, de fond comme de forme. L'ouvrage s'ouvre sur une introduction dans laquelle il est démontré que l'égalité, en droit, ne se confond pas avec l'identité mathématique. Elle ne consiste pas à traiter toutes choses également, mais à traiter également toutes choses égales. Autrement dit, l'égalité commande d'appliquer un régime juridique identique aux situations identiques, mais aussi d'appliquer des règles différentes aux personnes se trouvant dans des situations différentes. En partant de cette définition de l'égalité, il apparaît que l'égalité est, en matière pénale, tantôt recherchée, et tantôt repoussée.
La recherche de l'égalité se manifeste par l'adaptation toujours plus grande de la règle pénale à l'extrême variété des situations concrètes. Tel est le paradoxe apparent de l'égalité qui, loin d'imposer l'uniformité, suppose au contraire la diversification du droit. L'égalité est réalisée par la loi, qui ne cesse de se différencier, mais elle est aussi promue par l'autorité judiciaire, qui adapte ses décisions au particularisme de chaque dossier.
La résistance à l'égalité recouvre deux réalités. D'abord, l'égalité est violée par des textes qui opèrent des distinctions entre des situations identiques. L'égalité s'oppose à l'excès de différenciation, c'est-à-dire au singularisme. Ensuite, l'égalité est bafouée par des dispositions qui traitent de façon identique des situations différentes, confondant ainsi l'égalité véritable avec l'égalitarisme. Préface de Patrick MAISTRE du CHAMBON, in www.lgdj.fr/theses/225125/egalite-matiere-penale, consulté le 07/06/2019.

[217] *Idem.*

[218] *Ibidem.*

d'exception au détriment du droit commun et peut-être aussi de son intelligibilité »[219].

Cependant, le législateur a prévu un certain nombre d'atténuations au principe d'égalité : les privilèges et immunités, la prise en compte de l'importance des valeurs protégées, l'âge, et la qualité de l'agent.

2) Le défaut de pertinence de la qualité officielle

Le principe d'égalité est néanmoins promu par le défaut de pertinence de la qualité officielle. En effet, en matière de crimes relevant du Statut de Rome, crime de génocide, crimes contre l'humanité, crimes de guerre, crime d'agression, la qualité officielle, qu'elle résulte des fonctions exercées, du grade porté ou d'une quelconque appartenance à quelque corps, service ou groupe que ce soit, n'exonère nullement de la responsabilité pénale les auteurs ou les complices.

Au plan national, le code pénal a prévu des cas de non pertinence de la qualité officielle en matière de violence sexuelle : « La qualité officielle de l'auteur d'une infraction relative aux violences sexuelles ne peut en aucun cas l'exonérer de la responsabilité pénale ni constituer une cause de diminution de la peine »[220]. L'ordre hiérarchique ou le commandement d'une autorité « légitime civile ou militaire n'exonère nullement l'auteur d'une infraction relative aux violences sexuelles de sa responsabilité »[221].

Plus récemment, avec la loi n°15/022 du 31 décembre 2015 modifiant et complétant le décret du 30 janvier 1940 portant code pénal, le législateur a ajouté un article 20*quater* disposant expressément ceci : « En ce qui concerne les poursuites pour les crimes visés au titre relatif aux crimes contre la paix et la sécurité de l'humanité, la loi s'applique à tous de manière égale sans aucune distinction fondée sur la qualité officielle. En particulier, la qualité officielle de chef d'Etat ou de gouvernement, de membre du gouvernement, de membre du parlement ou de représentant élu ou d'agent public de l'Etat, n'exonère en aucun cas de la responsabilité pénale, pas plus qu'elle ne constitue en tant que telle un motif de réduction de la peine ».

Un arrêt de la Cour d'appel de Kinshasa a refusé de considérer la qualité de commissaire de zone assistant pour l'exonérer de la

---

[219] *Ibidem.*
[220] Code pénal congolais, article 42 bis.
[221] *Idem*, article 42 ter.

responsabilité pénale. Celui-ci prétendait avoir opéré des arrestations (arbitraires) en plein exercice de ses fonctions[222].

b. Les atténuations du principe d'égalité

1) Les privilèges de juridiction

Le privilège de juridiction est un « avantage » réservé à une certaine catégorie de personnes qui peut, par ce biais, décliner la compétence juridictionnelle résultant des règles procédurales de droit commun. Le professeur Luzolo Bambi, dans son Manuel de procédure pénale donne la définition suivante du privilège de juridiction, en droit congolais: «le privilège de juridiction s'entend comme une institution juridique selon laquelle une personne, compte tenu de sa personnalité, c'est-à-dire des fonctions qu'elle exerce, ne peut être jugée que par une juridiction déterminée quelle que soit l'infraction commise »[223]. Il s'agit d'éviter que la qualité de la personne poursuivie n'influe négativement sur l'objectivité du juge. Ainsi, la Constitution dispose que la Cour constitutionnelle est la juridiction pénale du Chef de l'Etat et du Premier ministre[224]; tandis que la Cour de Cassation est celle des membres de l'Assemblée nationale et du Sénat, les membres du gouvernement autres que le Premier ministre, les membres de la Cour constitutionnelle, les magistrats de la Cour de cassation ainsi que du parquet près cette Cour, les membres du Conseil d'Etat et les membres du parquet près ce Conseil, les membres de la Cour des Comptes et les membres du parquet près cette Cour, les premiers présidents des Cours d'appel ainsi que les procureurs généraux près ces cours, les premiers présidents des Cours administratives d'appel et les procureurs près ces Cours, les gouverneurs, les vice-gouverneurs de province et les ministres provinciaux, les présidents des Assemblées provinciales[225]. La loi organique n°13/011-B du 11 avril 2013 portant organisation, fonctionnement et compétences des juridictions de l'ordre judiciaire en son article 91.2) donne compétence à la Cour d'appel de connaître les infractions commises par les magistrats, les fonctionnaires des services publics et paraétatiques revêtus au moins du grade de directeur ou du grade équivalent.

---

[222] Kin, 3 mai 1988, RPA 10.495, aff. MP. c/Mokiri wa Ngonda et consorts, *les Grands arrêts de nos juridictions d'appel*, *op. cit.*, pp. 12-13.

[223] LUZOLO Bambi Lessa Emmanuel J. et BAYONA Ba Meya Nicolas Abel, *Manuel de Procédure pénale*, Presses Universitaires du Congo (PUC), Kinshasa, 2011, p. 291-294.

[224] Constitution de la RDC, article 163.

[225] Constitution de la RDC, article 153.

C'est ainsi que la Cour d'appel de Kinshasa a dénié à un conservateur des titres immobiliers le privilège de juridiction car c'est un agent de l'administration publique revêtu du grade de chef de division[226].

Par contre, le privilège reconnu aux cadres supérieurs des entreprises paraétatiques s'étend également aux personnes qui les remplacent[227].

A côté des privilèges, sont également prévues des immunités.

2) Les immunités

a) La nature des immunités

« Les immunités sont des causes d'irresponsabilité pénale qui résultent de la qualité de l'auteur des faits, et parfois des circonstances de l'infraction. Elles peuvent présenter une portée générale ou être limitées à certaines infractions.... Ces immunités sont justifiées par des intérêts familiaux, judiciaires ou politiques. La situation est légèrement différente pour les immunités diplomatiques »[228]. En effet, concernant cette dernière catégorie, les personnes qui bénéficient des immunités diplomatiques et qui ont commis des infractions, ne peuvent être poursuivies devant les tribunaux du lieu de commission, mais peuvent l'être devant les juridictions respectives de leurs pays.

Les immunités constituent une sorte de privilège attaché par la loi à certaines situations politiques, diplomatiques ou sociales, dans le but de protéger ces situations et de leur donner pleine efficacité. Les immunités néanmoins ne jouent pas en matière des crimes relevant du Statut de Rome.

b) Les cas d'immunités

➢ Les immunités familiales

Les immunités familiales ne sont pas encore systématisées en droit congolais. On peut cependant présenter le cas des articles 164 et 217 du code pénal livre 2 et l'article 54 du code pénal militaire.

La première disposition réprime le receleur de personnes poursuivies ou condamnées du chef d'une infraction que la loi punit de mort, de

---

[226] CA/KIN – Gombe, 29 octobre 1998, RPA 29/10.827, MP et Mbuy Mbiye c/ Nondi. *Les Grands arrêts de nos juridictions d'appel*, *op. cit*.,, p. 123.

[227] CA – Kin/Gombe, 14 octobre 1999, RP. 441 – MP et Mbaya c/ Kipoy. *Les Grands arrêts de nos juridictions d'appel*, *op. cit*.,, p. 124.

[228] DESPORTES Fréderic et LE GUNEHEC Francis, *Droit pénal général*, *op. cit*., p. 680 et s.

travaux forcés ou de cinq ans au moins de servitude pénale. La seconde, celui d'objets enlevés, détournés ou obtenus à l'aide d'une infraction lorsqu'il a recelé sciemment des objets ou des instruments ayant servi ou devant servir à cette infraction. Le troisième cas concerne le recel de déserteur.

La loi exempte des peines du recel, à l'article 164 du code pénal livre 2, les ascendants ou descendants, époux ou épouse même divorcés, frères ou sœurs des détenus évadés ou leurs alliés aux mêmes degrés. À l'article 217 du code pénal livre 2, sont exemptés de la peine, les parents ou alliés du coupable jusqu'au quatrième degré inclusivement. Quant à l'article 54 du code pénal militaire, il exempte également, comme à l'article 164 susvisé, les ascendants ou descendants, époux ou épouse même divorcés, frères ou sœurs des détenus évadés ou leurs alliés aux mêmes degrés.

Ces exemptions sont justifiées par la nécessité de préserver la structure familiale.

➢ Les immunités judiciaires

En vue de respecter le caractère contradictoire de la procédure pénale et de la procédure civile, et notamment la publicité des débats et les droits de la défense, deux sortes d'immunités judiciaires sont prévues en droit congolais. La première concerne les intervenants au procès : officier du ministère public, prévenu, partie civile, avocats[229], défenseurs judiciaires, témoins, experts, pour les propos qu'ils prononcent ou les écrits qu'ils produisent (réquisitoires, plaidoiries, conclusions, témoignages, rapports).

Il faut toutefois signaler, d'une part, que le magistrat peut poursuivre séance tenante pour délit d'audience, la partie qui abuse de son droit, d'autre part, que la partie ayant gagné le procès peut intenter un procès pour action téméraire et vexatoire contre la personne qui l'a attrait sans succès devant le juge. La seconde concerne les journalistes qui font un compte rendu du déroulement des débats dans un procès à condition qu'il s'agisse d'un compte rendu fidèle et de bonne foi.

➢ Les immunités politiques

Les immunités politiques sont liées aux fonctions, soit de l'Exécutif, soit du Législatif.

---

229 Loi sur le barreau art. 74.

- Immunités liées à des fonctions de l'Exécutif

L'article 167 alinéa 2 de la Constitution dispose que « pour les infractions commises en dehors de l'exercice de leurs fonctions, les poursuites contre le Président de la République et le Premier ministre sont suspendues jusqu'à l'expiration de leurs mandats. Pendant ce temps, la prescription est également suspendue. » L'immunité est donc temporaire.

Quant aux infractions commises dans l'exercice de leurs fonctions, une procédure est organisée pour en autoriser la poursuite. C'est ainsi que l'article 166 énonce que « La décision de poursuites ainsi que la mise en accusation du Président de la République et du Premier ministre sont votées à la majorité des deux tiers des membres du Parlement composant le Congrès suivant la procédure prévue par son Règlement intérieur ».

La décision de poursuites ainsi que la mise en accusation des membres du Gouvernement sont votées à la majorité absolue des membres composant l'Assemblée nationale suivant la procédure prévue par le Règlement intérieur.

Les membres du Gouvernement mis en accusation, présentent leur démission.

- Immunité parlementaire

Les parlementaires jouissent d'une immunité plus limitée[230]. En effet, d'après l'article 107 de la Constitution, « Aucun parlementaire ne peut être poursuivi, recherché, arrêté, détenu ou jugé en raison des opinions ou votes émis par lui dans l'exercice de ses fonctions »[231]. Celle-ci n'est pas à confondre avec l'inviolabilité parlementaire qui exige une autorisation d'une des deux chambres ou de leurs bureaux pour la poursuite ou l'arrestation d'un député ou d'un sénateur. « Aucun parlementaire ne peut, en cours de sessions, être poursuivi ou arrêté, sauf en cas de flagrant délit, qu'avec l'autorisation de l'Assemblée nationale ou du Sénat, selon le cas. » « En dehors des sessions, aucun parlementaire ne peut être arrêté sans l'autorisation du Bureau de l'Assemblée nationale ou du Bureau du Sénat, sauf en cas de flagrant délit, de poursuites autorisées ou de condamnation définitive ».

---

[230] Article 107 de la Constitution.

[231] La CSJ de justice a considéré qu'il fallait entendre l'immunité parlementaire au sens large et donc l'appliquer aux enquêtes parlementaires et au contrôle des autres organes de l'Etat. Voir CSJ R.P. du 21 du 5 octobre 1979 in *RJZ* n°1, 2 et 3 de janvier à décembre 1979, p. 68.

L'article 107 s'applique également aux députés provinciaux (selon la lettre de l'article 197 alinéa 6). Lorsque l'immunité parlementaire est levée, elle s'étend à toutes les infractions pour lesquelles l'autorisation d'exercer les poursuites judiciaires a été sollicitée[232].

- L'immunité diplomatique

L'immunité de juridiction dont bénéficient les Chefs d'Etat étrangers et leurs représentants en déplacement, les agents diplomatiques et leur famille, pour les actes accomplis dans l'exercice de leurs fonctions et les actes privés[233], leur permet d'échapper à la compétence de la loi et des juridictions congolaises. Cette règle se justifie par la nécessité de mettre les diplomates à l'abri des pressions possibles de l'Etat d'accueil. Ils ne peuvent donc être poursuivis par les autorités de l'Etat d'accueil pour des infractions y compris les plus graves, qu'ils ont pu commettre sur son territoire. La seule sanction possible consiste à leur retirer leur accréditation, en les déclarant *persona non grata* et à demander à leur Etat d'origine de les rappeler ou de mettre fin à leurs missions[234]. Ces personnes peuvent toutefois être poursuivies par les autorités judiciaires de leur propre Etat. L'immunité diplomatique n'est pas, contrairement aux autres immunités, une véritable cause d'irresponsabilité[235]. L'auteur des faits peut toutefois renoncer à son immunité. Il est cependant obligatoire que son Etat d'origine accepte cette renonciation. Le cas Ramazani Baya est là pour nous l'étayer[236]. Il avait renoncé à son immunité avec l'autorisation du Gouvernement congolais et fut condamné à 2 ans d'emprisonnement avec sursis et à 56 000 francs d'amende.

- L'immunité des Nations Unies

Les biens de l'Organisation des Nations Unies ainsi que les fonctionnaires sont couverts par des immunités. Les articles II et III de la Convention sur les privilèges et immunités des Nations Unies, approuvée le 13 février 1946, peuvent l'attester.

Article II section 2 : « L'Organisation des Nations Unies, ses biens et avoirs, quels que soient leur siège et leurs détenteurs, jouissent de

---

[232] CSJ, RP 21/CR 5/10/1979, BA 1984, p. 276; RJZ 1979, p. 68.
[233] Convention de Vienne sur les relations diplomatiques du 18 avril 1961, art 31.
[234] Article 9 de la Convention de vienne sur les relations diplomatiques du 18 avril 1961.
[235] DESPORTES et LE GUNEHEC, *op. cit.*, p. 684.
[236] NYABIRUNGU, *Traité de droit pénal général*, *op. cit.*, p. 247.

l'immunité de juridiction, sauf dans la mesure où l'Organisation y a expressivement renoncé, dans un cas particulier. Il est toutefois entendu que la renonciation ne peut s'étendre à des mesures d'exécution ».

Article IV, section 11 : Les représentants des Membres auprès des organes principaux et subsidiaires des Nations Unies et aux conférences convoquées par les Nations Unies jouissent notamment, durant l'exercice de leurs fonctions et au cours des voyages à destination ou en provenance du lieu de la réunion, des privilèges et immunités suivants :

« 1. immunité d'arrestation personnelle ou de détention et de saisie de leurs bagages personnels et en ce qui concerne les actes accomplis par eux en leur qualité de représentants (y compris leurs paroles et écrits) immunité de toute juridiction ».

c) Les effets des immunités

Les effets des immunités sont très variables selon l'immunité considérée[237]. Certaines font disparaître l'infraction (immunités parlementaires), d'autres conservent aux faits leur caractère infractionnel permettant ainsi la répression des complices (les immunités diplomatiques par exemple). Certaines suppriment la responsabilité civile (les immunités judiciaires), d'autres la laisse subsister (comme les immunités familiales en droit français). Enfin, certaines immunités ont pour effet de suspendre la mise en mouvement de l'action publique jusqu'à l'accomplissement d'une certaine formalité ou à l'écoulement d'un certain temps. C'est le cas prévu à l'article 167 alinéa 2 de la Constitution du 18 février 2006 qui dispose : « pour les infractions commises en dehors de l'exercice de leurs fonctions, les poursuites contre le Président de la République et le Premier ministre sont suspendues jusqu'à l'expiration de leurs mandats. Pendant ce temps, la prescription est suspendue ». L'article 166 de la Constitution rentre dans ce cas.

3) L'importance des valeurs protégées

Une autre entorse au principe d'égalité est liée à l'importance de la valeur protégée par l'infraction. Plus cette importance est grande, plus sévère est la sanction. En conséquence, les atteintes aux personnes sont plus sévèrement sanctionnées que les atteintes aux biens[238] ; les circonstances de commission de l'infraction peuvent la rendre plus

---

[237] DESPORTES et LE GUNEHEC, *op. cit.*, p. 685.

[238] Articles 44 – 45 du CP pour l'homicide volontaire et les articles 80 pour le vol simple.

grave, c'est ainsi que le vol aggravé est puni plus sévèrement que le vol simple[239]. L'homicide préterintentionnel est plus gravement sanctionné que les coups et blessures simples[240]. De même, la personnalité ou la qualité de l'agent ou de la victime peut amener un traitement spécial rompant le principe d'égalité.

4) L'âge ou la qualité spéciale de l'agent

L'âge et la qualité de l'agent peuvent influencer le choix de son traitement. Diverses situations sont à cet égard envisageables : le mineur d'âge ne peut être poursuivi pénalement ; la qualité d'ascendant ou de descendant de la victime peut constituer une circonstance aggravante ; le niveau de l'état dangereux d'un individu peut aggraver la sanction ou faire opter pour des mesures de traitement ; le récidiviste est puni plus sévèrement que le délinquant primaire ; La vulnérabilité ou la détresse particulière de la victime aggrave la sanction de l'agent. Cette vulnérabilité peut être physique ou mentale, circonstancielle ou durable[241]. Ces différences de traitement néanmoins ne favorisent pas des personnes du fait de leur qualité officielle.

5) La question du principe de l'individualisation des peines

Le principe de l'individualisation ou de la personnalisation des peines autorise le juge à adapter la sanction pénale en tenant compte de la personnalité du condamné et des circonstances de l'infraction. Plusieurs mécanismes entrent en jeu : le sursis ou la condamnation conditionnelle, l'exemption de peine, le prononcé de peine en dessous du minimum prévu, etc. On pourrait réagir en disant que ce principe rompt l'égalité entre citoyens, mais encore une fois, le juge pourrait appliquer le même traitement à tous les condamnés qui se retrouveraient dans la même situation. Quoi qu'il en soit, l'égalité comme dit plus haut ne doit pas être mathématique et donc doit tenir compte des objectifs poursuivis et de la réalité de chacun.

Le quatrième principe général de droit pénal relève plutôt de la procédure pénale. Il s'agit de la présomption d'innocence.

---

[239] Article 80 pour le vol simple et les articles 81, 81 bis, 82, 85 pour le vol aggravé.

[240] Article 46 et 48 du CP. Les coups et blessures simples sont punis de 8 jours à 6 mois de servitude pénale et l'homicide préterintentionnel de 5 à 20 ans.

[241] Par contre, la qualité de fonctionnaire public ou de personne chargée d'un service requise ou autre exigée à l'article 145 du code pénal pour le détournement des deniers publics ou privés, est un élément constitutif de cette infraction et non une circonstance aggravante. Voir CSJ, RP. 20, du 15 août 1979, p.56, in *RJZ* n°1, 2 et 3 de janvier à décembre 1979.

3. La présomption d'innocence

a. Enoncé du principe

Le principe de la présomption d'innocence est consacré à l'article 17 alinéa 9 de la Constitution en ces termes : « Toute personne accusée d'une infraction est présumée innocente jusqu'à ce que sa culpabilité ait été établie par un jugement définitif ». Ce principe signifie que tant que la culpabilité d'un individu n'a pas été déclarée par le juge, l'intéressé doit avoir toute possibilité de se défendre et conserve ses droits et libertés de citoyen.[242]

La Déclaration universelle des droits de l'Homme des Nations Unies de 1948 dispose dans son article 11 alinéa 1er que «Toute personne accusée d'un acte délictueux est présumée innocente jusqu'à ce que sa culpabilité ait été légalement établie au cours d'un procès public où toutes les garanties nécessaires à sa défense lui auront été assurées ».

Le juge admet cependant que, pour certaines infractions, l'existence de l'élément moral ou psychologique résulte de la seule constatation de l'élément matériel (ex. imputations dommageables). Cela n'est pas contraire à la présomption d'innocence dès lors que l'intéressé a la possibilité de rapporter la preuve contraire.

b. Conséquences du principe

Deux conséquences majeures se dégagent de l'admission du principe de la présomption d'innocence : l'obligation pour l'accusateur d'apporter la preuve de ses allégations et la prohibition de la présomption de culpabilité.

1) « Actori incumbit probatio »

La preuve de la culpabilité incombe à l'accusateur (*Actori incumbit probatio plus généralement le demandeur a la charge de la preuve)*), c'est-à-dire au Ministère public et, le cas échéant, à la partie citante lors d'une procédure déclenchée par citation directe. Cette charge porte sur deux points : la réalité de l'infraction au regard de sa définition de droit et la culpabilité du prévenu ou de l'accusé. La présomption d'innocence demeure si la preuve de la culpabilité de l'accusé a été obtenue de façon déloyale ou faussée[243].

---

[242] BOULOC, *op. cit.*, 22e édition, p. 16.
[243] https://fr.wikipedia.org/wiki/Pr%C3%A9somption_d'innocence, consulté le 07/06/2019.

2) Prohibition de la présomption de culpabilité

La présomption d'innocence emporte l'interdiction de la présomption de culpabilité. Le législateur ne peut donc pas instituer des présomptions de culpabilité en matière répressive. Mais à titre exceptionnel, de telles présomptions, opérant le renversement de la charge, peuvent être établies dès lors qu'elles ne revêtent pas un caractère irréfragable, que le respect des droits de la défense est assuré et que les faits induisent raisonnablement la vraisemblance de l'imputabilité[244].

De manière générale d'ailleurs, une fois que l'autorité de la chose jugée a été acquise, il est interdit de recommencer un procès, sauf dans des cas limitativement prévus. C'est ce qu'édicte l'adage « *non bis in idem* ».

4. « Non bis in idem » ou *« ne bis in idem »*

a. Enoncé

« La règle « *non bis in idem* » est un principe classique de la procédure pénale, déjà connu du droit romain, d'après lequel nul ne peut être poursuivi ou puni pénalement une nouvelle fois à raison des mêmes faits. Cette expression désigne donc l'autorité de la chose jugée au pénal sur le pénal qui interdit toute nouvelle poursuite contre la même personne pour les mêmes faits. Cette règle qui interdit donc la double incrimination répond avant tout à un souci de protection des libertés individuelles de la personne poursuivie[245].

Le Pacte international relatif aux droits civils et politiques prescrit, en son article 14 point 7, que « Nul ne peut être poursuivi ou puni en raison d'une infraction pour laquelle il a déjà été acquitté ou condamné par un jugement définitif conformément à la loi et à la procédure pénale de chaque pays ».

En RDC, cependant, le principe « *non bis in idem* » n'est pas élevé au rang de principe constitutionnel et ne se trouve pas dans le code pénal, sauf en ce qui concerne certaines infractions jugées à l'étranger[246].

---

[244] RENOUT H., *Droit pénal général*, *op. cit.*, p. 161.
[245] https://fr.wikipedia.org/wiki/Non_bis_in_idem, consulté le 07/06/2019.
[246] Code pénal, article 3 alinéa 4.

b. Cas de non pertinence

L'article 3 alinéa 3 du code pénal prévoit en effet, par déduction, que les infractions du titre VIII du code pénal relative aux atteintes à la sûreté de l'Etat et les sections I et II du titre III relatif aux infractions contre la foi publique, pourront être poursuivies même si l'inculpé justifie qu'il a été jugé définitivement à l'étranger et, en cas de condamnation, qu'il a subi ou prescrit sa peine ou obtenu sa grâce. Les sections I et II du titre III portent plus précisément et respectivement sur la contrefaçon, la falsification et l'imitation des signes monétaires, d'une part, et la contrefaçon ou falsification des sceaux, timbres, poinçons, marques, etc., d'autre part.

S'inspirant des dispositions de l'article 20 du Statut de Rome, l'avant-projet du code pénal propose que le principe *non bis in idem* soit écarté dans l'une des hypothèses suivantes, lorsque la procédure appliquée :

- avait pour but de soustraire la personne concernée à sa responsabilité pour des crimes violant gravement l'ordre public congolais ;
- n'a pas été menée de manière indépendante ou impartiale ;
- est manifestement entachée de présomptions discriminatoires[247].

Ces principes, ainsi que les adages qui suivent, précèdent la détermination de la loi applicable ou sont mis en œuvre dès que celle-ci est identifiée.

B. Les adages

On notera que, bien souvent, les principes généraux du droit s'expriment à travers des adages dont voici quelques exemples[248] :

- *« Actori incumbit probatio » ;*
- *« « crimen extinguitur mortalitate » et « crimen morte finitum est » (le crime est éteint par la mort) ;*
- « Le criminel tient le civil en état » ;
- « *In dubio pro reo* » ou « le doute profite à l'accusé » ;
- « *Fraus omnia corrumpit* » ou la fraude corrompt tout;
- « *Generalia specialibus non derogant* » ;
- « *Ignorantia legis non excusat* » ;
- *« Nemo cesentur ignorare legem »* ou « nul n'est censé ignorer la loi » ;
- *« Nemo punitur pro alieno delicto »* ;

[247] Code pénal, article 3 alinéa 4.
[248] HILAIRE J, *Adages et maximes du droit français*, Paris, Dalloz, 2013, pp. 20 et s.

- *« Non bis in idem* [*crimen*]» ;
- « *Nullum crimen nulla poena sine lege* » ;
- *« Poena sunt restringenda »* ;
- « *Societas delinquere non potest » ;*
- « *Specialia generalibus derogant* » ;
- « *Testis unus testis nullus* » ;
- « Tous délits sont personnels » ;
- « Tout prévenu est présumé innocent jusqu'au jugement de sa condamnation » ;
- « *Ubi lex non distinguit nec nos distinguere debemus* ».

Ces adages sont généralement donnés en latin ; cependant, on peut en trouver d'autres, équivalents ou non, dans la plupart des proverbes coutumiers locaux.

Section 2 : Les institutions pénales

Les institutions pénales sont des institutions juridiques. Elles sont composées d'un ensemble de règles de droit pénal, organisées autour d'une idée centrale et formant un tout systématiquement ordonné et permanent[249]. Par exemple, la prescription est une institution pénale qui se constitue autour de l'idée centrale du « temps pénal », c'est-à-dire de la période au-delà de laquelle la réaction pénale cesse d'agir. Elles comprennent les institutions-organismes et celles mécanismes.

§1. Les institutions-organismes

Partant de l'acception courante selon laquelle les organismes sont un ensemble de personnes, de services et de bureaux affectés à une tâche particulière, on peut définir l'institution-organisme comme une entité juridique organisée, structurée et fonctionnelle assumant des attributions et des compétences spécifiques dans la mise en œuvre de l'intervention ou de la réaction pénale. Elle s'insère dans l'ordre général des choses et consacre une situation juridique permanente. En droit pénal, sont considérées comme institutions-organismes, la police judiciaire, le parquet, les cours et tribunaux siégeant en matière pénale, l'administration pénitentiaire, etc. En tant que telle, l'institution-organisme est différente de l'institution-mécanisme.

---

[249] BERGEL J.L., *Théorie générale du droit*, 2e édition, Dalloz, Paris, 1989, p. 178.

§2. Les institutions-mécanismes

Les institutions-mécanismes créent « une sorte de cadre donné par le droit au développement d'un élément de la vie sociale »[250]. Elles apparaissent comme des instruments que le droit objectif se donne pour son application.

L'on distingue à ce sujet, d'une part, les mécanismes relatifs à l'organisation des rapports sociaux, et d'autre part, les mécanismes relatifs à la sanction des rapports sociaux.

A. Les mécanismes relatifs à l'organisation des rapports sociaux

Dans cette première catégorie, il faut différencier les mécanismes de protection de ceux d'action.

1. Les mécanismes de protection

Les mécanismes de protection sont des prescriptions écrites ou non écrites du droit pénal qui, en vue de protéger les intérêts des parties, soit empêchent, soit suspendent, soit éteignent l'action publique. À cet objectif concourent la prescription des infractions ou des peines, les délais d'action ou de procédure, la grâce, l'amnistie, l'autorité de la chose jugée comme celle du pénal sur le civil, le criminel tient le civil en état, *non bis in idem*, *nullum crimen nulla poena sine lege*, etc.

2. Les mécanismes d'action

Les mécanismes d'action sont, quant à eux, des instruments qui permettent d'agir en justice tels que les droits subjectifs, les biens et les actes juridiques.

Si le droit objectif désigne la règle de droit, les droits subjectifs sont les prérogatives reconnues à l'individu par la règle. Ils sont opposables aux tiers et se divisent classiquement en droits patrimoniaux (le droit de la victime à l'indemnisation) et en droits extrapatrimoniaux (le droit au respect de la vie privée)[251]. Pour ce qui est du bien juridique protégé par le droit pénal, la notion renvoie à celle des valeurs ou des intérêts essentiels pour la société[252]. Cette protection s'opère sous couvert de

---

[250] BERGEL J.L., *op. cit.*, pp.189-190.

[251] DABIN J., *Le droit subjectif*, Dalloz, 1952, 11/07 –e édition, http://www.editions-dalloz.fr/le-droit-subjectif.html#product_tabs, consulté le 07/06/2019.

[252] DARGENTAS E. « La norme pénale et la recherche autonome des valeurs dignes de la protection pénale », *Revue pénitentiaire et de droit pénal*, 1977, p. 413.

l'infraction. Les actes juridiques sont, de leur côté, des manifestations concrètes de la volonté par l'adoption d'un comportement déterminé (porter volontairement des coups sur une personne). Ils diffèrent des faits juridiques qui échappent en principe au contrôle de la volonté.

« L'acte juridique se définit, par opposition aux faits juridiques, comme toute manifestation concrète de la volonté accomplie en vue de produire des effets en droit, c'est-à-dire à créer (donner naissance), modifier, transmettre ou éteindre un droit subjectif ».

De toute évidence, le terme acte juridique revêt deux significations. D'une part, il désigne l'opération juridique elle-même, envisagée quant au fond ; et d'autre part, il se rapporte au document écrit. Il est destiné à constater l'accord des volontés. Ici, les parties veulent l'acte et les conséquences juridiques que la loi y attache. Ce qui n'est pas le cas des faits juridiques, définis comme étant « tous faits ou circonstances auxquels la loi attache des conséquences juridiques, conséquences qui, ne trouvant pas leur base dans la volonté des particuliers, se produisent, par conséquent, qu'elles aient été voulues ou non ». Les faits juridiques sont volontaires lorsqu'ils exigent une volonté consciente des conséquences dommageables, comme c'est le cas des coups et blessures ainsi que d'homicide, volontaires ou involontaires. Ce qui est loin d'être la situation des faits juridiques involontaires (ex. faire tomber par maladresse un pot de fleurs sur un passant).

B. Les mécanismes relatifs à la sanction des rapports sociaux

L'expression « rapports sociaux » vise les relations entre individus, entre groupes ou entre individus et groupes. Ces rapports sont basés sur des normes de conduite plus ou moins contraignantes aussi diversifiées que la société l'exige. Pour le respect de ces normes, la société prévoit des sanctions plus ou moins graves, obligatoires ou facultatives, destinées à frapper les contrevenants.

Les mécanismes dont il s'agit ici sont ceux qui permettent de mettre en œuvre les sanctions prescrites : les actions en justice, les instances, les preuves, la responsabilité pénale, les jugements, les peines et mesures de sûreté, la réparation du dommage causé, les voies de recours, la transaction, etc.

Les institutions-mécanismes, les institutions-organismes et les règles pénales sont actionnées par des acteurs pénaux.

Section 3 : Les acteurs pénaux

Les acteurs de la justice pénale sont tous les protagonistes qui interviennent à un moment ou à un autre dans le fonctionnement du système pénal, qu'il s'agisse de personnes physiques ou de personnes morales : l'Etat, le Constituant, le législateur, l'exécutif, l'auteur ou le complice d'une infraction, le suspect, le prévenu ou l'inculpé, la victime directe ou indirecte d'une infraction, l'officier de police judiciaire, l'officier du ministère public, le juge, l'administration pénitentiaire, etc. Notons que les institutions-organismes jouent comme des acteurs pénaux institutionnels.

§1. Les acteurs judiciaires

Les acteurs judiciaires sont composés de toutes les personnes qui interviennent à un titre ou à un autre dans le procès pénal : les magistrats du siège et du parquet, les officiers de police judiciaire, les auxiliaires de justice (personnel du greffe, avocats, défenseurs judiciaires, notaires, huissiers, mandataires de l'Etat, experts judiciaires) ; l'infracteur (auteur ou coauteur matériel ou moral de l'infraction), le complice ; la victime de l'infraction ; le témoin ; et l'expert.

Tous ces acteurs travaillent sinon en collaboration, du moins en interaction (positive ou négative, directe ou indirecte, convergente ou contradictoire, etc.) en mettant en œuvre, tout au long du processus de justice pénale, diverses techniques.

§2. Les acteurs non judiciaires

A la différence des acteurs judiciaires qui interviennent directement dans le déroulement du procès pénal, les acteurs non judiciaires dont le constituant, le législateur ou l'exécutif, y concourent indirectement par la mise en place du cadre opérationnel d'un tel procès. Comment chacun participe-t-il ?

A. Le Constituant

Le Constituant est entendu ici comme le pouvoir constituant, qui est chargé de créer ou de réviser la Constitution. Or cette création de la Constitution passe par plusieurs étapes : la rédaction, l'adoption et l'approbation. Ainsi la Constitution du 18 février 2006 a été rédigée, mieux proposée par le Sénat, adoptée par l'Assemblée nationale et approuvée par le peuple, au terme d'un référendum[253]. Tandis que la révision de 2011 a été opérée par l'Assemblée nationale et le Sénat réunis en Congrès.

Le pouvoir constituant peut être scindé en pouvoir constituant originaire et en celui dérivé. Le premier élabore et adopte les premières ou les nouvelles constitutions alors que le second conduit les révisions constitutionnelles.

En RDC, les articles 218 à 220 organisent la révision constitutionnelle. L'initiative de la révision appartient, concurremment, au Président de la République, au Gouvernement, à chacune des Chambres du Parlement et à une fraction du peuple congolais. Ensuite chaque chambre est appelée à examiner le bien-fondé du texte proposé. Une conclusion positive mène à la tenue d'un référendum en vue de son approbation. Le référendum n'est pas organisé en cas d'approbation du texte par le Congrès à la majorité des 3/5e des membres qui le composent.

B. Le législateur

Le législateur est celui qui a le pouvoir de créer les lois. Les institutions chargées de légiférer varient d'un pays à l'autre : le parlement, le congrès pour les uns, l'assemblée nationale pour les autres.

En droit positif congolais, les actes législatifs sont des lois adoptées par le Parlement ou des textes assimilés aux lois tels les édits des assemblées provinciales[254] et les ordonnances-lois du Gouvernement.

C. L'exécutif

En droit congolais, l'exécutif comprend le Président de la République qui agit par ordonnance, le Premier ministre qui prend des décrets, les membres du gouvernement qui interviennent par arrêtés. Les gouverneurs de province en font également partie. Ils participent à l'application des lois par des arrêtés.

---

[253] Exposé des motifs de la Constitution de la République Démocratique du Congo telle que modifiée par la Loi n° 11/002 du 20 janvier 2011 portant révision de certains articles de la Constitution de la République Démocratique du Congo du 18 février 2006, *JORDC*, 59e année, Numéro Spécial 7, juin 2018.

[254] Article 197, al. 2 de la Constitution de la République Démocratique du Congo, *op.cit.*

Section 4 : Les techniques de droit pénal

Les techniques sont prises ici dans un sens très étroit. Ce sont des procédés d'expression employés pour rendre et dire la justice pénale. Il s'agit essentiellement des concepts et du langage juridique.

§1. Les concepts

Représentations mentales, générales et abstraites d'objet[255], les concepts sont simples ou groupés en catégories. À titre d'exemples, constituent des concepts : la loi pénale, l'infraction, le délinquant, la responsabilité pénale, la sanction, etc. On remarquera que certains concepts sont en même temps des institutions-mécanismes.

Ces concepts en incluent de multiples autres, s'emboîtant les uns dans les autres à l'image des fameuses poupées russes. Ainsi, en est-il des éléments constitutifs d'une infraction qui contiennent l'élément matériel et l'élément psychologique. Dans l'élément matériel, on distingue les actions ou commissions, les omissions, les commissions par omissions et les tentatives ; dans l'élément psychologique, le dol ou la faute.

Les concepts expriment un « jargon » propre aux juristes. On retrouve également des concepts pénaux dans les qualifications des infractions : le vol est ainsi défini comme une soustraction frauduleuse d'une chose appartenant à autrui ; le meurtre comme un homicide volontaire ; l'empoisonnement comme l'homicide réalisé par l'administration de substances susceptibles de donner la mort plus ou moins promptement, etc. Parfois, la loi pénale estime nécessaire de préciser le sens ou l'entendement qu'elle prête à tel ou tel mot du langage courant, tel que « arme », « enfant », « fonctionnaire », etc. Ces concepts entrent dans la construction du langage juridique.

§2. Le langage juridique

Le langage juridique est un élément qui tire son origine de la légistique. En effet, si celle-ci, au sens large, est un ensemble de règles, principes et méthodes qui doivent être observés dans la préparation des textes normatifs (lois, ordonnances, décrets, arrêtés), elle signifie, au sens large, l'analyse et la réflexion relatives aux modes de création et d'application du droit. Au-delà des textes, on peut comprendre également les décisions de justice et les créations doctrinales.

[255] BERGEL J.L., *op. cit*, p. 194.

Ainsi, le langage juridique aligne, dans des formes et formules expressives spécifiques, un ensemble de règles régissant la production et l'interprétation des discours ainsi que des pratiques sociales à valeur juridique. Gény affirme que, dans le domaine juridique où la certitude et la précision des règles apparaissent comme une garantie de sécurité, « le mot et la formule sont des agents indispensables » de l'expression des concepts et des règles de droit. Il précise que les textes législatifs et réglementaires, les décisions de justice, les documents contractuels sont pleins de termes et d'expressions hermétiques pour le profane mais dont le sens juridique est bien déterminé et dont les juristes ne peuvent se passer[256].

Deux aspects du langage juridique seront examinés ici : la terminologie juridique et la phraséologie juridique.

A. La terminologie juridique

La terminologie juridique, appelée aussi linguistique juridique, est l'ensemble des mots techniques appartenant au droit. En droit pénal, des termes spécifiques comme la tentative punissable, la légitime défense, l'emprisonnement, l'homicide volontaire, l'infraction, le crime, le délit, la contravention, la qualification pénale, la faute pénale, le dol, etc. sont des notions familières.

La question a été posée de savoir si la terminologie juridique était une branche du droit à part entière ou simplement une discipline auxiliaire au droit. En effet, certains auteurs ont défini les sciences auxiliaires du droit comme étant essentiellement celles « auxquelles le juriste demande des lumières pour l'éclairer sur son propre savoir »[257]. Dans ce cadre ont été retenus : l'histoire du droit, le droit comparé et la sociologie juridique ; d'autres ont également cité la philosophie du droit, la science politique, les sciences administratives ainsi que les sciences économiques [258]. La liste serait bien plus longue si l'on devait y ajouter par exemple : l'ethnologie et l'anthropologie juridiques, la psychologie juridique, la philosophie juridique, la logique et l'argumentation juridiques, la sémiologie et la sémiotique juridiques, l'économie juridique et la jurimétrie.

Quoi qu'il en soit, l'importance de la terminologie juridique se mesurerait dans la promotion et le maintien d'une certaine unité de

---

[256] GÉNY F., cité par BERGEL J.L., *op. cit*, p. 220.
[257] CORNU, *Vocabulaire juridique,* 3e éd., PUF, 1992, p. 747.
[258] BENNADDJI C., *op. cit*, p. 236.

vocabulaire. L'on peut se référer utilement à Jean-Louis Bergel pour qui *« tout terme ou expression juridique doit désigner un concept et un seul et comme une étiquette identifier son objet »* et *« le vocabulaire des textes doit se juger à son unité, à son exactitude, à sa clarté et à sa précision* [259]*»*. Quant à François Luchaire, il préconise à propos du principe de l'unité du vocabulaire qu' *« un terme qui revient à plusieurs reprises dans un même texte doit chaque fois être interprété dans le même sens* [260]*»*.

Le langage juridique qui respecterait ces règles devrait pouvoir être compris de la même manière par les juristes ainsi que par ceux qui ne les sont pas.

Si l'on accepte que la terminologie juridique soit une science auxiliaire du droit, il faudrait encore déterminer si c'est une science d'interprétation (herméneutique) ou une science de systématisation (dogmatique)[261]. Cette discussion n'entre pas dans l'objet de cet ouvrage, mais on peut dire que l'unité de vocabulaire participe et à l'interprétation et à la systématisation du droit.

La terminologie ainsi comprise entre dans toutes sortes d'expressions réunies dans la phraséologie juridique.

B. La phraséologie juridique

Comme la terminologie juridique, la phraséologie juridique se retrouve dans les différents textes de droit : les textes législatifs au sens large ou la législation, les décisions de justice ou la jurisprudence et les ouvrages qui décrivent, expliquent, critiquent les règles de droit ou la doctrine.

La phraséologie juridique représente l'ensemble des expressions, terminologies et particularités syntaxiques propres aux juristes dans un milieu et à une époque donnée. En matière pénale, elle est construite de façon à avoir des énoncés impersonnels, de forme passive mais aussi active, impérative et comminatoire.

Le langage du législateur pénal n'est pas celui par exemple du moraliste. Il ne dira pas : « Théophile Kabongo, voler est un mal dans lequel il ne convient pas de tomber. Tu t'exposerais à un châtiment infamant ». Il sera plus impersonnel, plus affirmatif, plus péremptoire et plus impératif :

---

[259] G. CORNU, cité par BERGEL, *op.cit.*, p. 201.

[260] Disponible sur https://www.persée.fr/ consulté le 17 août 2019

[261] BENNADDJI C., *op. cit*, p. 237

« Quiconque a soustrait frauduleusement une chose qui ne lui appartient pas est coupable de vol » ; « sera puni de…celui qui ou tout celui qui… » ; « quiconque impute méchamment et publiquement à autrui un fait précis qui est de nature à porter atteinte à son honneur et à sa dignité est puni de deux à douze mois de servitude pénale principale et d'une amende de deux cents mille à six cents mille francs congolais » ; etc.

On connaît également le langage des décisions des juridictions (jugements pour les tribunaux et arrêts pour les cours) utilisant les formules répétitives des

« attendu que … » ou des « vu que … » ; « c'est pourquoi le tribunal, statuant contradictoirement, … le ministère public entendu, dit établie l'infraction de … ; en conséquence condamne … Ainsi jugé et prononcé à l'audience publique du … à laquelle ont siégé le président, les juges, avec l'assistance du greffier du siège… ».

Le souci du langage est de maintenir une logique stricte dans le raisonnement et le syllogisme qui construit la décision judiciaire. Il convient de noter que la Cour Suprême de Justice, et à sa suite la Haute Cour Militaire ainsi que la plupart des juridictions inférieures, ont évolué dans leur manière de rédiger les arrêts. Les « attendus » sont aujourd'hui remplacés par un langage plus ordinaire et la conclusion finale est annoncée par les formules « par ces motifs », « pour cette raison » ou simplement « c'est pourquoi ».

Ces exemples n'épuisent pas le domaine de la phraséologie juridique. On peut y ajouter la rédaction des procès-verbaux, de constats d'infractions, des interrogatoires des prévenus, des auditions des témoins ou des experts, des reconstitutions des faits, des transactions au niveau de l'instruction, etc.

Tous ces éléments normatifs, conceptuels, « littéraires » ou de langage ne se comportent pas comme des électrons libres. Ils entretiennent entre eux des relations complexes qui font l'objet du deuxième chapitre.

CHAPITRE 2 : LES RELATIONS DU SYSTÈME PÉNAL

Le dynamisme du droit pénal s'observe à travers les réactions qu'il oppose à diverses contraintes extérieures, principalement celle du temps, de l'espace et des faits sociaux.

La définition du système comme « un ensemble d'éléments en interaction, constituant une totalité et manifestant une certaine organisation [262]», nous amène à identifier les relations qui existent entre les éléments du système et qui permettent d'en assurer l'unité. Cependant, le système juridique étant un système ouvert, il y a lieu de considérer également les liens qui existent entre les éléments du système et les éléments hors système.

Section 1 : Les relations internes du système pénal

Le recours au Professeur Norberto BOBBIO de l'université de Turin, nous permet d'approcher les notions de normes primaires et de normes secondaires, permettant de structurer le système.

§1. Les normes primaires et les normes secondaires

A. La notion de norme primaire et de norme secondaire

Pour comprendre les concepts de normes primaires et de normes secondaires, il convient de se reporter au langage courant et à différents langages techniques assignant aux mots « primaires » et « secondaires » deux significations distinctes. Dans un cas, ils expriment un rapport chronologique ou temporel : est secondaire ce qui vient ensuite ou après. Dans un autre cas, ils traduisent un rapport axiologique doublement caractérisé. En effet, lorsqu'on considère la fonction réciproque des deux termes du rapport, *« secondaire peut signifier ce qui est accessoire, moins important. Mais secondaire peut également renvoyer à une position, secondaire occuperait une position hiérarchiquement inférieure ».*

Dès lors, on peut imaginer plusieurs cas de figure : dans un rapport chronologique ou temporel, la norme secondaire est celle qui est édictée après la norme primaire (par exemple en matière d'application de la loi pénale dans le temps) ; dans un rapport fonctionnel la norme sur la sanction est secondaire par rapport à la norme sur l'incrimination (sans cette dernière, la sanction ne peut être identifiée) ; dans un rapport hiérarchique, la norme légale est inférieure à une norme constitutionnelle, parce qu'elle doit lui être conforme, etc.

Cette gymnastique peut également être exercée entre les institutions qui, rappelons-le, sont un ensemble de règles organisées autour d'une idée centrale, par exemple, les juridictions ont le pas sur les parquets.

---

[262] BERGEL J.L., *op. cit.*, p. 9.

B. La spécialisation des normes secondaires

On peut aller plus loin en distinguant, parmi les normes secondaires, des normes sur la sanction, des normes sur la production juridique ou des normes de modification et des normes de reconnaissance ou d'identification.

La norme sur la sanction n'entre en fonction que quand la norme primaire de qui dépend son existence n'aurait pas eu l'efficacité que l'ordre lui attribue (interprétation temporelle). Cette norme secondaire sert à la conservation du système car la violation répétée des normes primaires aboutirait à la dissolution de celles-ci.

La norme sur la production intervient pour la modification interne du système. En réglant les procédures à travers lesquelles des normes peuvent être modifiées, elle permet la transformation du système sans désagrégation. Cette norme est identifiée par rapport à sa fonction ou à sa position hiérarchique.

Les normes de reconnaissance ou d'identification définissent les critères d'appartenance ou de validité, susceptibles de distinguer une norme du système d'une norme qui est hors système. Elles se présentent sous forme de norme sur les sources (indiquant les faits ou les actes ayant le pouvoir de produire des normes appartenant au système) ; soit d'une norme fixant les limites spatio-temporelles qui décrivent le champ du système (si elle concerne la validité des lois dans le temps et dans l'espace) ; soit encore d'une norme sur l'interprétation et sur l'application des normes du système (il s'agit notamment de norme qui aide à distinguer, entre les différentes significations d'une norme, celle qui, plus qu'une autre, exprime la norme appartenant au système).

Il en est de même pour la norme qui, autorisant le recours à l'analogie en cas de lacune, permet de considérer comme appartenant au système une norme qui n'est pas exprimée mais qui est reliée d'une certaine façon (à travers l'identité de la *ratio*) à une norme du système. Ou encore, la norme qui, autorisant le recours aux principes généraux du droit, introduit dans le système certaines normes très générales, même si elles ne sont pas exprimées et même si elles ne sont produites par aucun des pouvoirs autorisés à produire des normes juridiques[263].

---

[263] BOBBIO N., *op. cit*, p. 115.

§2. Le degré de complexité et l'équilibre du système

A. L'appréciation du degré de complexité

Mesurer ou apprécier le degré de complexité du système, revient à qualifier celui-ci soit de système simple, soit de système semi-complexe, soit de système complexe.

Les systèmes simples sont ceux uniquement composés de normes primaires et de la ou des normes pour l'identification du système. En fait, l'existence des normes d'identification n'est pas nécessaire dans un système normatif simple, soit parce que les normes de premier degré ou normes primaires qui constituent l'ensemble du système suffisent en elles-mêmes, soit parce que le système exige des modifications si peu nombreuses et si lentes qu'elles peuvent être laissées aux agents auxquels les règles du système sont destinées, ce qui suppose de leur part une certaine adhésion spontanée (par exemple les règles de savoir-vivre, et de presque tous les jeux).

La caractéristique essentielle d'un système normatif simple est de pouvoir fonctionner sans éprouver la nécessité de recourir à des normes secondaires.

Le système normatif non-simple est celui dans lequel, aux normes qui servent au contrôle des comportements, s'ajoutent et s'intègrent des normes de second degré qui « contrôlent à leur tour les normes primaires de contrôle ». En d'autres termes, le système normatif non simple est celui qui se dote d'un contrôle du second degré en vue d'empêcher d'une part l'inefficacité des normes primaires, et, d'autre part, le durcissement de celles-ci (inefficacité par inadaptabilité). En fait, ce contrôle du second degré, opéré par les normes sur la sanction et les normes sur la production, accomplit deux fonctions essentielles que nous avons déjà rencontrées : la fonction de conservation et celle de transformation du système.

Lorsqu'un système recourt uniquement soit au premier type de normes du second degré (normes sur la sanction), soit au second type (normes sur la production), il est dit semi-complexe. Dans ce genre de système, le choix de l'un ou l'autre type de normes se justifie par la nécessité plus ou moins grande de conserver ou de transformer le système. Mais, lorsqu'un système recourt à la fois aux deux types de normes, on a affaire à un système normatif complexe. L'ordre juridique, autrement dit le système normatif, destiné à rendre possible la vie organisée d'un groupe social stable, se caractérise précisément par la présence des deux types de normes du second degré. On peut donc conclure que le système pénal, sous-système du système juridique, est un système normatif complexe.

B. L'appréciation de l'équilibre du système

Le concept de norme secondaire permet de mesurer l'équilibre d'un système normatif. En effet, BOBBIO observe que le système normatif d'une société organisée tend à utiliser, selon les circonstances, les mécanismes de conservation et ceux de transformation. Cependant, un équilibre est nécessaire entre les deux sortes d'opérations, car si un système normatif est en état de perpétuelle conservation, il considèrera que les comportements innovateurs sont contraires aux règles. Par contre, s'il est en transformation continuelle, les comportements contraires aux règles seraient considérés comme innovateurs.

Dans la pratique, ce jeu d'équilibre dans le système, qui du reste symbolise le fonctionnement de tout l'appareil de justice, est assuré par l'action conjointe du législateur et du juge. Au premier, revient la compétence spécifique de la production normative, et donc de la transformation du système. Au second, la charge de la conservation du système en assurant l'application et le contrôle des normes du système. Il faut cependant dire que ce travail de contrôle et d'application qu'exerce le juge l'amène quelquefois à évoluer aux confins des zones normatives lacunaires, imprécises, désuètes, inadaptées ou résolument vides et libres de droit, qui déterminent à rechercher et élaborer des solutions novatrices s'imposant en fin de compte comme de véritables normes de production.

C'est précisément la mesure de l'écart plus ou moins grand ou plus ou moins lâche entre la fonction productrice du législateur ainsi que la fonction de contrôle et éventuellement de production du juge, qui renseigne utilement sur le niveau d'équilibre du système. De même, la mesure de l'efficacité du système, rendue par l'écart entre ce que disent les normes et ce que font les gens auxquels ces normes sont destinées, peut renseigner sur la valeur du système.

Section 2 : Les relations externes du système pénal

§1. Système ouvert, sous-système et non-système

Les relations externes du système pénal peuvent être envisagées en différenciant trois sortes de situation : les systèmes ouverts, les sous-systèmes et les non-systèmes[264].

Commençons par la notion de *non-système*. Celui-ci se définit comme la négation du système. L'utilité du recours à cette notion permet une compréhension de la réalité que le recours aux méthodes traditionnelles ne permet pas d'obtenir. Utiliser la notion de non-système consiste, à partir de l'hypothèse que le phénomène étudié est un système, à constater au cours de l'analyse systémique que toutes les conditions pour qu'il y ait système ne sont pas remplies (par exemple on observe qu'un élément n'est pas en interaction avec les autres) et à diagnostiquer ainsi comment et pourquoi il n'y a pas de système.

Concrètement, la notion de non-système permet de découvrir et de traiter de manière moins impressionnante certaines imperfections techniques de la loi comme les lacunes et incohérences qui sont « la négation même des relations entre les éléments » ou certains éléments du système ainsi que les contradictions qui « constituent un défi à la logique du système ».

Quant au *système ouvert*, il se définit par opposition au système clos ou fermé, c'est celui qui est en contact avec son environnement.

Naturellement, dira-t-on, le système juridique qui est par définition *un sous-système*[265] de la société, ne peut être qu'un système ouvert aux réalités politiques, économiques, culturelles et sociales de l'environnement dans lequel il s'insère.

Ainsi, le système pénal, sous-système du système juridique, entretient des rapports avec d'autres systèmes normatifs, juridiques ou non juridiques. Il s'agit dans la première hypothèse (rapport entre deux ordres juridiques), d'éviter que les mêmes personnes ne soient soumises simultanément à deux ou plusieurs ordres juridiques qui seraient tous à la fois valides et distincts (par exemple un préjudice peut être porté à la

---

[264] GASSIN R., « Système et droit », *op. cit*, pp. 358 à 360.

[265] Un sous-système est un sous-ensemble d'un système qui a atteint un certain degré de complexité et qui développe en son sein comme vis-à-vis d'autres sous-ensembles de système des relations spécifiques. On distingue parmi les sous-systèmes entre des sous-systèmes horizontaux et des sous-systèmes verticaux. Les premiers entretiennent des relations les uns avec les autres, mais ne sont pas hiérarchisés : « aucun ne peut fonctionner sans les autres, mais aucun ne commande exclusivement les autres ». Les seconds en revanche, sont hiérarchisés (GASSIN, ibidem).

connaissance d'un juge civil, d'un juge administratif et d'un juge pénal). Il s'agit ensuite, dans la seconde hypothèse, d'éviter que soit poursuivi devant un juge pénal celui qui contreviendrait à des préceptes purement moraux ou religieux.

§2. La particularité des relations du système pénal avec les faits sociaux

L'évolution des faits sociaux emporte évolution des idées et évolution du droit positif. C'est pourquoi, chaque époque connaît une criminalité dont la nature la distingue de celle des temps antérieurs. En effet, les changements de culture, le développement scientifique et technique, la mondialisation, etc. génèrent de nouveaux comportements dont certains sont dangereux pour la survie des Etats et le respect des droits fondamentaux des citoyens. Ces changements obligent le droit pénal à s'adapter aux nouvelles situations, soit en créant d'autres incriminations, soit en modifiant les éléments constitutifs des infractions existantes.

A. Incidence sur le phénomène criminel

Les faits sociaux ont une incidence sur le phénomène criminel entendu comme l'ensemble des comportements qui ont la particularité à la fois de troubler l'ordre public et d'être sanctionnés par la loi pénale. On parle de délinquance. Celle-ci se différencie de la déviance qui vise des comportements qui, tout en présentant une menace réelle ou potentielle pour l'ordre public, ne sont pas érigés en infraction. Concrètement, les attitudes et réactions décriées expriment soit un refus de respecter les normes considérées comme importantes par une société déterminée, soit une indifférence par rapport à ces normes.

Il convient de rappeler que le phénomène criminel est apprécié suivant trois critères : la criminalité réelle qui constitue l'ensemble des infractions effectivement commises sur un territoire donné dans une période déterminée. Le nombre de ces infractions est inconnu, néanmoins, par des techniques d'auto-confession des délinquants et des enquêtes de victimisation, l'on peut se faire une idée de l'importance de cette criminalité ; la criminalité apparente qui résulte du nombre des affaires pénales traitées par la police et le parquet et la criminalité légale représentée par le nombre des affaires traitées par les juridictions et ayant abouti à une condamnation.

On appelle chiffre noir ou chiffre obscur du crime, l'écart entre la criminalité réelle et la criminalité apparente. Tandis que le chiffre gris de la criminalité est celui entre la criminalité apparente et la criminalité légale.

La criminalité est soit endogène, soit exogène. La criminalité endogène englobe les comportements innés ou acquis, par les différentes périodes de la vie (puberté, sénescence, sénilité), par l'alcoolisme, l'usage des stupéfiants, les maladies organiques (ex. tumeur au cerveau).

Les facteurs exogènes sont à rechercher dans le milieu dans lequel évolue l'individu : milieu physique ou social : climat, environnement, habitat, famille, communauté, travail, éducation et instruction, association, etc.

Comme on le voit, il est malaisé de systématiser les causes de la délinquance à cause de leur pluralité et de leur grande diversité.

B. Incidence des faits sociaux sur la catégorie des faits criminels

Les faits criminels sont constitués de diverses atteintes : atteintes à la vie et à l'intégrité physique ou mentale des personnes, atteintes aux biens, atteintes à la communauté[266]. Cependant, ces actes se sont diversifiés dans le temps pour englober de nouveaux comportements dus au développement politique et socio-économique des sociétés. C'est ainsi que sont nées les infractions contre la Nation et l'Etat, les incriminations internationales, les infractions de prévarication, les infractions particulières telles que les infractions militaires, les infractions économiques et des affaires, les infractions du travail et de la prévoyance sociale, les infractions de la presse et des nouvelles technologies de l'information et de la communication, les infractions écologiques, les infractions de la circulation et des transports, etc.

En outre, le nombre des faits qualifiés de criminels va croissant, si bien qu'à l'image de l'inflation économique, l'on parle maintenant d'inflation pénale. En réalité, le nombre des incriminations évolue selon le développement de la société et dépend des phénomènes et évènements qui s'y produisent, en particulier suivant la survenance de

[266] Dans sa thèse de doctorat d'Etat en droit intitulée : « la criminalité militaire au Zaire » et plus précisément dans le Tome 1 : étude descriptive, soutenue à la faculté de droit et de sciences politiques de l'Université d'Aix-Marseille en septembre 1983, Pierre Akele Adau distingue selon les modalités et les finalités de la commission des infractions : la criminalité violente (pp. 104-111) ; la criminalité astucieuse (p.109) ; la criminalité de profit (pp. 112-113).

nouvelles techniques ou technologies alors que le processus de décriminalisation ne suit pas la même vitesse.

§3. La finalité et l'unité du système pénal

Le système pénal est normalement tributaire d'une politique criminelle censée réduire la criminalité dans le respect des fondamentaux d'un Etat de droit, impliquant à la fois protection des droits et libertés fondamentaux de la personne et défense de la société. On identifie là, pour le droit pénal, une finalité hybride et apparemment contradictoire. Il s'agit en effet et en même temps de protéger la société et de protéger les individus. L'histoire du droit pénal est faite de la recherche permanente d'équilibre entre ces deux impératifs.

S'agissant de l'unité du système pénal, il faut bien dire qu'elle ne signifie pas que le droit pénal est l'unique moyen qu'utilise la politique criminelle pour lutter contre la criminalité. Il en existe bien d'autres qui agissent surtout en matière de prophylaxie générale. En effet, le système pénal intègre en son sein des mesures diverses dans le but de prévenir les infractions. On peut faire allusion, par exemple, à l'éclairage des rues et des maisons qui améliore l'urbanisation ou à la réglementation de la vente des boissons spiritueuses pour des impératifs de santé publique. Par ailleurs, la justice pénale appelle à la rescousse diverses branches du droit pénal, chacune jouant un rôle spécifique dans le processus de la réaction pénale, mais l'ensemble concourant à la réalisation d'un objectif unique qui est la défense de la société ainsi que celle des individus par la prévention et la répression des infractions.

Le droit pénal dépasse toutefois la simple notion de justice pénale et est davantage qu'un simple corpus de règles[267]. Il s'analyse comme un système aux multiples qualités que sont l'homogénéité, la cohérence, l'harmonie et l'intelligibilité. Cette unité n'exclut pas, cependant, la diversité des branches qui la composent, ni l'exercice de sa fonction intégrante (que nous avons analysée plus haut) vis-à-vis des diverses autres disciplines du système juridique. Il est dès lors normal que sa nature soit qualifiée de *sui generis* car il ne s'attache ni totalement au droit public, ni absolument au droit privé. Tel peut se décrire le système pénal, mais comment fonctionne-t-il ?

---

267 BONNET et TOUZEL-DIVINA, *Initiation au droit*, http://www.unitedudroit.org/index.php/unites-du-droit/86-la-notion, publié le 23 juillet 2011 et consulté pour la dernière fois, le 9 juillet 2013.

TITRE 3 :
LE FONCTIONNEMENT DU SYSTEME PENAL

Le système pénal fonctionne à l'image d'un mécanisme composé de plusieurs pièces, (chapitre 1) dont la mise en marche se déroule dans le cadre d'un procès pénal (chapitre 2).

CHAPITRE 1 : LES PIÈCES DU SYSTÈME PÉNAL

Le mécanisme pénal fait appel à quatre pièces conceptuelles : la peur (élément naturel de la réaction sociale), l'infraction (fait générateur du processus pénal), la responsabilité pénale (mise en cause des personnes coupables) et la sanction pénale (condamnation des personnes reconnues coupables).

SOUS-CHAPITRE 1 : LA PEUR

Dans son ouvrage « Flexible droit. Pour une Sociologie du droit sans rigueur », Jean Carbonnier affirme que : « des deux fléaux que l'humanisme de Franklin Roosevelt se proposait d'extirper, la faim et la peur, l'expérience semble prouver que le premier est plus facile à vaincre que l'autre : comment se débarrasser de la peur si son utilisation est un mécanisme normal du droit ? Et l'on vient à comprendre l'absurde étymologie du Digeste, *territorium a terrere* : le territoire est l'espace où l'Etat a compétence pour faire peur »[268].

Force est, cependant, de constater que dans de nombreux pays en voie de développement et même dans les pays industrialisés pour une partie de leur population, aussi bien la faim que la peur perdurent. S'agissant de la peur définie comme un sentiment de forte inquiétude en présence ou à la pensée d'un danger[269], l'on peut dire qu'elle est la

---

[268] CARBONNIER J., *Flexible droit. Pour une Sociologie du droit sans rigueur*, 9e édition, LGDJ, Paris, 1998, p.196.

[269] Dictionnaire Le Petit Larousse 2009, p. 768. La peur est également définie comme une sensation de crainte intense (suscitée par une présence ou un événement réels) ; un sentiment

pièce fondamentale du mécanisme du système pénal en ce qu'elle lui donne sa rationalité[270]. Mais, elle agit à deux niveaux.

En premier lieu, la peur instrumentalise la crainte que le délinquant avéré ou potentiel inspire à la société. Le délinquant primaire, qui n'a commis qu'un seul acte infractionnel, paraît d'ailleurs moins dangereux que le récidiviste ou le multirécidiviste, plusieurs fois condamné. Cette peur peut être délibérée ou induite par sa personnalité ou son comportement. Délibérée, elle se manifeste dans les moyens utilisés pour commettre des infractions basées essentiellement sur la violence et la ruse : homicides par diverses armes (armes à feu, objets contondants, tranchants, piquants, etc.), actes de terrorisme, viol, coups et blessures, extorsions, vol, escroquerie, abus de confiance, etc. Il y a lieu de noter que le terrorisme constitue un cas extrême de la peur car aussi bien les moyens choisis que la finalité poursuivie visent à inspirer la terreur. Induite, elle apparait lorsque le délinquant adopte, consciemment ou inconsciemment, des attitudes qui mettent en danger l'ordre public (ivrognerie, toxicomanie, etc.). La représentation que l'on se fait du délinquant peut également susciter la peur, quand bien même il ne présenterait pas de danger réel.

On ne peut passer sous silence le fait que la victime peut être elle-même à la base de la commission d'un certain nombre d'infractions, soit qu'elle ait ressenti de la peur, soit qu'elle l'ait provoquée chez l'auteur.

Enfin, depuis quelques années, plusieurs recherches portent sur la peur du crime pour expliquer certaines mesures pénales prises par les autorités politiques[271]. Les résultats de ces recherches tendent à démontrer que la peur individuelle et concrète du crime a moins

---

d'appréhension diffus suscité par l'attente (d'un événement possible ou probable) ; ou encore une panique collective.

[270] https://champpenal.revues.org/7556 consulté le 17 août 2019.

[271] BRILLON Y. (1983), La peur du crime et la punitivité chez les personnes âgées. Criminologie 16(1), 7-29. doi : 10.7202/017169 ar ; Roberts V.J., La peur du crime et les attitudes à l'égard de la justice pénale au Canada : Bilan des dernières tendances, novembre 2001. 2001-02. Rapport préparé pour le ministère du Solliciteur général du Canada ; BAXTER A., Peur du crime et insécurité. Quelques réflexions sur les tendances de la recherche anglo-américaine. Médecine & hygiène | « Déviance et Société 2011/11 vol. 35|pages 59 à 61. ISSN 0378-7931 ; https:/cairn.info|revue-deviance-et-societe-2011-1-page-59.htm ; PHILIPPE R., Peur du crime & criminalité en France. Séminaire final du Laboratoire européen associé. Délinquances, politique de sécurité et de prévention. Recherches comparatives franco-allemandes ; NORMANDEAU A, Politiques pénales et peur du crime : « Ordre et sécurité (Canada) et « Sécurité et liberté «(France) » (1983).

d'impact sur les politiques pénales que la peur diffuse de la victimisation. De telles analyses n'ont pas encore été menées en RDC.

Par contre, des situations concrètes de dangerosité peuvent également provoquer une réaction des pouvoirs publics. C'est le cas par exemple de la circulation routière, à l'origine, chaque année, des milliers de morts par accident, ou de la pollution de l'environnement par des exploitations industrielles avec leur lot de décès immédiats ou différés.

En second lieu, la peur est utilisée par la réaction sociale pour maintenir ou remettre les citoyens dans le droit chemin : peur du gendarme, peur de la stigmatisation, peur de la neutralisation ou de l'élimination, etc. Les modalités utilisées par la société sont passées par plusieurs phases concomitantes ou successives : la répression, la prévention et le traitement, dans la recherche des solutions qui pourraient réduire tant soit peu la criminalité. Cette évolution s'opère actuellement sous l'impulsion de la promotion des droits de l'homme et des idées démocratiques.

Section 1 : La peur suscitée par les particuliers

Trois aspects seront considérés ici : la peur du délinquant, la peur de la victime et la peur du crime.

§1. La peur du délinquant

Le degré de la peur qu'inspire le délinquant ou le déviant dépend essentiellement de trois séries de facteurs qui peuvent d'ailleurs se cumuler : premièrement, la personnalité des individus concernés que l'on peut catégoriser selon la nature des pulsions qui les poussent au crime (troubles psychiques, appât du lucre ou soif de pouvoir) ; deuxièmement, les catégories des infractions suivant la nature des biens visés ou des résultats à atteindre ; et troisièmement enfin, les modalités de commission de l'infraction, particulièrement la violence et la ruse.

L'on a vu, par exemple, comment des crimes odieux ou spectaculaires ont pu émouvoir l'opinion publique et pousser les autorités publiques à prendre des lois ou des mesures d'exception visant à châtier les coupables de façon exemplaire et à décourager toute velléité de commettre des infractions similaires. Pourtant bien souvent, c'est le sentiment d'insécurité et non une réelle poussée de la criminalité qui se trouve à la base de ces réactions épidermiques ainsi que l'attestent des statistiques relatives au taux de criminalité et des résultats d'enquêtes de victimisation.

A. La peur due à la personnalité des délinquants ou des déviants

1) La peur due à des personnes atteintes de troubles psychiques pathologiques

Il convient de distinguer avant tout le trouble psychique du trouble mental. Le trouble mental est une déficience intellectuelle *« qui crée une incapacité d'apprentissage dit "normal", une incapacité à manier des concepts abstraits et l'impossibilité à faire face aux situations de la vie courante »*. Le trouble psychique, quant à lui, n'affecte pas l'intelligence. S'il atteint les facultés d'intégration sociale, il ne fait pas obstacle à un développement intellectuel normal, voire supérieur à la moyenne[272].

Cependant, qu'elles soient atteintes de troubles mentaux ou de troubles psychiques, les personnes malades sont perçues par l'opinion publique, les gouvernants et les médias, comme des individus présentant un état dangereux plus ou moins grave. La situation est d'autant plus délicate que leur manque de discernement ou leur amoralité, selon le cas, nécessite des mesures de protection à leur égard mais également à celui des autres membres de la société. Il n'est d'ailleurs pas rare qu'ils soient encore considérés dans certaines sociétés comme possédés ou ensorcelés. On devrait en principe les neutraliser ou les éliminer. Cette position va néanmoins à l'encontre de ceux qui pensent qu'il serait injuste de leur reprocher des comportements dont ils n'ont pas une claire conscience ou qu'ils ne peuvent éviter.

La peur que ces personnes provoquent dépend aussi du degré du mal dont ils sont atteints. Si ce mal affecte l'intelligence, il ne permet pas à l'individu de saisir la portée de ses actes (débilité profonde[273],

---

[272] Cf. Loi n° 2005-102 du 11 février 2005 pour l'égalité des droits et des chances, la participation et la citoyenneté des personnes handicapées, en France (http://falret.org/troubles-psychiques/troubles-psychiques/).

[273] http://www.psychologies.com/Dico-Psycho/Debilite-mentale.

crétinisme[274], arriération mentale[275], etc.). S'il affecte la volonté, l'individu est incapable de contrôler ses actes même s'il a conscience de mal agir (psychose, psychose maniaco-dépressive, schizophrénie, paranoïa, cleptomanie, pyromanie, perversion narcissique, etc.).

Quoiqu'il en soit, pour le profane, cette distinction n'a aucune espèce d'importance. Tous sont dangereux d'autant qu'il arrive que même des experts s'y trompent.

2) La peur des personnes souffrant d'intoxication (alcooliques et toxicomanes)

Les personnes vivant habituellement sous l'emprise de l'alcool ou des substances psychotropes présentent des altérations de caractère qui peuvent se rapprocher de ceux des individus atteints de troubles psychiques. La différence ici, c'est que ce sont des habitudes acquises à travers des comportements volontaires. Néanmoins, celui qui se trouve sous l'emprise de l'alcool ou de la drogue, ou en manque de l'une ou l'autre substance, peut se livrer à des actes attentatoires à la personne ou à des biens.

B. La peur due à la nature et aux modalités de commission des infractions

1) La peur due à la nature des infractions

Classiquement, l'on distingue les infractions contre les personnes, les infractions contre les biens et les infractions contre la nation. Selon les sociétés, les infractions appartenant à l'une ou l'autre de ces catégories sont plus sévèrement punies que celles relevant des autres

---

[274] Le crétinisme est une pathologie qui résulte d'un déficit en hormones thyroïdiennes. Cette maladie endocrinienne se traduit par un mauvais développement aussi bien physique que psychique. Du point de vue physique, les personnes atteintes de crétinisme présentent de multiples symptômes, les plus marqués étant des os mous, mal formés et une petite taille (nanisme). Par ailleurs, les dents font une apparition tardive et la peau est particulièrement sèche. Du point de vue psychique, les personnes souffrant de crétinisme présentent une déficience mentale. (http://sante-medecine.journaldesfemmes.com/faq/19195-cretinisme-definition).

[275] L'arriération mentale ou oligophrénie est un trouble déficitaire caractérisé par un défaut précoce, permanent et irréversible du développement des facultés intellectuelles. L'oligophrénie n'est pas uniquement décelable par le quotient intellectuel « QI » (mesuré par les tests psychométriques), mais également et surtout par l'adaptabilité et l'éducabilité qui conditionnent le pronostic. (http://www.medespace.fr/Facultes_Medicales_Virtuelles/larrieration-mentale-ou-oligophrenie/).

catégories. Tout dépend des valeurs que la société retient comme celles devant être privilégiées.

A titre d'illustration, Possoz rapporte que dans les sociétés coutumières, certaines infractions étaient rigoureusement châtiées parce qu'elles faisaient peser sur tout le clan la menace d'un grand malheur. Il en était ainsi par exemple de la sorcellerie et de la violation des tabous. Le coupable devait être écarté du groupe par la mort ou le bannissement.

Aujourd'hui, la palme est remportée par les actes de terrorisme devant l'énormité des dégâts sur les personnes, sur les biens et sur les Etats, qu'ils occasionnent. La difficile identification des auteurs de ces attentats et les suicides de la plupart d'entre eux ajoutent encore à la terreur.

2) La peur due aux modalités de commission des infractions

D'après Raymond Gassin, les infractions sont commises selon ces deux modalités principales que sont la violence et la ruse[276]. La peur inspirée est d'autant plus intense que le degré de violence ou de tromperie est plus élevé. Dans les sociétés africaines, une autre modalité consiste en l'utilisation supposée de la magie ou des forces occultes. Le grand nombre d'adeptes qui se rendent dans les églises pour se faire délivrer ou exorciser parce qu'ils auraient été ensorcelés ou possédés en témoigne. La violence doit être suffisamment grave pour provoquer une intense peur. Elle peut consister en l'utilisation d'armes létales, de tortures, de traitement cruel, inhumain ou dégradant, de l'usage disproportionné de la force, dans les préjudices importants en nature (mutilations) ou en nombre (par exemple 38 coups de couteau), dans la participation criminelle d'un grand nombre de personnes, dans le nombre élevé des victimes.

C. La peur comme moyen de commission de l'infraction

L'infracteur peut utiliser la peur elle-même comme moyen de commettre une infraction. Le droit canadien nous en donne deux exemples. En effet, il a érigé en infraction deux comportements qui recourent volontairement à la peur pour provoquer la mort d'un individu : le fait de causer la mort d'une autre personne en portant cette dernière, par des menaces ou la crainte de quelque violence, à faire

---

[276] GASSIN R. et al., *Criminologie, op.cit.,* pp. 85- 88.

quelque chose qui entraine son décès[277] et l'homicide par influence sur l'esprit qui rend coupable celui qui cause la mort d'un être humain précisément d'un enfant ou d'une personne malade, en l'effrayant volontairement[278].

La spécificité de tels crimes suscite un questionnement. Faut-il tenir responsable celui qui effraie certes sa victime mais que c'est la réaction démesurée de celle-ci devant la peur qui entraîne sa mort ? Est-il pertinent de condamner celui qui terrifie une autre personne lorsqu'une telle conduite engendre des conséquences tragiques qui ne sont ni voulues ni même envisagées par lui ? Dans quelle mesure convient-il de considérer les caractéristiques personnelles de la victime lorsque celle-ci témoigne d'une particulière vulnérabilité devant la peur ?

Christine Santerre entend répondre à ces interrogations, dans son article intitulé « la réception juridique de la peur. Quand effrayer rime avec tuer ». La première partie de son écrit aborde l'*actus reus* de l'homicide, soit la suffisance du lien de causalité lorsqu'une vive émotion de peur engendre la mort. La seconde partie est consacrée, quant à elle, à la *mens rea* d'un tel crime, c'est-à-dire à l'intention exigée chez l'instigateur de la peur afin que sa responsabilité criminelle soit retenue. Inspirée par une jurisprudence canadienne, anglaise et australienne, l'auteure conclut en formulant une triple proposition afin de garantir une meilleure répression juridique de la peur en matière d'homicide.

L'élément matériel de la première infraction est caractérisé par l'utilisation par l'agent des menaces ou de la crainte de quelque violence. Mais, c'est l'acte posé par la victime elle-même qui provoque son propre décès. L'on peut dès lors se demander si l'intention de l'agent était de tuer ou si la mort n'est qu'une conséquence malheureuse du comportement de la victime. On peut même se demander si l'agent, bien que n'ayant pas voulu ce résultat, l'a cependant envisagé et accepté comme étant possible. En d'autres termes, il y a lieu de se poser la question de savoir si l'on est en face d'un homicide volontaire, meurtre ou assassinat, ou d'un homicide involontaire.

Quant au second homicide, l'élément matériel est caractérisé par le recours à la frayeur, donc en suscitant chez la victime une peur intense et soudaine telle que celle-ci en décède.

---

277 Code criminel canadien, article 222 (5) (c).

278 SANTERRE C. « La réception juridique de la peur : quand effrayer rime avec tuer », Les cahiers de droit, 53 (3), 557-576.doi :10.2702/1011939 ar, (2012).

Comme on le voit, sur le plan de l'*actus reus*, c'est-à-dire de l'élément matériel, si le comportement de l'agent, dans les deux cas, consiste à utiliser la peur, le résultat obtenu peut ou non dépendre directement de son action. En effet, le résultat est indirect dans la première hypothèse et direct dans la seconde.

Son examen de l'*actus reus* porte sur trois aspects concernant la précarité du lien de causalité entre l'acte et le résultat, l'insuffisance de ce lien dans le cas d'une simple influence de l'esprit et enfin la fragilité de ce lien dans le cas d'une vulnérabilité particulière de la victime. S'agissant de la « précarité du lien de causalité » due au fait qu'il n'est pas certain que l'utilisation de la peur par l'agent ait contribué de façon appréciable au décès de la victime, la jurisprudence canadienne et anglaise fournit à titre d'illustration quelques exemples où ce lien est attesté :

> « Une personne se jette à l'extérieur d'une voiture en mouvement afin d'éviter une agression soudaine, un individu saute dans une rivière afin d'échapper à son assaillant et se noie, une personne tombe accidentellement d'une fenêtre en raison de l'effroi généré par une attaque imminente. Le lien de causalité est également établi dans le cas d'un bambin qui, apeuré à l'idée d'être discipliné, dégringole les escaliers et en meurt, de même que dans cette situation où une personne terrifiée par les pierres lancées dans sa direction tente de s'enfuir, tombe et se blesse mortellement. Dans de tels exemples, la conduite de la victime n'est pas entièrement volontaire puisqu'elle est déclenchée par la peur instaurée par l'accusé. Ce faisant, le droit pénal estime que la cause du décès doit être attribuée à ce dernier et que sa responsabilité criminelle mérite d'être retenue ».

Pour ce qui est de l'« insuffisance » de ce lien, en cas de mort sous influence, si l'on peut admettre ce lien lorsque la victime est un enfant ou une personne malade, il faut encore que ce lien soit suffisant pour exclure d'autres causes pertinentes. Une telle preuve est évidemment difficile à rapporter.

Quant à la « fragilité du lien causal », Christine Santerre explique que deux fondements seraient à la base de la théorie protectrice de la victime fragile, « l'une voulant qu'une personne soit responsable des actes dont les conséquences probables risquent d'être hautement préjudiciables et l'autre, reposant sur la responsabilité de tout acte imprévu survenant lors de la perpétration d'un acte illégal ». Cependant, elle allègue que :

« Le principe de la vulnérabilité particulière de la victime ne doit pas représenter un facteur d'aggravation de la responsabilité lorsque le délinquant ignore les particularités qui pourraient intensifier les effets pernicieux de la peur. La gravité objective d'une menace de mort proférée à une personne ayant vécu un grave traumatisme n'est pas plus importante que les mêmes propos adressés à une personne ordinaire, bien que les conséquences risquent d'être différentes ».

Comme on le voit, cet argument mélange *actus reus* et *mens rea* et nous permet d'aborder trois considérations sur l'intention : la prévisibilité raisonnable des contrecoups de la peur, la prévision des effets de la peur assurée par la connaissance et l'incertitude liée à l'exigence de la volonté d'effrayer. La problématique de la première est posée de la manière suivante :

« Lorsqu'une personne en frappe une autre, il est relativement aisé d'entrevoir les conséquences préjudiciables d'un tel geste. Cette prévisibilité est amoindrie lorsqu'un individu suscite la peur chez autrui, la réaction de la personne apeurée étant pour le moins indéterminée. La peur engendre des conséquences incertaines. Ce faisant, faut-il tenir criminellement responsable celui qui effraie une autre personne lorsqu'une telle conduite engendre des conséquences tragiques qui ne sont ni voulues ni même envisagées ? »[279].

Faut-il retenir la « prévisibilité objective de la réaction de la victime aux prises avec la peur ou la prévisibilité objective des lésions corporelles qui en résultent » pour retenir la responsabilité de l'infracteur ? En fait, il faut se poser la question de savoir s'il faut s'en tenir à la position générale de la jurisprudence sur les infractions aggravées au vu du résultat ou examiner la psychologie de l'agent en rapport avec la psychologie de la victime. Les deux examens ne se situent pas sur le même plan et la preuve de l'élément intentionnel et de l'élément matériel est plus ardue dans le second cas. La solution semble privilégier la conjonction des deux approches pour *« éviter la condamnation de l'inculpé pour des conséquences imprévisibles ou pour une réaction démesurée de la victime »*[280]. S'agissant de la deuxième considération, celle de la prévision des effets de la peur assurée par la connaissance, l'auteure décrit ainsi la problématique :

« L'être humain a la capacité de réagir de différentes façons devant la peur. Il est possible d'observer une fluctuation du degré de peur ressentie en

[279] SANTERRE C., *op. cit.*, p. 9.
[280] *Idem*, p. 10.

présence de situations inchangées. L'intensité émotive est différente pour chacun, de sorte qu'il est plausible d'observer des réactions contrastées pour un même événement. Que deux individus redoutent la même chose, le même fait ou la même situation ne signifie nullement qu'ils les craignent aussi intensément, aussi durablement. Devant cette fluctuation émotionnelle et les multiples réactions possibles, de quelle façon la prévisibilité raisonnable de lésions corporelles résultant d'une situation de peur doit-elle être abordée ? ».

La problématique ainsi posée, l'auteure y répond de la manière suivante :

« …un véritable état d'esprit blâmable passe par la connaissance des éléments contribuant à la variabilité de la peur. Dans la mesure où l'accusé ne connaît pas les particularités de la personne apeurée, il apparaît difficile d'établir la prévisibilité objective de lésions corporelles graves résultant de la peur instaurée chez autrui, exigence essentielle en vue d'obtenir une condamnation pour l'infraction d'homicide involontaire coupable ».

D'après elle, les caractéristiques de la victime, tant physiques que psychologiques, devraient être considérées dans l'évaluation de l'intensité de la peur ressentie et de la réaction suscitée par une telle émotion, dans la mesure où elles sont connues de l'inculpé[281].

« Le critère de connaissance doit servir à guider les tribunaux dans le processus d'inclusion ou d'exclusion des particularités attribuables à la personne raisonnable. De cette façon, les caractéristiques aisément identifiables telles que l'âge et le sexe seront assurément considérées. En somme, s'il s'avère juste que le droit pénal sévisse contre celui qui apeure une personne en sachant que sa cible est particulièrement vulnérable, il doit toutefois s'abstenir en l'absence d'une connaissance à cet effet de la part de l'accusé. C'est le caractère malicieux de la conduite qui doit être réprouvé, c'est-à-dire de susciter la peur chez autrui en sachant qu'il souffre d'une vulnérabilité particulière»[282].

S'agissant de l'incertitude de la volonté d'effrayer, relative à la deuxième infraction qui vise la répression de celui qui, par influence sur l'esprit, cause la mort d'un être humain précisément d'une enfant ou d'une personne malade, en l'effrayant volontairement[283]*, l'auteur analyse la portée du terme « volontairement ». D'après elle, « la jurisprudence n'attribue pas un sens uniforme à ce terme, bien qu'il marque incontestablement l'exigence de la*

---

[281] SANTERRE, *op. cit.,* p. 573.
[282] *Idem,* pp. 573-574.
[283] Code criminel canadien, article 222 (5) (d).

mens rea de l'infraction. Deux approches ont été mises en évidence relativement à l'interprétation de ce vocable.

La première limite l'application du terme « volontairement » au verbe qui sous-tend l'infraction, soit le fait d'effrayer autrui. Le Ministère public doit prouver, d'une part, la perpétration volontaire d'une conduite vouée à effrayer et, d'autre part, l'intention, l'insouciance ou la négligence quant à l'état de la victime, à savoir qu'il s'agit d'une personne malade ou d'un enfant. La possibilité de condamner l'inculpé sur la foi d'une simple négligence n'apparaît pas opportune, dans la mesure où la vulnérabilité particulière de la victime constitue un élément fondamental de ce crime. En effet, en réservant cette forme d'homicide à un enfant ou à une personne malade, le législateur reconnaît que ces individus sont plus vulnérables, et donc plus susceptibles de réagir fortement à la peur. Puisque « la preuve d'une circonstance pertinente de l'infraction exige généralement un élément de connaissance quant à cette circonstance », la négligence ne saurait suffire. L'accusé, d'après elle, ne devrait être condamné qu'en présence d'une véritable connaissance des éléments pertinents de ce crime.

La seconde approche veut que le terme « volontairement » concerne tous les éléments du crime, de sorte que cet adverbe s'applique tant à l'action d'effrayer qu'à la connaissance de l'état particulier de la victime. Selon cette approche, l'adverbe « volontairement » fait référence à l'intention de l'accusé au regard de l'atteinte d'un objectif, de sorte que l'inculpé doit avoir à l'esprit cette volonté d'effrayer précisément une personne malade ou un enfant. Cette approche est la plus large et la plus favorable aux droits de l'accusé. Il s'agit de celle qui doit être privilégiée puisqu'elle assure la connaissance de l'ensemble des circonstances pertinentes liées au crime et entraîne une condamnation sur la foi d'un véritable dessein malveillant. Cette seconde approche s'avère d'autant plus appropriée qu'elle s'harmonise aux précédents propos tenus au sujet de la prévisibilité objective de lésions corporelles voulant que les caractéristiques de la victime soient connues de l'accusé afin qu'elles puissent être considérées. En effet, il apparaît difficile de prétendre à une telle prévisibilité lorsque celui qui effraie une personne ne connaît pas son état de santé ou son jeune âge ».

L'auteur conclut que l'émotion de la peur étant au cœur de la répression des formes d'homicide prévues par l'article 222 (5) (c) et (d) du Code criminel canadien, il faudrait une législation particulière pour résoudre ces situations. Elle en propose trois pistes : l'instauration d'un critère de prévisibilité des conséquences, au regard tant de la réaction de la victime que des lésions corporelles qui en résultent ; l'application d'un critère de proportionnalité entre la gravité de la conduite ayant suscité la peur et la réaction de la victime et l'imposition d'un critère de connaissance relativement aux particularités de la victime ayant contribué à l'intensité de la peur ressentie[284].

D. La peur comme mobile de commission des infractions

Le mobile est la raison profonde ayant inspiré l'action ou l'omission d'un criminel ou d'un délinquant ; haine, vengeance, cupidité, passion[285]. L'énumération des mobiles ici n'est pas exhaustive et pour notre part, nous ajoutons la peur.

La peur peut être définie comme un phénomène psychologique à caractère affectif marqué, qui accompagne la prise de conscience d'un danger réel ou imaginaire, d'une menace[286]. Cette peur peut être à la base du décès de la victime parce qu'elle lui a occasionné une frayeur telle que son cœur s'est arrêté de battre. En Afrique comme d'ailleurs dans certaines contrées des pays développés, la peur de la sorcellerie joue dans les deux sens. Une personne peut attenter à la vie ou à l'intégrité physique ou morale d'une autre qu'elle considère comme sorcier, et une victime peut se laisser anéantir par une autre qu'elle considère comme détenant des pouvoirs dont on ne peut venir à bout.

Cependant, la peur à laquelle nous faisons allusion est d'une autre facture. C'est celle qui incite le délinquant potentiel à passer à l'acte pour neutraliser sa victime qui se présente à lui comme une menace, un danger, d'une part, et la peur qui neutralise la volonté de la victime et anéantit ses moyens de défense face à son agresseur, d'autre part.

1. La peur éprouvée par le délinquant[287]

On pourrait croire que si les délinquants commettent des infractions, c'est qu'ils n'ont pas peur. Il n'en est rien. Ils prennent simplement des risques mesurés en termes de lieu, de temps, de cible, de modalités, de stratagèmes (ruses, effets de surprise, rapidité, armes, déguisements, leçons dues à l'expérience), et de circonstances. Si malgré tout, la

---

[284] SANTERRE C., *op. cit*, p. 576.

[285] GUINCHARD S. et DEBARD T., *Lexique des termes juridiques*, 18e édition, Dalloz, 2011, p. 528.

[286] Voir le Nouveau Petit Robert de la langue française.

[287] http://classiques.uqac.ca/contemporains/cusson_maurice/phenomene_criminel/phenomene_criminel_texte.html

situation leur échappe notamment parce que la victime contrattaque, ils perdent le contrôle de la situation et la peur les fait réagir[288].

Il arrive également que l'agresseur considère sa victime comme un danger potentiel qu'il doit éliminer. Cette crainte peut devenir obsessionnelle, voire maladive. Il ne peut assurer sa sécurité qu'en neutralisant celui qu'il considère comme étant un ennemi pour lui-même ou pour ses proches, par un réflexe d'autodéfense, mais qui ne réunit pas les conditions de la légitime défense. Le danger peut être réel ou hypothétique mais suffisamment puissant pour l'amener à poser des actes infractionnels.

2. La peur éprouvée par la victime

Bien que différentes définitions puissent être données au mot victime, nous retiendrons qu'elle est toute personne qui a souffert personnellement du dommage causé par l'infraction[289].

Il s'agit ici de la peur qui précède l'infraction et non du traumatisme qui s'en suit, à moins que celui-ci ne soit le prélude à une autre agression. Plusieurs situations peuvent être relevées : la nature peureuse de la victime incite à la victimisation, la manifestation de la peur dans une infraction mineure telle que des cris, des mouvements hystériques, la fuite, etc. suscite chez le délinquant une réaction d'une plus grande gravité allant même jusqu'à l'homicide, alors que l'infraction programmée était un vol simple.

Cependant, le domaine de prédilection de la peur de la victime se situe dans les violences conjugales.

Marie-France Hirigoyen introduit ainsi son article « De la peur à la soumission » :

> « La violence au sein du couple a des effets dévastateurs pour les femmes qui en sont victimes, tant sur leur santé physique que sur leur santé mentale. Il s'agit d'un important problème de santé publique dont on ne perçoit trop souvent que l'aspect le plus visible du phénomène, à savoir la violence physique, alors que ce qui constitue la violence, c'est un mode de relation basé sur le contrôle et la domination. La peur est un des moteurs de cette maltraitance, ce qui paraît évident dans le cas de la violence physique, même si ce n'est pas toujours conscient chez la victime. Mais la peur est bien avant, à tous les stades de la violence

---

[288] CUSSON M., Le phénomène criminel à la lumière de la psychologie de la peur, http://classiques.uqac.ca/contemporains/cusson_maurice/phenomene_criminel/phenomene_criminel_texte.html, consulté le 17 août 2019

[289] Article 2 alinéa 1er du Code de procédure pénale français.

psychologique, c'est même un élément essentiel qui permet la mise sous emprise »[290].

On retrouve cette situation dans la plupart des cas où un individu ou un groupe d'individus veut assurer sur une ou plusieurs personnes contrôle et domination.

Il arrive également que la multitude de précautions prises par une victime potentielle provoque la convoitise du délinquant qui, soit, pense qu'un véritable trésor est caché dans les lieux, soit que la victime est particulièrement vulnérable et donc qu'il ne rencontrera qu'une faible résistance.

§2. La peur suscitée par la victime

Au contraire de la situation précédente où la vulnérabilité de la victime exacerbait le sentiment de la toute-puissance de l'infracteur, ici, c'est plutôt une victime puissante qui constitue une menace physique ou psychologique, réelle ou imaginaire, pour le délinquant potentiel. Celui-ci pense qu'il est inutile de s'adresser aux autorités judiciaires, soit parce qu'il ne serait pas cru, soit parce que cette menace risque de se retourner contre lui, soit qu'un tiers risque d'en subir les effets, etc. Le délinquant potentiel ne voit pas d'autre solution que la neutralisation ou l'élimination par lui-même de la menace en question.

Les victimes potentielles se recrutent dans tous les âges et toutes les catégories sociales. Cela peut être une personne avec qui on se trouve dans un lien de subordination et qui abuse de son autorité, les détenteurs de l'autorité parentale en sont des exemples patents, des supérieurs hiérarchiques, civils ou en uniforme, des auteurs de harcèlement sexuel ou autres, des proxénètes, des trafiquants de toutes sortes. Cela peut être également, une personne avec qui on n'a pas de lien ni familial ni professionnel et qui est auteur de brimades récurrentes. On peut également citer les maîtres chanteurs, les kidnappeurs, la liste n'est pas exhaustive.

§3. La peur du crime

La peur du crime est une notion mal définie qui fait appel soit à l'émotion que l'on ressent face au phénomène criminel du moment, soit à l'appréhension devant la probabilité plus ou moins réaliste de devenir

---

[290] HIRIGOYEN M.F., « De la peur à la soumission », Empan 2009/1 (n°73), pp. 24-30. DOI 10.3917/empa.073.0024 ; https://www.cairn.info/revue-empan-2009-1-page-24.htm

victime d'un acte criminel ou la préoccupation occasionnée par la criminalité.

Cette peur est fondée sur plusieurs facteurs d'ordre personnel ou collectif. S'agissant des facteurs personnels ou individuels, on peut recenser le sexe, l'âge, la profession ou les activités menées, la situation sociale ou le niveau d'études. Quant aux facteurs collectifs, ils sont plutôt d'ordre environnemental, lieu de résidence, taille et structure de la communauté, pauvreté, mobilité. Cependant, les statistiques établies dans divers pays semblent démontrer qu'il n'existe pas de lien avéré entre la peur du crime et le taux de criminalité. L'explication semble plutôt se trouver dans l'organisation de la vie sociale.

Trois théories principales expliqueraient la peur du crime, la vulnérabilité, qui fait dépendre la peur de la gravité perçue de l'acte criminel, la victimisation, directe ou indirecte, selon laquelle le crime cause la peur, et le contrôle social, qui explique la peur du crime par la dégradation du contrôle formel et informel exercé par les membres d'une communauté sur leur environnement immédiat[291].

Le professeur Bastien Quirion écrit à ce sujet que :

> « Dans les sociétés traditionnelles, les institutions telles que la famille, l'Église et la communauté avaient pour fonction d'offrir à l'individu une protection collective face à l'adversité. Ces institutions permettaient en effet de répartir le poids de l'incertitude sur les épaules d'un plus grand nombre, allégeant ainsi la charge de l'incertitude sur le plan individuel »[292].

C'est dire donc que la solidarité entre les membres d'une communauté réduirait l'importance de la peur du crime.

Dans l'entretemps, cette peur manifestée parfois de manière intempestive tend à pousser les autorités habilitées à prendre des mesures pénales émotives et restrictives des libertés et les individus à réduire leur liberté de mouvement. A Kinshasa, une illustration nous a été donnée par les opérations *Likofi* en réaction au phénomène *Kuluna*.

---

[291] Régie régionale de la santé et des services sociaux, Montréal centre. La peur du crime en milieu urbain. Ce document est une synthèse de 200 écrits scientifiques couvrant plus de 5 années, http://collections.banq.qc.ca/ark:/52327/bs30961, consulté le 21/05/2019.

[292] QUIRION B., La peur de la criminalité, in *Relations* n° 679, septembre 2002, http://cjf.qc.ca/revue-relations/publication/article/la-peur-de-la-criminalite/, consulté le 21/05/2019.

Section 2 : La peur suscitée par la société

Il s'agit ici des fonctions intimidante et utilitaire de la sanction pénale. La peine prévue et appliquée doit être exemplaire pour non seulement pousser l'auteur de l'infraction à ne pas récidiver mais, en même temps, constituer un avertissement, une mise en garde à l'égard de tout membre de la communauté qui serait tenté de l'imiter. Il faudrait que l'agent se persuade qu'il a plus intérêt à respecter la loi qu'à la violer.

§1. La peur du gendarme

La peur du gendarme est le commencement de la sagesse. C'est ce que disait un adage basé sur la doctrine classique du libre arbitre ou la théorie du choix rationnel. Elle supposait que la crainte de la sanction pénale pouvait constituer un fondement solide pour une politique criminelle efficace. Cette opinion était évidemment sous tendue par la doctrine classique du libre arbitre qui consistait à dire que l'individu qui commet un crime a agi délibérément après avoir pesé les risques de son acte en termes de résultats et de conséquences possibles ou probables.

Comme on le sait, cette doctrine a été combattue par le déterminisme et en partie par le mouvement de défense sociale. Aujourd'hui, la consommation de la drogue ou de l'alcool, pour ne prendre que cet exemple, provoque chez le délinquant un sentiment d'invincibilité tel qu'il n'a plus peur du gendarme. Par ailleurs, le nombre de récidivistes montre à suffisance, que la sanction ne fait plus peur.

§2. Les modalités de la peur

A. Le bâton ou les sanctions pénales de terreur

Les sanctions pénales de terreur ont pour point commun, de posséder un caractère intimidant, rétributif, arbitraire et émotif, qui se manifeste par la neutralisation, voire l'élimination physique du délinquant (peine de mort, enfermement, bannissement, sanctions corporelles telles que les mutilations. Elles ont régné dans les sociétés primitives ou traditionnelles). Aujourd'hui, bien que de nombreux pays aient aboli la peine de mort ou décrété un moratoire pour l'exécution de cette peine, la mort est encore administrée à des criminels à travers le monde.

On peut également y ajouter les peines d'emprisonnement de longue durée qui s'exécutent dans bien d'établissements pénitentiaires souvent dans des conditions si effroyables que certains les considèrent comme étant pratiquement des condamnations à mort.

B. La carotte ou les sanctions pénales humanisées

Les retombées de la deuxième guerre mondiale ont amené la communauté internationale à adopter bon nombre de textes qui protègent les droits fondamentaux et les libertés publiques des êtres humains, nécessités par la promotion de la démocratie et surtout par le respect de la dignité humaine. C'est ainsi que l'on a vu se développer la place du principe de légalité des délits et des peines, même si aujourd'hui elle est remise en cause, ainsi que la lutte contre la peine de mort, et s'internationaliser la justice pénale.

Il reste néanmoins ce combat que se livrent les impératifs de la liberté des individus et ceux des nécessités sécuritaires. L'on peut se demander d'ailleurs à ce sujet si liberté et sécurité doivent être absolument antagonistes ou cheminer vers une certaine complémentarité. Peut-être que la préservation de la dignité humaine pourrait devenir le catalyseur d'une politique criminelle avantageuse pour tous et inciter ainsi à une diversification raisonnée des mesures de lutte contre la peur.

Section 3 : La diversification des mesures de lutte contre la peur

La peine fait aujourd'hui face à de nouvelles approches de lutte contre le phénomène criminel. En effet, suite au constat d'échec de la sanction pénale classique, inutilement cruelle, les législateurs se sont orientés vers d'autres modalités afin d'éviter le caractère nuisible des peines privatives de liberté, en déterminant de nouvelles formes de sanctions comme les mesures alternatives à l'emprisonnement ou carrément des sanctions alternatives à la peine. On peut citer, à titre d'exemple, la médiation pénale et le travail d'intérêt général. Le rôle de la police et du juge a été diversifié pour admettre la police ou le juge de proximité chargés de rendre la justice sur des délits mineurs.

Dans cet effort de diversification, l'implication de la victime a été prise en compte. On est allé même plus loin avec la promotion de la justice réparatrice ou restaurative qui a comme objectif de permettre aux auteurs et aux victimes d'infractions de se réconcilier si possible, en tout cas, de comprendre ce qui s'est passé, de se reconstruire à l'aide de solutions qui n'utilisent plus la peur comme principal levier contre les citoyens.

Cette évolution est due aux changements des situations sociologiques, aux phénomènes nouveaux de délinquance. L'aboutissement à long terme de ce processus risque de voir la réduction du rôle de l'Etat à des fonctions purement sécuritaires[293]. Il reste néanmoins l'épineux problème de la lutte contre le terrorisme. Il faut reconnaître que la peur de la sanction n'a relativement aucun effet sur les auteurs avérés ou potentiels des actes de terrorisme.

La deuxième pièce du mécanisme du système pénal est l'infraction.

SOUS-CHAPITRE 2 : L'INFRACTION

L'infraction est tout fait quelconque de l'homme, action ou omission, prévu et sanctionné par la loi pénale, susceptible de troubler l'ordre public par la violation de l'une quelconque des valeurs fondamentales de la société.

La structure de l'infraction ainsi définie comprend les deux parties distinctes déjà rencontrées : l'incrimination et la sanction. Les éléments constitutifs de l'infraction sont l'élément axiologique, l'élément légal, l'élément matériel, l'élément moral appelé aussi l'élément intellectuel ou psychologique et l'élément injuste. Cependant, à part les éléments matériel et psychologique, les autres éléments de l'infraction occupent, par rapport à l'infraction, des positions telles qu'une partie de la doctrine les a extraits des éléments constitutifs classiques. En effet, il se trouve que l'élément légal est l'élément fondateur de l'infraction ; l'élément axiologique ou évaluant, justifie la création de l'infraction, suscitée par le souci de défendre les valeurs essentielles de la société ; l'absence de l'élément injuste a la particularité de faire non seulement disparaître la responsabilité pénale mais également l'infraction.

La multiplicité et la diversité des infractions ont rendu nécessaires leurs classifications en plusieurs catégories, selon des critères allant de la gravité des comportements prohibés à celui du moment de constatation de l'infraction, en passant par la nature, le mode d'exécution, le résultat et le moment de constatation de l'élément matériel. Ces catégories feront l'objet de la première section tandis que les éléments constitutifs des infractions seront développés dans la deuxième section.

---

293 MARY P. et BEAUTHIER R., « Pénalité et changement social. Un bilan critique des connaissances sur la pénalité belge, première étape d'une recherche », in *le système pénal en Belgique. Bilan critique des connaissances*, sous la direction de Philippe Mary, Bruylant, Bruxelles, 2002, p. 9.

Section 1 : Les classifications de l'infraction

La première classification à laquelle l'on devrait faire allusion est celle qui distingue les infractions de droit commun ou infractions relevant du code pénal et les infractions de droit particulier, infractions disséminées dans nombre de textes épars qui comportent des dispositions de droit pénal. Telles sont, par exemple, les infractions du code du travail ou celles du code de la famille. Ensuite, prenant en compte la volonté et l'intention criminelle voire l'imprudence ou la négligence qui animent ou poussent l'agent à la commission de l'infraction, une classification axée sur l'élément moral nous permet de faire une distinction entre les infractions intentionnelles et celles dites non intentionnelles.

Le législateur prévoit parfois pour une infraction de même nature, des peines différentes, sévères ou moins sévères, en raison du fait que l'infraction commise avait été voulue par l'agent, soit que l'agent ne l'a commise que par imprudence ou négligence. L'exemple patent est celui des homicides volontaires, meurtre et assassinat, des coups et blessures volontaires, et ceux causés par imprudence. Les plus amples détails sont donnés dans le paragraphe relatif à l'élément moral ou intellectuel. Tenant compte aussi de l'article 5 du code pénal congolais, on peut élaborer une classification d'après la nature des peines. Ainsi, le législateur punit certaines infractions de la peine de mort, lorsqu'elles touchent directement à la vie ; d'autres sont assorties de peines de servitude pénale, quand elles portent atteinte directement à la liberté individuelle ou à l'honneur ; d'autres encore frappent l'individu dans son patrimoine (peines d'amendes).

Bien qu'il n'existe pas de classification des infractions selon leur gravité, comme c'est le cas en droit français où l'on distingue le délit du crime, et les contraventions des délits, le législateur congolais n'a pas résisté à la séduction du terme délit. En effet, pour désigner l'infraction, le législateur congolais parle parfois de crime, délit ou contravention, tel est le cas pour les crimes contre la paix et la sécurité de l'humanité, pour la loi sur les délits de la presse, l'ordonnance relative aux délits d'audience, ainsi que des contraventions dans le Code de la route.

§1. La classification des infractions selon leur gravité[294]

Le droit congolais ne classifie pas les infractions selon leur gravité, comme dit plus haut. Pourtant, la classification tripartite en crimes, délits et contraventions, permet de connaître immédiatement la place qu'occupe chaque infraction dans l'échelle de gravité et par conséquent l'ordre d'importance accordée aux valeurs protégées par les infractions.

C'est pourquoi, les auteurs de l'avant-projet du Code pénal ont jugé utile de proposer la classification tripartite dans le texte adopté par la Commission permanente de réforme du code pénal. Le crime serait alors une infraction passible d'une peine privative de liberté à perpétuité ou à temps supérieure à dix ans ; le délit, d'une peine privative de liberté à temps supérieur à six mois et inférieur ou égal à dix ans et d'une amende supérieure à 500 000 francs congolais ; la contravention, d'une peine privative de liberté à temps inférieure à six mois et d'une amende inférieure ou égale à 500 000 francs congolais[295].

Une autre classification basée sur la nature des infractions, distingue les infractions de droit commun des infractions particulières.

§2. La classification selon la nature des infractions

A. Les infractions de droit commun

Les infractions de droit commun sont celles susceptibles d'être commises par toute personne, physique ou morale, sans aucune sorte de distinction, qui intervient ou se trouve impliquée dans les rapports ou situations d'incrimination, de responsabilité et de sanction pénales.

Elles comprennent les catégories suivantes, soumises chacune à un régime juridique spécifique :

1) Les atteintes graves à la vie de la personne humaine

Les atteintes graves à la vie et à l'intégrité physique de la personne humaine sont des violations volontaires, délibérées ou préméditées, du droit à la vie et à l'intégrité physique qui consistent notamment en des :
- homicides constitutifs de meurtre, d'assassinat ou d'empoisonnement ;
- manipulations diverses interrompant ou mettant en péril le développement normal de l'embryon humain quel que soit le milieu où il se trouve ;

---

294 Article 4 de l'Avant-projet du Code pénal, *op.cit*.
295 Article 11.2 point 3 de l'avant-projet du Code pénal.

- atteintes ou menaces d'atteinte à l'intégrité physique de la personne, au libre développement de sa personnalité ;
- actes d'esclavage, de torture, de traitement cruel, inhumain ou dégradant ;
- astreintes à un travail forcé ou obligatoire[296] ; et
- actes de terrorisme.

2) Les atteintes graves aux droits de l'enfant

Les atteintes graves aux droits de l'enfant consistent en des infractions protégeant les droits des enfants aussi bien ceux des auteurs de manquements qualifiés d'infractions que ceux de leurs victimes. En effet, l'article 131 de la loi n°09/001 du 10 janvier 2009 portant protection de l'enfant punit les parents ou les tuteurs qui essaient de faire échapper à la justice des enfants en conflit avec la loi alors qu'une procédure a été intentée à leur encontre. De telles attitudes risquent d'aggraver l'état dangereux des mineurs et d'occulter la responsabilité des personnes chargées de les encadrer.

C'est à juste titre que la Constitution protège les enfants contre des actes d'abandon, de maltraitance, de pédophilie, d'abus sexuels, d'accusation de sorcellerie, de tout acte de violence à l'intérieur comme à l'extérieur du foyer, ainsi que d'autres formes d'exploitation d'enfants[297].

Cette protection est assurée avant et après la naissance par la répression :
- des atteintes contre la vie et l'intégrité de la femme enceinte ;
- des atteintes volontaires à la vie et à l'intégrité physique ou mentale de l'enfant ;
- des atteintes à l'honneur et à la liberté individuelle de l'enfant ;
- des atteintes à la propriété ou au patrimoine de l'enfant ;
- des agressions sexuelles ;
- de la mise en danger de l'enfant ; et
- des atteintes aux droits à la santé et à l'enseignement.

3) Les violences sexuelles

Sont constitutives de violences sexuelles toute atteinte ou toute agression sexuelle faite sur toute personne.

---

[296] Articles 16 et 61 de la Constitution qui forment le statut intangible du droit de la personne et du droit à la vie.

[297] Article 41 alinéa 4 de la Constitution.

Les violences sexuelles forment une catégorie pénale spécifique d'infractions caractérisant une série d'actes ou de comportements qui portent atteinte, par le moyen de la ruse, de la force, de l'intimidation, de la contrainte, de la menace, d'abus de pouvoir ou d'autorité, ou par d'autres moyens matériels ou moraux illégitimes, à la liberté, à l'autonomie ou à la dignité de la personne en rapport avec son intimité sexuelle et/ou au droit à la libre détermination de toute personne au regard de l'accessibilité à l'intimité de son corps.

Sans préjudice des traités et accords internationaux, toute violence sexuelle faite sur toute personne, dans l'intention de déstabiliser, de disloquer une famille et de faire disparaître tout un peuple, est érigée en crime contre l'humanité et punie comme telle[298].

Et, conformément au Statut de Rome du 1er juillet 2002, lorsque les violences sexuelles sont commises dans le cadre d'une attaque généralisée ou systématique lancée contre toute population civile et en connaissance de cette attaque, ou s'inscrivent dans le cadre d'un plan ou d'une politique de guerre, ou sont commises sur une grande échelle dans un contexte de guerre, elles sont constitutives de crimes contre l'humanité ou de crimes de guerre et punies comme tels[299].

En matière de violences sexuelles, le code pénal congolais prévoit les infractions suivantes[300] :

a. Les attentats à la pudeur ;
b. Le viol ;
c. L'excitation des mineurs à la débauche ;
d. Le proxénétisme ;
e. La prostitution forcée ;
f. Le harcèlement sexuel ;
g. L'esclavage sexuel ;
h. Le mariage forcé ;
i. La mutilation sexuelle ;
j. La zoophilie ;
k. La transmission délibérée des infections « sexuellement transmissibles incurables » ;
l. Le trafic et l'exploitation d'enfants à des fins sexuelles ;
m. La grossesse forcée ;
n. La stérilisation forcée ;

---

[298] Article 15 alinéa 2 de la Constitution.

[299] Articles 7-1g ; 8-1, 2b) xxii, 2e) vi du statut de Rome.

[300] Loi n°06/018 du 20 juillet 2006 modifiant et complétant le Décret du 30 janvier 1940 portant code pénal congolais, *JORDC*, n°15, du 1er aout 2006, p.12.

o. La pornographie mettant en scène des enfants ; et
p. La prostitution d'enfants.

4) Les incriminations internationales

Les incriminations internationales sont les infractions qui résultent du droit pénal coutumier international ou du droit pénal conventionnel international et qui participent aux engagements internationaux de la République Démocratique du Congo. Elles le sont, soit en raison de son attachement à la promotion d'une coopération internationale mutuellement avantageuse et au rapprochement des peuples du monde, dans le respect de leurs identités respectives, des principes de souveraineté et de l'intégrité territoriale de chaque Etat[301], soit en raison des traités et accords internationaux qu'elle a régulièrement ratifiés et qui ont, dès leur publication, une autorité supérieure à celle des lois, sous réserve, pour chaque traité ou accord, de son application par l'autre partie[302].

Elles comprennent les violations graves au droit international pénal et au droit international humanitaire et d'autres incriminations spécifiques.

a. Constituent des violations graves au droit international pénal et au droit international humanitaire :
   1. le crime de génocide, tel que défini par la Convention du 9 décembre 1948 et le Statut de Rome de la Cour pénale internationale, qu'il soit commis en temps de paix ou en temps de guerre ;
   2. les crimes contre l'humanité, tels que définis par le Statut de la CPI, qu'il soit commis en temps de paix ou en temps de guerre ;
   3. les crimes de guerre visés par les Conventions adoptées à Genève le 12 août 1949 et leurs Protocoles I et II additionnels, adoptés à Genève le 8 juin 1977, par les lois et coutumes applicables aux conflits armés, tels que définis à l'article 2 des Conventions de Genève, à l'article 1er des Protocoles I et II additionnels à ces Conventions, ainsi qu'à l'article 8, § 2, f) du Statut de la CPI[303].

---

[301] Huitième paragraphe du Préambule de la Constitution de la République Démocratique du Congo, *op.cit.*

[302] Articles 215 et 153 alinéa 4 de la Constitution.

[303] Ces infractions ont été introduites dans le code pénal congolais par les lois n°15/22 et 15/23 du 31 décembre 2015 modifiant et complétant respectivement le décret du 30 janvier 1940 portant code pénal et la loi n° 024-2002 du 18 novembre 2002 portant code pénal militaire qui ont mis en œuvre le Statut de la CPI.

b. Sont également réprimées au titre d'infractions internationales[304], pour autant qu'elles soient portées par des instruments internationaux régulièrement ratifiés par la République Démocratique du Congo, les incriminations suivantes :

1. Le faux-monnayage ;
2. Le terrorisme ;
3. Les attentats contre des personnes internationalement protégées ;
4. Le mercenariat ;
5. La corruption ;
6. Le trafic illicite de stupéfiants et de substances psychotropes ;
7. La violation de la protection physique des matières nucléaires ;
8. Le blanchiment des produits du crime ;
9. Les incriminations destinées à protéger la circulation des hommes et des messages en matière de transports aériens, de transports maritimes, de radiodiffusion et informatique ;
10. Les incriminations destinées à protéger la nature ;
11. Les incriminations destinées à protéger certaines valeurs économiques ; et
12. La fraude fiscale sous toutes ses formes[305].

5) Les atteintes à la sûreté de l'Etat

Constituent des atteintes à la sûreté de l'Etat, les infractions qui portent atteinte aux intérêts vitaux ou fondamentaux de l'Etat, singulièrement ce qui touche aux liens et sentiments privilégiés d'affinité, de solidarité et d'unité de sa population ainsi qu'à l'organisation socioculturelle, économique, politique et institutionnelle de son espace de souveraineté.

---

[304] DAVID E. et HEIRMAN P., *Code de droit international pénal*, Bruxelles, Bruylant, 2ème édition, 2009.

[305] Par exemple, dans le cadre du Traité et des Actes uniformes de l'OHADA : infractions relatives à la constitution des sociétés ; à la gérance, l'administration et la direction des sociétés ; aux modifications du capital des sociétés anonymes ; au contrôle des sociétés ; à la liquidation des sociétés ; infractions en cas d'appel public à l'épargne (in Acte uniforme du 17 avril 1997 relatif au droit des sociétés commerciales et du groupement d'intérêt économique) ; - abstention de dresser inventaire ou d'établir les états financiers annuels, le rapport de gestion et le bilan social ; établissement ou communication des états financiers non conformes (in Acte uniforme du 24 mars 2000 portant organisation et harmonisation des comptabilités e des entreprises) ; - banqueroute simple ; banqueroute frauduleuse ; infractions assimilées aux banqueroutes ; etc (in Acte uniforme du 10 avril 1998 portant organisation des procédures collectives d'apurement du passif). Cfr. Code OHADA.

Par intérêts vitaux ou fondamentaux de l'Etat, il faut entendre :

1. Son indépendance ;
2. L'intégrité de son territoire ;
3. Sa sécurité ;
4. La forme républicaine et l'organisation démocratique de ses institutions ;
5. La sauvegarde de sa population même à l'étranger ;
6. L'équilibre de son milieu naturel et de son environnement ;
7. Les éléments essentiels de son patrimoine culturel et de son histoire ; et
8. Les symboles de l'Etat, à savoir, son emblème, sa devise, ses armoiries, son hymne, sa monnaie, ses langues.

A titre illustratif, les infractions suivantes constituent des atteintes contre les intérêts vitaux et fondamentaux de l'Etat :

1. La tentative de renversement du régime constitutionnel[306] ;
2. La haute trahison[307] ;
3. L'atteinte à l'honneur ou à la probité et l'outrage au Parlement dans le chef du Président de la République, du Premier ministre ou de tout membre du gouvernement[308] ; et
4. Les infractions à la foi publique, la défense et la sûreté de l'Etat.

6) Les infractions de prévarication

Les infractions de prévarication sont commises par des agents publics de l'Etat. Elles se caractérisent par un manquement grave d'un fonctionnaire ou d'un homme d'Etat aux devoirs de sa charge et consistent en particulier dans l'obtention d'avantages, de services ou de biens qui génèrent un enrichissement illicite, par abus d'une fonction sociale, c'est-à-dire par le biais de l'influence assurée par la fonction publique, ou par un mauvais usage des ressources ou par la malversation du patrimoine public dont on a la gestion.

Constituent des infractions de prévarication, notamment :

1. La non déclaration ou la déclaration frauduleuse de leur patrimoine familial par le personnel politique ou administratif de l'Etat astreint à cette obligation ;

---

306 Article 64 de la Constitution.
307 Articles 6 alinéa 4, 7, 63-3, 64, 165-1, 188-2, 183-1, 190 de la Constitution.
308 Articles 164 et 165 de la Constitution.

2. L'enrichissement illicite, voire le soupçon de tel enrichissement illicite ;
3. Le délit d'initié ;
4. Le trafic d'influence ;
5. La participation directe ou indirecte par le personnel politique ou administratif de l'Etat aux marchés publics dont bénéficient des administrations ou des institutions dans lesquelles le pouvoir central, les provinces et les entités administratives décentralisées ont des intérêts ;
6. L'achat, l'acquisition, la prise en bail d'un bien qui appartient au domaine de l'Etat, des provinces et des entités décentralisées par le personnel politique et administratif de l'Etat ;
7. La corruption sous toutes ses formes ou la prévarication entendue comme un abus de pouvoir visant un ou des avantages injustifiés au regard d'une norme, ou comme un usage abusif d'une charge publique aux fins de profit personnel ;
8. Toute infraction au code d'éthique et de déontologie des mandataires, agents et personnels de l'Etat ; et
9. Le trafic illicite et le blanchiment de capitaux, en ce compris les flux financiers illicites et les infractions à la réglementation bancaire[309] ; etc.

7) Les atteintes à la propriété, aux biens et aux choses protégées

Les atteintes aux biens privés regroupent des incriminations consacrées à la défense et à la protection d'intérêts privés qui se cristallisent autour de la propriété et du contrat.

A titre d'exemple, nous signalerons :

1. Les vols et les extorsions ;
2. Les fraudes ; et
3. Les destructions, dégradations et dommages.

---

[309] SITA MUILA et AKELE ADAU, « Quelle stratégie pour combattre la corruption en RDC ? », *Réforme du Code pénal congolais, tome II, A la recherche des options fondamentales du code pénal congolais,* CEPAS, 2008, pp. 255 et ss ; BAKANDEJA wa MPUNGU, « La lutte contre les prédations et les prévarications économiques et financières comme éléments de politique criminelle », *Réforme du Code pénal congolais, tome II, A la recherche des options fondamentales du code pénal congolais,* CEPAS, 2008, pp. 273 et ss ; KOLA GONZE, « La lutte contre les prédations et les prévarications économiques et financières comme éléments de politique criminelle. Cas de fraude fiscale et douanière », *Réforme du Code pénal congolais, tome II, A la recherche des options fondamentales du code pénal congolais,* CEPAS, 2008, pp. 379 et ss.

B. Les catégories particulières

Les infractions portées par les lois particulières se constituent en catégories correspondant à l'objet spécifique de la matière qui les institue.

Il existe ainsi les catégories d'infractions particulières suivantes :

1) Les infractions au droit de la famille

La famille étant une valeur institutionnelle protégée, les infractions au droit de la famille comprennent des infractions contre le mariage et ses effets mais également, parce que les situations familiales sont complexes et souvent empreintes de violence, des infractions spécifiques pour lesquelles les relations de parenté ou d'alliance entrent en ligne de compte. Mais, il faut noter qu'en raison toujours de la nécessité de protéger la famille, les infractions de droit commun commises entre membres apparentés reçoivent, de la part du législateur ou du juge, un traitement particulier, qui va soit dans le sens des immunités, soit dans celui des circonstances aggravantes.

S'agissant des infractions spécifiques au mariage et aux membres de famille apparentés, on pourra reprendre les infractions prévues par le code de la famille se rapportant notamment :

1. aux atteintes à la liberté du mariage[310] ;
2. au non-respect des conditions du mariage[311] ;
3. au non-respect des effets extrapatrimoniaux du mariage[312] ;
4. à l'accomplissement des rites ou coutumes portant atteinte à la dignité humaine lors du décès de l'un des époux[313] ; et
5. au refus d'affilier un enfant[314].

2) Les infractions militaires

Les infractions militaires se distinguent des infractions de droit commun en ce qu'elles ne peuvent être commises que par des personnes ayant la particularité d'être militaires. Ces infractions comprennent deux catégories, celles qui sont d'ordre militaire et donc qui ne peuvent être commises que par des militaires et celles qui sont mixtes, c'est-à-dire des infractions de droit commun commises par des militaires. Leur

[310] Article 336 du Code de la famille.
[311] Articles 395, 404, 407 à 414, 416 à 420, 423, 425, 427, 428,430 à 432 du Code de la famille.
[312] Articles 466 à 472, 480 du Code de la famille.
[313] Articles 544 et 545 du Code de la famille.
[314] Article 614 du Code de la famille.

répression est soumise à un régime particulier tant au point de vue de la procédure que de la sanction.

En effet, conformément à la Constitution[315], les juridictions militaires connaissent des infractions commises par les membres des Forces armées et de la police nationale. Ces juridictions peuvent, cependant, poursuivre des civils en temps de guerre, ou lorsque l'état de siège ou d'urgence est proclamé.

Sont ainsi concernées :

1. Les infractions tendant à soustraire leur auteur de ses obligations militaires (insoumission, absence irrégulière, désertions, mutilation volontaire et lâcheté)[316] ;
2. Les infractions contre l'honneur ou le devoir (capitulation, défaitisme, complot militaire, pillages, destructions, faux, falsifications, détournements, concussions et corruptions, usurpation d'uniformes, décorations, signes distinctifs, emblèmes, outrage au drapeau ou à l'armée, incitations à commettre des actes contraires au devoir ou à la discipline)[317];
3. Les infractions contre la discipline (insubordination, abus d'autorité)[318] ;
4. Les infractions aux consignes[319] ;
5. Les atteintes contre les intérêts fondamentaux de la nation (trahison, espionnage)[320] ;
6. Les atteintes au secret de la défense nationale[321] ;
7. Le terrorisme[322] ;
8. Les crimes de génocide, crimes contre l'humanité, crimes de guerre[323] ;
9. Les évasions de détenus ou de prisonniers de guerre[324] ; et
10. Les infractions diverses[325].

---

[315] Article 156, alinéa 1 de la Constitution de la République Démocratique du Congo, *op.cit.*
[316] Articles 41 à 57 du Code pénal militaire.
[317] Articles 58 à 88 du Code pénal militaire.
[318] Articles 89 à 112 du Code pénal militaire.
[319] Articles 113 à 125 du Code pénal militaire.
[320] Articles 126 à 148 du Code pénal militaire.
[321] Articles 149 à 156 du Code pénal militaire.
[322] Articles 157 à 160 du Code pénal militaire.
[323] Articles 161 à 175 du Code pénal militaire.
[324] Articles 176 à 186 du code pénal militaire.
[325] Articles 187 à 206 du code pénal militaire.

3) Les infractions économiques et des affaires

➢ Les infractions communes

Le monde économique est dirigé par la rapidité, la simplicité, la sécurité et la confiance mutuelle[326]. Cela lui donne une spécificité qu'il a fallu prendre en compte en créant des tribunaux de commerce. De plus, avec l'arrivée du droit de l'OHADA qui prévoit de nombreuses infractions économiques, cette spécificité s'est accentuée. Les infractions économiques portent sur les matières ci-dessous :

a) L'exercice du commerce ;
b) Les assurances ;
c) Le commerce extérieur ;
d) L'énergie, les mines, les hydrocarbures ;
e) L'agriculture et l'élevage ;
f) Le blanchiment des capitaux et le financement du terrorisme ;
g) Le mode de paiement des dettes envers l'Etat ;
h) Le fonctionnement des banques ;
i) Les coopératives d'épargne et de crédit ;
j) Les douanes ;
k) La fabrication et la vente des boissons alcooliques, les denrées alimentaires, etc.

➢ Les infractions de l'OHADA : les incriminations tirées des Actes uniformes du Traité du 17 octobre 1997 relatif à l'harmonisation du droit des affaires en Afrique (OHADA)

Les infractions prévues par l'Acte uniforme du 17 avril 1997 relatif au droit des sociétés commerciales et du Groupement d'intérêt économique se rapportent notamment :

- à la constitution des sociétés ;
- à la gérance, à l'administration et à la direction des sociétés ;
- aux assemblées générales ;
- aux modifications du capital des sociétés anonymes ;
- à l'augmentation du capital ;
- à la réduction du capital ;
- au contrôle des sociétés ;
- à la dissolution des sociétés ;

[326] KAKULE SIVAMWENDA T., *La répression des infractions en matière économique par l'autorité compétente en ville de Kisangani de 2000 à 2006*, Mémoire de fin d'études à l'Université de Kisangani.

- à la liquidation des sociétés ; et
- aux infractions commises en cas d'appel public à l'épargne.

Il en existe d'autres qui ont été prévues par l'Acte uniforme du 10 avril 1998 portant organisation des procédures collectives d'apurement du passif : banqueroute et autres infractions. Il s'agit de banqueroute simple et de banqueroute frauduleuse ainsi que des infractions assimilées aux banqueroutes. Il en est de même des infractions prévues par l'Acte uniforme du 24 mars 2000 portant organisation et harmonisation des comptabilités des entreprises.

4) Les infractions sociales (travail et sécurité sociale)

L'article 321 du code du travail prévoit la peine d'amende pour de nombreuses infractions. En matière de sécurité sociale, des infractions sont prévues contre les employeurs ou les travailleurs selon les cas pour un certain nombre de comportements prohibés, par exemple le fait de faire de fausses déclarations pour bénéficier ou faire bénéficier autrui d'un avantage.

5) Les infractions de la presse et des nouvelles technologies de l'information et de la communication

Ces infractions correspondent aux objets spécifiques notamment :

1. Poste et Télécommunications ;
2. Liberté de la presse et des médias ;
3. Discours et messages dangereux.

6) Les infractions environnementales

Différents domaines sont concernés par ces infractions, en l'occurrence :

1. Eau ;
2. Air ;
3. Sol ;
4. Santé ;
5. Emballages ;
6. Habitat ;
7. Chasse et pêche ;
8. Espèces animales et végétales protégées ; et
9. Ressources et richesses naturelles.

7) Les infractions de la circulation et du transport des personnes et des biens

Les infractions dont question sont à retrouver dans les différents domaines de transport ci-après :

1. Transport des personnes par véhicules automobiles ;
2. Transport aérien ;
3. Navigation fluviale et lacustre ;
4. Transport ferroviaire.

8) Les infractions de police administrative et territoriale

La police administrative est une activité administrative chargée d'assurer le maintien de l'ordre public et donc de prévenir les troubles à l'ordre public. Les objets des infractions y relatives sont notamment :

1. Censure de la musique ;
2. Divagation d'animaux ;
3. Détention d'animaux sauvages réputés dangereux et nuisibles ;
4. Police des gares ;
5. Armes à feu ;
6. Rétention illicite de documents ;
7. Refus des OPJ et APJ de constater une infraction ;
8. Police des cimetières ;
9. Vagabondage et mendicité ;
10. Tapage nocturne ;
11. Concours de pronostic ;
12. Cultes ;
13. Bonnes mœurs ;
14. Ivresse publique ;
15. Jeux de hasard et loteries ; et
16. Exploitation des hôtels, restaurants, pension de famille et débits de boisson.

9) Les infractions relatives à l'agriculture et à l'élevage

Comme pour les précédentes, ces infractions concernent plusieurs domaines dont :

1. Cultures interdites ou autorisées sous certaines conditions ;
2. Réglementation de la production de certains végétaux et de certaines boissons à base végétale ;
3. Lutte contre les insectes et les cryptogames parasites ;
4. Réserves de semences ;

5. Reproduction de bêtes ;
6. Incendie de végétaux sur pied ; et
7. Abattage et transport des bêtes.

10) Les infractions politiques

La loi ne donnant aucune définition de l'infraction politique, il a fallu se tourner vers la doctrine et la jurisprudence pour en cerner la notion. Celles-ci ont dû faire un choix entre deux conceptions possibles. La première, objective, consiste à définir l'infraction politique par rapport à son objet. L'on considère comme politique, d'une part, toute infraction qui porte atteinte à l'existence, à l'organisation et au fonctionnement de l'Etat, d'autre part, toute infraction qui porte atteinte aux droits fondamentaux des citoyens. Selon cette conception objective, sont considérées comme infractions politiques, quant au premier cas, les atteintes aux droits fondamentaux de la Nation (par exemple, la trahison, et l'espionnage, ...). Quant au second, il peut être illustré par la fraude électorale qui porte atteinte aux droits politiques des citoyens, ici le droit de vote.

La seconde conception, subjective, s'intéresse à la personne qui commet l'infraction. L'on considère comme politique, toute infraction réalisée dans un but politique. Cette conception est beaucoup plus large que la première car elle tient pour comme politiques, des infractions dites complexes parce que tout en ayant la nature d'une infraction de droit commun, elle est réalisée dans un but politique. Le droit positif a nettement marqué sa préférence pour la première conception, celle objective, qui est plus restrictive. En France, cette préférence s'est notamment exprimée à l'occasion du jugement de Gorguloff, l'assassin du Président de la République Paul Doumer en 1932. La Cour de Cassation a refusé de considérer cette action comme politique. La chambre criminelle a affirmé que « l'assassinat par sa nature, et quels qu'en aient été les mobiles, constitue un crime de droit commun ».

Les infractions politiques sont poursuivies généralement selon une procédure spéciale et encourent des sanctions spécifiques. C'est ainsi qu'en droit congolais, les infractions politiques étaient portées devant la Cour de Sûreté de l'Etat et qu'en France, les délinquants politiques sont condamnés à des peines de détention criminelle supposées être moins infamantes et moins contraignantes que la peine de réclusion criminelle (allégement des conditions d'incarcération, plus de facilité pour les visites, etc.). La justification de la distinction entre infractions ordinaires et infractions politiques a perdu son intérêt depuis la suppression de la Cour de Sûreté de l'Etat. Elles entrent maintenant dans la catégorie des infractions de droit commun[327].

11) Les infractions de criminalité organisée

Les infractions en bande organisée sont prévues par le droit congolais qui réprime les actes posés et le fait de s'associer pour les commettre. C'est notamment l'infraction bien connue d'association de malfaiteurs. Cependant, du fait de la mondialisation, le phénomène de commission d'infractions en bande organisée a pris une grande ampleur surtout avec la traite des êtres humains, le trafic de drogue et le terrorisme. Certains pays ont pris des lois particulières pour lutter contre le crime organisé. En France, par exemple, la loi du 9 mars 2004 a créé une nouvelle catégorie d'infractions, dénommées de criminalité organisée, parce que commises en bande organisée, soumises à des règles de procédure particulière[328]. Le Code pénal français avait défini en 1992-1994 la bande comme « tout groupement, forme ou toute entente établie en vue de la préparation caractérisée par un ou plusieurs faits matériels, d'une ou plusieurs infractions ».

Il existe une catégorie particulière de la criminalité organisée que l'on appelle la criminalité transnationale organisée et qui se réalise lorsque les bandes organisées opèrent sans tenir compte des frontières. Elle fait l'objet de la Convention des Nations Unies sur la criminalité transnationale organisée conclue le 12 décembre 2011.

Cette Convention définit la bande organisée comme

> « tout groupe structuré de trois personnes ou plus existant depuis un certain temps et agissant de concert, dans le but de commettre une ou plusieurs infractions graves ou établies conformément à la convention pour en tirer un avantage financier ou un autre avantage matériel ».

[327] Voir point F des infractions de droit commun.

[328] BOULOC B., *op. cit*, p. 83.

§3. Classification fondée sur le mode d'exécution

A. Classification fondée sur la durée

1. Les infractions instantanées

Il existe trois sortes d'infractions instantanées :

a. Les infractions instantanées au sens strict

Les infractions instantanées sont celles qui, du fait de la définition légale, se réalisent par une action ou une omission exécutée en un instant ou dont la durée d'exécution plus ou moins longue est indifférente à la réalisation de l'infraction (meurtre, vol, coups et blessures, arrestation illégale[329], abus de confiance, omission de déclarer une naissance ou un décès dans le délai requis[330], escroquerie[331], détournement des deniers publics)[332].

La juridiction compétente est celle du lieu où l'acte a été réalisé. La prescription court à partir du jour de la commission de l'acte. L'action civile peut être exercée immédiatement. La loi pénale nouvelle de fond ne s'applique au fait déjà commis que si elle est plus douce.

b. Les infractions permanentes

Les infractions permanentes sont des infractions instantanées, c'est-à-dire dont l'acte matériel s'exécute en un rien de temps, mais dont les effets se prolongent dans le temps, sans une nouvelle intervention de l'auteur des faits initiaux[333]. C'est le cas de la bigamie, de l'apposition d'une affiche en un lieu interdit. Il serait intéressant d'examiner la publicité par internet.

La juridiction compétente est celle du lieu où l'acte a été réalisé. La prescription court à partir du jour où l'acte a pris fin, quelle que soit la durée de ses conséquences. L'action civile peut être exercée dès la fin de l'acte. La loi pénale nouvelle de fond ne s'applique au fait déjà commis que si elle est plus douce.

---

[329] Idem, p. 215.

[330] NYABIRUNGU mwene SONGA R., « Traité de droit pénal général congolais », *op. cit*, p. 205.

[331] *Idem*, p. 206.

[332] « Le détournement des deniers publics est une infraction instantanée. Le remboursement de la somme détournée dès la toute première réquisition est inopérant quant à l'existence de cette infraction, in *RJZ*, Droit écrit et droit coutumier, 50e année, janvier à août 1974, n. 1 et 2, p. 48.

[333] DESPORTES F., *op. cit*, p. 402.

c. Les infractions continuées ou successives ou répétées

Les infractions continuées consistent en un ensemble de comportements infractionnels de même nature commis successivement dans le cadre d'une seule et même entreprise criminelle mais qui nécessitent une volonté réitérée de son auteur. C'est l'exemple du vol successif des pièces d'une même collection ou de l'abus de confiance commis en plusieurs actes de détournement successif de biens mais en vertu d'un unique contrat.

L'infraction continuée est donc une infraction instantanée par sa réalisation, mais composée de plusieurs actes successifs qui lui confèrent une certaine unité et la rapprochent de l'infraction continue ; on considère qu'il y a une infraction unique qui expose son auteur à une seule peine[334].

La juridiction compétente est celle du lieu où chaque acte a été posé ou encore celle de tout lieu où l'infraction est réalisée. Le délai de prescription court à partir du moment de la cessation de l'acte. L'action civile peut être introduite dès que l'acte est commis. La loi pénale nouvelle de fond s'applique immédiatement.

2. Les infractions continues

Les infractions continues sont des infractions constituées d'un élément matériel qui se prolonge pendant une certaine durée du fait de la volonté réitérée du délinquant. Il en est ainsi du recel, de la séquestration illégale d'une personne, du port illégal de décoration, de l'exploitation illicite d'un débit de boisson[335], du recel ou du recèlement des objets obtenus à l'aide d'une infraction[336], de l'association de malfaiteurs[337].

B. Classification fondée sur le moment

1. Les infractions simples

L'infraction simple est une infraction dont l'élément matériel est un acte unique et isolé. Les infractions instantanées, les infractions permanentes et les infractions continues sont des infractions simples

---

[334] BOULOC, *op. cit*, p. 218.
[335] DESPORTES F. et LE GUNEHEC F., *op. cit*, p. 403.
[336] Article 101 du Code pénal.
[337] NYABIRUNGU mwene SONGA R., *Traité de droit pénal général congolais*, *op. cit*, p. 206.

(par ex. le meurtre, la bigamie, le recel, le vol, l'abus de confiance, la non-assistance à personne en danger).

2. Les infractions multiples

On peut aborder la question des infractions multiples de deux manières, soit en considérant le nombre d'infractions commises par un délinquant déterminé que le juge doit sanctionner, soit en observant les éléments constitutifs d'une seule infraction qui est réalisée par plusieurs actes matériels (infraction d'habitude et infraction complexe).

L'infraction d'habitude est réalisée par plusieurs actes de nature identique. En effet, la délinquance est liée à la répétition de l'acte antérieurement posé. Dès lors, chaque acte pris isolément n'est pas punissable. C'est la répétition qui constitue l'infraction. Les actes peuvent être accomplis au détriment d'une seule personne ou de personnes différentes, deux actes peuvent suffire à constituer l'infraction. C'est l'exemple de l'exercice illégal de la médecine, de l'exploitation habituelle de la débauche ou de la prostitution d'autrui[338].

L'infraction complexe est constituée, quant à elle, de plusieurs actes de nature différente. Cependant, le but poursuivi est unique. Ainsi, en est-il de l'escroquerie qui suppose, d'une part, un mensonge, d'autre part, la remise d'un bien ou la fourniture d'un service[339].

La troisième classification est celle fondée sur le comportement.

C. La classification fondée sur le comportement

1. Les infractions de commission

L'infraction de commission est le plus fréquemment réalisée par un acte positif prévu par la loi. Par exemple, l'homicide volontaire est commis par l'usage de coups ou l'administration de substances nuisibles susceptibles d'entraîner la mort ; le vol l'est par une soustraction du bien d'autrui et l'escroquerie par l'emploi de manœuvres diverses tendant à obtenir une remise. Néanmoins, le code pénal contient quelques infractions dont la réalisation exige une abstention, une inaction.

---

338 Idem, p. 207.

339 GUINCHARD S et DEBARD T, *Lexique des termes juridiques*, *op. cit*, p. 435.

2. Les infractions d'omission

Plus rarement, l'infraction est commise par « un acte négatif qui consiste à ne pas accomplir ce que la loi commande de faire dans l'intérêt général[340] ». On retient deux sortes d'infractions d'omission : les infractions d'omission simple et les infractions de commission par omission.

Pour ce qui est des infractions d'omission simple, le législateur sanctionne un comportement d'abstention sans tenir compte du résultat subséquent à ce comportement. Les exemples en droit pénal congolais se trouvent aux articles 66 *bis (*abstention d'empêcher une infraction), 66 *ter (*non-assistance à personne en péril), 66 *quinquies(*abstention de témoigner pour un innocent), 88 (diverses abstentions incriminées à l'encontre des commerçants) et 92 (omission de publier l'acte de société ou les actes modificatifs).

Concernant les infractions de commission par omission, l'hypothèse de leur commission est celle où l'abstention ou l'inaction du délinquant présumé a eu un résultat identique à celui qui peut être produit par un acte positif. Par exemple, lorsque le fait de ne pas nourrir délibérément un enfant ou de ne pas le faire soigner a entraîné la mort de celui-ci. L'on peut se demander s'il ne s'agit pas là d'un homicide volontaire. Assimiler cet acte d'abstention à une action interdite par la loi serait faire une interprétation analogique formellement interdite en droit pénal car violant le principe de légalité. Aussi, pour qu'une abstention puisse être réprimée parce qu'elle a abouti à un résultat malheureux, elle doit être expressément prohibée par la loi. C'est ainsi que l'article 227-16 du Code pénal français punit de trente ans de réclusion criminelle celui qui, exerçant une autorité parentale sur un enfant, le prive d'aliments ou de soins au point d'entraîner sa mort.

§4. La classification fondée sur le résultat

1) Les infractions matérielles

L'infraction matérielle est celle dont le résultat est un élément de l'infraction (meurtre, assassinat, coups et blessures, vol...). Elle est consommée par la réalisation du dommage. Certaines infractions matérielles sont appelées infractions de résultat lorsque la gravité de leurs conséquences a un impact sur la gravité de la sanction. La répression des coups et blessures diffère selon qu'ils ont entraîné de

---

[340] BOULOC, *op. cit*, p. 208.

simples lésions, une incapacité de travail personnel, la perte de l'usage absolu d'un organe ou une mutilation grave, ou encore la mort de la victime.

2) Les infractions formelles

L'infraction formelle existe indépendamment de tout dommage, même si le résultat voulu par l'agent n'a pas été obtenu (voir l'administration des substances de nature à entraîner la mort de l'article 50 du Code pénal ; l'empoisonnement des eaux de l'article 150 du Code pénal militaire).

3) Les infractions obstacles ou de mise en danger (mise en péril)

Les infractions obstacles ne produisent généralement pas de résultat. Elles servent à proscrire un comportement dangereux qui risque de produire un grave dommage. C'est l'exemple de la conduite en état d'ivresse ou en état d'ébriété. Elles peuvent également servir à mettre un obstacle à la préparation d'une infraction. Il en est ainsi du port illégal d'arme. Lorsque l'infraction redoutée se produit tout de même, l'infraction obstacle entre en concours réel ou matériel avec elle.

Les infractions peuvent encore être classées selon le moment plus ou moins long au bout duquel les faits sont découverts.

§5. La classification fondée sur le moment de constatation de l'élément matériel

La classification selon le moment de découverte des faits distingue les infractions flagrantes des infractions non flagrantes.

« L'infraction flagrante est celle qui se commet actuellement ou qui vient de se commettre », selon l'article 7 du Code de procédure pénale. Est réputée flagrante, l'infraction qui suscite la clameur publique contre une personne ou lorsque celle-ci est trouvée porteuse d'effets, d'armes, d'instruments ou papiers faisant présumer qu'elle est auteur ou complice des faits, pourvu que ce soit dans un temps voisin de l'infraction. En outre, est assimilée à une infraction flagrante ou réputée telle, toute infraction commise, même après un certain temps, dans une habitation dont le chef requiert l'officier de police judiciaire de venir le constater[341].

---

[341] Article 83, alinéa 3 de l'Ordonnance n° 78-289 du 3 juillet 1978 relative à l'exercice des attributions d'officier et agent de police judiciaire près les juridictions de droit commun.

La Cour d'appel de Kisangani a jugé qu'un particulier avait commis l'infraction d'arrestation arbitraire pour avoir arrêté des particuliers après être revenu sur les lieux, alors qu'il n'y avait pas eu flagrance[342].

Toutes les autres infractions sont non flagrantes.

Section 2 : Les éléments constitutifs de l'infraction

Les éléments constitutifs de l'infraction sont les composantes matérielles et psychologiques du comportement puni par la loi. C'est la réunion des éléments constitutifs de l'infraction qui permet l'application de la loi.

Usuellement, l'on parle de trois éléments : l'élément légal, l'élément matériel et l'élément moral. Une partie de la doctrine a ajouté l'élément injuste et l'élément axiologique.

Seulement, ces éléments se trouvent à des niveaux différents. L'élément axiologique et l'élément légal précèdent l'infraction alors que l'élément injuste s'apprécie au moment de la commission de l'acte. S'agissant de l'élément injuste, une certaine conception doctrinale[343] estime que cet élément est inutile car il se confond avec l'élément légal. En effet, selon elle, l'infraction est en soi un comportement injuste parce qu'il viole la loi. Le comportement devient juste avec l'intervention de la cause de justification qui fait disparaitre l'élément légal. Cette conception peut être défendue à condition que la cause de justification soit elle-même légale. L'élément axiologique ayant été examiné dans l'introduction et l'élément légal dans la partie consacrée à la loi pénale, il restera à voir l'élément injuste lors de l'exposé sur les faits justificatifs. Aussi, le présent titre se limitera-t-il à l'examen de ces deux éléments constitutifs de l'infraction que sont l'élément matériel et l'élément moral ou psychologique.

§1. L'élément matériel

Selon Merle et Vitu, l'élément matériel « consiste dans la manifestation extérieure de la volonté infractionnelle délictueuse sous la forme des gestes ou des attitudes décrits par la loi d'incrimination »[344]. De façon plus précise, l'acte matériel se manifeste par des gestes, paroles, dessins ou écrits. Par exemple, l'agression

---

[342] Kis, 27 novembre 1978 in RJZ n°1, 2, et 3, 1979, p. 117 rapporté dans les grands arrêts, *op. cit*, p. 42.

[343] MERLE et VITU et DESPORTES et Le GUNEHEC, *op. cit*, p. 393.

[344] MERLE et VITU, *op. cit*, pp. 575-576.

contre la personne humaine est l'élément matériel de l'homicide ou des coups et blessures ; la soustraction de la chose d'autrui, celui du vol.

L'infraction se trouve subordonnée à la présence d'une activité matérielle. L'élément matériel est le fait générateur de la responsabilité pénale. Il est le comportement incriminé, c'est-à-dire la manifestation extérieure de l'activité délictueuse. Ce comportement va varier suivant chaque infraction. Par exemple : le vol est défini par le code pénal comme la soustraction frauduleuse de la chose d'autrui. Cette soustraction de la chose d'autrui en constitue l'élément matériel. Autrement dit, il ne pourra pas y avoir de vol sans une telle soustraction.

A. La nécessité d'un élément matériel

L'élément matériel joue un rôle prépondérant dans la réalisation de l'infraction, notamment dans l'exigence ou pas d'un résultat, et dans le classement des infractions selon leur nature ou leur structure. L'exigence de l'élément matériel a pour conséquence l'impunité de la criminalité intellectuelle et l'impossibilité de poursuivre un individu en situation d'état dangereux pré infractionnel. Mais si l'acte est posé, l'infraction peut être consommée ou tentée, en cas de commencement d'exécution.

L'élément matériel n'est pas à confondre avec la condition préalable à l'infraction. Cette condition préalable est une situation particulière à partir de laquelle certaines infractions peuvent se développer. Elle peut consister en une circonstance de fait ou de droit relevant du droit privé ou du droit public, voire du droit pénal qui est *sui generis*, et doit concourir nécessairement à la réalisation de l'infraction, tout en demeurent distincte et extérieure à celle-ci. C'est ainsi qu'elle ne peut contribuer à la qualification d'une infraction complexe[345].

B. La consommation de l'infraction

L'infraction n'est dite consommée que si tous ses éléments constitutifs, matériels et psychologiques prévus par la loi, sont réalisés et réunis, révélant et établissant de ce fait la violation des valeurs, intérêts et biens juridiques qu'elle protège.

Dans le cas où la consommation de l'infraction suppose un résultat déterminé, l'infraction n'est réputée commise que si ce résultat est la conséquence de l'action ou de l'omission imputable à l'agent. Ce

---

345 https://ledroitcriminel.fr/la_science_criminelle/articles/condition_prealable.htm

rapport de cause à effet sera admis lorsque l'action ou l'omission tombant sous le coup de la loi était, d'après l'expérience de la vie, normalement propre à produire le résultat incriminé. *A contrario*, en cas de concours ou en cas de cause intercurrente, qu'elle soit due au fait d'autrui ou à un événement naturel ou fortuit, le rapport de cause à effet sera exclu lorsque la cause étrangère à l'agent pouvait suffire à produire le résultat.

La consommation de l'infraction peut être conséquente à un acte de commission ou une omission.

1) Acte de commission

Dans la plupart des cas, l'élément matériel de l'infraction est un acte positif, la loi pénale incriminant un comportement actif, un acte de commission, qu'il s'agisse d'un geste (un coup de couteau), d'un écrit ou d'un dessin (lettre de menace de mort, dessin de tête de mort), d'une parole (injures verbales)[346]. L'infraction est donc commise par action du fait d'un comportement actif contraire à une obligation de ne pas agir. Plus rarement, l'infraction est commise par une abstention d'agir, une omission.

2) Omission ou abstention

Une infraction se commet par omission du fait d'un comportement passif contraire à une obligation d'agir. Deux sortes d'actes d'omission sont considérées : les omissions simples et les actes de commission par omission.

➢ Omission simple

Reste passif en violation d'une obligation d'agir celui qui n'empêche pas la mise en danger ou la lésion d'un bien juridique protégé par la loi pénale. C'est ainsi que le Code pénal réprime, dans ses articles 66 *bis* à 66 *quinquies*, une série d'abstentions comme le fait de ne pas empêcher la commission d'une infraction contre l'intégrité physique d'une personne, de ne pas porter secours à une personne en péril, de ne pas apporter témoignage de l'innocence d'une personne. L'on s'est, cependant, posé la question de la possibilité de condamner un individu qui délibérément s'est abstenu d'agir pour obtenir un résultat qu'un acte positif pouvait provoquer, par exemple, laisser une personne sans soin

---

[346] DESPORTES et LE GUHENEC, *op. cit*, p. 397.

pour qu'elle meurt. C'est ce que sous-entend, l'acte de commission par omission.

➢ Acte de commission par omission

L'acte de commission par omission vise les hypothèses où le résultat produit sur la victime est le même que si l'auteur du fait avait adopté un comportement actif. Il faut pour cela qu'il ait été tenu à une obligation d'agir en raison de sa situation juridique, notamment en vertu de la loi ; de la coutume ; d'un contrat ; d'une communauté de risques librement consentie ; de la création d'un risque.

Quoiqu'il en soit, omission simple ou commission par omission, celui qui reste passif en violation d'une obligation d'agir n'est punissable à raison de l'infraction considérée que si, compte tenu des circonstances, il encourt le même reproche que s'il avait commis cette infraction par un comportement actif. Le juge peut, cependant, atténuer la peine.

Par ailleurs, il arrive que l'agent ne parvienne pas au bout de son entreprise criminelle. Un changement d'avis ou des circonstances indépendantes de sa volonté peut l'amener à y renoncer. L'on est alors en face d'une tentative d'infraction. Cette tentative, pour être punissable, doit réunir certaines conditions.

C. La tentative punissable

Le code pénal, dans son article 4, donne les conditions de la tentative punissable :

> « Il y a tentative punissable lorsque la résolution de commettre l'infraction a été manifestée par des actes extérieurs, qui forment un commencement d'exécution de cette infraction et qui n'ont été suspendus ou qui ont manqué leur effet que par des circonstances indépendantes de la volonté de l'auteur ».

Le Tribunal militaire de Garnison d'Ituri fournit dans un jugement du 4 septembre 2007, un exemple contestable de cas de tentative punissable, après avoir, cependant, rappelé les conditions requises pour la punissabilité (ou punitivité) du délinquant en ces termes :

> « Attendu que la consommation de la prévention de tentative de meurtre requiert la réunion des éléments constitutifs ci-après :
>
> - La résolution de commettre le meurtre soit *l'animus necandi*. L'on considère, en effet, que l'intention de donner la mort est juridiquement établie lorsque l'auteur a commis consciemment un acte capable de tuer tout en cherchant à obtenir ce résultat, que cette intention peut résulter

soit de l'arme employée, lorsque celle-ci a une puissance mortelle en elle-même, soit de l'endroit où le coup a été porté, lorsque celui-ci est une partie vitale, par exemple l'abdomen, la tête, la poitrine, le poumon, le cœur, soit du degré de la violence ou de sa gravité, soit enfin de l'état physique de la victime, état de santé ou jeune âge, que le mobile, l'erreur sur la personne autant que le consentement de la victime est inopérant ; que la victime doit être une personne humaine née et vivante ;

- Des actes extérieurs constituant commencement d'exécution de l'infraction projetée. Il s'agit de l'élément matériel qui est un acte positif, c'est-à-dire une action et un acte matériels tel un coup porté avec la main ou des pieds, une arme ou tout autre instrument ;
- Il y a commencement d'exécution lorsque l'agent a commis un des faits qui figurent parmi les éléments constitutifs du meurtre ;
- L'absence de désistement volontaire, c'est-à-dire que ces actes extérieurs n'ont été suspendus ou n'ont manqué leur effet que par des circonstances indépendantes de la volonté de l'auteur... »[347]

Enfin, lorsque l'infraction a été complètement réalisée et que le résultat recherché a été atteint, le délinquant qui s'efforce de réparer les conséquences de ses actes est punissable. L'on se trouve alors dans une situation de repentir actif et non de tentative punissable. Le juge pourra, néanmoins, atténuer la peine. Ex. restituer un objet volé ; soigner la personne blessée ; indemniser la victime.

1. Les conditions de la tentative punissable

Pour qu'il y ait tentative punissable, l'entreprise criminelle doit réunir trois conditions : une résolution criminelle, un acte extérieur (soit suspendu, soit ineffectif ou inefficace), l'absence de désistement volontaire.

a. Une résolution criminelle

Il s'agit d'une décision personnelle du criminel de passer à l'acte infractionnel. Cette résolution ne peut se concevoir que dans les infractions intentionnelles, raison pour laquelle la tentative ne peut être concevable dans les infractions non intentionnelles.

Cette résolution ne peut pas être punissable dans la logique d'une tentative d'infraction, mais elle s'inscrit dans le processus global de cheminement vers le crime, l'*iter criminis*.

---

[347] *Recueil de jurisprudence en matière pénale*, REJUSCO, 02/2010, p. 455.

b. Un acte extérieur

Ce sont des actes formant commencement d'exécution des actes extérieurs, matériels, c'est-à-dire différents de la pensée criminelle, de la simple intention de commettre une infraction, et des actes d'exécution complétement achevés.

Ils tendent directement à la consommation de l'infraction et sont accomplis avec cette intention. Cependant, ils opèrent une réalisation partielle de cette infraction. Ils constituent un élément nécessaire de la tentative punissable.

Deux conceptions se disputent la faveur de la doctrine, la conception objective de l'acte de commencement d'exécution et la conception subjective.

Pour les tenants de la conception objective, l'acte doit tendre directement à la commission de l'infraction, le commencement d'exécution révèle par lui-même le délit. Il est soit un élément constitutif, soit une circonstance aggravante. Par exemple, le fait de poser la main sur l'objet que l'on veut voler ; le fait d'entrer dans un lieu par effraction pour voler.

Par contre, selon la conception subjective, le commencement d'exécution révèle plutôt l'intention de l'individu de commettre l'infraction (critère psychologique). Exemple : Mettre du poison dans la nourriture de quelqu'un.

1) Le rejet des actes préparatoires

Les actes préparatoires sont des actes destinés simplement à préparer ou à rendre possible une infraction, notamment en se procurant les moyens ou en créant les conditions de son accomplissement.

Néanmoins, ils deviennent infractionnels lorsque :

- ils constituent en soi une infraction prévue par la loi ;
- ils sont expressément érigés en infraction spéciale par la loi, à cause de leur gravité ou du danger général qu'ils représentent.

Les actes préparatoires ne sont pas punissables sur le plan de la tentative car le délinquant peut encore renoncer à son entreprise criminelle sans avoir causé de dommage et parce que la preuve de l'intention criminelle est délicate (un individu achète une arme à feu, est-ce pour commettre une infraction ? Pour se suicider ? Pour sa collection ? Pour s'exercer à tirer ?). Mais le port illégal d'arme est sanctionné.

2) Les actes matériels retenus

Il faut considérer deux situations : soit ces actes ont été interrompus, soit ils ont manqué leur effet. On distingue ainsi la tentative interrompue et la tentative infructueuse.

1° La tentative interrompue

C'est l'une des hypothèses de l'article 4 du CP : « Il y a tentative punissable lorsque la résolution de commettre l'infraction a été manifestée par des actes extérieurs, qui forment un commencement d'exécution de cette infraction et qui n'ont été suspendus … que par des circonstances indépendantes de la volonté de l'auteur ».

- L'absence de désistement volontaire

Pour qu'il y ait tentative, l'auteur des faits doit s'être désisté de son action. Pour que la tentative soit punissable, ce désistement doit être involontaire. En effet, si l'agent renonce librement et spontanément à son dessein criminel sans intervention d'une cause extérieure, peu importe le mobile, il ne pourra pas être poursuivi. Un arrêt de la CSJ a décidé qu'il y avait contradiction entre les motifs et le dispositif d'une décision sur une tentative d'arrestation arbitraire et violation de l'article 4 du CP qui avait acquitté un prévenu en admettant à la fois par ses motivations qu'il y avait eu à la fois désistement spontané et intervention d'un tiers pour empêcher la réalisation d'une arrestation arbitraire projetée[348].

Cependant, pour être opérant, le désistement doit être involontaire et antérieur à la consommation de l'infraction. L'agent doit avoir renoncé à son entreprise sous l'unique pression d'un événement extérieur (interruption involontaire). Exemple : l'arrivée de la police ; les appels au secours de la victime.

Le moment de ce désistement diffère selon que l'on se trouve face à une infraction matérielle ou face à une infraction formelle. S'agissant des infractions matérielles, c'est-à-dire, celles qui ne se produisent que lorsque le résultat est atteint (le meurtre n'est consommé que par la mort de la victime) et le désistement peut intervenir tant que le résultat n'est pas réalisé. Quant aux infractions formelles qui sont consommées quel que soit le résultat, le désistement doit intervenir suffisamment tôt (la corruption est consommée même si l'agent n'a pas rendu le service demandé).

[348] KATUALA, LUMBALA, MWANZA, *Arrêts de principe et autres principales décisions de la CSJ*, Editions Batena Ntambua, Kinshasa, 2009, p. 309.

2° La tentative infructueuse

Selon l'autre hypothèse de l'article 4 du CP,

> « Il y a tentative punissable lorsque la résolution de commettre l'infraction a été manifestée par des actes extérieurs, qui forment un commencement d'exécution de cette infraction et … qui n'ont manqué leur effet que par des circonstances indépendantes de la volonté de l'auteur ».

La deuxième situation concerne donc une hypothèse différente de la précédente.

Dans cette hypothèse, l'agent a effectué tous les actes d'exécution, sans parvenir, cependant, au résultat visé. A cet égard, deux situations sont possibles, soit l'action criminelle n'a pas été suffisamment efficace pour atteindre le résultat, soit que cette action criminelle a échoué en raison d'une impossibilité matérielle dont l'agent ignorait l'existence. Les infractions commises sont appelées respectivement infraction manquée et infraction impossible.

- Infraction manquée

L'action s'est déroulée dans sa totalité mais le résultat recherché par l'agent n'a pu être atteint, du fait par exemple de sa *maladresse*, étourderie ou *malchance*. Exemple : en matière d'homicide, l'agent a raté sa cible ou la victime atteinte a survécu à ses blessures. On peut signaler deux cas jurisprudentiels de tentative punissable par infraction manquée qui concernent l'infraction de corruption.

Le premier concerne un délinquant qui avait présenté une somme d'argent à un inspecteur des finances pour que celui-ci étouffe un contrôle. Mais cette offre fut repoussée[349]. Le second réfère à une tentative de corruption opérée par un *quidam* qui avait remis par un intermédiaire une somme d'argent à un magistrat en vue d'obtenir de celui-ci un acte juste de sa fonction, non sujet à salaire. Cependant, l'intermédiaire utilisa l'argent pour ses besoins personnels[350].

- Infraction impossible

La question de la répression de l'infraction impossible a suscité de vifs débats depuis le 19e siècle. Trois théories se sont succédées, prenant chacune une position. Il s'est agi de la théorie objective, des théories mixtes et de la théorie subjective.

---

[349] CSJ, 20.8.1974 – RPA 28, BA 1975, p. 253, Katuala, Code pénal annoté, *op. cit*, p. 11.

[350] CSJ 23.10.1978 – RPA. 49 – *BA*. 1979, p. 110, Katuala, Code pénal annoté, *op. cit*, p. 11.

La première prônée par Rossi, notamment, demandait la répression de toute infraction impossible, quelle que soit la nature ou l'inefficacité des moyens utilisés. Car d'après les ténors de cette théorie, il n'existait que des infractions consommées et des infractions tentées. Pourtant, disaient-ils, on ne peut pas tenter une infraction impossible.

Réagissant à cette position, les théories mixtes[351] ont distingué d'une part, entre impossibilité relative et impossibilité absolue, d'autre part, entre impossibilité de fait et impossibilité de droit. Ils ont préconisé la répression de l'impossibilité relative et de celle de fait. Ils ont rejeté la répression de l'impossibilité absolue autant que celle de droit ou de qualification.

« L'impossibilité absolue » existe lorsque l'absence de l'objet visé est insurmontable « d'après les lois mêmes de la nature ». Les illustrations sont multiples : ôter la vie à un cadavre ; faire avorter une femme non enceinte ; voler un bien dont on est propriétaire (infraction putative) ; utiliser des sortilèges ou des envoûtements pour tuer son ennemi (infraction surnaturelle).

« L'impossibilité relative » viserait les situations où l'absence de l'objet est surmontable. Par exemple, tirer des coups de feu dans une pièce dont la victime s'est momentanément et par extraordinaire déplacée. On pourrait rapprocher ce fait à celui de tirer sur une forme inerte, en fait une couverture ayant la forme humaine, ou plonger sa main dans une poche vide ou alors, lorsque les moyens utilisés sont inefficaces indépendamment de l'agilité ou de l'intelligence de l'agent. C'est l'exemple d'utiliser un revolver sans percolateur ou une arme non chargée, utiliser un produit non toxique pour empoisonner quelqu'un.

La jurisprudence congolaise fait une distinction entre l'impossibilité absolue qui n'est pas punissable et l'impossibilité relative qui, elle, serait punissable[352].

L'autre distinction concerne l'impossibilité de droit et l'impossibilité de fait. « L'impossibilité de droit » fait disparaitre l'infraction suite à l'absence de l'élément légal. Par exemple, donner la mort à un cadavre (délit putatif). L'impossibilité de fait considérerait tous les autres cas, comme par exemple, tirer un coup de feu dans une pièce que vient de quitter son occupant.

Enfin, la théorie subjective est venue prendre le contrepied de la théorie objective en prônant la répression de toutes les infractions

---

351 Les tenants de ces théories sont notamment VOUIN, MERLE, ROUJOU de BOUBEE, STEFANI, LEVASSEUR.

352 NYABIRUNGU mwene SONGA, *Traité de droit pénal général, op. cit*, p. 225.

impossibles. Néanmoins, sa position a, à son tour, suscité des interrogations pertinentes sur des cas comme celui du vol de sa propre chose.

La Jurisprudence française, après avoir refusé de réprimer les tentatives impossibles dans les cas par exemple de la tentative d'empoisonnement réalisée à l'aide d'une substance inoffensive ; la tentative d'avortement sur une femme non enceinte ; la tentative de vol dans un tronc d'église momentanément vide ; les coups de feu tirés dans une pièce dont la victime vient de s'absenter ; la tentative d'escroquerie à l'assurance-accident , alors que la compagnie visée ne couvrait pas le risque dont il s'agissait, a opéré un revirement en raison du fait qu'elle considère que le commencement d'exécution est bien réalisé et que le résultat n'est pas atteint pour des raisons indépendantes de la volonté de l'agent. Elle a ainsi condamné les auteurs d'un vol dans une poche vide, d'une tentative d'avortement par emploi de substances totalement inefficaces, d'avortement sur une femme non enceinte, d'un avortement sur soi-même dans la croyance erronée d'un état de grossesse, d'un vol dans une pièce vide, d'un vol dans une automobile vide, du meurtre d'une personne déjà morte.

Quelques questions méritent encore réflexion : celle de l'infraction absurde ou dite surnaturelle. La jurisprudence considère que la tentative d'une telle infraction ne comporte pas de commencement d'exécution suffisante alors que cette affirmation pourrait être remise en question dans la justice africaine. C'est pareil pour l'infraction putative, car l'on estime qu'elle échappe à la définition de la tentative parce que le résultat voulu a été atteint : vol de sa propre chose, l'appropriation est réalisée.

2. Le lieu et le moment de l'infraction tentée

Le lieu et le moment de l'infraction tentée se situent au temps et à l'endroit où se réalisent les actes matériels.

Il faut, cependant, distinguer entre l'infraction matérielle et l'infraction formelle. Pour l'infraction matérielle, tel le meurtre, tant que le résultat n'est pas atteint, l'agent peut se désister de son action criminelle. Par contre, pour l'infraction formelle illustrée par l'administration des substances nuisibles qui peuvent donner la mort ou altérer gravement la santé, le résultat n'étant pas indispensable pour la réalisation de l'infraction, le désistement devra se situer plus avant dans le temps. Par exemple, l'agent devra retirer la substance avant son ingestion par la victime potentielle.

3. La répression de la tentative

Selon le Code pénal, article 4 alinéa 2 : *« La tentative est punie de la même peine que l'infraction consommée ».*

Cette disposition ne distingue pas la répression de la tentative interrompue de celle de la tentative infructueuse.

Certaines infractions ne peuvent être tentées :

- soit parce que leur répression exige un résultat (c'est le cas des atteintes à l'intégrité physique, leur répression étant subordonnée à la gravité du préjudice subi) ;
- soit parce que, par nature, leur tentative est inconcevable (c'est le cas par exemple, des infractions de négligence ou d'imprudence, la tentative étant toujours intentionnelle, ou des infractions d'omission, car il semble difficile de tenter de s'abstenir) ;
- soit parce que leur tentative est érigée par la loi en infractions autonomes (par exemple, la corruption est consommée par une offre même non acceptée). Pour ces dernières infractions que l'on qualifie de formelles, la loi laisse parfois une place à la tentative. Ainsi en est-il de l'administration des substances nuisibles[353].

§2. L'élément moral ou intellectuel ou psychologique

L'élément intellectuel est le lien entre la violation de la loi et la volonté de l'agent. Il permet d'établir la culpabilité de l'auteur. Le Code pénal congolais ne comporte pas dans sa partie générale, des dispositions sur l'élément psychologique. Celui-ci se révèle de façon expresse dans la rédaction de certaines incriminations, comme par exemple en cas d'homicide commis avec l'intention de donner la mort, lequel est qualifié de meurtre ; de meurtre commis avec préméditation, qualifié d'assassinat[354]. L'article 52 prévoit des homicides et des lésions involontaires et indique où se trouve la faute. Est coupable d'homicide ou de lésions involontaires celui qui a causé la mort par défaut de prévoyance ou de précaution, mais sans intention d'attenter à la personne d'autrui. De ces deux sortes d'élément intellectuel, l'on a tiré la faute intentionnelle ou dol ainsi que la faute non intentionnelle.

---

[353] http://fr.scribd.com/doc/27894621/Droit-Penal-La-Tentative, consulté le 17 août 2019

[354] Articles 44 et 45 du Code pénal…

A. La faute intentionnelle ou dol

1) La notion de dol

Dans son sens commun, le dol vise des « manœuvres frauduleuses, des agissements malhonnêtes destinés à surprendre et tromper une personne pour lui faire prendre un engagement qu'elle n'aurait pas pris autrement »[355]. En matière pénale, et en l'absence d'une définition légale, la doctrine a défini le dol comme « la volonté tendue à dessein vers un but interdit par la loi pénale »[356] ou encore comme « l'attitude psychologique du délinquant consistant, de sa part, à avoir voulu commettre l'infraction »[357]. Pour mieux comprendre cette notion, il y a lieu d'indiquer ses composantes et de la distinguer du mobile avec lequel il entretient des liens étroits, au point quelquefois, d'entraîner une réelle confusion.

2) Les composantes du dol

Il existe deux composantes du dol : la volonté de commettre le fait incriminé et la conscience que ce fait est illicite.

➢ La volonté de commettre le fait illicite

L'agent doit avoir prévu et désiré le résultat interdit par la loi. Il doit avoir accompli l'acte matériel avec l'intention de le réaliser. C'est pourquoi, les animaux, les morts, les déments, les enfants en bas âge ne peuvent avoir d'intention criminelle car ils ne sont pas des personnes vivantes, douées de raison et de volonté.

➢ La conscience de commettre un fait illicite

L'infraction intentionnelle est réalisée lorsque la personne suspectée connaissait le caractère illicite de l'acte posé. Les motifs qui l'ont poussée à agir, la haine, la cupidité, la convoitise, la passion, le fanatisme, la pitié, la misère ou la nécessité sont indifférents. Il faut et il suffit qu'elle ait su que le comportement adopté était interdit par la loi pénale. L'ignorance de la loi pénale est, en principe, non opérante puisque « nul n'est censé ignorer la loi ». L'on verra, cependant, que cet adage subit quelquefois des aménagements. La connaissance doit

---

[355] Dictionnaire « Le nouveau petit Robert de la langue française 2009, p. 769.
[356] BOULOC, *op. cit*, p. 238.
[357] GUINCHARD S et DEBARD T, *Lexique de termes juridiques, op. cit*, p. 295.

porter sur l'élément matériel de l'infraction et sur le caractère illicite de l'acte.

- Connaissance de l'élément matériel de l'infraction

Il faut une concordance entre l'acte voulu et commis par l'agent et l'acte décrit par la loi. Il y a erreur de fait lorsque l'agent se trompe d'acte. Par exemple, *« la personne qui prend un objet appartenant à autrui en croyant qu'elle en est propriétaire, ne commet pas de vol »*[358]. Cependant, l'erreur de fait est inopérante lorsqu'elle porte sur un élément accessoire de l'infraction. Par exemple, la personne qui vole des bijoux en verre croyant qu'il s'agissait de diamants commet de toute évidence un vol. De même, l'erreur sur la personne victime de l'homicide est sans incidence. L'intention de commettre un homicide a bien été réalisée.

- Connaissance du caractère illicite de l'acte

Cette connaissance est toujours présumée en raison de l'adage « nul n'est censé ignorer la loi ». Mais il a fallu tenir compte des situations où le législateur ou les pouvoirs publics n'ont pas fait convenablement leur travail. C'est ainsi qu'en droit français[359], l'erreur sur le droit peut anéantir l'élément intentionnel lorsque quatre conditions sont réunies : le délinquant présumé doit justifier avoir commis une erreur sur le droit ; l'erreur doit porter sur une règle de droit ; l'erreur doit avoir un caractère inévitable ; le délinquant présumé doit avoir cru légitimement pouvoir accomplir l'acte.

La Cour d'appel de Kisangani a jugé que ne commet pas de faux en écriture le fonctionnaire qui légalise le document dont il ignorait le caractère faux[360].

3) Intention et mobile

L'intention criminelle est la volonté d'atteindre un résultat illicite. Elle est identique pour une même infraction. Quant au mobile : c'est la raison du passage à l'acte. Il varie selon les individus.

Le principe est que le mobile est inopérant. Le législateur peut, cependant, l'ériger en élément constitutif de l'infraction ou en

---

[358] DESPORTERS et LE GUHENEC, *op. cit*, p. 653.

[359] Article 122-3 du code pénal français.

[360] Kis, 2 mars 1974 in RJZ, n° 1 et 2, 1976, 9. 88. Voir les grands arrêts de nos juridictions d'appel, *op. cit.*, p. 91.

circonstance aggravante (par exemple, l'article 145 ter qui précise que la peine est aggravée lorsque les infractions visées dans des dispositions précédentes ont pour but de réaliser ou de dissimuler certaines infractions également préalablement déterminées). Le juge peut prendre en considération le mobile pour aggraver la peine dans la fourchette autorisée ou l'atténuer (ex. aggravation de la peine du vol si celui-ci a été facilité par un meurtre, article 85 du CP).

4) Les modalités du dol

Les modalités de l'intention diffèrent selon que l'on considère le résultat recherché par le délinquant, le mobile qui le détermine à agir ou le résultat atteint à la suite de son action.

a. Dol général et dol spécial

Le dol général est la volonté d'accomplir un acte que l'on sait interdit par la loi. C'est l'élément moral de toutes les infractions intentionnelles[361]. Cette intention est sous-entendue dans la plupart des infractions, mais quelquefois, le législateur estime nécessaire de qualifier celles-ci par des expressions telles que « volontairement », « à dessein », « sciemment », « faussement », « arbitrairement », « frauduleusement », « méchamment », « publiquement », « sans fondement réel ».

En outre, le législateur exige une intention précise ou un but déterminé, prohibés par la loi pénale. C'est le « dol spécial »[362]. L'inexistence de cette intention précise fait obstacle à la constitution de l'infraction[363]. Ainsi, l'homicide commis avec « l'intention de donner la mort » est qualifié de meurtre[364] ; seront punis…, les auteurs de toute épreuve superstitieuse consistant à soumettre, de gré ou de force, une

---

[361] Bien que l'article 76 du code pénal n'exige pas une intention méchante de nuire pour l'établissement de la dénonciation calomnieuse, la CSJ a décidé, le 26 février 1977, sous RP 226, que cette intention était caractérisée, dans le cas d'espèce, par le fait que, sortant du cadre de ses accusations originaires qu'il prétendait faites par erreur, le prévenu, dans une lettre adressée au Procureur Général de la République, avait imputé à la victime un fait réprimé par la loi mais inexact, tel que, s'il avait été exact, il aurait été passible de sanctions pénales graves., in *RJZ*, n° 1, 2 et 3 de janvier à décembre 1979, pp. 47-48.

[362] Il y a dol spécial, ou intention criminelle, lorsque l'auteur d'un acte menaçant un intérêt protégé par la loi pénale l'accomplit dans le but de porter atteinte à cet intérêt. Ainsi le meurtre suppose l'intention de porter atteinte à la vie de la victime (*animus necandi*) ; le vol suppose en dol spécial l'intention de déposséder un possesseur de son bien ; la trahison implique l'intention de nuire à la patrie (*animus hostilis*). Ledroitcriminel.free.fr

[363] DESPORTERS et LE GUHENEC, *op. cit*, p. 438.

[364] Article 44/45 du Code pénal….

personne à un mal physique réel ou supposé, « en vue de déduire des effets produits l'imputabilité d'un acte ou d'un événement ou toute autre conclusion »[365] ; est puni ... celui qui a enlevé ou fait enlever, détenu ou fait détenir des personnes quelconques « pour les vendre comme esclaves »[366] ... ; le faux commis avec une intention frauduleuse ou à dessein de nuire[367] ... ; sera puni ... quiconque a employé la violence ou des menaces « pour contraindre la population,..., à céder leurs marchandises à des personnes ou à des prix déterminés »[368] ; seront punis ... , ceux qui ... auront porté atteinte à la liberté du commerce ou de la navigation, « dans le but soit d'arrêter..., soit d'entraver..., soit d'interrompre »[369] ... ; tout fonctionnaire ou officier public ...qui aura « méchamment ou frauduleusement » détruit ou supprimé, dissimulé ou caché[370] ...

Le dol spécial permet de résoudre les problèmes de qualifications entre les infractions dont les éléments matériels sont identiques mais l'élément moral, différent. Par exemple, les articles 44-45 et l'article 57 alinéa 3 du CP visent tous des homicides. Mais, le premier est réalisé avec l'intention de donner la mort alors que le second est la conséquence malheureuse de la tentative de démontrer la culpabilité ou l'innocence de quelqu'un.

L'infraction d'arrestation et de détention arbitraires requiert, pour être punissable dans le chef de celui qui la commet, un dol spécial à savoir l'intention de porter, d'une manière illégale et arbitraire, atteinte à la liberté d'autrui. Tel n'est pas le cas du commissaire de police qui, à la demande du père de la victime, a détenu irrégulièrement celle-ci pour les besoins d'une enquête et, cependant, lui permettait de se rendre chez elle pour manger et se laver[371].

b. Dol simple et dol aggravé

Le dol simple est instantané. L'agent agit quasi spontanément. Le dol aggravé est de degré plus élevé que le dol simple. Il suppose

---

[365] Article 57, alinéa 1er du Code pénal. Selon le professeur Nyabirungu, ce dol qui prend en compte le mobile est un dol plus spécial. Lire à ce propos, Nyabirungu, *Traité de droit pénal général*, *op.cit.*, p. 308.

[366] Article 68 du Code pénal congolais.

[367] Articles 124 et 126 du Code pénal congolais.

[368] Article143 du Code pénal congolais.

[369] Article144 du Code pénal congolais. Cette disposition porte sur les atteintes à la liberté du commerce et de la navigation.

[370] Article 145 dernier alinéa du Code pénal congolais.

[371] CA Kinshasa, 28 mars 1968, MP c/ Mb G. et T.J., RJZ, janvier à avril 1969, p. 35.

l'antériorité de l'intention et sa persistance. Cette intention se révèle par la préméditation[372] , pour laquelle, le législateur a aggravé la sanction. Le dol peut être aggravé par le mobile, c'est-à-dire la raison pour laquelle l'infraction est réalisée, ou par l'intention de parvenir à un résultat plus lointain que le résultat normalement exigé par la loi[373]. En effet, si de principe, le mobile est juridiquement indifférent[374], il peut entraîner, dans certains cas prévus par le législateur, une aggravation de la sanction. Par exemple, l'article 145 ter double les peines de différentes infractions indiquées par cette disposition, comme le vol, lorsqu'elles ont pour but de réaliser ou de dissimuler les infractions de détournement ou de concussion commises par des agents publics de l'Etat.

Par ailleurs, le législateur a aggravé la peine pour l'atteinte à des personnes protégées par leur statut. C'est le cas des membres de l'Assemblée nationale ou du Sénat, du gouvernement, de la Cour constitutionnelle, des cours et tribunaux, des parquets, des forces armées ou de la police, du Gouverneur en dehors de l'exercice de son mandat ou de ses fonctions[375], et des circonstances particulières[376]. « La préméditation réclame l'exécution d'un dessein réfléchi et prémédité. Tel n'est pas le cas d'une ruse de guet utilisée en cas de surprise comme manœuvre de défense improvisée »[377]. En l'occurrence, le prévenu surpris par l'arrivée du conjoint de la femme avec qui il entretenait une conversation galante, dans la forêt, avait dû précipitamment se cacher derrière un arbre et avait profité du passage du mari bafoué pour lui planter un couteau entre deux côtes.

Dans le cas d'espèce, l'assassinat n'avait pas été retenu par le juge d'appel puisqu'il n'y avait pas eu antériorité et persistance de l'intention criminelle, mais le meurtre parce que l'intention homicide était établie par l'emploi du couteau et le fait de porter le coup a une partie vitale improvisée[378].

L'antériorité de la décision et la prise de conscience réfléchie de celle-ci sont les deux conditions de la préméditation selon une abondante jurisprudence congolaise. Et d'après Emile Lamy, « l'acte

---

372 Articles 44-45, alinéa 2 et 46, alinéa 2 du Code pénal congolais.
373 DESPORTERS et LE GUHENEC, *op. cit*, p. 442.
374 *Idem*, p. 441.
375 Article 138 quinquies du code pénal congolais.
376 Articles 81, 81 bis, 82, 160, 161 bis du code pénal congolais.
377 CA Kinshasa, 1er février 1968, M c/ L. Pascal, *RJZ*, janvier à avril 1969, p. 33.
378 *Idem*.

criminel doit être pris avec calme et après mûre réflexion ». Cependant, ajoute-t-il,

> « le calme et la réflexion ne doivent pas nécessairement abolir la colère, la haine, la passion, la provocation qui sont souvent des motivations profondes à partir desquelles le dessein criminel se développe dans la conscience, ensuite dans une préparation minutieuse et réfléchie qui, elle alors, manifeste nettement la préméditation »[379].

c. Dol et résultat de l'infraction

Le résultat recherché par le délinquant peut ne pas être atteint ni correspondre à celui prévu. Nous avons déjà examiné les hypothèses de la tentative interrompue et de la tentative infructueuse, il nous reste à étudier celles de dol indéterminé, de dol dépassé et de dol indirect.

➢ Dol déterminé et dol indéterminé

Il y a dol déterminé lorsque le résultat atteint effectivement correspond au résultat voulu par l'auteur de l'acte. Au contraire, il y a dol indéterminé *« lorsque l'auteur cherche à parvenir à un résultat sans être en mesure de savoir en quoi il consistera exactement »*[380]. La question qui se pose est celle de savoir s'il faut punir l'auteur de l'acte en fonction du résultat voulu ou en raison du résultat atteint. Cette question ne présente d'intérêt que s'il y a une différence dans les peines encourues. C'est le cas pour les coups et blessures volontaires et coups et blessures involontaires. Il peut soit ne pas déterminer à l'avance l'ampleur du dommage (par exemple, dans les infractions de coups et blessures), soit, lorsqu'il détermine le dommage, ne pas connaitre par avance ses victimes (par exemple, l'homicide par explosion d'une bombe dans un lieu public). L'individu est donc puni en fonction du résultat atteint, sauf si des blessures volontaires ont entraîné la mort sans qu'il y ait eu intention de la donner.

➢ Dol preterintentionnel ou dol dépassé[381]

On parle de dol dépassé, lorsque le résultat atteint est plus grave que celui poursuivi par l'auteur. L'illustration peut être donnée par les coups

---

[379] Les grands arrêts, p. 115.
[380] Les grands arrêts, p. 115.
[381] Dol praeter-intentionnel. Dans le champ limité des infractions intentionnelles (où l'élément moral est constitué par l'intention de porter atteinte à tel intérêt protégé précis), il peut arriver que l'agent cherche à léser un intérêt protégé mineur (p.ex. le droit de propriété) mais que son acte nuise à un intérêt plus important (p.ex. la vie humaine) ledroitcriminel.free.fr

et blessures volontaires ayant entrainé la mort sans intention de la donner. C'est pareil pour des coups et blessures sur une femme enceinte ayant provoqué, de ce fait et sans l'avoir voulu, un avortement.

En France, deux situations sont envisagées. La première oblige le juge à tenir compte et de l'intention et du résultat, « en punissant l'auteur des faits plus sévèrement que s'il était jugé uniquement sur ses seules intentions, mais moins sévèrement que s'il l'était uniquement en fonction du résultat ». C'est aussi le cas de la répression de l'homicide preterintentionnel de l'article 48 du code pénal congolais. La seconde amène le juge à ne tenir compte que du résultat lorsque les faits sont extrêmement graves. L'exemple est celui d'un délinquant qui fait exploser une bombe ou allume un incendie dans le but de provoquer des dégâts simplement matériels mais cause, par ce fait, la mort des personnes présentes sur les lieux, présence qu'il ignorait. Le juge prononcera les peines prévues pour l'homicide volontaire et non pour l'homicide preterintentionnel. Il devra, cependant, se baser sur un texte qui prévoit ce cas de figure, pour ne pas assimiler infraction intentionnelle et infraction non intentionnelle.

Le résultat atteint permet également de distinguer le dol direct du dol indirect.

➢ Dol direct et dol indirect

L'on distingue en effet, le dol direct du dol indirect en tenant compte du résultat recherché. Le dol est direct « lorsque l'agent recherche le résultat prohibé »[382]. Le dol indirect peut prendre deux formes possibles : le dol nécessaire et le dol éventuel.

➢ Dol nécessaire

Le dol nécessaire est réalisé lorsque le délinquant, tout en visant un résultat précis, en atteint un autre ou sait avoir une forte probabilité d'en atteindre un autre, qu'il savait ne pas pouvoir éviter. L'article 108 du code pénal congolais donne une illustration du dol nécessaire. Le délinquant qui met le feu à un lieu quelconque dans lequel se trouvent des personnes, sans une intention précise d'attenter à ces personnes mais en considérant que cette atteinte est une conséquence nécessaire ou probable, commet un dol nécessaire.

[382] NYABIRUNGU mwene SONGA, *Traité de droit pénal général*, *op. cit*, p. 309.

➢ Dol éventuel

Le dol éventuel, quant à lui, vise des hypothèses où l'individu adopte un comportement dangereux et prend le risque de provoquer un dommage simplement éventuel[383]. Par exemple, un individu double un véhicule dans un virage. Un véhicule peut ou ne pas survenir en sens inverse. Si l'accident se réalise, le dol éventuel sera retenu. En droit français, le législateur a réagi à ce genre de situation en instituant la faute de mise en danger délibérée. La faute de mise en danger constitue une violation manifestement délibérée d'une obligation particulière de prudence ou de sécurité prévue par la loi ou le règlement.

Le délinquant peut aussi commettre des infractions sans intention délibérée. On parle alors de faute non intentionnelle.

B. La faute non intentionnelle

Les infractions non intentionnelles sont celles commises par tout individu sans la volonté d'atteindre un résultat préjudiciable, à l'exemple de celles prévues contre les personnes aux articles 52 à 56 du CP. Généralement, le législateur utilise les termes ou les expressions comme : « homicide ou lésions involontaires », « involontairement », « défaut de prévoyance ou de précaution », « imprudemment ». L'article 109 du CP donne un cas d'incendie par défaut de prévoyance ou de précaution. Ces termes pourraient faire croire que le droit pénal congolais n'envisage que des situations d'imprudence simple. Mais, il existe des situations où le délinquant a pris délibérément un risque. C'est pourquoi l'on distingue la faute d'imprudence simple de la faute qualifiée. En outre, certaines infractions sont commises par la seule inobservation d'une disposition pénale telle que le stationnement interdit, mais non dangereux, ainsi que de nombreuses autres dispositions du code de la route. Ces infractions sont dites purement matérielles, à ne pas confondre avec les infractions matérielles que l'on distingue des infractions formelles.

---

[383] Le dol éventuel est une variété de l'élément moral de l'infraction. On l'observe lorsqu'un prévenu a agi avec conscience ; prévoyant, même s'il ne le souhaitait pas, que son acte pouvait porter atteinte à un intérêt protégé par la loi. On pense ici au jeu stupide consistant à remonter une autoroute à contresens. Ledroitcriminel.free.fr

1. La faute d'imprudence simple

a. Les formes de la faute d'imprudence simple

La faute d'imprudence simple est une faute pénale ordinaire causée par imprudence, négligence, simple manquement à une obligation de prudence ou de sécurité prévue par la loi ou le règlement, mais qui provoque un dommage. Il n'y a pas d'intention de violer la loi pénale, mais bien celle de commettre l'acte reproché.

b. Appréciation

L'appréciation de la faute d'imprudence ou de négligence peut se faire *in abstracto* ou *in concreto*. Elle est faite *in abstracto*, lorsque l'on compare la conduite de l'agent avec celle d'une personne moyennement diligente placée dans les mêmes circonstances. Par contre, elle est faite *in concreto*, lorsque le juge tient compte de la nature ou des fonctions, des compétences, du pouvoir et des moyens dont disposait l'agent au moment de la commission de l'infraction (diligences normales).

2. La faute qualifiée

La faute qualifiée peut être délibérée ou caractérisée.

a. La faute délibérée

La faute délibérée est située entre la faute intentionnelle et la faute d'imprudence. Sa réalisation nécessite trois conditions : la violation d'un texte comportant des prescriptions de sécurité et de prudence ; l'obligation violée doit être précise et imposer un comportement bien déterminé ; la violation de l'obligation doit être manifestement délibérée. En cas de résultat dommageable, l'infraction retenue sera celle réunissant les éléments constitutifs exigés, homicide involontaire, coups et blessures involontaires. La question se pose de savoir si ce qui est délibéré est la mise en danger (la conscience du danger) ou la violation d'une obligation (violation délibérée). Un choix doit être fait entre les deux acceptions en vertu du principe de l'interprétation stricte.

L'appréciation de cette faute se fait *in abstracto*.

b. La faute caractérisée

La faute caractérisée est, quant à elle, celle d'imprudence grave qui, en l'absence d'un texte pénal édictant une obligation de sécurité, expose autrui à un risque d'une particulière gravité (mort, blessures graves) que l'auteur de la faute ne pouvait ignorer. Trois éléments constituent cette faute qualifiée : une faute caractérisée, c'est-à-dire d'une particulière évidence ou d'une intensité bien marquée ; qui expose autrui à un risque grave ; qu'il ne pouvait ignorer. Par exemple, une infirmière qui laisse administrer une substance dangereuse par une élève stagiaire hors de sa présence, ou une personne qui joue avec des allumettes à côté d'un bidon d'essence[384].

L'appréciation de cette faute se fait *in concreto*, en prenant en considération les aptitudes et les missions de l'agent.

La faute qualifiée permet de retenir la responsabilité pénale de l'auteur indirect du dommage qui a créé ou contribué à créer la situation ayant permis la réalisation du dommage et n'a pas pris les mesures nécessaires permettant de l'éviter.

3. La faute présumée ou purement matérielle

La faute présumée est celle qui consiste dans la simple inobservation d'une prescription légale ou réglementaire. Elle ne suppose ni intention de violer la loi pénale, ni même imprudence ou négligence. Elle est constituée dès que le fait réprimé par la loi est matériellement constaté. On parle d'infraction purement matérielle. Exemple : le stationnement interdit.

SOUS-CHAPITRE 3 : LA RESPONSABILITÉ PÉNALE

La responsabilité pénale est l'obligation de répondre des infractions que l'on a commises et de subir la sanction pénale prévue par la loi, dans les conditions et selon les formes qu'elle prescrit. Pour que cette responsabilité soit retenue, l'agent qui a violé l'interdit pénal doit avoir été doté, au moment de la commission de l'acte, de discernement[385] et de conscience[386]. Ainsi, la responsabilité pénale est définie à la fois par rapport à l'agent et par rapport à l'acte qu'il a commis. Elle s'exprime

---

[384] PONSEILLE A., « La faute caractérisée en droit pénal », *Revue de Science Criminelle*, 2003, p. 73.

[385] Le discernement, d'après le Petit Robert, est l'opération de l'esprit à juger clairement et sainement des choses. Il est la faculté de comprendre la portée de ses actes. Ce qui conditionne la responsabilité pénale au titre de l'imputabilité. Lire utilement, Guinchard S et Debard T, Lexique des termes juridiques, *op. cit*, p. 311.

[386] Conscience, d'après le Petit Larousse, c'est la perception, la connaissance plus ou moins claire que chacun peut avoir du monde extérieur et de soi-même.

par l'équation « imputabilité[387] + culpabilité[388] = responsabilité » qui considère que toute infraction, même non intentionnelle suppose que son auteur ait agi avec intelligence et volonté. Cette considération s'étend jusqu'à la sanction pénale puisqu'elle influe sur le traitement qui sera décidé notamment en vue de la resocialisation du condamné.

Les règles générales sur la responsabilité pénale posent donc, en principe, qu'il n'y a ni infraction, ni responsabilité pénale sans intention criminelle et que, sauf disposition légale expresse, est seul punissable l'auteur d'une infraction qui agit intentionnellement. Agir intentionnellement, ici, n'est pas nécessairement réaliser un dol mais c'est agir avec conscience et volonté en vue d'atteindre un résultat déterminé, ou mettre délibérément en danger la personne d'autrui. La faute d'imprudence ou de négligence implique également une certaine part de conscience et de volonté dans la mesure où il peut être reproché à l'auteur des faits de ne pas avoir accompli les diligences normales compte tenu, le cas échéant, de la nature de ses missions ou de ses fonctions, de ses compétences ainsi que du pouvoir et des moyens dont il dispose[389].

Ce qui traduit et introduit, en même temps, en droit pénal congolais le principe de précaution et son pendant, le devoir de prévention, tous deux étant implicitement institués par la Constitution de 2006 qui, à plusieurs reprises, charge l'Etat de devoirs particuliers. De là, on peut tirer un autre principe, celui de la responsabilité pénale pour risque que seule exonère la force majeure. Car, il n'y a point d'infraction en cas de force majeure. La responsabilité pénale pour risque est aussi l'un de ces lieux de convergence entre le droit pénal coutumier et le droit pénal moderne.

Les règles générales sur la responsabilité pénale établissent enfin que l'ignorance de la loi pénale, le mobile, l'erreur sur la personne de la victime ou sur l'objet de l'infraction ainsi que le pardon de la victime sont sans conséquence sur son existence. Ils peuvent, cependant, être

---

[387] L'imputabilité est définie, selon Guinchard S et Debard T, Lexique des termes juridiques, *op. cit*, p. 457, comme le fondement moral de la responsabilité pénale, reposant sur le discernement et le libre arbitre. C'est donc la possibilité de l'attribuer à quelqu'un pour un fait pénal.

[388] La culpabilité pénale est l'état d'une personne qui a commis une faute pénale, c'est-à-dire un comportement qui porte atteinte à l'ordre public. Mieux, à en croire Guinchard S et Debard T, Lexique des termes juridiques, *op. cit*, p. 262, elle est la situation d'une personne qui se voit reprocher l'élément moral d'une infraction, soit au titre de l'intention, par hostilité aux valeurs sociales protégées, soit au titre de la non-intention, par indifférence auxdites valeurs. Elle suppose ainsi acquise l'imputabilité.

[389] BOULOC, *op. cit*, p. 251.

pris en compte dans l'appréciation par le juge de la mesure de la sanction. Précisons que l'erreur perd sa capacité d'exemption de la responsabilité dans les cas de présomption de mauvaise foi[390].

Section 1 : La responsabilité pénale du fait personnel

§1. La responsabilité pénale des personnes physiques

Il convient préalablement de se prononcer sur le caractère personnel de la responsabilité pénale, compte tenu des débordements que la pratique judiciaire nous amène parfois à constater. Ce caractère a été affirmé par la Constitution[391] et confirmé dans les propositions de l'avant-projet du code pénal élaboré par la Commission permanente de réforme du droit congolais : « nul n'est pénalement responsable que de son propre fait » ; et « nul ne peut être poursuivi, arrêté, détenu ou condamné pour fait d'autrui, quelles que soient les relations de parenté, d'alliance, d'amitié ou autres qui le lient à ce dernier ». Il faut, en outre, comprendre que celui qui a été condamné doit exécuter personnellement sa peine. C'est le principe de la personnalité des peines. Il n'est pas question que celle-ci soit accomplie par une autre personne. Cependant, il y a lieu de relever que différentes dispositions législatives prévoient le paiement des amendes par des tiers. Le code du travail pour les employeurs en appui à leurs préposés, les commettants pour les conducteurs responsables d'infractions au code de la route, les héritiers après le décès du condamné. Il en est de même de la confiscation spéciale. En dehors de ces cas, quiconque porte atteinte à ce principe est « poursuivable ».

Celui qui n'a pas pris personnellement part à la réalisation d'une infraction – en tant qu'auteur ou complice – ne peut en répondre pénalement.

A. L'auteur et le coauteur

Pour être délinquant, il faut avoir commis une infraction. Cette dernière suppose un élément intellectuel que ni les choses, ni les animaux, ne possèdent. Ils ne peuvent donc pas être sujets actifs d'une infraction ni poursuivis comme délinquants, pour absence d'intelligence et de volonté[392].

---

[390] CLEMENT et VICENTINI, *Fiches de Droit Pénal Général*, 2e édition, Ellipses, 2009, p.131.

[391] Article 17 alinéa 8 de la Constitution de la République Démocratique du Congo, *op.cit.*

[392] BOULOC, *op. cit*, p. 265.

Il faut distinguer selon qu'il s'agit du droit commun ou de la responsabilité des crimes contre la paix et la sécurité de l'humanité.

a. En droit commun

Selon l'article 21 du Code pénal livre 1, quatre catégories d'auteurs peuvent être distinguées : l'auteur matériel, l'assistant essentiel, l'incitateur et le provocateur.

1. L'auteur matériel

Est considéré comme auteur celui qui aura exécuté l'infraction ou qui aura coopéré directement à son exécution. Il importe peu qu'il ait conçu et décidé seul de commettre l'infraction, ou que celle-ci ait été provoquée ou préparée par un autre dont il n'a été qu'un agent d'exécution. Peu importe qu'il ait agi seul ou avec d'autres. Il doit avoir personnellement accompli un acte matériel. Ainsi, le seul fait d'appartenir au groupe qui a posé les actes incriminés ne suffit pas. Il faut que l'auteur ait été formellement identifié.

Une juridiction de Kinshasa a rendu, en 1968, une décision critiquable en ce qu'il a identifié l'auteur d'un coup mortel mais n'a pas tiré les conséquences logiques. Le juge d'appel n'aurait pas dû étendre aux autres participants, la circonstance aggravante de l'article 48 car l'auteur matériel du coup mortel était connu[393].

2. L'assistant essentiel

Est considéré comme assistant essentiel, celui qui, par un fait quelconque, aura prêté pour l'exécution de l'infraction une aide telle que, sans son assistance, celle-ci n'eût pu être commise[394].

---

393 Kin, 8 février 1968, RJC, juillet à décembre (la date n'est pas mentionnée). Cet arrêt est critiquable dans la mesure où l'auteur du coup mortel était connu et qu'il était donc possible de dissocier les faits : « Lorsque plusieurs personnes ont en participation, donné à une autre des coups dont elle meurt sans qu'ils aient eu l'intention de la tuer, et que l'auteur du coup mortel est connu, le juge, tout en étendant aux participants la circonstance aggravante de l'article 48, peut leur octroyer le bénéfice de circonstances atténuantes, en considérant que leurs coups n'ont pas joué un rôle déterminant dans la survenance du décès ».

394 La CSJ dans un arrêt RP 20, MP c/ TMK et Y, avait considéré comme une aide nécessaire le fait d'accepter d'endosser un chèque tiré sur un compte de dépôt de fonds publics détournés ou la passation d'un marché imaginaire en vertu duquel ces fonds ont été utilisés en paiement. Voir *RJZ* n° 123 de janvier à décembre 1979, p. 57.

3. L'incitateur

Est considéré comme incitateur celui qui, par offres, dons, promesses, menaces, abus d'autorité ou de pouvoir, machinations ou artifices coupables, aura directement provoqué cette infraction. La Cour d'appel de Lubumbashi a considéré qu'était coauteur par provocation directe, le prévenu qui étant parent ou personne ayant autorité sur l'auteur matériel de l'infraction a, par abus d'autorité ou de pouvoir, directement provoqué l'incendie d'une case occupée au moment de l'incendie[395]. Un autre arrêt de la même Cour a condamné comme coauteur matériel de l'infraction de meurtre pour faciliter le vol ou en assurer l'impunité, un individu qui avait fait partie d'un *trio* qui a abattu la victime pour la voler alors qu'il était lui-même porteur d'arme[396]. Enfin, la Cour d'appel de Kisangani, a arrêté que l'unité de volonté et d'action préalable caractérisaient la qualité d'auteur ou de coauteur en cas de leur contribution directe à l'exécution directe de vols[397].

4. Le provocateur

Est considéré comme provocateur celui qui, soit par des discours tenus dans des réunions ou dans des lieux publics, soit par des placards affichés, soit par des écrits, imprimés ou non et vendus ou distribués, soit par des dessins ou des emblèmes, aura provoqué directement à commettre l'infraction, sans préjudice des peines qui pourraient être portées par décrets ou arrêtés contre les auteurs de provocations à des infractions, même dans le cas où ces provocations ne seraient pas suivies d'effets.

L'avant-projet du code pénal ajoute un cinquième mode de participation criminelle comme auteur en visant quiconque se sert d'un être inconscient ou pénalement irresponsable pour faire commettre une infraction[398].

La CSJ a arrêté qu'un simple particulier pouvait participer comme coauteur à la commission d'une infraction de détournement de deniers publics[399].

---

395 L'shi, 29.8.1968, *RJC* 1970, n°2, p. 134, Code pénal congolais annoté, p. 25.
396 L'shi, 11.12.1969, *RJC* 1970, p.140, Code pénal congolais annoté, p.25.
397 Kis., 22.1.1970, *RJC* n°2, p. 144, Code pénal congolais annoté, p. 25.
398 Article 71 de l'Avant-projet du code pénal, version octobre 2011 : « quiconque se sert d'un être inconscient ou pénalement irresponsable pour faire commettre une infraction ».
399 CSJ, RP 20 15 août 1979, MP c/ T. M. K et Y, *RJZ*, n°1, 2 et 3 de janvier à décembre 1979, p. 56.

b. En matière de crimes contre la paix et la sécurité de l'humanité

La loi n° 15/022 du 31 décembre 2015 modifiant et complétant le décret du 30 janvier 1940 portant code pénal a pour sa part, en son article 21 bis, distingué les auteurs de la manière suivante :

1. L'exécutant matériel

L'exécutant matériel est celui qui commet un tel crime, que ce soit individuellement, conjointement avec une autre personne ou par l'intermédiaire d'une autre personne, que cette autre personne soit ou non pénalement responsable.

2. Le provocateur privé

Le provocateur privé ordonne, sollicite ou encourage la commission d'un tel crime, dès lors qu'il y a commission ou tentative de commission dudit crime.

3. L'assistant indispensable

L'assistant indispensable est celui qui, en vue de faciliter la commission d'un tel crime, apporte son aide, son concours ou toute forme d'assistance à la commission ou à la tentative de commission de ce crime, y compris en fournissant les moyens de cette commission.

4. Le contributeur

Le contributeur procure, d'une toute autre manière que l'assistant indispensable, une aide à la commission ou à la tentative de commission d'un tel crime par un groupe de personnes agissant de concert. Cette contribution doit être intentionnelle et, selon le cas :

- viser à faciliter l'activité criminelle ou le dessein criminel du groupe, si cette activité ou ce dessein comporte l'exécution d'un crime relevant de la compétence de la Cour pénale internationale ;
- être faite en pleine connaissance de l'intention du groupe de commettre ce crime.

5. L'incitateur au génocide

L'incitateur visé spécialement ici est celui qui pousse directement et publiquement autrui à commettre le crime de génocide.

Conformément à l'article 20 bis du code pénal, en cas des crimes relevant de la compétence de la Cour pénale internationale, seules les personnes physiques peuvent engager leur responsabilité devant les cours et tribunaux à condition qu'elles soient âgées de dix-huit ans révolus au moment des faits (article 20 ter du code pénal).

La qualité officielle de chef d'Etat ou de gouvernement, de membre du gouvernement, de membre du parlement ou de représentant élu ou d'agent public de l'Etat, n'exonère en aucun cas de la responsabilité pénale, pas plus d'ailleurs qu'elle ne constitue en tant que telle un motif de réduction de la peine (article 20 quater du code pénal).

B. Le complice

Le complice participe à la commission d'une infraction en réalisant un acte matériel distinct de l'acte principal mais le facilitant et ce, en connaissance de cause. Ici encore, il faut distinguer selon que l'on se trouve en droit commun ou en matière de crimes contre la paix ou la sécurité de l'humanité.

a. En droit commun

Selon l'article 22 du code pénal livre 1er, les complices sont ainsi déterminés :

1. Le donneur d'instructions

Sera considéré comme complice celui qui aura donné des instructions pour commettre l'infraction. Ici, il ne s'agit pas de l'incitateur mais d'un facilitateur. C'est une personne qui donne les informations susceptibles de rendre plus aisée la commission de l'infraction.

La Cour d'appel de Kinshasa a pris une décision critiquable aux termes de laquelle « se rend complice du vol commis par eux avec violence celui qui, abusant de l'ascendant qu'il exerce sur certains, leur donne l'ordre de provoquer puis d'en frapper un autre »[400]. Il s'agit en réalité ici d'un incitateur, auteur et non complice de l'infraction.

[400] CA Kinshasa, 14 décembre 1967, MP c/ B.G., *RJC*, juillet à décembre, p. 257.

2. Le fournisseur de moyens

Sera considéré comme complice celui qui aura procuré des armes, des instruments ou tout autre moyen qui a servi à l'infraction sachant qu'ils devaient y servir.

3. L'assistant auxiliaire

Sera considéré comme complice celui qui, hors le cas d'hébergement prévu par l'alinéa 3 de l'article 22 du Code pénal, aura, avec connaissance, assisté l'auteur ou les auteurs de l'infraction dans les faits qui l'ont préparée ou facilitée ou dans ceux qui l'ont consommée.

4. L'hôte

Sera considéré complice, celui qui, connaissant la conduite criminelle des malfaiteurs exerçant des brigandages ou des violences contre la sûreté de l'Etat, la paix publique, les personnes ou les propriétés, leur aura fourni habituellement logement, lieu de retraite ou de réunion.

b. En matière de crimes contre la paix et la sécurité de l'humanité

L'article 21 *ter* du Code pénal, pour sa part, distingue également quatre catégories de complices : l'instructeur, le fournisseur de moyens, l'assistant, le receleur.

1. L'instructeur

L'instructeur donne des instructions pour commettre l'infraction.

2. Le fournisseur de moyens

Le fournisseur de moyens est celui qui a procuré des armes, des instruments ou tout autre moyen qui a servi à l'infraction sachant qu'ils devraient y servir.

3. L'assistant auxiliaire

L'assistant auxiliaire est celui qui a, avec connaissance, aidé ou assisté l'auteur ou les auteurs de l'infraction dans les faits qui l'ont préparée ou facilitée ou dans ceux qui l'ont consommée.

4. Le receleur

Le receleur est celui qui, connaissant la conduite criminelle des malfaiteurs exerçant des brigandages ou des violences contre la sûreté de l'Etat, la paix publique, les personnes ou les propriétés, leur aura fourni habituellement logement, lieu de retraite ou de réunion.

Observations sur l'agencement des dispositions relatives à la participation criminelle entre le droit commun et la matière des crimes contre la paix et la sécurité de l'humanité

Concernant la répression de la participation criminelle, le Statut de Rome n'a pas fait la différence entre l'auteur et le complice, et leur a appliqué les mêmes pénalités. Cette position a été adoptée par le législateur congolais en matière de crimes contre la paix et la sécurité de l'humanité. Cependant, il convient d'observer que ce dernier aurait pu se contenter de se référer à l'article 22 du code pénal, tout en ajoutant un alinéa prévoyant, en matière de complicité, le cas du recel des malfaiteurs, au lieu de reproduire textuellement cette disposition dans l'article 21 *ter*, également le 4ème tiret de l'article 22 du même code qui réprime la fourniture de logement, de lieu de retraite ou de réunion à des malfaiteurs exerçant des brigandages ou des violences contre la sûreté de l'Etat, la paix publique, les personnes et les propriétés, sans faire allusion de façon spécifique aux crimes contre la paix et la sécurité de l'humanité. La même observation peut être faite sur la reproduction d'une disposition identique, s'agissant des pénalités, au sujet des articles 21 *quater* et 23 du code pénal. La seule différence entre les deux dispositions est que l'article 21 *quater* prévoit une dérogation. Encore une fois, l'ajout d'un alinéa à l'article 23 relatif à l'alignement de la répression aurait suffi. Il y a lieu, dès lors, de se demander si cette façon de procéder de la part du législateur congolais a été délibérée ou a relevé de la simple inattention.

En dehors des hypothèses de corréité et de complicité, le droit pénal rend responsable pénalement des personnes qui n'ont pas contribué de façon directe à la perpétration d'une infraction mais qui n'ont pas adopté de comportement adéquat vis-à-vis de leurs subordonnés fautifs.

C. *La responsabilité pénale du supérieur hiérarchique*

Le supérieur hiérarchique est celui qui se trouve en position d'autorité vis-à-vis des personnes qui travaillent avec lui. La doctrine du supérieur hiérarchique est née en droit international pénal pour retenir la responsabilité des chefs, civils ou militaires, qui font commettre à leurs subordonnés des crimes les plus graves tels que ceux repris aux articles 221 à 223 du code pénal relatifs aux crimes contre la paix et la sécurité de l'humanité, c'est-à-dire au crime de génocide, aux crimes contre l'humanité et aux crimes de guerre, ou les laissent en commettre.

Il existe donc deux formes de responsabilité pénale du supérieur hiérarchique : la responsabilité pénale directe et la responsabilité pénale indirecte. La première naît lorsque le supérieur ordonne à ses subordonnés la commission de crimes internationaux, y participe ou les y aide (massacre de civils ou maltraitance de prisonniers de guerre). Il encourt une responsabilité personnelle pour ces faits. Par contre, lorsque le supérieur n'a pas donné d'ordres à ses subordonnés, ni encouragé ou aidé, mais n'a rien fait non plus pour prévenir ou réprimer ces crimes, la responsabilité encourue est un peu différente. Elle doit, pour être retenue, obéir à un certain nombre de conditions qui sont l'existence d'un lien de subordination, l'exigence d'une faute personnelle et l'absence de réaction.

Le code pénal distingue deux situations selon que le supérieur hiérarchique commande des civils ou des militaires. Le droit pénal militaire ne fait pas partie de cet enseignement. Cependant pour des raisons didactiques, d'autant que les principes de droit pénal général s'appliquent à tout le droit pénal aussi bien général que particulier, il est apparu intéressant d'aborder la responsabilité du supérieur hiérarchique des militaires.

Deux dispositions, l'article 22 bis du code pénal et l'article 1er du code pénal militaire, étendent la responsabilité pénale aux supérieurs hiérarchiques qui n'ont pas exercé l'autorité ou le contrôle effectifs qui convenaient sur leurs subordonnés et aux chefs militaires pour les forces placées sous leur commandement ou contrôle effectifs.

L'article 28 du Statut de Rome s'intitule « Responsabilité des chefs militaires et autres supérieurs hiérarchiques » et fait une distinction dans la description des conditions à réunir pour la poursuite. Ces distinctions en gros concernent la qualité des personnes sous contrôle et deux conditions exigées seulement pour le supérieur hiérarchique non militaire : le fait d'avoir délibérément négligé de tenir compte d'informations qui indiquaient clairement que des crimes se commettaient ou allaient se commettre et la nécessité de lier ces crimes à des activités relevant de sa responsabilité et de son contrôle effectif.

a. L'existence d'une relation de subordination

Pour que la responsabilité pénale du supérieur hiérarchique soit retenue, il faut, comme première condition, qu'il ait un contrôle effectif sur ses subordonnés, c'est-à-dire qu'il ait le pouvoir de les dissuader de commettre des crimes, de punir les auteurs de ces crimes ou, le cas échéant, de prendre l'initiative d'une action pénale à leur encontre.

Le Statut de Rome fait en effet référence aux « forces placées sous son commandement et son contrôle effectifs, ou sous son autorité et son contrôle effectifs, selon le cas ». Le commandement est réservé aux supérieurs militaires ou à ceux qui en font fonction tandis que le terme « autorité » est utilisé pour les autres supérieurs hiérarchiques.

Il n'est pas cependant nécessaire que ce contrôle effectif découle d'une position officielle. Il peut résulter aussi bien d'un lien de droit (*de jure*) que d'un lien de fait (*de facto*), comme le TPIY l'a décidé dans la célèbre affaire Čelebići[401]. L'appréciation du contrôle effectif est, ainsi, une question de fait. L'article 82 de l'Avant-projet du CP, à ce sujet, vise les chefs militaires ou les personnes faisant effectivement fonction de chef militaire, pour prendre les personnes exerçant le commandement dans des groupes armés de diverses natures. La responsabilité pénale est établie à leur égard dès lors qu'existe organiquement un lien hiérarchique ou de subordination entre eux. La simple allégation, que le subordonné serait un « élément incontrôlé », est inopérante.

Quant au supérieur hiérarchique civil, il doit être un agent de direction d'une administration publique ou d'une entreprise privée.

b. L'exigence d'une faute

La deuxième condition concerne l'exigence d'une faute. Le chef doit avoir été défaillant, c'est-à-dire qu'il doit s'être abstenu d'exercer le contrôle qui convenait sur ses subordonnés ou ses forces. Selon Marie-Pierre Robert,

---

[401] http://www.icty.org/x/cases/mucic/acjug/fr/010220_Mucic_Delalic_Delic_Landzo_summary_fr.pdf, consulté le 17 août 2019.

« la détermination de la norme de connaissance applicable aux supérieurs militaires et civils est sans doute l'une des questions les plus controversées et les plus difficiles amenées par la responsabilité liée au commandement. Les différents statuts et la jurisprudence ont relevé plusieurs exigences de faute applicables aux supérieurs. De la connaissance réelle à la connaissance imputée, ces exigences englobent une très grande variété de situations. Celles-ci recouvrent la connaissance personnelle, l'aveuglement volontaire ainsi que la négligence ».

1. La connaissance personnelle

Le législateur congolais utilise des expressions différentes selon qu'il s'agit du supérieur hiérarchique ou du chef militaire. Le supérieur hiérarchique « savait que ses subordonnés commettaient ou allaient commettre ces crimes ou a délibérément négligé de tenir compte d'informations qui l'indiquaient clairement ». Tandis que le chef militaire et assimilé « savait ou, en raison des circonstances, aurait dû savoir, que ces forces commettaient ou allaient commettre ces crimes ».

Selon l'article 30 du Statut de Rome : « Il y a connaissance…, lorsqu'une personne est consciente qu'une circonstance existe ou qu'une conséquence adviendra dans le cours normal des événements ». La connaissance est subjective en ce sens qu'elle fait référence à ce qui s'est réellement passé dans l'esprit de l'accusé.

Cependant, selon les instruments considérés, cette connaissance ne se situe pas toujours au même moment dans le temps, suivant les instruments. Alors que les statuts des tribunaux *ad hoc* exigent une connaissance du fait « que le subordonné s'apprêtait à commettre cet acte ou l'avait fait », le Statut de Rome exige une connaissance du fait qu'ils « commettaient ou allaient commettre ces crimes ».

2. L'aveuglement volontaire

Selon l'article 28, b, i) du Statut de Rome, le supérieur hiérarchique savait que ces subordonnés commettaient ou allaient commettre ces crimes ou a délibérément négligé de tenir compte d'informations qui l'indiquaient clairement.

Il s'agit ici d'une ignorance volontaire et non d'une simple négligence. Le supérieur hiérarchique connaissait ou avait les moyens de connaître ce que ses subordonnés faisaient ou avaient l'intention de faire, mais il s'est refusé d'en tenir compte.

Cet aveuglement volontaire n'est pas exigé pour le chef militaire.

3. La négligence

Le Statut de Rome dans son article 28, a), ii), concernant les chefs militaires, envisage clairement la négligence comme base de la responsabilité pénale du chef hiérarchique. « Le chef militaire voit donc sa responsabilité pénale engagée dès lors qu'il devait savoir que ses troupes commettaient ou allaient commettre des crimes internationaux, peu importe ce qu'il a réellement su ». Ainsi, pour le militaire, la base de la responsabilité est la négligence, puisqu'il est jugé, de façon objective, par rapport à ce qu'un commandant raisonnable aurait su dans les mêmes circonstances. Le commandant militaire a donc une obligation d'obtenir l'information et de l'évaluer.

Par contre, pour le supérieur hiérarchique civil, la simple négligence ne suffit pas, il faut qu'il y ait eu un aveuglement volontaire.

Le législateur congolais, cependant, parlant de la troisième hypothèse qui devrait permettre la poursuite des chefs, retient le même degré de négligence pour le supérieur hiérarchique[402] et le chef militaire ou assimilé[403] qui n'a pas pris toutes les mesures nécessaires et raisonnables en son pouvoir pour empêcher ou réprimer l'exécution de ces crimes ou pour en référer aux autorités compétentes aux fins d'enquêtes et de poursuite.

Ce qui permet de distinguer deux situations dont le défaut de prévenir et le défaut de punir.

4. L'absence de réaction ou le défaut d'agir

a. Le défaut de prévenir

Le supérieur hiérarchique doit ne pas avoir pris toutes les mesures nécessaires et raisonnables en son pouvoir pour empêcher l'exécution des crimes.

b. Le défaut de punir

Le supérieur hiérarchique doit ne pas avoir pris toutes les mesures nécessaires et raisonnables en son pouvoir pour en réprimer l'exécution ou en référer aux autorités compétentes aux fins d'enquête et de poursuites. Les caractères nécessaire et raisonnable ne peuvent que relever des faits.

---

402 Article 22 bis3 du Code pénal congolais, *op. cit.*

403 Article 1er b du Code pénal militaire, *op. cit.*

Après la responsabilité des personnes physiques, il y a lieu d'examiner celle des personnes morales.

§2. La responsabilité des personnes morales

La question de la responsabilité pénale des personnes morales a été longuement débattue avant son adoption par plusieurs Etats. En droit congolais, cette responsabilité était longtemps déniée par le législateur, mais appliquée par la jurisprudence dans quelques cas célèbres[404].

Dans les Etats où elle est prévue, le législateur a édicté des règles d'incrimination aux termes desquelles toutes les personnes morales, de droit public ou de droit privé, à l'exception de l'Etat[405] ont l'obligation, comme les personnes physiques, de répondre de leurs actes en tant qu'auteurs ou complices. Elles doivent, dès lors, subir une sanction pénale du fait des infractions commises pour leur compte par leurs organes ou représentants. Il est impératif, cependant, que l'infraction imputée à la personne morale soit caractérisée en tous ses éléments à l'encontre d'un de ses organes ou représentants.

Pendant longtemps, le principe admis était que les personnes morales ne peuvent commettre des infractions, conformément à l'adage « *societas non delinquere potest* ». Puis, compte tenu du développement de ces groupements de personnes en nombre et en importance, et aussi d'importants préjudices qu'elles sont susceptibles de provoquer, il a été jugé nécessaire, sous certaines conditions, de les poursuivre et de les sanctionner. Néanmoins, la responsabilité pénale des personnes morales n'exclut pas celle des personnes physiques auteurs ou complices des mêmes faits.

A. Le principe « societas delinquere non potest »

a. La justification du principe

La maxime « *societas delinquere non potest* » justifie l'irresponsabilité pénale de la personne morale.

---

[404] Affaires DIFCO, SOCOBANQUE et ALAMBA, voir respectivement NYABIRUNGU mwene SONGA, *Traité de droit pénal*, 2e éd., Editions Universitaires Africaines, Kinshasa, 2007, p. 253 et 254 ; l'arrêt rendu par la Haute Cour Militaire dans l'affaire RP n° 001/2004, Kinshasa 2005, p. 92 et s.

[405] « La raison en est que l'Etat assure la protection des intérêts généraux (collectifs ou individuels) et à la charge de poursuivre et de punir les délinquants. » (BOULOC, *op. cit*, p. 279).

Les justifications à la base de l'irresponsabilité pénale de la personne morale tiennent, d'une part, à l'impossibilité de réaliser les éléments matériels, d'autre part, de subir les sanctions pénales prévues par loi.

En effet, la personne morale étant un être incorporel, elle ne pouvait avoir ni volonté ni prise sur les objets matériels. L'objet social du groupement devrait consister en la commission d'infractions. Mais, un tel groupement, avec un tel objet illicite, ne pourrait obtenir de personnalité juridique. On a de la sorte avancé que les sanctions du code pénal, n'étant pas adaptées aux groupements, ne pouvaient être appliquées qu'aux personnes physiques. En outre, pour éviter que des membres d'un groupement ne soient poursuivis alors qu'ils n'avaient commis aucune infraction, il valait mieux poursuivre ceux qui avaient agi pour le compte de ce groupement. Par contre, il était toujours possible de poursuivre pénalement et à titre personnel, les personnes qui agissaient pour leur compte.

Ces arguments ont trouvé des contradicteurs qui ont fait évoluer les législations vers l'admission de la responsabilité générale ou sectorielle des personnes morales.

b. Du refus à l'admission limitée de la responsabilité pénale de la personne morale

Dans la plupart des Etats, l'on a commencé à admettre une certaine responsabilité pénale des groupements sur la base de quelques arguments. La théorie de la fiction juridique ayant été abandonnée en droit civil, il n'y avait aucune raison que ce ne soit pas le cas en matière pénale. Le fait que l'objet social ne soit pas lié à la criminalité n'empêche pas le groupement de commettre des faits infractionnels. Parmi les peines prévues pour les personnes physiques, celles consistant en la réduction du patrimoine peuvent être appliquées aux groupements.

Quant aux conséquences sur les innocents, les membres de famille des infracteurs, personnes physiques, et leurs autres dépendants pâtissent également des condamnations, la plus lourde ayant été la confiscation générale.

Ainsi, à la suite de ces idées, la position sur l'irresponsabilité des personnes morales a évolué jusqu'à l'admission d'une irresponsabilité pénale générale, dans certains pays, ou particulière, comme dans le cas de la RDC.

B. *Tendance vers la responsabilité pénale des personnes morales par des lois particulières*

Comme dit plus haut, cette position s'est progressivement modifiée. Ainsi, l'ordonnance-loi n° 67/272 du 23 juin 1967 relative au change[406] a expressément visé la responsabilité pénale des personnes morales en prescrivant que « l'infraction à la réglementation de change est réputée existante dans le chef de toutes les personnes physiques ou morales intervenant directement ou indirectement dans le fait qui la caractérise ». De même, la loi n°4/016 du 19 juillet 2004 portant lutte contre le blanchiment des capitaux et le financement du terrorisme, dans son article 4, dispose que « la présente loi s'applique à toute personne physique ou morale qui, dans le cadre de sa profession, réalise, contrôle ou conseille des opérations entraînant des dépôts, des échanges, des placements, des conversions ou tous autres mouvements de capitaux,… ». On peut rappeler la loi du 27 avril 2010 sur les marchés publics qui, dans ses articles 77 et 78, prévoit des sanctions pénales contre la personne morale ou l'entreprise et la loi n° 15/002 du 12 février 2015 portant création et organisation de l'ordre national des experts-comptables[407].

Il faut, toutefois, signaler que, conformément à son article 25, le Statut de Rome, en ne retenant que la responsabilité pénale individuelle, exclut implicitement de la compétence de la CPI, la responsabilité pénale des personnes morales. Il reste à espérer que l'évolution constatée dans divers pays sur la responsabilité des personnes morales atteindra également les domaines du droit pénal international et du droit international pénal, compte tenu du grand potentiel de nuisance dont peuvent faire montre certaines de ces personnes.

L'Avant-projet du code[408] pénal a opté pour la responsabilité générale des personnes morales de la façon suivante :

---

[406] Moniteur Congolais, 1967, p. 864.

[407] Article 70 de la Loi n° 15/002 du 12 février 2015 portant création et organisation de l'ordre national des experts-comptables. Cet article dispose que *quiconque, sans être membre de l'Ordre, s'attribue le titre d'Expert-comptable ou contrevient aux dispositions de la présente loi, est puni d'une amende de 1.000.000 à 5.000.000 de Francs congolais pour la personne physique et d'une amende de 2.000.000 à 10.000.000 de Francs congolais pour la personne morale. L'article 71dispose, quant à lui, que 'quiconque, sans être inscrit au tableau de l'Ordre des Experts-comptables, effectue illégalement l'une des missions prévues à l'article 4, est puni d'une peine d'emprisonnement allant de 3 mois à 5 ans et d'une amende de 5.000.000 à 10.000.000 de Francs congolais ou d'une de ces peines seulement encore pour une personne physique et d'une amende de 10.000.000 à 50.000.000 de Francs congolais pour une personne morale'.*

[408] Dans sa version de mars 2014.

Article 183.1

« 1. Les personnes morales, à l'exclusion de l'Etat, sont responsables pénalement, selon l'un des modes de participation criminelle prévue par le présent code, des infractions commises, pour leur compte, par leurs organes ou leurs représentants.

2. Toutefois, les provinces et les entités territoriales décentralisées ne sont responsables pénalement que des infractions commises dans l'exercice d'activités susceptibles de faire l'objet de conventions de délégation de service public ».

Article 183.2

« La responsabilité pénale des personnes morales ne peut être mise en œuvre que lorsque les conditions suivantes sont remplies :

(a) l'infraction a été commise par la volonté délibérée des organes de la personne morale concernée ;

(b) les organes ont agi au nom et pour le compte de la personne morale ;

(c) les organes ont agi en vue de la réalisation de l'objet de la personne morale ou pour la défense de ses intérêts, ou de celles dont les faits concrets démontrent qu'elles ont été commises pour son compte ».

Article 183.3

« 1. La responsabilité des personnes morales n'exclut pas celle des personnes physiques auteurs ou complices des mêmes faits.

2. Sont pénalement responsables de l'infraction les seuls membres de la personne morale par la volonté et dans l'intérêt desquels les faits ont été accomplis.

3. Lorsque la responsabilité de la personne morale est engagée exclusivement en raison de l'intervention d'une personne physique identifiée, seule la personne qui a commis la faute la plus grave peut être condamnée.

4. Si la personne physique identifiée a commis la faute sciemment et volontairement, elle peut être condamnée en même temps que la personne morale responsable ».

Article 183.4

« Un devoir particulier, dont la violation fonde ou aggrave la punissabilité et qui incombe uniquement à la personne morale, à la société ou à l'entreprise individuelle, est imputé à une personne physique lorsque celle-ci agit :

(a) en qualité d'organe d'une personne morale ou de membre d'un tel organe ;
(b) en qualité d'associé ;
(c) en qualité de collaborateur d'une personne morale, d'une société ou d'une entreprise individuelle disposant d'un pouvoir de décision indépendant dans le secteur d'activité dont il est chargé ;
(d) en qualité de dirigeant effectif qui n'est ni un organe ou un membre d'un organe, ni un associé ou un collaborateur ».

Article 183.5

« Sont assimilées aux personnes morales :
(a) les associations momentanées et les associations en participation ;
(b) les sociétés commerciales, y compris celles en formation ;
(c) les sociétés civiles qui n'ont pas pris la forme d'une société commerciale ;
(d) les sociétés de fait ».

Aussi bien les personnes physiques que les personnes morales peuvent agir soit individuellement, soit en participation criminelle.

Section 2 : La participation criminelle et les conditions de sa répression

La loi n°15/022 du 31 décembre 2015, dans son article 2, a modifié, dans la partie générale du code pénal, le paragraphe 2 de la section 6 intitulée « De la participation de plusieurs personnes à la même infraction ».

§1. Notion de participation criminelle

La participation criminelle est la situation où deux ou plusieurs personnes posent des actes matériels à des titres divers en tant que coauteurs ou complices en vue de commettre une infraction ou d'échapper aux conséquences d'une infraction déjà commise. Elle n'est pas à confondre avec l'association de malfaiteurs[409] ou le complot[410] qui sont des infractions spécifiques. La participation criminelle peut intervenir, à quelques exceptions près, pour toutes les infractions.

A ce propos, il a été jugé que :

---

409 Articles 156 et 157 du code pénal congolais.

410 Article 62 alinéa 2 de la Loi n°024/2002 du 18 novembre 2002 portant code pénal militaire.

« La participation criminelle ne requiert pas le concert préalable entre les coparticipants. Il suffit que celui qui agit soit animé de l'élément psychologique de volonté consciente de s'associer à une infraction, les autres participants le sachant ou non, y consentant ou non. Toutefois, il n'y a pas participation criminelle dans le chef de celui qui, intervenant après qu'un tiers eut cessé de porter des coups à un autre, a frappé ce dernier pour son propre compte, soit pour affirmer son autorité, soit pour punir la victime »[411].

Il n'y a pas également participation criminelle lorsqu'un individu effectue un simple dépôt de plainte contre quelqu'un et que cette personne est arrêtée ultérieurement par des agents de l'ordre en vertu de leurs pouvoirs propres[412].

§2. Les conditions de la participation criminelle punissable

La responsabilité du coauteur est purement personnelle. Elle ne dépend pas de celle des autres coauteurs. Il peut être poursuivi seul et condamné dès lors que le fait qui lui est reproché est punissable à son égard. La peine qu'il encourt est indépendante de celle de ses coauteurs[413].

Par contre, pour que le complice puisse être poursuivi et condamné, il faut la réunion de trois éléments : un fait principal punissable, un acte matériel de complicité, une intention criminelle.

A. Un fait principal punissable

L'acte commis par l'auteur principal doit être une infraction. La complicité au suicide, par exemple, n'est pas réprimée puisque le suicide n'est pas punissable. Cette infraction doit avoir été consommée ou à la limite tentée. Les actes simplement préparatoires ne sont pas opérants. Dès lors, la tentative de complicité n'est pas réprimée[414]. La complicité d'un acte bénéficiant d'une cause de justification n'est pas réprimée. Il en est de même d'un acte pour lequel l'auteur principal jouit d'une immunité. La prescription de l'action publique et l'amnistie à caractère réel font obstacle à la répression de la complicité.

---

411 L'shi, 28 janvier 1967, note Lukusa, *RJC,* juillet à décembre ???, p. 178.

412 CSJ RP 114 et RP 15 du 10 avril 1976, *Bull. des arrêts* 1976, p. 94 et 89 ; Kin-Gombe, 4 décembre 1997, RPA 11.059, aff. MP et Botethi c/ l'IPJ Mbaya, *Les grands arrêts de nos juridictions d'appel*, *op. cit.*, p. 42.

413 BOULOC, *op. cit.*, p. 268.

414 BOULOC, *op. cit.*, p. 290.

Par contre, le complice peut être puni si l'auteur principal échappe à la répression pour différentes raisons subjectives telles que la fuite, la mort, la minorité, la faiblesse mentale, l'amnistie à caractère personnel, l'absence de poursuite, l'acquittement pour des causes subjectives de non-responsabilité (contrainte ou démence), l'exemption de peine.

B. Un acte matériel de complicité

Le complice ne sera poursuivi que s'il a commis un acte de participation, un acte positif, consommé, antérieur, concomitant ou postérieur à l'infraction. A défaut d'établir l'élément matériel de la volonté commune de participer à une infraction de coups et blessures subséquents à une arrestation arbitraire, la participation criminelle, à titre de complicité, n'est pas établie[415].

De même,

> « la complicité de corruption n'est pas établie à suffisance de preuve et entraîne acquittement si on n'établit pas avec certitude que le prévenu avait conscience de s'associer à l'infraction en l'occurrence à raison du doute sur la connaissance de la destination délictueuse de la somme à lui remise et qu'il a donnée à son supérieur »[416].

1. Un acte positif

Les actes visés par le code pénal, dans son article 22, sont tous des actes positifs : ceux qui auront fourni…, procuré…, aidé ou assisté… C'est dire que l'on ne peut être complice par abstention ou par le simple fait de connaître.

2. Un acte consommé

Les différents actes prévus par l'article 22 du Code pénal doivent avoir été complètement réalisés. La tentative punissable ne concerne que les actes posés par les auteurs ou les coauteurs.

3. Un acte antérieur, concomitant ou postérieur

Les actes antérieurs à la commission de l'infraction sont décrits dans les deux premiers tirets et une partie du troisième tiret de l'article 22 du CP : donner des instructions, procurer des armes, des instruments ou

---

415 RP 144, CSJ 10.4.1976 – *BA* 1977, p. 93.

416 RPA 40, CSJ 4.3.1978 – *BA* 1979, p. 32.

tout autre moyen, aider ou assister l'auteur ou les auteurs de l'infraction dans les faits qui l'ont préparée.

Les actes concomitants font l'objet du troisième tiret : aider ou assister l'auteur ou les auteurs de l'infraction dans les faits qui l'ont « facilitée » ou consommée.

Les actes postérieurs consistent à fournir habituellement le lieu de retraite aux malfaiteurs, étant entendu que les autres motifs d'hébergement peuvent intervenir à tout moment (voir 4e tiret).

C. Une intention criminelle

L'exigence de l'intention criminelle apparaît dans l'utilisation des expressions telles que « sachant » (2e tiret), « avec connaissance » (3e tiret), « connaissant » (4e tiret).

La CSJ a considéré qu'il n'y avait pas complicité parce qu'il n'y avait pas volonté de frapper la victime[417] dans une espèce où un *quidam* était poursuivi de complicité pour coups et blessures parce qu'il avait porté plainte contre la victime et que les agents de l'ordre avaient molesté celle-ci après son arrestation.

Une autre décision précise la nécessité d'une intention criminelle de participation pour encourir la sanction pénale : « si le consentement à une infraction ne constitue pas un acte de participation criminelle, ce principe n'est vrai que s'il s'agit d'une simple approbation abstraite, mais non pas lorsque le consentement est nécessaire pour rendre l'infraction possible ».

« Un concours tacite de volontés entre les divers participants suffit à fonder la participation à l'acte meurtrier dans le dessein même du crime »[418].

§3. La répression des coparticipants

La répression des coparticipants diffère selon qu'on se trouve en droit commun ou en matière de crimes contre la paix et la sécurité de l'humanité.

A. En droit commun

Le Code pénal dispose expressément que :

---

[417] Mercuriale, p. 86. CSJ, RP 144, 10 avril 1976, *in* BA1977, p.94, cité par Ruffin LUKOO MUSUBAO, *La jurisprudence congolaise en droit pénal*, V1, éd. OSS, 2006, p. 197.

[418] Kin, 16 février 1967, *RJC* juillet à décembre, p. 379.

« Sauf disposition particulière établissant d'autres peines, les coauteurs et complices seront punis comme suit :

- les coauteurs, de la peine établie par la loi à l'égard des auteurs ;
- les complices, d'une peine qui ne dépassera pas la moitié de la peine qu'ils auraient encourue s'ils avaient été eux-mêmes auteurs ;
- lorsque la peine prévue par la loi est la mort ou la servitude pénale à perpétuité, la peine applicable au complice sera la servitude pénale de dix à vingt ans »[419].

B. En matière de crimes contre la paix et la sécurité de l'humanité

Il faut se référer à l'article 21 quater du Code pénal qui dit expressément que :

« les coauteurs et complices, sans préjudices des dispositions particulières, seront punis comme suit :

- Les coauteurs, de la peine établie par la loi à l'égard des auteurs ;
- Les complices, d'une peine qui ne dépassera pas la moitié de la peine qu'ils auraient encourue s'ils avaient été eux-mêmes auteurs ;
- Lorsque la peine prévue par la loi est la mort ou la peine d'emprisonnement à perpétuité, la peine applicable au complice sera la servitude pénale de dix à vingt ans ».

  Par dérogation aux dispositions de l'alinéa précédent, les complices des crimes visés au titre IX relatif aux crimes contre la paix et la sécurité de l'humanité seront punis de la peine prévue par la loi à l'égard des auteurs de ces crimes.

Section 3 : Les cas d'exonération ou d'atténuation de la responsabilité pénale

Le code pénal congolais, modifié par la loi n° 15/022 du 31 décembre 2015, a prévu cinq causes de non responsabilité, sans les distinguer en faits justificatifs ou en cause de non imputabilité. Il s'agit de la maladie et de la déficience[420], de l'intoxication[421], de la contrainte irrésistible[422] et de l'erreur invincible[423]. La cause résultant de l'ordre de la loi ou du commandement de l'autorité légitime n'a pas été expressément prévue, du moins dans son principe. Il demeure que la Constitution, en son article 28, délie du devoir d'obéissance celui à qui il est intimé l'ordre d'exécuter un ordre manifestement illégal. Néanmoins, le législateur,

---

419 Article 23 du code pénal livre 1er.

420 Article 23 bis point 1du code pénal.

421 Article 23 bis point 2 du code pénal.

422 Article 23 bis point 3 du code pénal.

423 Article 23 ter du code pénal.

parce qu'il a expressément écarté des cas d'exonération de la responsabilité pénale, les infractions commises sur ordre d'un gouvernement ou d'un supérieur, militaire ou civil, en matière de crimes contre la paix et la sécurité de l'humanité, a reconnu par-là que l'exécution d'un ordre de la loi ou d'un commandement de l'autorité légitime est licite.

Jusqu'à la promulgation de la loi n° 15/022 du 31 décembre 2015 modifiant et complétant le décret du 30 janvier 1940 portant code pénal, seule la Constitution, dans son article 28, prévoyait indirectement une cause d'irresponsabilité lorsque l'agent exécutait un ordre apparemment légal. C'est avec la loi de mise en œuvre du Statut de Rome que le droit congolais s'est enrichi de quelques causes générales d'exonération de la responsabilité pénale. Bien que celles-ci aient été édictées pour viser les crimes contre la paix et la sécurité de l'humanité, certaines d'entre elles concernent toutes les infractions. On remarquera, cependant, que le législateur n'a pas retenu la distinction classique entre causes objectives et causes subjectives de l'irresponsabilité pénale.

Néanmoins, dans un souci de catégorisation, l'on distinguera les causes internes des causes externes d'irresponsabilité pénale. En outre, dans les causes internes, il y aura lieu d'ajouter la minorité pénale qui fait échapper à la responsabilité pénale les enfants âgés de moins de18 ans en vertu de la loi de 2009 sur la protection de l'enfant et spécifiquement les personnes morales qui ne peuvent être poursuivies pour crimes contre la paix et la sécurité de l'humanité.

§1. Les causes internes d'irresponsabilité pénale

Les causes internes dont il est question sont non seulement la maladie ou la déficience, mais également l'intoxication involontaire, la contrainte irrésistible, l'erreur invincible, la minorité pénale et la personnalité morale en matière des crimes contre la paix et la sécurité de l'humanité. Il va falloir les analyser pour déterminer cette nature de causes d'irresponsabilité pénale interne.

A. La maladie ou la déficience de l'article 23 bis

La loi n°15/022 du 31 décembre 2015 modifiant et complétant le décret du 30 janvier 1940 portant code pénal a ajouté un article 23 bis. Cet article prévoit, parmi les causes d'exonération de la responsabilité pénale, en son alinéa 1er au point 1 ainsi libellé : « nul n'est responsable pénalement si, au moment du comportement en cause, il souffrait d'une maladie ou d'une déficience qui le privait de la faculté de comprendre le caractère délictueux ou la nature de son comportement ou de maîtriser celui-ci pour le conformer aux exigences de la loi ».

La nature de la maladie ou de la déficience n'est pas précisée, l'essentiel est qu'elles aboutissent à priver l'agent soit de son discernement soit du contrôle de ses actes. Le libellé de cet article conduit donc à rechercher la signification qu'il faut adopter ici pour la maladie et la déficience.

a. La notion de maladie et de déficience comme cause de non responsabilité

La loi, n'ayant circonscrit la maladie et la déficience qu'au regard de leurs conséquences, il faudrait dans un premier temps cerner la nature de ces deux états et dans un second temps préciser les effets indiqués tels que la privation de la faculté de « comprendre le caractère délictueux d'un acte », « comprendre la nature d'un comportement » et « maitriser son comportement ».

D'après le Dictionnaire usuel de psychologie de Norbert Sillamy, la maladie est une « altération de la santé due à l'incapacité de l'organisme de résister à une agression extérieure (microbienne, traumatique, toxique ...), de rétablir l'équilibre biologique rompu, ou de résoudre un conflit psychologique ». Le Dicos Encarta donne une définition simplifiée de la maladie comme étant un « état physiologique ou psychologique dans lequel la santé et le bon fonctionnement de l'organisme sont affectés ». Il s'agit, sans nul doute, d'une maladie tant physique que psychologique. Cette maladie peut être permanente ou intermittente, congénitale ou acquise, curable ou irréversible, générale ou spéciale. Il suffit, pour ce faire, qu'en l'absence d'une faute de l'agent, ces troubles aient eu des conséquences sur sa capacité de comprendre et de vouloir.

Il en est de même de la déficience qui peut être organique ou mentale, c'est-à-dire qui peut nuire au bon fonctionnement de l'organisme ou de l'intelligence. La déficience, selon le Larousse, est une insuffisance du développement intellectuel ou psychomoteur, se manifestant dès l'enfance. La déficience peut également consister en une aberration chromosomique de structure qui détermine de graves malformations, associées à l'arriération mentale. Dans la mesure où il en résulterait un handicap, infirmité ou une déficience, congénitale ou acquise, elle pourrait être retenue comme cause d'irresponsabilité totale ou partielle si elle réunissait les conditions relatives aux effets.

On peut également se poser des questions sur d'autres états pathologiques tels que le somnambulisme. D'après Madeleine Lobe Fouda, lorsque le somnambulisme est naturel, la responsabilité est exclue. S'il est provoqué par l'hypnose, la responsabilité de l'hypnotisé est exclue à condition qu'il ait agi en dehors de toute liberté.

Par contre, les croyances superstitieuses par exemple ne sont pas de troubles susceptibles d'anéantir ou de réduire la responsabilité pénale. Ainsi, en a décidé une cour d'appel en 1968 : « répond du meurtre celui qui, sous l'influence de croyances superstitieuses, lance sa flèche sur une personne et la tue croyant qu'il a affaire au diable ou à un revenant ». De même, la colère ne peut être retenue comme cause justificative.

Récemment, l'OMS a demandé que l'addiction aux jeux vidéo soit déclarée maladie mentale (RFI, le 29/05/2019). Une illustration de cette addiction est passée à la télévision. Une vidéo y montrait une scène familiale : deux enfants jouant sur des tablettes n'ont pas remarqué qu'on avait changé successivement les tableaux apposés sur les murs, l'un des parents puis l'un des enfants. C'est à la suite de la coupure de la connexion d'internet que celui des enfants, maintenu dans les lieux, s'est rendu compte que son environnement avait changé.

b. Les effets de la maladie ou de la déficience comme cause de non responsabilité

Les maladies et déficiences, qu'elles soient physiques, organiques ou psychiques, doivent avoir pour effet d'affecter l'intelligence ou le raisonnement ou encore d'abolir la volonté. On peut ainsi caractériser les trois effets non cumulatifs :

a) La faculté de comprendre le caractère délictueux d'un acte : c'est se rendre compte que l'acte que l'on a commis est une violation de la loi pénale ;
b) La faculté de comprendre la nature d'un comportement : on retient que la maladie ou la déficience doivent empêcher l'agent de comprendre la portée de ses actes ;
c) Le manque de maîtrise d'un comportement : la maladie ou la déficience doit avoir poussé l'agent à poser les actes répréhensibles animés par des impulsions irrésistibles.

L'existence et le degré de gravité de la maladie ou de la déficience doivent être démontrés. Le juge devra faire appel à des experts, notamment des psychiatres. La loi est muette sur le sort de la responsabilité civile quant à savoir si l'agent qui a été exonéré pénalement doit tout de même réparer le dommage qu'il a causé. En principe, en l'absence d'un texte, la réparation ne sera pas due si l'exonération de la responsabilité pénale est totale à condition qu'aucune faute ne puisse être retenue contre lui.

B. L'intoxication involontaire

L'article 23 *bis* point 2 du Code pénal dispose que nul n'est responsable pénalement si au moment du comportement en cause,

> « il était dans un état d'intoxication qui le privait de la faculté de comprendre le caractère délictueux ou la nature de son comportement ou de maîtriser celui-ci pour le conformer aux exigences de la loi, à moins qu'il se soit volontairement intoxiqué dans des circonstances telles qu'il savait que, du fait de son intoxication, il risquait d'adopter un comportement constituant une infraction, ou qu'il n'ait tenu aucun compte de ce risque ».

On peut, dès lors, en déduire que la responsabilité pénale sera écartée si les effets de l'intoxication sont identiques à ceux de la maladie ou de la déficience. La discussion porte alors sur le contenu à donner à l'intoxication. L'intoxication est à la fois une action nocive qu'exerce une substance toxique sur l'organisme et l'ensemble des troubles qui en résultent. On pourrait faire allusion également à une intoxication psychologique, un endoctrinement pernicieux, en tout cas une action insidieuse tendant à accréditer certaines opinions, à démoraliser des personnes ou à affaiblir leur sens critique. Celui qui parviendrait par ce biais à faire commettre une infraction par autrui accomplirait un crime parfait. Tout le problème est de savoir de quelle substance et de quel conditionnement il peut s'agir. Généralement, l'on pense à l'alcool et à diverses drogues ou stupéfiants.

Certaines infractions se commettent sous l'emprise d'une ivresse aiguë. D'après la Professeure Idzumbuir, la consommation des produits alcooliques place l'agent dans un état de délire et de dépression mentale, modifiant automatiquement et négativement son humeur, enlevant de la personne toute compassion et pitié pouvant freiner le passage à l'acte[424].

La responsabilité pénale est retenue lorsque, d'une part, l'intoxication était intentionnelle et, d'autre part, lorsque l'agent qui est sous l'emprise de cette intoxication savait que du fait de celle-ci, soit il risquait d'adopter un comportement infractionnel, soit il n'allait pas

---

424 IDZUMBUIR Assop, *Notes de cours de criminologie,* G3, UNIKIN, 2009-2010, inédit.

tenir compte de ce risque. Dans ces cas, l'agent sera puni. Le juge déterminera s'il s'agit d'une infraction d'imprudence et prononcera sa décision en conséquence.

C. La contrainte irrésistible

L'article 23 *bis* du Code pénal prescrit que nul n'est responsable pénalement si, au moment du comportement en cause,

> « Le comportement dont il est allégué qu'il constitue une infraction a été adopté sous la contrainte résultant d'une menace de mort imminente ou d'une atteinte grave, continue ou imminente dirigée contre sa propre intégrité physique ou celle d'autrui, et s'il a agi par nécessité et de façon raisonnable pour écarter cette menace, à condition qu'il n'ait pas eu l'intention de causer un dommage plus grave que celui qu'il cherchait à éviter ».

Ainsi, la contrainte est la pression exercée sur une personne pour l'obliger à faire ou à ne pas faire quelque chose contre son gré. C'est une force à laquelle l'auteur de l'infraction n'a pas pu résister au moment des faits. Elle ne supprime ni l'intelligence ni la volonté mais empêche l'agent d'agir librement, c'est-à-dire de faire ce qu'il ne voulait pas ou de ne pas faire ce qu'il voulait.

La lecture attentive de cette disposition permet de déterminer la nature de la contrainte, la victime et les conditions de la réaction, afin de faire bénéficierl'auteur de l'irresponsabilité pénale.

a. Les conditions explicites

1. La nature de la contrainte

D'après le prescrit de la loi, la contrainte consiste en une menace : de mort imminente ou d'atteinte grave, continue ou imminente. La contrainte est physique ou morale. Elle est physique quand elle est exercée sur le corps de l'agent. Elle est morale si elle a pour but de lui faire peur.

> « Pour qu'il y ait contrainte morale, non seulement, il faut que la volonté de l'auteur soit amoindrie par une force exercée sur lui, mais aussi que son libre arbitre soit annihilé, ou que l'auteur ne puisse sauvegarder autrement devant un mal grave et imminent des intérêts qu'il avait à sauvegarder ».[425]

[425] https://www.memoireonline.com/09/10/3864/Problematique-de-lexoneration-de-la-responsabilite-penale-pour-crimes-de-guerre-par-la-cour-p.html

Les rédacteurs de l'Avant-projet du Code pénal ont opté pour la contrainte physique et estimé nécessaire de la mettre explicitement dans la loi. Ainsi, « n'est pas pénalement responsable celui qui accomplit une infraction sous l'empire d'une contrainte physique absolue, à laquelle il lui était impossible de résister »[426]. Pour eux, la contrainte physique, même irrésistible, ne devrait aboutir que sur une exemption partielle ou totale de la peine. Position que nous soutenons. Dans ce cas, le juge pourra se fonder sur divers éléments : importance ou nature de la contrainte, rapports de force, d'âge ou de dépendance entre l'agent et l'auteur de la contrainte.

La contrainte peut être interne ou externe. Si elle est interne, elle rentre dans le cadre des causes d'irresponsabilité constituées par la maladie, la déficience ou l'intoxication.

2. La détermination de la victime potentielle

La victime visée est l'auteur de l'infraction ou un tiers, à tout le moins, une personne physique. En tout cas pas un bien.

3. La mesure de la réaction

L'agent doit avoir agi par « nécessité » et de façon raisonnable pour écarter cette menace.

Le terme nécessité est ambigu, car il fait penser à l'état de nécessité, cette autre cause d'irresponsabilité qui est objective et fait disparaître l'infraction. La « façon raisonnable » fait penser à une sorte d'équilibre entre la menace et la réaction.

4. L'intention

L'agent ne doit pas avoir eu l'intention de causer un dommage plus grave que celui qu'il cherchait à éviter. C'est une question de proportionnalité.

---

426 Article 111 de l'Avant-projet du code pénal.

b. Les conditions implicites

1. L'irrésistibilité

L'irrésistibilité est l'impossibilité absolue de résister à la contrainte. L'agent perd toute liberté d'action. Cette contrainte est appréciée *in abstracto*.

2. L'imprévisibilité

La contrainte doit être exclusive de toute faute antérieure de l'agent. Autrement, elle perdrait tout effet sur la responsabilité.

La contrainte ainsi circonscrite entraîne comme effet la disparition de la responsabilité pénale. La responsabilité civile disparaît également si la contrainte provient d'une cause étrangère, imprévisible et irrésistible.

Les conditions de la contrainte ainsi décrites ne permettent pas de combler les lacunes occasionnées par le fait que le législateur n'a pas prévu expressément ni la légitime défense ni l'état de nécessité. En effet, la légitime défense exige que l'atteinte contre laquelle l'on réagit soit injustifiée et elle peut être exercée pour défendre un bien. Quant à l'état de nécessité, la menace consiste en un danger actuel ou imminent contre soi-même, contre autrui ou contre un bien. Ces deux notions sont tout de même assez proches pour qu'en cas d'entorse au principe d'interprétation stricte de la loi pénale, l'on déroge en admettant une analogie légale qui agirait en faveur de l'infracteur[427]. Il ne s'agit pas ici de modifier l'incrimination ou la peine, mais de justifier une infraction légalement décrite.

D. L'erreur invincible

a. L'erreur de fait ou de droit doit être invincible

L'article 23 *ter* du Code pénal ne retient qu'une seule condition exprimée de la manière suivante :

> « l'erreur, qu'elle soit de fait ou de droit, exonère de la responsabilité pénale, du moment qu'elle est invincible. L'erreur est dite invincible lorsqu'elle aurait pu être commise par une personne d'une diligence moyenne, compte tenu des intérêts en présence et des circonstances concrètes de l'espèce ».

[427] MERLE et VITU, *op. cit*, p. 250-251.

La définition du législateur de l'erreur invincible est qu'elle doit pouvoir être commise par une personne de diligence moyenne. Et pour expliciter cette diligence moyenne, la loi donne un cadre composé des intérêts en présence et des circonstances concrètes de l'espèce.

Selon le Petit Robert, la première acception du mot « diligence » est un soin attentif, appliqué. Et, dans le langage du Palais, faire diligence, c'est accomplir les actes de procédure selon les formes et dans les délais requis sous peine, selon le cas, de la caducité de la citation, de la radiation de l'affaire, de jugement par défaut[428].

Dans cet ordre d'idée, l'agent qui a commis une infraction par erreur de fait ou de droit doit avoir agi avec un minimum de précautions. Ce qui est exprimé par le terme « moyenne », en considérant les intérêts en présence et les circonstances concrètes. Il est peu vraisemblable, par exemple, que les lois réprimant « des infractions naturelles », qui portent atteinte aux valeurs essentielles de la société, puissent faire l'objet d'une erreur de droit, notamment en raison du caractère que doit revêtir une telle erreur. Par contre, l'agent peut avoir surestimé les effets d'un texte prévoyant une cause d'irresponsabilité. L'erreur de droit peut porter sur les éléments constitutifs d'une infraction de commission comme d'une infraction d'omission.

Si malgré ce soin attentif, l'agent commet une erreur, alors, il sera exonéré de la responsabilité pénale. L'erreur de droit peut provenir du défaut de publicité de la loi ou d'une information erronée fournie par l'administration préalablement à l'acte. Il faut évidemment que l'agent n'ait pas été en mesure de faire les vérifications nécessaires. Pour ce qui est de l'erreur de fait, si elle porte sur l'objet de l'infraction, par exemple en cas d'*aberratio ictus* (tuer ou blesser une personne à la place d'une autre), elle n'aura aucun effet.

b. La nature de l'erreur

L'erreur porte sur l'intention. Elle peut être de fait ou de droit.

1. L'erreur de fait

L'erreur de fait porte sur les éléments matériels essentiels de l'infraction, c'est-à-dire des éléments nécessaires et importants. Si l'élément n'est pas essentiel comme par exemple l'objet de l'infraction ou la possibilité du résultat, elle est indifférente sur le plan de

[428] GUINCHARD S et DEBARD T, Lexique des termes juridiques, *op. cit*, p. 308.

l'intention. L'erreur de fait peut consister en une mauvaise appréhension ou représentation inexacte de la réalité matérielle. L'agent ne se rend pas compte que son acte correspond à un comportement pénalement incriminé. Il se représente faussement, ou il ignore, certains aspects pourtant réels de son activité. Le fait que l'erreur provienne d'une négligence ou d'un défaut de vérification est sans impact sur la responsabilité de l'auteur. Autrement, il n'y aurait aucune différence entre le dol et la faute non intentionnelle.

L'erreur de fait lorsqu'elle est admise fait disparaître l'élément moral de l'infraction intentionnelle. Par exemple, le fait de prendre un objet appartenant à autrui croyant que l'on en est propriétaire n'est pas un vol ; le fait de ne pas assister une personne blessée croyant qu'il s'agit d'un ivrogne n'est pas une non-assistance à personne en danger. Mais, elle est indifférente dans les infractions non intentionnelles comme franchir un feu rouge parce qu'on croit qu'il est vert ; nettoyer une arme chargée parce qu'on croit qu'elle ne l'est pas.

Si bien qu'elle n'exclut la responsabilité de l'agent qu'en matière d'infraction intentionnelle, l'erreur de fait peut porter sur une condition préalable de l'infraction ou sur la conduite matérielle elle-même. Mais, si elle porte sur la personne de la victime (*aberratio ictus*), elle ne pourra à la limite que modifier la qualification de l'infraction. Pour Bouloc, l'erreur de fait, lorsqu'elle porte soit sur un élément constitutif soit sur une circonstance aggravante, fait seulement disparaître l'intention, et non pas l'infraction qui devient alors non intentionnelle. Pour que l'erreur fasse disparaître la responsabilité pénale, il faudrait qu'elle soit assimilable à la force majeure, c'est-à-dire qu'elle soit extérieure, imprévisible et irrésistible.

2. L'erreur de droit

« L'erreur de droit implique que le délinquant n'a pas eu conscience du caractère illicite de son acte ». Elle peut consister soit dans une ignorance de la loi pénale, soit dans une interprétation inexacte de ses dispositions.

a. Ignorance de la loi

L'adage nul n'est censé ignorer la loi est consacré par l'article 62 de la Constitution. Les lois, au sens formel comme au sens matériel, sont portées à la connaissance des citoyens par leur publication au journal officiel. Chacun a l'obligation d'en prendre connaissance. Et s'il ne le fait pas, il n'aura qu'à s'en prendre à lui-même, suite à l'adage « nul n'est censé ignorer la loi » (*nemo censetur ignorare legem*) qui fonde la présomption de connaissance du droit.

b. Interprétation inexacte de la loi

Il arrive que l'agent ait connaissance de la loi pénale mais qu'il n'en saisisse pas toute la signification. Normalement, dans cette situation, il doit s'adresser à des personnes compétentes susceptibles de bien lui expliquer la portée exacte de la loi.

c. Discussions sur la validité de l'adage « nul n'est censé ignorer la loi »

La CSJ a eu à se prononcer dans une affaire d'assassinat et de meurtre où une requête confirmative de pourvoi fut reçue en dehors du délai de 20 jours alors que le requérant arguait d'un cas de force majeure parce qu'il n'avait pas connaissance des dispositions légales relatives à la procédure devant la CSJ. La CSJ, dans son arrêt du 8 janvier 1970, réagit en disant que le texte légal avait été publié au J.O. « qui partant lui imprime le caractère d'authenticité qui suffit pour que, dès ce moment, elle soit présumée connue de tous ». Cette présomption est irréfutable et ainsi la force majeure tirée de sa méconnaissance ne peut être invoquée, la loi étant censée connue de tous les citoyens, même si tel n'est pas le cas en réalité.

Dans une autre affaire, où le requérant avait fait état de son ignorance de la loi et avait voulu la démontrer dans le fait qu'il avait plusieurs fois écrit afin d'être relevé de la déchéance pour tardiveté, la CSJ avait déclaré que la présomption de connaissance de la loi était irréfragable. Ainsi, Bayona[429] avait tiré quatre éléments de ces décisions : la présomption de la connaissance de la loi a une base constitutionnelle ; elle résulte de la publication au J.O. ; elle revêt un caractère irréfutable ; la force majeure tirée de la méconnaissance de la loi ne peut jamais être retenue.

Dans la critique de cet adage, on peut identifier deux opinions. La première est que tout le monde est censé connaître toutes les lois, tandis que dans la seconde, l'adage signifie que la loi a force obligatoire à l'égard de tous, même à l'égard de ceux qui l'ignorent, que sauf

[429] BAYONA-ba-MEYA MUNA KIMVIMBA, « La maxime ''nul n'est censé ignorer la loi'' », Discours prononcé à l'Audience solennelle de rentrée de la Cour suprême de justice du 10 novembre 1977, BA 1977, Editions de la Cour suprême de justice, 1978, p. 159 et s.

exception, on ne peut se soustraire à l'application de la loi en invoquant l'ignorance de celle-ci ou une erreur commise au sujet de sa portée.

En fait, le législateur se trouve confronté à deux préoccupations opposées, d'une part, les citoyens ne doivent pas se conformer à des prescriptions qu'ils ne connaissent pas et être sanctionnés au regard de celles-ci, d'où la nécessité de les diffuser largement, d'autre part, l'intérêt général doit être sauvegardé d'où la nécessité d'imposer la loi même à ceux qui n'en ont pas connaissance. La présomption de connaissance de la loi devient alors une position de conciliation entre les deux thèses opposées.

Quoi qu'il en soit, une évolution importante s'est produite dans la doctrine et la jurisprudence. Des solutions plus favorables aux justiciables qui excipent d'une erreur de droit sont admises.

E. La minorité pénale

L'article 20 *ter* du Code pénal fixe la majorité pénale à dix-huit ans révolus. Ce qui veut dire que les enfants de moins de 18 ans sont irresponsables pénalement. Malheureusement, la même disposition commence par ces mots : « sans préjudice d'autres dispositions légales en la matière, ... », ce qui voudrait dire qu'il peut y avoir des cas où l'âge de la majorité est différent.

Pourtant, la Convention relative aux droits de l'enfant entrée en vigueur en RDC le 2 septembre 1990, considère qu'un enfant s'entend de tout être humain âgé de moins de dix-huit, sauf si la majorité est atteinte plus tôt en vertu de la législation qui lui est applicable. Et, comme l'article 41 de la Constitution proclame que « l'enfant mineur est toute personne, sans distinction de sexe, qui n'a pas encore atteint 18 ans révolus », on peut dès lors se demander si le législateur a envisagé des hypothèses où la majorité pénale pourrait différer de la majorité constitutionnelle.

Une majorité pénale qui serait inférieure à la majorité constitutionnelle constituerait un recul par rapport au processus amorcé par le législateur de 1950, qui avait déjà opté pour une présomption absolue d'irresponsabilité pénale pour les mineurs, selon les dires de la professeure Idzumbuir : « en droit pénal zaïrois des mineurs, la présomption d'irresponsabilité pénale est établie par le législateur[430]. Elle est légale, absolue et ne peut être mise en cause par le juge ». Les

[430] IDZUMBUIR ASSOP J., *La justice pénale pour mineurs au Zaïre. Réalités et perspectives.* Editions Universitaires Africaines, 1994, p.34.

articles 5 et 6 du Décret du 6 décembre 1950 étaient suffisamment clairs à cet égard. Le juge ne pouvait que prendre des mesures même si les mineurs avaient commis des faits infractionnels. Néanmoins, lorsque l'infraction était établie, l'enfant était condamné selon l'article 12 du même texte aux frais de justice et éventuellement à des restitutions et à des dommages-intérêts.

Ainsi, pour caractériser leurs actes et en mesurer la gravité, le législateur de 1950 a appelé infractions les faits commis par les mineurs. Dans ce cas, le seul juge compétent pour en connaître au premier degré était le juge de [paix] siégeant avec officier du ministère public, magistrat de carrière. La peine était remplacée par une mesure de garde, d'éducation ou de préservation d'après certaines distinctions[431].

Et l'article 6 disposait que :

> « quelle que soit la qualification pénale du fait commis, le juge pourra, selon les circonstances, soit réprimander l'enfant et le rendre aux personnes qui en avaient la garde, avec injonction de mieux le surveiller à l'avenir, soit le confier jusqu'à sa vingt et unième année à une personne, à une société ou à une institution de charité ou d'enseignement, publique ou privée, soit encore le mettre jusqu'à sa vingt et unième année à la disposition du gouvernement ».

L'âge de la minorité pénale avait été ramené à 16 ans par l'ordonnance-loi n. 78/016 du 4 juillet 1978. Il devait être remonté à 18 ans par la loi de 2009 portant protection de l'enfant.

La loi a, en même temps, modifié les appellations. Le jeune délinquant est devenu « enfant en conflit avec la loi » et l'infraction, un « manquement qualifié d'infraction ». Le traitement des mineurs en conflit avec la loi diffère selon qu'ils sont âgés de moins de 14 ans ou âgés de 14 ans à moins de 18 ans. Est pris en considération, l'âge du mineur au moment de la commission des faits[432].

a. Les mineurs de moins de 14 ans

Les mineurs de moins de 14 ans bénéficient d'une présomption irréfragable d'irresponsabilité. Le juge ne peut que relaxer ces enfants, comme ayant agi sans discernement sans préjudice de la réparation du dommage causé à la victime[433] et les confier à la garde d'un assistant

[431] Article 5 du Décret du 6 décembre 1950.
[432] Article 98 de la LPPE.
[433] Article 96 de la LPPE.

social et/ou d'un psychologue qui prend des mesures d'accompagnement visant la sauvegarde de l'ordre public et la sécurité de l'enfant et tenant compte de la réparation du préjudice causé. Ces mesures d'accompagnement sont notamment l'accompagnement psychosocial et le placement dans une famille d'accueil ou dans une institution privée agréée à caractère social autre que celle accueillant des enfants en situation difficile. Un enfant de moins de 14 ans ne peut être placé dans un établissement de garde provisoire, ni dans un établissement de garde, d'éducation ou de rééducation de l'Etat[434].

b. Les mineurs dont l'âge varie entre 14 et 18 ans non accomplis

Quant aux autres mineurs, leur situation, comme sous le régime du décret de 1950 dépend de la gravité des faits commis. Cependant, le libellé des articles 9 et 96 de la loi portant protection de l'enfant pourrait sous-entendre que la présomption d'irresponsabilité tenant à l'âge pourrait être renversée et le mineur sanctionné pénalement. Pour les raisons avancées ci-haut, une telle possibilité représenterait un recul par rapport aux avancées acquises dans les dispositifs nationaux et internationaux de protection de l'enfant. Le législateur congolais, s'il voulait rendre pénalement responsable certaines catégories des mineurs, aurait pu prendre exemple sur le législateur béninois. Concernant les infractions commises par des enfants de moins de 18 ans, ce législateur indique que : « Les mineurs de moins de 18 ans auxquels est imputée une infraction seront justiciables des tribunaux pour enfants »[435]. Et, l'article 2 poursuit : « Le Tribunal pour enfant prononcera suivant le cas des mesures de protection ou d'assistance, de surveillance ou d'éducation qui sembleront appropriées. Il pourra, lorsque les circonstances paraissent l'exiger, prononcer à l'égard d'un mineur de plus de 13 ans, une condamnation pénale »[436]. Cette position du législateur béninois a le mérite d'être claire quant au choix entre la responsabilité et l'irresponsabilité pénale. Les mesures prises à l'encontre des enfants qui ont commis des manquements qualifiés d'infraction diffèrent selon les peines encourues normalement par ces faits.

---

[434] Article 97 de la LPPE.

[435] Article 1 de l'Ordonnance n° 69-23 P.R./M.J.L. du 10 juillet 1969 relative au jugement des infractions commises par des mineurs de 18 ans.

[436] Article 2 de l'Ordonnance n° 69-23 P.R./M.J.L. du 10 juillet 1969, *op.cit.*

1. Le manquement concernant toute infraction

Tout enfant suspecté ou accusé d'un manquement qualifié d'infraction par la loi pénale bénéficie notamment, sous peine de nullité de la procédure, du droit à la présomption d'innocence et à un procès équitable[437]. Le juge peut prendre, dans les huit jours qui suivent la prise en délibéré de la cause, l'une des mesures suivantes :

1. réprimander l'enfant et le rendre à ses parents ou aux personnes qui exerçaient sur lui l'autorité parentale en leur enjoignant de mieux le surveiller à l'avenir ;
2. le confier à un couple de bonne moralité ou à une institution privée agréée à caractère social pour une période ne dépassant pas sa dix-huitième année d'âge ;
3. le mettre dans une institution publique à caractère social pour une période ne dépassant pas sa dix-huitième année d'âge ; cette mesure prévue ne s'applique pas à l'enfant âgé de plus de seize ans[438] ;
4. le placer dans un centre médical ou médico-éducatif approprié ;
5. le mettre dans un établissement de garde et d'éducation de l'Etat pour une période ne dépassant pas sa dix-huitième année d'âge. Dans ce cas, le juge peut prononcer le placement avec sursis pour une période qui n'excède pas sa majorité et pour une infraction punissable au maximum de cinq ans de servitude pénale principale. Le juge apprécie les conditions du sursis[439].

2. Le manquement concernant une infraction passible d'une peine supérieure à 5 ans de SP mais inférieure à la peine de mort et à la SP à perpétuité

Le juge peut, s'il met le mineur dans un établissement de garde et d'éducation de l'Etat, prolonger cette mesure pour un terme qui ne peut dépasser sa vingt-deuxième année d'âge. Sur décision du juge, le mineur qui atteint sa dix-huitième année d'âge, et qui devient donc majeur, devra être séparé des enfants, au sein du même établissement de garde et d'éducation de l'Etat, à la demande de l'autorité de l'établissement de garde[440].

---

[437] Article 104 de la LPPE.
[438] Article 113 de la LPPE.
[439] Article 114 de la LPPE.
[440] Article 115 de la LPPE.

3. Le manquement concernant une infraction passible de mort et de SP à perpétuité

Le juge peut, s'il met le mineur dans un établissement de garde et d'éducation de l'Etat, prolonger cette mesure au-delà de la dix-huitième année de l'enfant pour un terme de dix ans au maximum. A sa dix-huitième année d'âge, il sera séparé des enfants, dans les mêmes conditions que précédemment[441].

4. Les conséquences sur la responsabilité civile

Si le manquement qualifié d'infraction est établi, le juge met les frais à charge des personnes civilement responsables et, s'il y a lieu, les oblige aux restitutions et aux dommages et intérêts[442]. Et, si l'enfant n'a pas fait l'objet de placement ou si le placement a été levé, il est soumis, jusqu'à sa dix-huitième année d'âge, au régime de la liberté surveillée[443].

5. La possibilité d'une résolution amiable des conflits

Les conflits occasionnés par le mineur peuvent être résolus en dehors des tribunaux. Il en est ainsi lorsque la médiation est mise en œuvre.

Lorsque les faits en cause sont bénins et que l'enfant en conflit avec la loi n'est pas récidiviste, le président du tribunal pour enfants défère d'office la cause au comité de médiation dans les quarante-huit heures de sa saisine[444].

En cas de manquement qualifié d'infraction à la loi pénale punissable de moins de dix ans de servitude pénale, le président du tribunal pour enfants peut soit transmettre l'affaire au comité de médiation, soit engager la procédure judiciaire[445].

La médiation n'est pas permise pour des manquements qualifiés d'infraction à la loi pénale punissables de plus de dix ans de servitude pénale[446].

La médiation est notamment conclue sur la base d'une ou de plusieurs des mesures ci-après :

1. l'indemnisation de la victime ;
2. la réparation matérielle du dommage ;

---

[441] Article 116 de la LPPE.
[442] Article 119 de la LPPE.
[443] Article 118 de la LPPE.
[444] Article 136 de la LPPE.
[445] Article 137 de la LPPE.
[446] Article 138 de la LPPE.

3. la restitution des biens à la victime ;
4. la compensation ;
5. les excuses expresses présentées de façon verbale ou écrite à la victime ;
6. la réconciliation ;
7. l'assistance à la victime ;
8. le travail d'intérêt général ou prestation communautaire. Ce travail consiste en une prestation utile à la collectivité ne dépassant pas quatre heures par jour, pour une durée d'un mois au plus. Le travail doit être effectué dans le respect de la dignité humaine, avec le consentement éclairé de l'enfant et sous la supervision de l'assistant social[447] .

Les enfants en situation difficile, qui sont plutôt des victimes ou qui commettent des faits non qualifiés d'infraction, ne feront pas l'objet de développement dans le cadre de cet ouvrage. Par contre, une autre catégorie est sortie du champ pénal en tant qu'acteur dans le domaine de la commission des crimes contre la paix et la sécurité de l'humanité.

F. La personnalité morale en matière de crimes contre la paix et la sécurité de l'humanité

L'article 20 bis du Code pénal s'exprime clairement à ce sujet. En effet, seules les personnes physiques peuvent engager leur responsabilité pénale devant les cours et tribunaux pour les crimes relevant de la compétence de la Cour pénale internationale.

§2. Les causes externes d'irresponsabilité pénale

Les causes externes sont : l'ordre de la loi et le commandement de l'autorité, la légitime défense, l'état de nécessité et le consentement de la victime.

A. L'ordre de la loi et le commandement de l'autorité légitime

Cette cause n'a pas été déterminée par le législateur qui s'est contenté de prévoir une exception au commandement d'une autorité civile ou militaire, lorsqu'il s'agit de crimes contre la paix et la sécurité de l'humanité. Il convient tout de même d'en poser le principe.

[447] Article 134 de la LPPE.

a. Le principe

Pour saisir la portée de cette cause d'exonération de la responsabilité pénale, il importe de séparer les deux segments en examinant, d'une part, l'ordre de la loi et, d'autre part, le commandement de l'autorité légitime.

1. L'ordre de la loi

Il n'y a pas d'infraction lorsque les faits sont prescrits ou autorisés par des dispositions législatives ou réglementaires[448]. A la loi, il faut assimiler la coutume. C'est l'autorisation de cette dernière qui a justifié en jurisprudence les châtiments bénins que les parents infligent à leurs enfants, les instituteurs à leurs élèves, des coups et blessures dans la pratique des sports ou la mort et les infirmités occasionnées par l'exercice de la médicine[449].

2. Le commandement de l'autorité légitime

L'autorité légitime est toute autorité publique, civile ou militaire, qui a été licitement désignée. Son autorité doit être respectée.

Cependant, un ordre manifestement illégal n'exonère pas l'exécutant de la responsabilité pénale. Un ordre est manifestement illégal lorsqu'il porte une atteinte manifeste au respect des droits de l'homme, des libertés publiques et des bonnes mœurs. La preuve de l'illégalité manifeste incombe à la personne qui refuse de l'exécuter. L'appréciation de cette illégalité peut poser problème surtout lorsque l'on se trouve dans la nécessité d'agir rapidement. En outre, si l'on devait permettre aux subordonnés de contester systématiquement les ordres reçus, on risquerait de voir s'instaurer aussi bien l'indiscipline que l'anarchie.

La Cour d'appel de Kisangani a jugé que le policier qui arrête un individu accusé de sorcellerie sur ordre de son chef de chefferie, commet une infraction d'arrestation arbitraire lorsqu'il n'a pas pu se méprendre sur le caractère manifestement illégal de cet ordre[450]. Il a été aussi jugé que « n'est pas admis comme cause de justification pour un

---

448 Article 95 de l'Avant-projet du CP, version octobre 2011.

449 BOULOC, *op. cit.*, p. 334.

450 KIS., 2 mars 1974, *RJZ*, n°1 et 2, 1976, p. 88, *Les grands arrêts de nos juridictions d'appel*, *op. cit.*, p. 54.

comptable, l'ordre de son chef d'établir une quittance d'un montant inférieur à la somme effectivement perçue[451] ».

Le Statut de Rome a, en son article 33, refusé l'exonération de la responsabilité pénale pour les personnes qui auront commis des crimes relevant de la compétence de la Cour pénale internationale (CPI), sur l'ordre d'un gouvernement ou d'un supérieur, militaire ou civil, à moins que cette personne n'ait eu l'obligation légale d'obéir aux ordres du gouvernement ou du supérieur en question, qu'il n'ait pas su que l'ordre était illégal et que l'ordre n'ait pas été manifestement illégale.

Ces conditions sont à notre avis cumulatives ; car s'il en était autrement, on cautionnerait les violations graves des droits de l'homme sous prétexte que l'auteur est couvert par l'obligation légale d'obéir aux ordres du gouvernement ou du supérieur en question.

Pour sa part, le législateur congolais a cru bon de donner des indications et d'instituer des garde-fous en rapport avec l'ordre d'un gouvernement ou d'un supérieur hiérarchique.

En effet, l'ordre d'un gouvernement ou d'un supérieur, militaire ou civil, n'exonère pas son auteur de sa responsabilité pénale (article 23 *quater* du Code pénal) ; l'ordre que l'on refuse d'exécuter doit être manifestement illégal ; c'est à celui qui refuse d'obtempérer d'apporter la preuve de l'illégalité de l'ordre, sauf en cas de présomption comme celle consacrée à l'article 23 *quinquies* du Code pénal qui prescrit que l'ordre de commettre un génocide, un crime contre l'humanité ou un crime de guerre est manifestement illégal. Il dispose :

> N'exonèrent pas de la responsabilité : les lois et règlements émanant de l'autorité rebelle, insurgée ou ennemie, les ordres ou autorisations donnés par cette autorité ou par des autorités qui en dépendent ou ont eu à en dépendre ; l'ordre de commettre un crime de terrorisme ; l'ordre de commettre un crime de droit international donné par un gouvernement ou un supérieur militaire ou civil.

b. Le cas de non pertinence de la qualité officielle

Les cas de non pertinence traités ci-dessous concernent les personnes qui donnent les ordres ou celles qui les exécutent.

Le Statut de Rome, en son article 27, prévoit qu'il s'applique à tous de manière égale, sans aucune distinction fondée sur la qualité officielle. En particulier, la qualité officielle de chef de l'Etat ou de gouvernement, de membre d'un gouvernement ou d'un parlement, de

[451] Kis., 2/3/1974, RJZ 1976, janv.-août, n°s 1,2, p. 88, cité par Ruffin LUKOO MUSUBAO, *op. cit.*, p. 60.

représentant élu ou agent d'un Etat n'exonère en aucun cas de la responsabilité pénale pas plus qu'elle ne constitue en tant que telle un motif de réduction de la peine. Les immunités ou règles de procédure spéciales notamment les privilèges de juridictions qui peuvent s'attacher à la qualité officielle d'une personne, en vertu du droit interne ou du droit international, ne peuvent pas empêcher la CPI d'exercer sa compétence à l'égard de cette personne. Le législateur congolais a repris cette disposition dans l'article 20 *quater* du Code pénal.

En outre, en matière de lutte contre les violences sexuelles, le législateur prévoit dans l'article 42 *bis* du code pénal que la qualité officielle de l'auteur d'une infraction relative aux violences sexuelles ne peut en aucun cas l'exonérer de la responsabilité pénale, ni constituer une cause de diminution de la peine. Il en est de même, selon l'article 42 *ter,* de l'ordre hiérarchique ou du commandement d'une autorité légitime civile ou militaire.

B. La légitime défense

Lorsque, pour se défendre soi-même ou défendre autrui contre une atteinte injustifiée, une personne accomplit, dans le même temps, un acte commandé par la nécessité de sauver la vie ou l'intégrité physique de soi-même ou d'autrui, elle ne commet pas d'infraction, à condition qu'il n'y ait pas disproportion entre les moyens de défense employés et la gravité de l'atteinte. Il en est de même s'il doit défendre son patrimoine ou celui d'un tiers, il faut cependant que le moyen de défense ne soit pas un homicide volontaire et que l'acte commis soit strictement nécessaire au but poursuivi.

La justification de la légitime défense s'est faite suivant deux conceptions, l'une subjective, l'autre objective. Selon la conception subjective, l'irresponsabilité pénale pour légitime défense était commandée par un souci d'équité. Selon cette conception, il serait anormal de réprimer celui qui n'a fait que riposter face à une attaque injuste. Or, la responsabilité pénale suppose le libre arbitre. Lorsque l'instinct de conservation, qui existe en chacun d'entre nous, nous fait réagir, cette réaction est difficilement contrôlable car l'on voit sa vie ou son intégrité physique immédiatement menacées[452]. Quant à la conception objective, elle considère que devant la défaillance de l'autorité publique qui n'a pas pu empêcher une atteinte, l'individu a le droit de réagir lui-même. C'est pourquoi la légitime défense supprime

[452] DESPORTES et LE GUNEHEC, *op. cit.,* p. 697.

également la responsabilité civile[453]. En effet, la victime de l'infraction a commis une faute. Et d'ailleurs, le fait de ne pas reconnaître la légitime défense dans un cas d'espèces ne dit pas que la victime n'a pas commis de faute. Il existe cependant un certain nombre de conditions à remplir pour retenir cette cause d'irresponsabilité pénale.

a. Les conditions de la légitime défense

Celui qui invoque la cause de justification tirée de la légitime défense doit satisfaire à certaines conditions, et notamment :
- avoir été menacé d'un danger extrêmement grave ;
- avoir été dans la nécessité de réagir par la violence à l'attaque ;
- n'avoir pas provoqué soi-même fautivement le danger.[454]

C'est dans ce sens qu'abonde l'avant-projet de loi portant révision du Code pénal en ces termes :

> « Il n'y a pas d'infraction lorsque, devant une atteinte injustifiée envers elle-même ou autrui, une personne accomplit, dans le même temps, un acte commandé par la nécessité de la légitime défense d'elle-même ou d'autrui, sauf s'il y a disproportion entre les moyens de défense employés et la gravité de l'atteinte ».
>
> « Il n'y a pas d'infraction lorsque pour interrompre l'exécution d'un crime ou d'un délit contre un bien, une personne accomplit un acte de défense, autre qu'un homicide volontaire, lorsque cet acte est strictement nécessaire au but poursuivi dès lors que les moyens sont proportionnés à la gravité de l'infraction »[455].

La tendance de la jurisprudence est conforme à cette position :
Pour qu'il y ait légitime défense, il faut d'abord que celui qui l'a exercée ait été l'objet d'une agression injuste, commencée ou imminente, et que la défense ait été proportionnée à l'attaque[456].

Il faut ensuite que l'agression réunisse certains caractères et que l'acte de défense réponde à deux conditions. En résumé, l'agression doit être actuelle et injuste et l'acte de défense nécessaire et mesurée.

1. Une agression actuelle et injuste[457]

Le caractère actuel de l'agression consiste dans la menace d'un mal imminent qui n'a pu être écarté qu'en commettant l'infraction. En cas

---

453 *Idem.*
454 CA Kinshasa, 15 février 1968, MP c/ L.L., *RJC*, p. 261.
455 Ces formulations de l'article 100 de l'avant-projet du CP reflètent assez bien la notion de légitime défense.
456 Kis., 27 novembre 1978, in RJZ, n° 1, 2 et 3, 1979, p. 117. Voir les grands arrêts, p. 111.
457 BOULOC, *op. cit.*, pp. 342 et 343.

de réaction contre une attaque déjà passée, il ne s'agit plus de légitime défense mais de vengeance. Il n'y a pas non plus de légitime défense en cas d'un mal futur. Quant au caractère injuste, il résulte de ce que l'agression n'est pas fondée en droit et n'est ni autorisée ni ordonnée par la loi.

2. Un acte de défense nécessaire et mesurée

La défense est considérée comme nécessaire lorsque celui qui a commis l'infraction n'avait pas d'autres moyens que d'utiliser la force pour résister à l'attaque. Cette défense doit évidemment être proportionnée à l'attaque en tenant compte des forces en présence. L'appréciation de la proportionnalité de la réaction est une question de fait tranchée par le juge. Lorsque la défense est démesurée par rapport à l'attaque, il y a excès de légitime défense. L'effet justificatif est dès lors exclu[458]. Il en est ainsi lorsque pour défendre un bien, la personne poursuivie a commis un homicide volontaire.

b. La preuve de la légitime défense

Le principe général est qu'en droit pénal, la charge de la preuve de l'existence d'une infraction incombe au ministère public qui instruit à charge et à décharge. Il peut ainsi abandonner les charges, le cas échéant, au cours de l'instruction juridictionnelle. Mais ici, l'on se trouve en situation de défense. Dès lors, c'est l'adage *reus in expiendo fit* actor qui s'applique.

La tâche aurait pu être allégée pour l'auteur si le législateur avait prévu une présomption de légitime défense comme en droit français[459]. C'est pourquoi, les auteurs de l'avant-projet du Code pénal ont proposé que dans certaines situations, la légitime défense soit présumée. Il en serait ainsi lorsque celui qui accomplit l'acte a agi soit pour repousser, de nuit, l'entrée par effraction, violence ou ruse dans un lieu habité, soit pour se défendre contre les auteurs de vol ou de pillage exécutés avec violence[460].

---

[458] *Idem*, p. 346.

[459] Article 122-6 du code pénal français.

[460] Article 101 de l'avant-projet du CP, version 2011.

c. Les effets de la légitime défense

Lorsque la légitime défense a été reconnue, l'auteur des faits n'est ni pénalement ni civilement responsable. Les poursuites entamées doivent prendre fin dès l'établissement de la légitime défense. La décision sera un classement sans suite au niveau préjuridictionnel ou un acquittement au niveau juridictionnel.

C. L'état de nécessité

Il sied de circonscrire la notion d'état de nécessité avant d'en préciser les conditions.

a. La notion d'état de nécessité

En l'absence de dispositions expresses relatives à l'état de nécessité dans le code pénal congolais, il n'est pas sans intérêt de se référer à l'article 102 de l'avant-projet du code pénal, qui a tenté de cerner cette notion de la manière suivante :

> « Il n'y a pas d'infraction lorsque les faits sont commis pour préserver d'un danger grave et imminent, la vie, l'intégrité corporelle, la liberté ou le patrimoine de l'auteur de l'acte ou d'un tiers, et à la condition que le danger ne puisse être écarté autrement et que l'auteur use de moyens proportionnés aux circonstances[461].

Pour sa part, la Cour d'appel de Colmar avait défini, en 1959, l'état de nécessité comme la situation dans laquelle se trouve une personne qui, pour sauvegarder un intérêt supérieur, n'a d'autre ressource que d'accomplir un acte défendu par la loi pénale[462], et qui porte atteinte aux biens ou aux droits d'une autre personne[463].

Le fondement de l'état de nécessité se trouverait dans le fait que la société ne peut punir un acte qui atteint une valeur moindre que le bien sauvegardé. Et lorsque deux valeurs d'égale importance se trouvent en compétition, la société n'a pas de raison de sauvegarder l'une plutôt que l'autre.

b. Les conditions de l'état de nécessité

Deux séries de conditions sont exigées pour retenir l'état de nécessité : la première tient au danger et la seconde à l'acte accompli.

---

461 Formulation de l'Avant-projet du code pénal, article 102.

462 Colmar 6 déc. 1957, D., 1958, 357.

463 BOULOC, *op.cit.*, p. 349.

1. Les conditions relatives au danger

L'agent doit se trouver en face d'un danger actuel et imminent comme dans la légitime défense. Il ne faut pas évidemment que l'agent se soit mis dans cette situation par sa propre faute.

2. Les conditions relatives à l'acte accompli

L'acte doit être nécessaire à la sauvegarde de la personne ou du bien. De plus, les moyens utilisés doivent être proportionnels à la gravité de la menace.

c. Les effets de l'état de nécessité

L'état de nécessité, quand il est dûment établi, emporte l'absence de toute responsabilité pénale. L'on considère que l'agent n'a commis aucune faute. Et par conséquent, il ne doit pas être condamné à dédommager la victime. Cependant, étant donné que celle-ci n'a en principe commis aucune faute, contrairement au cas de légitime défense, la question continue à être débattue.

En effet, pour certains, l'état de nécessité ne devrait pas supprimer la responsabilité civile parce que l'infraction ne lèse pas l'auteur de la menace mais un tiers innocent alors que la personne en état de légitime défense cause un préjudice à l'auteur même de l'atteinte[464].

A notre avis l'auteur, parce qu'il a eu une relative liberté de choix entre commettre l'acte ou pas, entre différentes modalités possibles, devrait réparer le préjudice causé à la personne bénéficiaire de son action ou au tiers, victime des faits. Cependant, on devrait laisser au juge une large liberté d'appréciation pour pouvoir statuer en équité.

D. Le consentement de la victime

Contrairement aux faits précédents, le consentement de la victime[465] n'est pas une cause générale d'irresponsabilité. En effet, en dépit du consentement de la victime, l'acte reste contraire à l'ordre public. Il constitue une infraction et doit être sanctionné, même si la victime ne se plaint pas ou ne réclame pas une réparation. Ainsi le consentement de la victime, sauf cas exceptionnel, ne justifie pas l'infraction[466].

---

464 DESPORTES et LE GUNEHEC, *op. cit.*, p. 714.
465 BOULOC, *op. cit.*, p. 354.
466 *Idem.*

a. Fondement

L'objet du droit pénal est la protection de l'intérêt général et de l'ordre social qui peuvent être atteints malgré l'accord de la victime. Celle-ci ne peut pas, par sa volonté et pour un intérêt privé, mettre en échec le droit pénal. C'est pourquoi, malgré le consentement de la victime, l'infraction demeure. Tout ce que le juge peut faire, c'est atténuer la peine.

La Cour Suprême de Justice, Chambres réunies, a eu à se prononcer à ce sujet dans une espèce ou à proprement parler, la victime n'avait pas donné son consentement exprès, mais son comportement constituait une acceptation tacite : « Ne sont pas des considérations élusives de l'infraction de viol réputé à l'aide de violences mais bien une circonstance atténuante, le fait pour la victime d'avoir des mœurs faciles et d'avoir entretenu des relations sexuelles avec d'autres personnes avant les faits de la cause »[467].

b. Prise en compte du consentement de la victime

Dans certains cas cependant, le consentement de la victime peut être opérant. Il en est ainsi lorsque le consentement de la victime est un élément qui fait obstacle à la constitution de l'infraction et donc que son absence entraîne la constitution de celle-ci. Par exemple, en matière de viol, l'infraction ne peut exister s'il résulte des circonstances de fait que la prétendue victime était un adulte consentant[468].

L'autre situation concerne l'application de la coutume. Celle-ci opère comme permission de la loi. Des exemples nombreux se trouvent dans la pratique des sports violents et dans celle de la médecine. La victime qui accepte de participer à des sports de cette nature ou d'être opérée, acquiesce, par là-même, à subir des coups et blessures et, dans les cas extrêmes, la mort. Il en est de même de la victime qui renonce au secret professionnel.

E. La provocation de la part de la victime

La provocation de la part de la victime n'exonère pas l'auteur de la responsabilité pénale. Une telle exonération serait comme donner l'autorisation de se faire justice soi-même. L'auteur d'un homicide volontaire n'aura droit qu'à des circonstances atténuantes, même s'il est

---

[467] CSJ, Chambres réunies, 5 mars 1974, MP c/ N, *RJZ*, janvier à août, 1974 p. 40.
[468] CA Kinshasa, 5 mai 1972, MP c/ BM, *RJZ*, mai à août, 1973, p. 179.

prouvé que c'est la provocation grave de la part de la victime qui l'a déterminé au meurtre[469].

SOUS-CHAPITRE 4 : LA SANCTION PÉNALE

Lorsqu'intervient la sanction pénale, cela signifie que la prévention générale ou individuelle de la délinquance a échoué. Concrètement, cela indique qu'un ou plusieurs individus déterminés ont commis une infraction et en ont été rendus responsables pénalement. Pour respecter le principe de légalité des peines, la réaction de la société devrait se situer dans un cadre tracé par la loi, la coutume ou par des règles relevant de l'ordre public ou des bonnes mœurs. Elle est censée s'adapter à la gravité de l'acte commis, à la personnalité de son auteur ainsi qu'aux nécessités commandées par l'intérêt de la société et la réparation de la victime. Pour mieux comprendre la notion de sanction pénale, il faut auparavant la distinguer d'autres sanctions du système juridique avant d'approfondir la matière.

Section 1 : La différence entre la sanction pénale et les autres sanctions

La sanction pénale est parfois confondue avec d'autres sanctions avec lesquelles il arrive qu'elle présente des similitudes. C'est le cas des sanctions civiles (§1), disciplinaires (§2), administratives (§3) et des mesures éducatives (§4).

§1. La sanction civile

Alors que la sanction pénale ne concerne principalement que la défense de l'ordre public et la réparation du préjudice social, la sanction civile protège elle des intérêts privés et répare des préjudices individuels subis par des sujets de droit[470]. Les sanctions civiles se situent donc en dehors du droit pénal et consistent en des annulations, déchéances, obligations de faire, astreintes ou dommages-intérêts. Cependant, le juge pénal peut, à l'issue du procès connaissant de l'action publique, prononcer des sanctions à caractère civil au bénéfice de la victime d'une infraction.

---

[469] CA Kinshasa, 18 janvier 1968, MP c/ MS, *RJC*, juillet à décembre, sd, p. 259.
[470] BOULOC Bernard, *Droit pénal général*, 21e édition, Dalloz, Paris, 2009, p. 25.

§2. Les sanctions disciplinaires

Le droit disciplinaire a pour objet d'assurer l'ordre dans un groupement, famille, écoles, universités, entreprises, associations, divers ordres professionnels (médecins, avocats, architectes, pharmaciens, infirmiers, etc.) et, en cas de manquement aux règles déontologiques, il s'exerce à l'encontre des membres de ce groupement. Souvent, les fautes disciplinaires coïncident avec des fautes pénales. En effet, le droit disciplinaire sanctionne majoritairement des devoirs moraux : loyauté, équité, probité, respect, compétence, conscience professionnelle, etc. dont la protection est assurée, très souvent, par des infractions. Sont du domaine des sanctions disciplinaires : le rappel à l'ordre, les demandes d'explications, l'avertissement, la mise à pied, l'omission, la révocation et quelquefois des amendes, la suspension étant plutôt une mesure conservatoire. La qualité de l'auteur qui prend la décision détermine la nature disciplinaire ou pénale de la sanction.

§3. Les sanctions administratives

Les sanctions administratives sont prises par les autorités administratives dans un certain nombre de domaines notamment sanitaires, économiques ou fiscales. C'est le cas des entorses à l'hygiène et la salubrité publiques, à la concurrence déloyale ou à la fraude fiscale. Les sanctions administratives sont souvent pécuniaires mais peuvent aussi consister en des mesures similaires à des peines complémentaires comme la fermeture d'un établissement ou la suspension ou la révocation d'une autorisation. Elles sont tantôt conservatoires, en attendant qu'une décision judiciaire intervienne, tantôt concomitantes aux sanctions pénales et indépendantes de celles-ci.

§4. Les mesures éducatives

Les mesures éducatives sont prises à l'encontre des mineurs en conflit avec la loi ou en situation difficile, dès lors qu'ils sont capables de discernement. Ce sont des mesures de protection, d'assistance, de surveillance et d'éducation. Elles peuvent consister, comme cela avait été indiqué lors de la leçon sur l'irresponsabilité des mineurs, dans la remise, après réprimande, aux parents, tuteur ou toute autre personne exerçant l'autorité parentale, avec instruction d'assurer une meilleure surveillance, ou à un couple de bonne moralité, à une institution privée agréée ou à une institution publique à caractère social, ou à un centre médical ou médico-éducatif approprié ou enfin à un établissement de garde et d'éducation de l'Etat.

Section 2 : La notion de sanction pénale

La sanction pénale doit être entendue comme la conséquence, lorsque les conditions en sont réunies, d'un comportement prévu et réprimé par la société, qu'une personne, physique ou morale, adopte, délibérément ou non, et qui entraîne ou pas, pour autrui, un préjudice plus ou moins grave.

§1. La définition de la sanction pénale

La sanction pénale est définie par la loi pénale et prononcée par un juge pénal. La sanction pénale doit respecter le principe de légalité des délits et des peines ainsi que ses corollaires, les principes de nécessité, de proportionnalité et de personnalité. La sanction pénale est une peine lorsqu'elle est destinée à réprimer une faute pénale ; elle est une mesure de sûreté, lorsqu'elle poursuit la neutralisation d'un état dangereux.

§2. La différence entre la peine et les mesures de sûreté

Cette distinction n'existe pas de façon expresse dans notre code pénal. En effet, l'article 5 ne donne que la nomenclature des peines. Cependant, la doctrine distingue la peine de la mesure de sûreté en se référant à leurs fonctions et à leurs régimes. Les peines complémentaires sont souvent, en réalité, des mesures de sûreté.

A. La différence par rapport aux fonctions

La peine suppose la commission d'une faute pénale et a comme fonctions l'intimidation (par des peines d'une grande sévérité), la rétribution (en imposant au délinquant l'obligation de compenser le trouble causé à la société ou d'expier sa faute), la réadaptation (par la préparation à la réinsertion). La peine est destinée à la répression de la personne physique ou morale qui a commis une infraction, tandis que la mesure de sûreté, qui n'a pas de coloration morale, vise plus particulièrement la prévention en agissant sur l'état dangereux d'un individu pour l'empêcher de commettre une infraction future. Les mesures de sûreté sont donc des mesures soit de traitement, de rééducation ou réadaptation, d'un individu en vue de sa réinsertion, soit de surveillance en vue de sa neutralisation.

B. La différence par rapport aux régimes

Les peines et les mesures de sûreté se distinguent également par la qualité des auteurs qui prennent la décision et par la durée de la condamnation. En effet, les peines sont prononcées uniquement par le juge tandis que diverses autorités, judiciaires, administratives ou sanitaires, peuvent prendre des mesures de sûreté. Quant à la durée, en principe, le condamné connaît la durée de sa peine dès le prononcé de la condamnation. Il est quitte avec la société dès qu'il l'a exécutée. Alors que la durée de la mesure de sûreté est indéterminée et tient compte de l'évolution de l'état dangereux de l'individu et cesse lorsque l'amélioration de la situation le permet. En réalité, les choses ne sont pas aussi simples car la peine est devenue révisable et l'indétermination de la mesure de sûreté, relative.

Les deux sanctions peuvent être prononcées au même moment et, soit coexister soit se succéder, dans leur exécution. La durée et les modalités de celle-ci varient en fonction du comportement de la personne concernée.

Qu'il s'agisse de peines ou de mesures de sûreté, ces condamnations pénales peuvent être catégorisées.

Section 3 : La classification des sanctions pénales

La présente section aborde en premier lieu la classification des peines, avant de s'achever avec la classification des mesures de sûreté.

§1. La classification des peines

Les peines peuvent être classifiées de différentes manières en fonction de leur nature, de leur gravité ou de leur objet.

A. La classification des peines selon leur nature

Selon leur nature, l'on distingue les peines principales, les peines subsidiaires ou alternatives, les peines complémentaires et les peines accessoires.

a. Les peines principales

La peine principale est celle que la loi attache à une infraction. Elle est prévue par un texte et est prononcée expressément.

b. Les peines subsidiaires ou alternatives

Les peines subsidiaires permettent de remplacer les courtes peines d'emprisonnement ou des peines d'amendes. En cas de non-exécution de la peine alternative, la peine qu'elle remplace s'applique.

C'est ainsi que le code pénal congolais prévoit les remplacements d'une peine d'amende et d'une courte peine de servitude pénale.

En effet, la peine subsidiaire de servitude pénale se substitue au paiement de l'amende lorsque celui-ci n'est pas effectué dans le délai de huit jours qui suit la condamnation devenue irrévocable ou qui suit le prononcé du jugement, en cas d'un jugement immédiatement exécutoire. Sa durée est fixée par le jugement de condamnation, d'après les circonstances et le montant de l'amende infligée au condamné. Elle ne peut jamais dépasser six mois. A tout moment, en payant l'amende, le condamné peut mettre fin à la servitude pénale. Par contre, il ne peut offrir de purger la peine subsidiaire de servitude pénale pour protéger ses biens[471].

De même, l'obligation de s'éloigner de certains lieux ou d'une certaine région ou d'habiter dans un lieu déterminé peut être prononcée en lieu et place d'une servitude pénale de six mois minimum, ou lorsque la peine méritée est inférieure ou égale à six mois en raison des circonstances. Cette peine subsidiaire ne peut dépasser un an[472].

c. Les peines complémentaires

Les peines complémentaires accompagnent les peines principales. Elles sont prévues par la loi et sont obligatoires ou facultatives. En droit congolais, la peine d'obligation de s'éloigner de certains lieux ou d'une certaine région ou d'habiter dans un lieu déterminé peut être prononcée en plus de la servitude pénale à charge de quiconque a commis, depuis dix ans au moins, deux infractions qui ont entraîné chacune une servitude pénale d'au moins six mois.

Les articles 145, 146 et 149 *bis* du Code pénal réprimant les détournements et les concussions perpétrés par des personnes revêtues de mandat public ou chargées d'un service public ou d'une mission de l'Etat ou d'une société étatique, prévoient des condamnations complémentaires semblables à des mesures de sûreté : interdiction, après l'exécution de la peine, du droit de vote et du droit d'éligibilité pour une période de 5 à 10 ans ; interdiction d'accès aux fonctions

[471] Articles 12 et 13 du Code pénal congolais.
[472] Article 14 a) du Code pénal congolais.

publiques et paraétatiques, privation du droit à la condamnation ou à la libération conditionnelles et à la réhabilitation ; expulsion définitive du territoire si le condamné est un étranger. A l'article 149 *bis* relative à la répression de la corruption active et passive, le législateur a ajouté la confiscation de la rétribution perçue ou du montant de sa valeur. A l'article 150 b sur la répression des rémunérations illicites accordées aux employés des personnes privées, le législateur a prévu la condamnation obligatoire, outre la peine principale, à la confiscation des choses livrées au coupable ou du montant de leur valeur. Par ailleurs, le recouvrement des sommes, biens ou valeurs provenant des infractions prévues aux articles 150 b et 150 c peut être poursuivi, après le décès du coupable, entre les mains de ses ayant droits à cause de mort.

D'autres peines complémentaires sont prévues aux articles 219 et 220 du CP relatifs aux infractions d'atteinte à la sûreté extérieure et intérieure de l'Etat. L'article 219 prévoit la confiscation obligatoire des objets ayant servi à commettre l'infraction, la déclaration d'acquisition au Trésor de la rétribution reçue par le coupable ou le montant de sa valeur. Quant à l'article 220, il prévoit la possibilité d'une interdiction du droit de vote et du droit d'éligibilité pour une durée de 5 à 10 ans.

d. Les peines accessoires

Les peines accessoires résultent de la condamnation et s'ajoutent, en principe, automatiquement à la peine principale, sans que le juge ait à les prononcer. Le principe de légalité et celui de la personnalité doivent néanmoins toujours être respectés. Ainsi, la doctrine étrangère a développé les caractères juridiques de la confiscation : la confiscation spéciale est une peine accessoire. On peut considérer comme peines accessoires, le cas d'inéligibilité prévu par l'article 10 points 2 et 3 de la loi n°06/006 du 09 mars 2006 portant organisation des élections présidentielle, législatives, provinciales, urbaines, municipales et locales telle que modifiée et complétée à ce jour. Ce cas d'inéligibilité frappe les personnes condamnées par un jugement irrévocable soit pour crime de génocide, crimes contre l'humanité et crimes de guerre, soit du chef de viol, d'exploitation illégale des ressources naturelles, de corruption, de détournement de deniers publics, d'assassinat, de torture, de banqueroute ainsi que les faillis.

La Cour d'appel de Kinshasa Gombe avait retenu dans un arrêt comme peines accessoires aux travaux forcés l'interdiction d'exercer des fonctions publiques et para étatiques quel qu'en soit l'échelon et celle de la privation du droit à la condamnation conditionnelle, à la libération conditionnelle et à la réhabilitation[473].

En dehors de leur nature, les peines peuvent encore être classifiées en fonction de leur gravité.

B. La classification des peines selon leur gravité

En l'absence d'une répression générale des personnes morales, nous donnerons d'abord la nomenclature ainsi que la gradation des peines encourues par les personnes physiques telles que prévues à l'article 5 du code pénal livre 1er, puis les sanctions prévues pour les personnes telles que tirées de divers textes d'incrimination :

- La mort ;
- Les travaux forcés ;
- La servitude pénale ;
- L'amende ;
- La confiscation spéciale ;
- L'obligation de s'éloigner de certains lieux ou d'une certaine région ;
- La résidence imposée dans un lieu déterminé ;
- La mise à la disposition de la surveillance du gouvernement.

Quant aux personnes morales, il existe un certain nombre des peines prévues en droit congolais notamment :

- Dans la loi n° 04 /016 du 19 juillet 2004 sur la lutte contre le blanchiment des capitaux et le financement du terrorisme, l'article 36 prévoit comme peine applicable aux personnes morales non seulement des peines principales d'amende mais également les peines complémentaires suivantes : interdiction à titre définitif ou pour une durée de cinq ans ou plus, d'exercer directement ou indirectement certaines activités professionnelles ; la fermeture définitive ou pour une durée de cinq ans au maximum, de leurs établissements ayant servi à commettre l'infraction, la dissolution lorsqu'elles ont été créées pour commettre les faits incriminés ; le paiement des frais de publication de la décision par la presse écrite ou par tout autre moyen de communication audiovisuelle ;
- Dans la loi du 27 avril 2010 sur les marchés publics, les articles 77 et 78 prévoient des sanctions contre la personne morale ou l'entreprise : l'amende, la confiscation ainsi que l'exclusion de

[473] Kin-Gombe, 16 mars 2002, RPA 11.491, aff MP c/ Katembera, in Katuala Kaba Kasahala, Lumbala Ilunga Victor et Mwanza Katuala Tony, *Les grands arrêts de nos juridictions d'appel*, Editions Batena Ntambua, Kinshasa, juin 2011, p. 6.

l'entreprise de la commande publique pour une durée inférieure ou égale à cinq ans.

Au vu de ces deux textes, l'amende apparaît comme la peine principale tandis que les autres sanctions sont plutôt des sanctions complémentaires.

- Dans la loi n°15/002 du 12 février 2015 portant création et organisation de l'ordre national des experts comptables, les articles 70 et 71 prévoient des peines aggravées d'amende contre des personnes morales qui se seront attribuées illicitement le titre d'expert-comptable ou qui auront réalisé une mission illégale d'expertise-comptable. Quant à l'article 72 de ce texte, il décrète que les personnes morales sont civilement responsables du paiement des amendes auxquelles leurs organes et préposés sont condamnés.

L'intérêt d'un autre texte, la loi n°15/005 du 17 mars 2015 portant code des assurances, est qu'il identifie, dans plusieurs de ses dispositions dont l'article 500 alinéa 4, les personnes qui, en raison de leurs fonctions peuvent être poursuivies pénalement. Or, parmi celles-ci, figurent les sociétés de courtage qui sont des personnes morales.

En France par contre, diverses peines sont édictées : l'amende, la dissolution, l'interdiction d'exercer directement ou indirectement une ou plusieurs activités professionnelles ou sociales, le placement sous surveillance judiciaire, la fermeture définitive de l'un ou plusieurs ou tous les établissements, l'exclusion des marchés publics, l'interdiction de faire un appel public à l'épargne, la confiscation spéciale, l'interdiction d'émettre certains chèques, la confiscation spéciale, l'affichage ou la diffusion de la décision prononcée, la confiscation d'un animal ou l'interdiction de détenir un animal. Cette liste n'est pas exhaustive[474].

C. La classification des peines selon leur objet

Les peines principales prévues à l'article 5 du code pénal frappent la vie, la liberté d'aller et venir et le patrimoine, tandis que les peines complémentaires en plus de l'objet ci-haut cité peuvent frapper la capacité d'exercice ou de jouissance du délinquant condamné.

---

[474] DESPORTES et LE GUHENEC, *op. cit.*, pp. 823 à 827.

a. La peine portant atteinte à la vie : la mort (article 5 du CP)

1. Notion

La peine de mort est la privation de la vie exécutée par un ou plusieurs bourreaux suite à une décision judiciaire. C'est un homicide volontaire et légal réalisé par des agents de l'Etat.

2. Champ d'application

La peine de mort sanctionne trois sortes d'atteintes : les atteintes à la vie humaine (crime génocide, crimes contre l'humanité, crimes de guerre, meurtre, assassinat, empoisonnement, etc.), les atteintes à la sûreté de l'Etat (trahison, espionnage, attentat, etc.) et certaines infractions au code pénal militaire (désertion, mutilation et lâcheté, capitulation, complot militaire, pillage, etc.).

3. Exécution

L'exécution de la peine de mort a lieu par pendaison pour les civils et par les armes pour les militaires, à l'endroit désigné par les autorités administratives et judiciaires[475].

4. Controverse au sujet de la peine de mort

Une controverse oppose les rétentionnistes, favorables au maintien de la peine de mort, et les abolitionnistes qui poursuivent sa suppression. Dans leur argumentation, les rétentionnistes avancent des raisons relatives à la légitime défense de la société, à l'élimination des criminels et à l'intimidation des citoyens qui seraient tentés de commettre des infractions graves. Selon eux, l'organisation et le fonctionnement des établissements pénitentiaires congolais ne permettent pas d'interner de façon sécurisée les délinquants dangereux. Les abolitionnistes quant à eux, expliquent leur position par différentes raisons : en cas d'exécution du condamné, il n'est plus possible de réparer une erreur judiciaire ; la peine de mort est en soi un traitement inhumain, cruel et dégradant ; le maintien ou l'abolition de la peine de mort n'a pas d'incidence significative sur la criminalité ; la peine de mort est une violation du caractère sacré de la vie.

---

[475] Article 6 du CP : Le condamné à mort sera exécuté suivant le mode déterminé par le Président de la République. Articles 1 et 2 de l'Arrêté du Gouverneur général du 9 avril 1898. Voir NYABIRUNGU, Traité de droit pénal général, *op. cit.*, p. 364.

L'on peut s'interroger par ailleurs sur diverses autres questions. En effet, la société ne peut pas opter pour la réadaptation du délinquant et ne pas lui laisser le temps de la repentance. On rappelle à ce propos le cas de Pranzini qui refusait l'assistance d'un prêtre, mais qui, au pied de l'échafaud, a réclamé le crucifix et l'a baisé avant d'être exécuté. En matière de légitime défense, il est exigé que l'agression soit imminente, la réaction bien après le danger ne serait que vengeance. Ainsi en serait-il de la peine de mort. Les délinquants dangereux sont des produits de la société. Pourquoi devrait-on les traiter différemment des malades dangereux, en les éliminant, alors que les derniers sont soignés, logés et nourris aux frais de la société.

La Constitution du 18 février 2006 semble permettre une lecture ambivalente de ses dispositions relatives au droit à la vie. Les rétentionnistes soutiennent qu'elle n'interdit pas la peine de mort alors que les abolitionnistes se basant sur les articles 16 alinéa 1er, 60 et 61 sur la sacralité de la personne humaine concluent que la peine de mort est abolie, l'obligation de respecter la vie incombe aussi à l'Etat. Il ne peut y déroger sous quelque prétexte que ce soit. Cependant, le code pénal, malgré les récentes modifications législatives a conservé cette peine qui d'ailleurs, suivant l'opinion publique, devrait être maintenue car elle servirait à rétribuer efficacement les délinquants pour les actes commis et/ou à éliminer les infracteurs dangereux.

En réalité, la peine de mort semble être liée moins à des préoccupations criminologiques qu'à celles politiciennes. Il s'agit de préserver le pouvoir en place en attestant de son efficacité pour l'élimination des délinquants gravement perturbateurs de l'ordre public ou représentant un danger pour le régime. Quant à l'opinion publique, elle est souvent mue par l'émotion, et les mêmes personnes qui réclament à cor et à cri l'élimination des criminels s'insurgent contre une application exempte de pardon sur laquelle on ne peut revenir. Les raisons en sont diverses, mais souvent sentimentales.

Le caractère inconstitutionnel d'un texte législatif ne pouvant être examiné que par la Cour constitutionnelle, il faudra attendre que celle-ci se prononce à l'occasion d'une requête en conformité à la Constitution ou une requête en inconstitutionnalité[476]. En attendant, le juge saisi d'une affaire requérant la peine de mort pourrait, en principe,

---

[476] Le professeur André MBATA B. MANGU avait introduit, sous R.Const. 7, une requête en inconstitutionnalité de plusieurs articles du code pénal ordinaire, du code pénal militaire, et de toute autre disposition prévoyant la peine de mort. La Cour ayant déclaré la requête irrecevable pour forclusion le 29 janvier 2006, la question n'a pas pu être tranchée au fond.

prononcer cette peine lorsqu'un texte le prévoit et se mettre ainsi en porte-à-faux avec la position que la Constitution semble avoir adopté vis-à-vis des droits fondamentaux de l'homme, parmi lesquels se trouve le droit à la vie.

Le juge prudent devrait, dans ce contexte, s'abstenir de prononcer ladite peine.

Quoiqu'il en soit, force est de constater que le nombre de pays abolitionnistes[477] ne fait qu'augmenter et d'autres, bien que l'ayant dans leur arsenal pénal, ne l'appliquent guère[478]. Ainsi, l'évolution est inexorable vers l'abolition de la peine de mort.

b. Les peines portant atteinte à la liberté d'aller et de venir

Cette partie analyse respectivement les peines privatives de liberté (1) et les peines restrictives de liberté (2).

1. Les peines privatives de liberté

Il s'agit de la peine des travaux forcés (a) et de celle de servitude pénale (b).

a) La peine de travaux forcés

1) Notion

La peine de travaux forcés[479] est une peine de détention, assortie de travail obligatoire, à laquelle sont condamnés des individus ayant enfreint gravement la loi pénale. Les travaux forcés sont conçus comme des travaux pénibles, non rémunérés et d'intérêt général.

2) Champ d'application

En droit congolais, les travaux forcés ont été institués par la loi n°73-017 du 5 janvier 1973 pour réprimer les infractions de détournement (voir article 145 relatif aux détournements et aux concussions commis par des personnes revêtues de mandat public ou chargées d'un service

---

[477] En Afrique : Afrique du Sud, Angola, Bénin, Burundi, Cap vert, République du Congo, la Côte d'Ivoire, Djibouti, Gabon, Guinée, Guinée Bissau, Madagascar, Maurice, Martinique, Namibie, Rwanda, Sao Tome y Principe, Sénégal, Seychelles et Togo. https//amnesty.org et www.ladocumentationfrancaise.fr

[478] Une quinzaine de pays africains sont dans cette situation dont le Botswana, le Kenya, le Nigeria, la Zambie et le Tchad.

[479] Ordonnance n° 344 du 17 septembre 1965 portant régime pénitentiaire, article 64 alinéa 1er.

ou d'une mission de l'Etat ou d'une société étatique) et des évasions (voir articles 162 et 164 sur l'évasion des détenus).

3) Durée

Selon l'article 6 bis du Code pénal, la peine de travaux forcés est d'un an au minimum et de vingt ans au maximum.

4) Exécution

Les mesures d'application relatives à l'exécution de la peine des travaux forcés n'ont jamais été prises. En conséquence, cette peine s'applique comme celle de la servitude pénale, malgré les prescrits du 3ème alinéa de l'article 6 bis du CP. Aussi, faut-il se référer uniquement à cette disposition pour connaître les contours de l'exécution de cette peine : la nécessité d'une ordonnance du Président de la République pour en fixer les modalités ; l'imputation de la durée de la détention préventive sur celle des travaux forcés, effectivement prononcée.

5) Défaut de pertinence de la peine

L'introduction en droit pénal congolais de la peine de travaux forcés était destinée à produire un effet intimidant pour prévenir la commission des infractions de détournement et d'évasion de prévenus. Mais cette peine n'ayant jamais été appliquée comme telle, on peut s'interroger sur sa pertinence et sa nécessité. De plus, s'agissant de l'infraction de détournement, on peut se demander si la compensation des sommes détournées était réalisable. Quoiqu'il en soit, le travail est obligatoire pour les détenus des prisons et des camps de détention[480].

En outre, l'article 16 alinéa 5 de la Constitution interdit les travaux forcés ou obligatoires et ne prévoit aucune exception[481]. Cette disposition bloque l'application de la peine des travaux forcés qui ne peut avoir lieu dans ce contexte.

---

480 O. n. 344 du 17 septembre 1965 portant régime pénitentiaire, article 64 alinéa 1er.

481 Radio Okapi avait fait état, le 19 novembre 2008, des débats parlementaires déroulés au Sénat pour la suppression des peines des travaux forcés en RDC. La raison en était que cette peine est contraire à la Constitution. Le texte avait été transféré pour harmonisation à la Commission politique, administrative et judiciaire, www.radiookapi.net›senat-justice, consulté le 21/06/2019.

b) La peine de servitude pénale

Il convient de présenter la notion, le champ d'application, et l'exécution de la peine de servitude pénale, et de s'interroger sur la pertinence de la dénomination « servitude pénale ».

1) La notion

La servitude pénale est aujourd'hui équivalente à une peine d'emprisonnement. Elle emporte privation de liberté de circulation et privation de tout lien social à quelques exceptions près.

2) Le champ d'application

De nombreuses dispositions pénales prévoient des peines de servitude pénale aussi bien dans les atteintes contre les personnes que contre les biens ou contre l'Etat.

3) La durée

D'après l'article 7 du CP, la servitude pénale est au minimum d'un jour d'une durée de vingt-quatre heures. Au maximum, la servitude pénale à temps est de 20 ans. La peine de servitude pénale peut être prononcée à perpétuité.

Le législateur a sanctionné des peines de servitude pénale de multiples infractions selon une échelle de gravité dont la rationalité est difficile à saisir :

> 1 jour à 7 jours, 2 jours maximum, 7 jours maximum, 7 jours à 15 jours, 7 jours à 3 mois, 8 jours à 2 mois, 8 jours à 3 mois, 8 jours à six mois, 8 jours à 1 an, 8 jours à 2 ans, 8 jours à 3 ans, 15 jours à 1 an ;
>
> 1 mois à 1 an, 1 mois à 2 ans, 1 mois à 3 ans, 2 mois, 2 mois à 6 mois, 2 mois à 1 an, 2 mois à 2 ans, 2 mois à 3 ans, 2 mois à 20 ans, 3 mois maximum, 3 mois à 9 mois, 3 mois à 1 an, 3 mois à 2 ans, 3 mois à 5 ans, 6 mois, 6 mois à 8 mois, 6 mois à 12 mois (1 an), 6 mois à 24 mois (2 ans), 6 mois à 30 mois, 6 mois à 3 ans, 6 mois à 5 ans, 6 mois à 10 ans ;
>
> 1 an maximum, 1 an à 3 mois, 1 an à 6 mois, 1 an à 3 ans, 1 an à 4 ans, 1 an à 5 ans, 1 an à 12 ans, 1 an à 15 ans, 1 an à 20 ans, 2 ans maximum, 2 ans à 5 ans, 2 ans à 10 ans, 2 ans à 15 ans, 2 ans à 20 ans, 4 ans à 10 ans, 5 ans maximum, 5 ans à 10 ans, 5 ans à 15 ans, 5 ans à 20 ans, 10 ans, 10 ans à 15 ans, 10 ans à 20 ans, 15 ans à 20 ans ;

4) L'exécution

Selon l'article 8 du CP, les condamnés à la peine de servitude pénale subissent leur peine dans les prisons déterminées par le Président de la République.

Ils sont employés, soit à l'intérieur de ces établissements, soit au dehors, à l'un des travaux autorisés par des règlements de l'établissement ou pris par l'exécutif, en l'occurrence par le Président de la République, à moins qu'ils n'en soient dispensés dans des cas exceptionnels.

La durée de la détention préventive est imputée sur celle prononcée de la servitude pénale (Article 9 du CP).

5) La pertinence de la dénomination

L'expression « servitude », en ce qu'elle comporte une connotation péjorative selon les critères de respect des droits de l'homme et principalement de la dignité humaine, devrait être remplacée par « emprisonnement ». En effet, les condamnés à l'emprisonnement sont tout aussi contraints à la prestation de certains travaux non rémunérés, mais peuvent également effectuer volontairement des travaux rémunérés ou lucratifs suivant l'organisation et le fonctionnement des établissements dans lesquels ils ont hébergés.

2. Les peines restrictives de la liberté d'aller et de venir

Parmi ces peines, il y a lieu de mentionner l'obligation de s'éloigner de certains lieux et la mise à la disposition du gouvernement.

a) L'obligation de s'éloigner de certains lieux ou d'une certaine région ou d'habiter dans un lieu déterminé

Selon l'article 14 a) du CP, lorsque l'infraction est punissable d'une peine de servitude pénale principale de six mois au minimum ou lorsque la peine méritée ne doit pas dépasser six mois en raison des circonstances, les cours et tribunaux peuvent substituer à la servitude pénale l'obligation de s'éloigner de certains lieux ou d'une certaine région ou celle de résider dans un lieu déterminé pendant une durée maximum d'un an.

L'interdiction de séjour et l'obligation de résidence peuvent être prononcées, comme peines complémentaires, à charge de quiconque a commis, depuis dix ans au moins deux infractions qui ont entraîné chacune une servitude pénale d'au moins six mois[482]. Elles prennent cours à la date fixée par le jugement[483], dans la première hypothèse, ou à la date à laquelle le condamné est libéré, soit définitivement, par expiration ou remise de la peine de servitude pénale, soit conditionnellement, dans la seconde hypothèse.

La réincarcération du condamné, pour quelque cause que ce soit, n'entraîne pas prolongation de la durée de ces peines.

b) La mise à disposition du Gouvernement

Conformément à l'article 14 d, quiconque ayant commis depuis dix ans, au moins trois infractions qui ont entraîné chacune une servitude pénale d'au moins dix mois, et qui présente en outre une tendance persistance à la délinquance peut, par l'arrêt ou le jugement de condamnation, être mis à la disposition du gouvernement pour un terme de cinq à dix ans après l'expiration de la peine de servitude pénale.

Lorsque le condamné est libéré conditionnellement, la peine de mise à la disposition du gouvernement prend cours à la date de la libération conditionnelle. Son exécution est suspendue en cas de révocation de la libération conditionnelle, à partir de l'arrestation[484].

Lorsque, pendant l'exécution de la mise à la disposition du gouvernement, le condamné est arrêté même préventivement, en vertu d'une décision judiciaire, l'exécution de la peine de la mise à la disposition du gouvernement est suspendue pendant la durée de la détention[485].

Le délinquant d'habitude mis à la disposition du gouvernement est interné, s'il y a lieu, dans un établissement désigné par le Président de la République[486].

A l'expiration de la peine principale, le gouverneur de province dans le ressort de laquelle le condamné est détenu, décide s'il est mis en liberté ou interné[487]. S'il est mis en liberté, il peut, pour cause d'inconduite, être interné par décision de l'administrateur du territoire ou du bourgmestre du ressort où a eu lieu l'inconduite. Le bourgmestre prend avis du ministère public. L'intéressé peut introduire un recours

[482] Article 14 b du Code pénal congolais.
[483] Article 14 c du Code pénal congolais.
[484] Article 14 f du Code pénal congolais.
[485] Article 14 g du Code pénal congolais.
[486] Article 14 h du Code pénal congolais.
[487] Article 14 i du Code pénal congolais.

contre cette décision devant le gouverneur de province. Les formes de ce recours sont déterminées par le Président de la République[488].

Le délinquant d'habitude mis à la disposition du gouvernement peut demander à être relevé des effets de cette décision. A cette fin, il adresse sa demande au procureur général près la cour d'appel, dans le ressort de laquelle siège la juridiction qui a prononcé la mise à la disposition du gouvernement. Le procureur général prend toutes les informations nécessaires, les joint au dossier qu'il soumet à la cour, avec ses réquisitions. La cour statue par arrêt motivé, l'intéressé entendu ou dûment cité[489].

c. Les peines portant atteinte au patrimoine

La liberté n'est pas le seul droit frappé par une peine. Il y a également le patrimoine qui peut être atteint par l'amende et la confiscation spéciale.

1. L'amende

a) La notion

Une amende est une sanction pécuniaire prononcée par une juridiction répressive, au profit du Trésor public, à l'encontre d'une personne coupable d'infraction. En d'autres termes, le délinquant condamné à une peine d'amende, à titre de sanction, doit verser au Trésor public une certaine somme d'argent fixée par la loi.

L'amende est la forme essentielle des peines patrimoniales. Elle présente certains avantages et des inconvénients. Comme avantages, on peut retenir la non corruption des délinquants par d'autres, contrairement à la prison ; le maintien du caractère afflictif en cas de réitération ; la possibilité de proportionner la peine à la gravité de l'infraction ; la possibilité de frapper douloureusement dans leur portemonnaie les délinquants ayant agi dans un but de lucre ; l'enrichissement du Trésor public. La peine d'amende a, cependant, comme inconvénient de frapper par la même occasion la famille du coupable et tous ceux qui vivaient de son patrimoine ; les montants étant les mêmes pour tous, les plus nantis sont moins touchés que les plus pauvres des délinquants qui d'ailleurs sont souvent insolvables[490]. En

---

488 Article 14 i du Code pénal congolais.
489 Article 14 j du Code pénal congolais.
490 BOULOC Bernard, *op. cit.*, p. 475.

réalité, dans leur appréciation des conséquences de la responsabilité pénale, les juges tiennent compte de l'état de fortune du délinquant.

Les amendes ne doivent pas être confondues avec les dommages-intérêts accordés à la victime. C'est ainsi que la CSJ a réfuté le caractère prétendument mixte de l'amende.

« Il n'est établi par aucun texte et il ne peut être déduit de l'ordonnance-loi du 23 juin 1967 en matière de réglementation de change que les amendes prévues aient un caractère mixte à la fois pénale et de réparation nonobstant le taux élevé des amendes prévues ; dès lors, il s'agit d'amendes pénales[491] ».

L'amende est prononcée individuellement contre chacun des condamnés à raison d'une même infraction[492].

« Il est un principe général de droit en vertu duquel les amendes collectives sont interdites, comme est interdite la condamnation solidaire de plusieurs auteurs à une peine d'amende [493] ».

b) Le champ d'application

L'amende est prononcée à titre principal, soit exclusivement, soit associée à une peine de servitude pénale principale.

c) Le montant

Selon l'article 10, l'amende est d'un zaïre au moins. Le maximum n'est pas fixé par la loi de façon générale, mais déterminé pour chaque infraction[494].

d) L'exécution

Le paiement de l'amende s'effectue dans le délai de 8 jours qui suit la condamnation devenue irrévocable, ou, dans la huitaine qui suit le prononcé du jugement, si le jugement est immédiatement exécutoire. Passé ce délai, l'amende peut être remplacée par une servitude pénale dont la durée est fixée par le jugement de condamnation, d'après les circonstances et le montant de l'amende infligée au condamné[495]. Cette

---

[491] Ruffin LUKOO MUSUBAO, *Droit pénal*, 2e, OSS, p. 26 : CSJ, RPA 7, 13 août 1971, *RZD* 1972, II, p. 14 ; *RJZ*, 1972, p. 42 et p. 121.

[492] Article 11 du Code pénal congolais.

[493] Idem, Cass., 8 janvier 1951, *JT*, p. 320.

[494] Il faut noter que, premièrement le zaïre n'a plus cours légal, deuxièmement l'équivalence avec les francs congolais dans le code pénal n'est pas établie.

[495] Article 12 du Code pénal congolais.

peine subsidiaire n'est pas à confondre avec la contrainte par corps qui n'est pas une peine mais une mesure de rétorsion pour obliger le délinquant à s'acquitter de ses condamnations civiles. Alors que la peine de servitude pénale exécutée éteint la condamnation à l'amende, la contrainte par corps n'exonère pas le délinquant de sa responsabilité civile.

La durée de la servitude pénale subsidiaire n'excède pas six mois. Dans tous les cas, le condamné peut se libérer de cette servitude en payant l'amende. Il ne peut pas, par contre, se soustraire aux poursuites sur ses biens en offrant de subir la servitude pénale[496].

Lorsque le juge prononce le cumul de peines en cas de concours matériels d'infractions, la somme des amendes cumulées ne peut dépasser le double du maximum de la peine la plus forte prévue par la loi, ni être supérieure à 20 000 francs[497].

2. La confiscation

La confiscation est une sanction décidée et effectuée par l'Etat qui s'approprie les biens d'une personne physique ou morale sans indemnité ni contrepartie. La confiscation se différencie des autres formes de dépossession comme l'expropriation ou la saisie par son objectif qui est la sanction. Elle se différencie également de l'amende qui est payée en argent alors que la confiscation porte sur un ou plusieurs biens particuliers.

Le législateur congolais avait prévu deux formes de confiscation, la confiscation générale et la confiscation spéciale. La première ayant été supprimée, elle fera l'objet d'un développement ultérieur pour mémoire.

a) La confiscation spéciale

1) La notion

La confiscation spéciale est une peine qui consiste en un transfert de propriété d'un bien, meuble ou immeuble appartenant à une personne condamnée pour une infraction à l'issue d'un procès pénal, au profit d'un bénéficiaire qui est soit l'Etat, soit plus rarement, à titre de dédommagement, au profit de la victime de cette infraction.

---

[496] Article 13 du Code pénal congolais.

[497] Ce montant est aujourd'hui largement dépassé.

La confiscation spéciale est à distinguer en matière pénale « de la saisie qui est une mesure policière exécutée en vertu de l'article 3 du code de procédure pénale et destinée à placer sous la main de justice les objets qui seront ultérieurement soumis à confiscation ou qui sont nécessaires à la manifestation de la vérité »[498]. La confiscation spéciale est souvent précédée de la saisie des objets en question.

La confiscation spéciale n'est pas subordonnée à la saisie préalable[499].

« Bien que cette disposition ne le prévoie pas, la doctrine assigne à la confiscation une triple fonction : peine, mesure de sûreté, mesure de réparation du préjudice subi par la victime[500] ».

« La confiscation spéciale prévue aux articles 87 et 100 du CP exige que le condamné soit propriétaire des choses que le juge confisque ».

2) L'objet

Selon l'article 14, la confiscation spéciale s'applique uniquement :

1° aux choses formant l'objet de l'infraction et à celles qui ont servi ou qui ont été destinées à la commettre quand la propriété en appartient au condamné[501] ;

2° aux choses qui ont été produites par l'infraction.

Le coupable de la corruption active ou passive sera en outre condamné, dit l'article 149 bis du CP, à la confiscation de la rétribution perçue ou du montant de sa valeur lorsqu'elle n'a pu être saisie.

L'article 14 du code pénal ne précise pas la nature mobilière ou immobilière des choses objet de confiscation spéciale. On peut cependant déduire, par référence à la confiscation générale, que les meubles comme les immeubles peuvent être concernés.

Dans l'avant-projet du code pénal[502], les rédacteurs avaient proposé que puissent être confisquées les choses suivantes :

- les biens du condamné, de quelque nature qu'ils soient, provenant directement ou indirectement de l'infraction, ou acquis par lui à l'occasion de son activité répréhensible ou en relation avec elle ;

---

[498] KENGO wa Dondo, « La confiscation », Mercuriale prononcée à l'audience solennelle de rentrée de la CSJ, du 20 octobre 1973, *BA*, 1974, p. 208.

[499] Elis. 3 avril 1937, *RJCB*, p. 129 ; Ie Inst. Elis, 25 juillet 1924 – Jur Kat. I., Les grands arrêts de nos juridictions d'appel, p. 57.

[500] KENGO wa Dondo, Mercuriale, *op. cit.*, p. 209.

[501] Par exemple, confiscation d'un véhicule qui a servi au chargement ou l'enlèvement du butin. Elis. 3 avril 1954, *RJCB*, p. 200.

[502] Article 187 point 1, version octobre 2011.

- les choses formant l'objet de l'infraction et celles qui ont servi ou qui ont été destinées à la commettre, quand la propriété en appartient au condamné ;
- les choses qui ont été produites par l'infraction ;
- les avantages patrimoniaux tirés directement de l'infraction, aux biens et valeurs qui leur ont été substitués et aux revenus de ces avantages investis.

Ils avaient préconisé également que la confiscation spéciale ne puisse s'étendre aux :

- objets d'usage domestique courant, aux instruments professionnels, artisanaux ou agricoles, indispensables pour assurer les moyens d'existence du condamné et de sa famille ;
- aliments de consommation courante et au numéraire correspondant, au total, à la subsistance et au gain ou revenu indispensables à la vie de la famille du condamné pour trois mois au minimum ou pour telle durée supérieure que le juge estimerait justifiée, vu les conditions d'espèce, par une décision motivée ;
- biens patrimoniaux, quels qu'ils soient, meubles ou immeubles, tenus par héritage familial, qui seront dévolus à la famille sans que le condamné puisse en disposer par don, legs, disposition testamentaire ou autrement ;
- biens personnels du conjoint ou des enfants innocents sauf si ces biens proviennent de l'infraction[503].

3) Portée

a. Faculté ou obligation de confiscation spéciale

Bien que le législateur ait donné la faculté au juge de prononcer la confiscation spéciale, certaines dispositions l'y obligent.

La confiscation spéciale est prononcée pour toute infraction dont l'existence est subordonnée à l'intention délictueuse. Elle n'est prononcée, pour les autres infractions, que dans les cas déterminés par le législateur, elle n'est pas prévue à titre principal et ne peut être prononcée si l'agent est acquitté ou si l'action publique est éteinte par prescription, amnistie ou décès du prévenu[504]. Elle est prononcée même si le juge accorde des circonstances atténuantes ou le sursis. En cas de concours d'infractions, le cumul des peines de confiscation a toujours lieu.

---

503 Article 187 point 2, version octobre 2011.

504 KENGO wa Dondo, Mercuriale, *op. cit.*, p. 210.

b. La confiscation spéciale obligatoire

Le législateur prévoit des cas où le juge doit obligatoirement prononcer la confiscation spéciale, notamment :

- En cas de rémunérations illicites accordées aux employés des personnes privées, la confiscation des choses livrées au coupable ou du montant de leur valeur sera toujours prononcée[505].
- En matière d'atteinte à la sûreté de l'Etat, la rétribution reçue par le coupable, ou le montant de sa valeur lorsque la rétribution n'a pu être saisie, seront déclarés acquis au Trésor.
- La condamnation pour absence de patente entraîne comme peine complémentaire la confiscation de tout ou partie des marchandises en vente[506]. « En matière d'infraction à la législation sur les armes à feu, la confiscation est une mesure de nécessité et d'ordre public, qui doit être prononcée même lorsque l'arme n'appartient pas au délinquant[507]. Elle revêt un caractère pénal. En matière d'infraction à la législation sur les armes à feu, le juge devra prononcer la confiscation, sans rechercher en raison de quel rapport juridique, le prévenu a détenu matériellement l'arme litigieuse. La confiscation revêt ici le caractère d'une mesure d'ordre public[508] ».
- « En cas de détournement des deniers publics, en vertu de l'OL n°67 du 15 mars 1966 modifiée par l'OL n°67 du 4 avril 1967, la confiscation des biens du condamné doit être prononcée exclusivement à concurrence du montant détourné[509].

c. La confiscation spéciale facultative

La loi laisse bien souvent la latitude au juge de prononcer ou pas la confiscation spéciale. Ainsi :

- Les emblèmes de la Croix-Rouge sont protégés. L'article 2 du décret du 30 avril 1912 relatif à la Croix Rouge ou Croix de Genève[510], permet la confiscation spéciale des objets marqués contrairement aux dispositions sur l'emploi de l'emblème et des mots Croix-Rouge.

---

505 Article 150 d alinéa 1er du Code pénal congolais.
506 Ordonnance-loi n °79-021 du 2 août 1979.
507 App. Luelo, 12 février 1930, Rev. Jur. 1930, p. 219. Lukoo, La jurisprudence congolaise en droit pénal, Volume 1, éd. OSS, 2006. p. 24.
508 1ère Inst. App. Boma 28 mai 1932, Rev. Jur. 1932, p. 335. Lukoo, Idem.
509 CA Kinshasa, 2 mai 1967, MP c/ M. Jean-Marie, *RJZ* janvier-février-mars-avril 1969, p. 27.
510 B.O., 1912, p. 526.

- Selon l'article 2 du décret du 27 novembre 1934 sur la protection des animaux[511], l'animal ayant subi de mauvais traitement pourra être confisqué à son propriétaire s'il est coupable. Les animaux confisqués sont immédiatement mis à mort, s'il s'agit des animaux nuisibles ou sans valeur.

Si l'infraction n'est pas établie, la peine de confiscation spéciale ne peut être prononcée[512]. Néanmoins, la confiscation peut être prononcée en cas d'acquittement, même si les objets nuisibles n'appartiennent pas au prévenu, si la circulation de ces biens est dangereuse[513] ou s'ils sont sans valeur comme l'est un bâton[514].

d. La destination des biens confisqués

Les biens confisqués devraient, selon la décision du juge, être destinés soit à être détruits, soit à être affectés à l'usage du bien commun, soit à être exploités au bénéfice du fonds d'indemnisation des victimes des infractions[515]. Pour certains biens cependant, leur sort est scellé :

- Les armes et munitions confisquées sont vendues de gré à gré et à leur valeur vénale par un marchand d'armes désigné par le juge[516].
- Le chanvre confisqué doit être détruit[517].

b) La confiscation générale

La confiscation générale portait sur tout le patrimoine du délinquant et par conséquent touchait les biens qui devraient revenir à ses héritiers. En effet, la loi n°73-017 du 5 janvier 1973 sur le détournement des deniers publics et l'ordonnance-loi n°71-081 du 2 septembre 1971 sur le vol des substances précieuses prévoyaient la confiscation générale. Les deux textes ont été abrogés sur ce point par les ordonnances-lois n° 86 029 et 86 030 du 4 avril 1986. Le code pénal militaire de 2002 devait supprimer cette peine pour les infractions de trahison et de détournement. La peine de confiscation générale porte en effet atteinte

[511] B.O. 1935, p. 207.

[512] Cass. 10 janvier 1939 *pas. I*, p. 15 ; RJCB, p. 180 ; Cas. 13 février 1956, *pas.* I, p. 608) contra : Boma, 23 avril 1913, *JUR. Congo*, 1921, p. 103. Voir *les Grands arrêts* p. 57.

[513] Boma, 23 avril 1913, *Jur. Congo*, 1921, p. 103. Voir *Les grands arrêts de nos juridictions d'appel*, *op. cit.*, p. 57.

[514] 1ère Inst. Coq. 9 janvier 1925, Jur KAT. I. p. 180. Lukoo, Droit pénal, Idem, p. 128.

[515] Article 187.3 de l'avant-projet du code pénal, version octobre 2011.

[516] Article 26 de l'ordonnance-loi 85-035 du 3 septembre 1985 portant régime des armes et munitions.

[517] Article 6 de l'ordonnance-loi du 22 janvier 1903 portant mesures contre l'usage de fumer le chanvre.

au principe de la personnalité des peines avec des conséquences dramatiques pour la famille et pour le condamné lui-même.

d. Les autres peines privatives ou restrictives de droits

Lors du prononcé, le juge peut condamner à des peines privatives ou restrictives de droits autres que celles supprimant ou restreignant la liberté de mouvement. Le code pénal prévoit ainsi, à titre complémentaire, l'interdiction de vote et d'éligibilité ; l'interdiction d'accès aux fonctions publiques et paraétatiques ; la privation du droit à la condamnation et à la libération conditionnelles ; la privation du droit à la réhabilitation ; l'expulsion définitive du territoire de la République, pour les étrangers ; la confiscation de la rétribution en matière de concussion ; l'interdiction de soumission dans tous les marchés publics ; l'interdiction d'exercer directement ou indirectement certaines activités professionnelles[518] ; la déchéance de l'autorité parentale, etc.

e. Les peines portant atteinte à l'honneur et à la réputation

On peut dire en général que toutes les peines, qui nécessitent l'inscription dans le casier judiciaire d'un individu, portent atteinte à l'honneur et à la réputation de cet individu. L'opprobre malheureusement rejaillit également sur sa famille. Cependant, lorsque la condamnation consiste aussi à afficher la décision ou à la publier par voie de presse, le retentissement est plus grand. Il en est aussi des interdictions et des retraits d'autorisation, comme le retrait ou la suspension du permis de conduire, le retrait d'agrément.

f. Les peines portant obligation de faire

La plupart des peines portant obligation de faire concerne le dédommagement du tort causé à la victime : remboursement, restitution, réparation, etc. Mais il existe des cas étrangers où le délinquant se voit astreint à accomplir une tâche, comme par exemple réaliser un travail d'intérêt général pendant la période de sursis.

§2. La classification des mesures de sûreté

Le code pénal congolais n'ayant pas prévu des dispositions spécifiques aux mesures de sûreté, on peut s'aligner utilement sur le

[518] Article 36 de la loi n°4/016 du 19 juillet 2004 portant lutte contre le blanchiment des capitaux et le financement du terrorisme.

droit pénal marocain, en classifiant les mesures de sûreté en mesures de sûreté personnelles et en mesures de sûreté réelles[519].

A. Les mesures de sûreté personnelles

Les mesures de sûreté personnelles s'appliquent au délinquant de manière à neutraliser ou à réduire sa dangerosité.

Les mesures de sûreté personnelles sont :

- L'obligation de résider dans un lieu déterminé ;
- L'obligation de s'éloigner de certains lieux ou certaines régions ;
- L'interdiction d'accès aux fonctions publiques ou paraétatiques ;
- L'incapacité d'exercer toute profession, activité ou art, subordonnés ou non à une autorisation administrative ;
- La déchéance des droits de l'autorité parentale.
- L'interdiction d'être expert ou employé comme expert dans les actes[520].

Il convient de noter que certaines peines et mesures prévues en droit congolais rentrent dans cette catégorie. On peut citer, à cet égard, les peines complémentaires du code pénal ainsi que certaines mesures concernant l'enfant en conflit avec la loi prévue par la LPPE telles :

- le placement chez un couple de bonne moralité ;
- le placement dans une famille d'accueil ;
- le placement dans une institution privée agréée à caractère social
- le placement dans un établissement de garde, d'éducation ou de rééducation de l'Etat ;
- le placement dans une institution publique à caractère social ; et
- le placement dans un centre médical ou médico-éducatif.

B. Les mesures de sûreté réelles

Les mesures de sûreté réelles s'attaquent à la situation dangereuse plutôt qu'au délinquant.

Les mesures de sûreté réelles sont :

- la confiscation des choses formant l'objet de l'infraction ;
- la confiscation des choses ayant servi à commettre l'infraction quand la propriété en appartient au condamné ;
- la confiscation des choses destinées à commettre l'infraction quand la propriété en appartient au condamné ;

---

[519] Voir les articles 61 à 92 du code pénal marocain, disponible sur www.ilo.org, consulté le 02 décembre 2019.

[520] Article 33 du code pénal militaire.

- la confiscation des choses produites par l'infraction ;
- la confiscation des objets nuisibles ou dangereux ou dont la possession est illicite, en rapport avec l'infraction commise ; et
- la fermeture de l'établissement qui a servi à commettre une infraction.

Ces mesures, pour la plupart, rentrent dans le champ de la peine de confiscation spéciale prévue à l'article 5 du code pénal congolais.

Contrairement à la confiscation générale, la confiscation spéciale ne peut en principe porter que sur des biens mobiliers[521]. On peut signaler qu'en droit français, la confiscation spéciale porte également sur les immeubles[522]. Elle peut être exécutée après la mort du condamné à condition qu'elle ait été prononcée par un jugement coulé en force de chose jugée de son vivant. En effet, le décès du condamné empêche seulement l'exécution de la peine corporelle car le recouvrement des peines pécuniaires peut être effectué contre les héritiers.

Section 4 : L'application de la sanction pénale

L'application de la sanction prononcée par un juge consiste en l'application de la peine et des mesures de sûreté éventuelles. Cependant, le juge pénal peut également décider de la réparation civile. Ainsi, cette section comprendra trois sous/sections : l'application de la peine, l'application de la mesure de sûreté et la réparation.

Sous/section 1ère : L'application de la peine

L'analyse de l'application de la peine passe par l'examen de l'exemption de peine et de celui de son prononcé.

§1. L'exemption de peine

Au sens large, l'exemption de peine vise l'hypothèse dans laquelle la déclaration de culpabilité à l'encontre d'un prévenu ne se double pas du prononcé d'une peine. Il y a alors dispense de peine.

Au sens strict, l'exemption de peine est une mesure de clémence prévue par le législateur pour récompenser les auteurs de dénonciation de certaines infractions, alors qu'ils ont eux-mêmes participé à leur commission ou à leur tentative. Ces dénonciations portées devant les

---

521 NYABIRUNGU mwene SONGA, *Traité de droit pénal général congolais*, *op. cit.*, p. 84.
522 Article 131-21 al 2 du code pénal.

autorités compétentes ont permis soit d'éviter la réalisation de ces infractions soit d'identifier les autres auteurs ou complices.

Il existe ainsi deux sortes d'exemptions de peine : la dispense de peine et les excuses.

A. La dispense de peine

La dispense de peine résulte de la dissociation entre culpabilité et condamnation et concerne aussi bien les personnes physiques que les personnes morales. Concrètement, la peine n'est pas prononcée.

Le droit pénal congolais ne connaît pas cette institution. En droit pénal français par exemple où elle existe, pour qu'elle soit prononcée, il faut la réunion de trois facteurs : acquisition du reclassement du condamné, réparation du dommage et cessation du trouble causé par l'infraction[523]. Quoiqu'il en soit, la dispense de peine est laissée à la libre appréciation du juge.

Lorsqu'elle est prononcée, elle entraîne quatre effets principaux :

- la reconnaissance de la culpabilité du délinquant ;
- l'interdiction de prononcer toute peine, principale, accessoire ou complémentaire ;
- la confiscation des objets dangereux ; et
- l'exclusion de déchéances, incapacités et mesures résultant de plein droit d'une condamnation.

B. Les excuses

Les « excuses sont des circonstances spécialement définies par la loi, et qui ont pour effet d'exempter de la peine ou de l'atténuer »[524].

Il en existe de deux sortes : les excuses absolutoires et les excuses atténuantes.

a. Les excuses absolutoires

L'excuse absolutoire exempte l'agent de la peine :

[523] Articles 132-56 et 132-59 du code pénal français.

[524] NYABIRUNGU mwene SONGA, *Traité de droit pénal*, *op. cit.*, p. 395.

1. En cas de dénonciation

- Celui qui aura fait connaître l'auteur ou l'imprimeur de tout écrit dans lequel ne se trouve pas l'indication vraie du nom et du domicile de l'auteur ou de l'imprimeur[525] ;
- Le crieur, l'afficheur, le vendeur ou distributeur qui aura fait connaître la personne de laquelle ils tiennent l'écrit incriminé[526];
- celui qui avant toute exécution ou toute tentative d'une infraction contre la sûreté de l'Etat, en donnera, le premier, connaissance aux autorités administratives ou judiciaires[527] ; et
- celui qui a tenté de commettre un acte de terrorisme si, ayant averti l'autorité administrative ou judiciaire, a permis d'éviter la réalisation de l'infraction et d'identifier, le cas échéant, les autres coupables [528].

2. En cas de soumission

- Celui qui, ayant fait partie d'une bande armée sans y exercer aucun commandement et sans y remplir aucun emploi ni fonction, se sera retiré au premier avertissement des autorités civiles ou militaires, ou même depuis, lorsqu'il n'aura été saisi que hors des lieux de la réunion séditieuse, sans opposer de résistance et sans armes[529].

3. Sur la base des liens de parenté pour recel de malfaiteurs

- Les ascendants ou descendants, époux ou épouse même divorcés, frères ou sœurs des détenus évadés ou leurs alliés aux mêmes degrés[530] ;
- les parents ou alliés jusqu'au 4e degré inclusivement, de l'auteur, du co-auteur ou du complice du financement d'acte terroriste lorsqu'ils ont seulement fourni à ce dernier logement ou moyens de subsistance personnels[531].

Les excuses même absolutoires, si elles rendent toute sanction impossible, laissent néanmoins subsister les faits infractionnels. Ceux-ci ne sont ni absous ni pardonnés. Il y a lieu de noter ce passage des grands arrêts de nos juridictions d'appel qui assimile abusivement les

---

525 Articles 150h et 150i du Code pénal congolais.
526 *Idem.*
527 Article 218 du Code pénal congolais.
528 Article 159 du code pénal militaire.
529 Article 205 du Code pénal congolais.
530 Article 164 alinéa 2 du Code pénal congolais.
531 Article 45 alinéa 3 de la loi sur le blanchiment des capitaux et le financement du terrorisme.

excuses à des causes de non imputabilité telles l'ignorance, l'erreur qui inhibe l'intelligence, la contrainte physique due à la force majeure ou au fait du prince, et la contrainte morale irrésistible qui abolit la volonté[532].

b. Les excuses atténuantes

Les excuses atténuantes, lorsqu' elles sont retenues, ont pour effet de réduire la peine pour :

- Celui qui a attenté contre la vie ou contre la personne du chef de l'Etat, si cet attentat n'a pas eu pour résultat de porter atteinte à la liberté du chef de l'Etat, et s'il ne lui a causé ni effusion de sang, ni blessure ni maladie[533] ; dans ce cas, la peine de mort sera remplacée par la peine de servitude pénale à perpétuité ;
- L'auteur ou le complice d'une tentative d'acte de terrorisme qui, ayant averti les autorités administratives et judiciaires, a permis de faire cesser les agissements incriminés ou d'éviter que l'infraction n'entraîne mort d'homme ou infirmité permanente et d'identifier, le cas échéant, les autres coupables ; la peine est réduite de moitié et si elle était la servitude pénale à perpétuité, elle sera ramenée à 20 ans de servitude pénale [534]; et
- L'auteur, le co-auteur ou le complice du financement d'acte de terrorisme qui, après la commission de l'infraction, se présente d'office aux autorités compétentes ou qui dénonce les co-auteurs ou les complices de l'infraction[535].

Selon Emile Lamy, l'excuse atténuante n'absout pas totalement mais atténue la répression par rapport au taux normalement prévu par la loi[536].

§2. Le prononcé de la peine

A. La déclaration de culpabilité

La déclaration de culpabilité, en droit belge, est une décision prise par le juge, soit dans la cadre d'une exemption de peine soit comme étape préalable à la décision sur la fixation de la peine. Celui qui est condamné par simple déclaration de culpabilité doit néanmoins les frais de justice et éventuellement la restitution. Il peut être également

[532] *Les grands arrêts de nos juridictions d'appel*, *op. cit.*, p. 54.
[533] Article 193 alinéa 2 du Code pénal congolais.
[534] Article 159 du Code pénal militaire.
[535] Article 45 alinéa 2 de la loi sur le blanchiment des capitaux et le financement du terrorisme.
[536] Emile Lamy, Note *RJZ* n°1, 2 et 3, 1979, p. 107. Voir *Les grands arrêts, op. cit.*, p. 55.

condamné à la confiscation spéciale. Dans la seconde hypothèse, le juge peut, soit prononcer un ajournement simple, soit un ajournement avec mise à l'épreuve, soit un ajournement avec injonction, soit un ajournement avec rétention judiciaire[537].

La déclaration de culpabilité, ignorée d'ailleurs du droit pénal congolais, est à différencier de la reconnaissance préalable de culpabilité que d'aucuns accusent de violer les droits de la défense.

B. L'individualisation de la peine

Le principe de la personnalisation ou de l'individualisation de la peine devrait figurer parmi les principes de droit pénal général, vu l'importance qu'il peut revêtir dans le cadre d'une politique criminelle orientée vers la resocialisation des délinquants. Dans cette optique, le juge devrait veiller encore davantage à moduler la peine en tenant compte des circonstances de l'acte commis, de la personnalité physique ou mentale de l'auteur de l'acte ainsi que, s'agissant de la peine d'amende, des ressources et des charges de l'agent. Par exemple, la cour d'appel de Kinshasa a décidé que « pour l'appréciation de la quotité de la peine et des circonstances atténuantes, la formation scolaire et le rôle social des coparticipants constituent des critères permettant d'individualiser correctement la peine »[538].

C. La détermination de la peine

Le principe est la liberté du juge. Il devrait essayer, autant que possible, de prendre en considération la gravité et les circonstances de l'infraction ainsi que la personnalité du délinquant en fonction des objectifs poursuivis (protection de la société, répression du condamné, prévention de la commission par lui de nouvelles infractions, nécessité de favoriser la future réinsertion sociale du condamné) et les intérêts de la victime.

Cette liberté est cependant limitée par différents impératifs : la possibilité de descendre en deçà des minima est balancée par l'interdiction d'aller au-delà des maxima de la peine ; la possibilité de ne prononcer qu'une seule des peines alternatives prévues pour une infraction[539] et l'obligation de prononcer toutes les peines si le

---

[537]Article 132-58 du code pénal français.
[538] Kinshasa, 30 mai 1967 in *RJC* (SD), p. 379.
[539] Article 46 du Code pénal congolais.

législateur l'a prévu ainsi[540]. Des peines complémentaires obligatoires sont prévues par exemple aux articles 14 et 149 bis du code pénal pour ce qui est de la confiscation spéciale.

En résumé, le juge traite différemment les délinquants en fonction de leur passé (délinquants primaires et récidivistes), en fonction des circonstances de la commission de l'infraction (circonstances atténuantes ou aggravantes), en fonction du nombre ou du rôle des individus en participation criminelle (matière déjà traitée dans les formes de responsabilité pénale).

a. En fonction du passé du délinquant

Le traitement s'administre différemment selon que l'on a affaire à des délinquants primaires ou à des récidivistes.

1. Les délinquants primaires

Est considéré comme délinquant primaire, l'auteur ou le complice d'une infraction pénale qui n'a jamais été condamné ou l'a été depuis un temps plus long que celui exigé pour la récidive. Le délinquant primaire bénéficie souvent de circonstances atténuantes de manière à ce que sa peine soit réduite le plus possible et qu'il ne puisse être laissé trop longtemps en contact avec des condamnés endurcis, ce qui pourrait nuire aux perspectives de sa réinsertion dans la société.

2. Les délinquants récidivistes

La récidive est la situation dans laquelle se trouve une personne qui, déjà condamnée par une décision définitive passée en force de chose jugée[541] pour avoir commis une infraction de gravité déterminée, en commet une nouvelle de même gravité endéans un délai déterminé par le législateur. Les conditions de la récidive tiennent donc à la nature des infractions commises et au délai écoulé entre les deux infractions.

Le code pénal prévoit la récidive simple et la récidive aggravée.

a) La récidive simple

La récidive simple est prévue par l'article 14 b du code pénal. Elle consiste pour l'auteur d'avoir commis, dans les dix dernières années,

---

540 Articles 46 alinéa 2 à 48 ter du Code pénal congolais.

541 BOULOC, *op. cit.*, p. 539.

au moins deux infractions pour lesquelles il a été condamné à au moins six mois de servitude pénale pour chacune.

Il pourra en outre être prononcé contre lui une peine complémentaire d'obligation de s'éloigner de certains lieux ou de résider dans un endroit déterminé.

b) La récidive aggravée

La récidive aggravée est assimilée à la délinquance d'habitude. Ce régime est appliqué à l'auteur qui a commis, dans les 10 dernières années, au moins trois infractions pour lesquelles il a été condamné, séparément, à au moins six mois de servitude pénale. Cependant, cette circonstance ne suffit pas, il doit en outre présenter une tendance persistante à la délinquance[542].

Le législateur a prévu, comme peine complémentaire facultative, la mise à disposition du gouvernement pour un terme de cinq à dix ans après l'expiration de la peine principale. On peut dire que ces peines complémentaires d'éloignement ou d'obligation de résidence ainsi que celle de mise à la disposition du gouvernement équivalent à des mesures de sûreté.

Lorsque les infractions successives ont été commises sans que l'auteur ait déjà été condamné, on se trouve dans les cas de concours de plusieurs infractions.

b. En fonction des circonstances des infractions

1. Les circonstances atténuantes

Ce point met en exergue la notion et les effets des circonstances atténuantes.

a) Notion

Les articles 18 et 19 du code pénal ne définissent pas les circonstances atténuantes. Ils se bornent à indiquer les conséquences de leur existence.

Selon le professeur Nyabirungu, les circonstances atténuantes sont des particularités inhérentes à l'auteur, au complice ou à la victime de l'infraction, ou des circonstances accompagnant la commission de l'infraction ou encore des conséquences de cette infraction, et dont le

---

[542] Article 14d du Code pénal congolais.

juge a la faculté de tenir compte pour atténuer la peine au point de descendre en dessous du minimum légal, jusqu'à un jour de servitude pénale ou à un franc congolais d'amende[543].

Le juge peut refuser de retenir les circonstances atténuantes. Elles sont en effet facultatives[544]. Le juge d'appel peut rejeter celles qui ont été retenues par le premier juge[545]. Quand il décide de les retenir, il les apprécie souverainement[546]. Celles-ci sont personnelles. Par conséquent, elles peuvent ou non bénéficier aux coparticipants. Elles n'excluent pas les circonstances aggravantes. Le juge ne doit retenir que des circonstances rationnellement admissibles et motiver ses choix dans la décision[547].

Dans un arrêt datant du 5 avril 1978, la Cour suprême de justice a ainsi motivé l'attribution des circonstances atténuantes : « Toutefois, dans l'application de la peine, de larges circonstances atténuantes existent telles que l'absence d'antécédents connus, la bonne foi manifestée par la franchise des démarches auprès des parents de la victime qu'il voulait épouser et surtout la moralité dissolue de celle-ci »[548].

De même, la Cour d'appel de Kinshasa/Gombe avait retenu comme circonstances atténuantes le fait que le condamné était un délinquant primaire et père de famille nombreuse[549]. Des arrêts de la Cour suprême de Justice ont ajouté à cette liste le comportement provocateur et injurieux de la victime[550], l'absence de formation comptable pour le fonctionnaire, agent de détournement des deniers publics[551], la franchise de l'inculpé[552], le fait d'être une personne primitive et fumeur de chanvre[553].

On peut également retenir la colère irrésistible comme circonstance atténuante. Un arrêt de la Cour d'appel de Kinshasa l'avait relevé

---

543 NYABIRUNGU mwene SONGA, *Traité de droit pénal général congolais*, *op. cit.*, p. 392.
544 CSJ 8.8.1974 – RP 83 – *BA* 1975, p. 199- *RJZ* 1975, p. 30.
545 CSJ 26.2.1980 – RP 121, Katuala, *Code pénal annoté*, *op. cit.*, p. 22.
546 *Idem*, p. 394.
547 Article 19 du Code pénal congolais : « Tout jugement admettant des circonstances atténuantes les indiquera et les énumérera ».
548 Bulletin des arrêts, 1979, p. 58.
549 CA –Kin-Gombe, 1er septembre 2005, RPA 11.428, MP c/ Mbela. Voir *les grands arrêts*, *op. cit.*, p. 93.
550 CSJ 1.4.1980 – RPA 61 in Katuala, *Code pénal annoté*, *op. cit.*, p. 21.
551 CSJ 20.8.1974 – RPA 61, *BA* 1975, p. 253.
552 CSJ 5.4.1978 – RP.17/CR, *BA* 1979, p. 57.
553 Kin 13.2.1969 – MP c/ BJ – *RJZ* n° 1, 1971, p. 28.

cependant comme excuse[554]. Elle avait également retenu comme circonstance atténuante le fait pour un mari d'avoir tué son épouse à la suite d'un divorce prononcé avec complaisance contre son gré sur assignation de son épouse, qu'il aimait passionnément et qui pourtant lui avait infligé des injures graves[555]. Une autre circonstance serait que l'agent a agi « en cédant à un mobile honorable et désintéressé, ou par une conviction religieuse, morale ou civique de nature élevée ».

L'avant-projet du code pénal[556] propose, notamment, afin de réduire la peine, différents cas où l'auteur de l'infraction :

- ayant toujours eu jusque-là une bonne conduite, a agi par manque d'intelligence, par ignorance, simplicité d'esprit, ou à l'improviste et par surprise ;
- a agi dans un état de détresse matérielle ou morale profonde, ou sous la pression d'une menace grave ou d'une crainte fondée, ou encore sous l'ascendance d'une personne à laquelle il doit obéissance ou dont il dépend ;
- a été induit en tentation grave par la conduite de la victime, ou entraîné par la colère, la douleur ou la révolte résultant d'une provocation sérieuse ou d'une offense injuste, ou encore lorsqu'il se trouvait dans un état d'émotion violente ou de trouble psychique justifié ;
- a manifesté un repentir sincère par ses actes après l'infraction, notamment en portant secours a sa victime, en reconnaissant sa faute ou en se livrant à la justice, ou en réparant, dans toute la mesure du possible, le dommage causé par son infraction.

Qu'en est-il des circonstances atténuantes et des autres participants criminels ? Il faut distinguer les circonstances personnelles des circonstances réelles qui tiennent à l'acte. Les circonstances réelles peuvent bénéficier aux coparticipants. Quant aux circonstances mixtes qui procèdent de la personne mais se répercutent sur l'acte, elles ne devraient pas s'appliquer au complice.

b) Effets

Conformément à l'article 18 du CP, les circonstances atténuantes permettent au juge de remplacer la peine de mort par celle de la

[554] Kin, 4 février 1974, in *RJZ* n°1, 2 et 3, 1979, p. 102. Voir *les grands arrêts*, *op. cit.*, p. 108.
[555] LIKULIA BOLONGO Norbert, *Droit pénal spécial zaïrois*, tome 1, 2e édition. LGDJ, 1985, p. 58.
[556] Article 220, version 20111 et articles 1111.1 et 1111.2, version 2014.

servitude pénale à perpétuité ou à temps ; de réduire les taux de la peine de servitude pénale ou de l'amende. Toutefois, le juge ne peut aller en deçà d'une peine de servitude pénale d'un jour ni en deçà d'une peine d'amende de un franc.

Les circonstances atténuantes ne sont pas appliquées aux peines complémentaires.

2. Les circonstances aggravantes

La notion et la classification des circonstances aggravantes méritent d'être exposées pour une bonne compréhension.

a) Notion

Les circonstances aggravantes sont des événements ou des qualités limitativement énumérés par la loi et dont la constatation entraîne l'application d'une peine plus lourde que celle normalement applicable[557].

Ces circonstances doivent avoir été expressément retenues par le législateur. Elles sont cependant particulièrement nombreuses et nécessiteraient un inventaire minutieux du code pénal et des textes particuliers de droit pénal.

Les rédacteurs de l'avant-projet du code pénal (article 226) ont proposé une liste des situations qui mériteraient l'aggravation des peines de certaines infractions, précisément lorsque l'auteur :

- a agi par traîtrise ou avec perfidie, ou en cédant à un mobile bas ou vil tel que l'envie, la haine, la cupidité, la volonté expresse de nuire ou de mal faire, ou encore avec une cruauté particulière ;
- a agi en abusant de ses pouvoirs, de sa situation ou de ses fonctions ainsi que de la confiance, de l'ascendance ou de l'autorité dont il est investi ;
- se révèle particulièrement dangereux par ses antécédents, le caractère habituel ou professionnel de son infraction, ou les moyens, le temps, le lieu et les circonstances de son exécution, notamment en agissant de nuit, en la faveur de troubles ou de catastrophes ou en se servant d'armes, de moyens ou d'instruments dangereux ;
- a agi à la suite d'une entente criminelle, en bande ou comme affilié à une bande constituée pour commettre des infractions, et plus particulièrement encore comme chef, organisateur ou meneur ;

---

[557] Lexique des termes juridiques, *op. cit.*, p. 143.

- s'est attaqué intentionnellement à une victime méritant une protection particulière, que ce soit du fait de son âge, de son état de santé, de sa situation ou de sa fonction, notamment à une personne sans défense, faible d'esprit, infirme ou prisonnière, à un ascendant ou un descendant, au ministre d'un culte, à un représentant d'une autorité constituée ou à un fonctionnaire public dans l'exercice de ses fonctions ;
- a agi au moyen d'armes à feu ou sous le couvert d'uniforme ou autres marques ou insignes publics.

Néanmoins, si le législateur n'a pas spécialement prévu des peines aggravées, le juge ne pourra pas dépasser le maximum de la peine.

Il arrive qu'une particularité soit une circonstance aggravante d'une infraction et un des éléments constitutifs d'une autre. L'exemple du vol avec violence de l'article 82 du code pénal et du viol de l'article 170 du code pénal en est une illustration.

b) Classifications

On peut distinguer les circonstances aggravantes selon plusieurs catégories : circonstances aggravantes judiciaires ou légales, circonstances aggravantes générales ou particulières, circonstances aggravantes réelles, personnelles ou mixtes.

Les circonstances aggravantes judiciaires permettent au juge d'opter pour une peine sévère frôlant le maximum sans toutefois le dépasser. Tandis que les circonstances aggravantes légales obligent le juge à se conformer aux peines d'aggravation.

Il existe une seule sorte de circonstance aggravante générale, c'est la récidive, toutes les autres sont particulières.

La dernière classification mérite un développement plus approfondi car elle a des implications en matière de participation criminelle. Elle comporte trois sortes de circonstances aggravantes : les circonstances aggravantes réelles, les circonstances aggravantes personnelles et les circonstances aggravantes mixtes. La circonstance aggravante réelle s'attache aux faits et se communique aux autres participants à l'infraction, coauteurs ou complices. Elle porte, par exemple, sur l'objet ou les conséquences de l'infraction. La circonstance aggravante personnelle est propre à l'auteur de l'infraction et ne s'applique pas aux autres, telles la qualité de l'auteur ou de la victime par rapport à l'auteur, l'élément moral, le mobile, la nature des activités professionnelles de l'agent, ou encore la récidive. Enfin, la circonstance aggravante mixte s'attache au fait mais ne concerne qu'une personne particulière. On donne souvent l'exemple de l'infraction commise en bande organisée.

La sanction pénale ainsi déterminée et décidée, il faut encore qu'elle soit exécutée.

§3. L'exécution de la peine

a. L'exécution normale de la peine

L'exécution normale de la peine est celle qui consiste pour le condamné à souscrire au devoir imposé par le juge à l'issue du procès et selon les modalités qu'il a prescrites. Si le délinquant a été condamné à dix ans de servitude pénale, il devra accomplir toute la durée de la peine et à l'expiration de celle-ci, il sera quitte envers la justice.

b. La suspension de l'exécution de la peine

L'exécution de la peine peut être suspendue par l'octroi d'un sursis ou par une libération conditionnelle.

1. La condamnation conditionnelle ou sursis

Pour mieux cerner le contenu de ce concept, il convient d'analyser la notion, les conditions et les conséquences de la condamnation conditionnelle.

a) La notion

Le sursis est une mesure de suspension, totale ou partielle, de l'exécution d'une ou de plusieurs peines de servitude pénale principale ou subsidiaire prise par le juge, par décision motivée, pour une période dont il fixe la durée à compter de la date du prononcé de la décision. Ce délai ne pourra pas cependant excéder 5 ans[558].

b) Les conditions

Deux conditions subordonnent l'octroi du sursis : La peine prononcée contre le condamné doit être égale ou inférieure à un an et le condamné ne doit pas avoir encouru une condamnation antérieure commise sur le territoire national et punissable d'une servitude pénale

[558] Article 42 alinéa 1er du Code pénal congolais.

supérieure à deux mois[559]. Cette deuxième condition exclut du bénéfice du sursis les récidivistes parce qu'ils ne remplissent pas les exigences énoncées.

c) Les conséquences

Conformément à l'article 42 alinéa 3 du CP, l'arrêt ou le jugement portant condamnation ne sera pas exécuté, en ce qui concerne la ou les peines de servitude pénale, si pendant le délai fixé, le condamné n'encourt pas de condamnation nouvelle du chef d'infractions punissables, indépendamment de l'amende, d'une servitude pénale de plus de deux mois.

Dans le cas contraire, les peines pour lesquelles le sursis aura été accordé et celles qui auront fait l'objet de la condamnation nouvelle seront cumulées.

En cas de sursis applicable à la servitude pénale subsidiaire, la suspension de la prescription s'étend à l'amende.

2. La libération conditionnelle

a) Notion

La libération conditionnelle est une institution qui permet à l'administration de libérer le condamné avant l'expiration de sa peine. Elle est soumise à certaines conditions, notamment lorsque le condamné a fait preuve de bonne conduite pendant le temps déjà couru et qu'il a respecté les exigences énoncées dans le permis de libération durant le temps restant à courir jusqu'à la date normale de l'expiration de sa peine ou parfois jusqu'à une date ultérieure, conformément à l'esprit de l'article 37 du code pénal. La mauvaise conduite joue comme une condition résolutoire[560].

La libération conditionnelle vise la réinsertion du condamné et la prévention de la récidive.

b) Conditions d'octroi de la libération conditionnelle

La liberté conditionnelle est accordée, pour les condamnés par les juridictions civiles quelle que soit leur qualité, par le ministre de la justice, après avis du Parquet et du directeur de l'établissement

---

[559] Article 42 alinéa 2 du Code pénal congolais.

[560] Avant-projet du Code pénal congolais, article 244, version octobre 2011.

pénitentiaire[561], et sous réserve de satisfaire à des conditions de durée de la peine et de modalités d'exécution de la liberté ainsi octroyée. Quant aux condamnés par les juridictions militaires, le pouvoir d'octroi appartient au ministre de la Défense.

1) Nature des peines de la condamnation

La libération conditionnelle est accordée au condamné qui exécute une ou plusieurs peines comportant privation de liberté.

2) Durée d'exécution de la peine

Le condamné doit avoir accompli un quart de la peine prononcée. Toutefois, la durée minimale d'exécution doit être supérieure à 3 mois. Pour les condamnés à la peine de servitude pénale à perpétuité, la durée minimale d'incarcération doit être supérieure à 5 ans[562].

Quoiqu'il en soit la durée minimale de ces deux hypothèses peut être réduite lorsqu'il est justifié qu'une incarcération prolongée pourrait mettre en péril la vie du condamné[563].

3) Amendement et bonne conduite

Selon l'article 91 de l'ordonnance n° 344 du 17 septembre 1965 relatif au régime pénitentiaire, la liberté conditionnelle n'est accordée qu'aux condamnés ayant fait preuve d'amendement.

L'appréciation de cet amendement est basée sur les antécédents du condamné, les causes de sa condamnation, ses dispositions morales et les moyens d'existence dont il disposera à sa sortie de prison. Le droit français est encore plus explicite. Il fait bénéficier de la libération conditionnelle les condamnés qui manifestent des efforts sérieux de réadaptation sociale consistant soit dans l'exercice d'une activité professionnelle, d'un stage ou d'un emploi temporaire ou de l'assiduité à un enseignement ou à une formation professionnelle ; soit dans la participation essentielle à la vie de leur famille ; soit dans la nécessité de suivre un traitement médical ; soit enfin dans l'implication dans tout autre projet sérieux d'insertion ou de réinsertion[564]. Et d'ailleurs, Emile Lamy avait donné un tel aperçu en parlant de l'attitude disciplinée,

---

561 Article 38 du Code pénal congolais.
562 Article 35 alinéa 2 du Code pénal congolais.
563 Article 35 alinéa 3 du Code pénal congolais.
564 www.legifrance. gouv.fr.

correcte, habitudes laborieuses, volonté de réparer en payant des dommages-intérêts et les frais de justice.[565]

4) Exclusion de certaines catégories

Depuis la loi n° 73-017 du 5 janvier 1973, modifié par la loi n° 95-006 du 29 mars 2005,[566] sont exclus du bénéfice de la libération conditionnelle, les auteurs de détournement, de concussion et de corruption.

5) Modalités d'exécution

Le condamné libéré sous condition doit se soumettre aux devoirs prescrits dans l'arrêté de libération. Par exemple, se présenter aux lieux et temps indiqués devant l'autorité compétente, ne pas commettre des infractions, ni des actes d'inconduite (ivresse, débauche, mauvaises fréquentations…)[567].

6) Les effets de la libération conditionnelle

La peine de mise à la disposition du gouvernement prend cours à la date de la libération conditionnelle. Son exécution est suspendue en cas de révocation de la libération conditionnelle[568].

La prescription des peines ne court pas pendant la liberté conditionnelle[569].

7) La révocation de la liberté conditionnelle

La mise en liberté peut toujours être révoquée pour cause d'inconduite ou d'infraction aux devoirs prescrits dans le permis de libération[570]. La révocation est décidée, sous forme d'arrêté, par le ministre de la justice après avis du parquet[571].

La révocation est suivie de l'arrestation provisoire du libéré conditionnel ordonnée par le procureur de la République ou l'un de ses substituts à la charge d'en donner immédiatement avis au ministre de la justice.

---

[565] NYABIRUNGU mwene SONGA, *Traité de droit pénal général, op. cit.*, p. 409.
[566] Idem, p. 411.
[567] NYABIRUNGU mwene SONGA, *Traité de droit pénal général, op. cit.*, p. 410.
[568] Article 40 f du Code pénal congolais.
[569] Article 40 du Code pénal congolais.
[570] Article 36 du Code pénal congolais.
[571] Article 38 du Code pénal congolais.

c) La réintégration

Le condamné qui perd le bénéfice de la libération conditionnelle doit retourner en prison pour l'achèvement du terme d'incarcération que l'exécution de la peine comportait encore à la date de la libération. C'est la réintégration. Celle-ci a lieu en vertu de l'arrêté de révocation[572].

d) L'acquisition de la libération définitive

La libération définitive est acquise au condamné si la révocation n'est pas intervenue avant l'expiration d'un délai égal au double du terme d'incarcération que celui-ci avait encore à subir à la date à laquelle la mise en liberté a été ordonnée en sa faveur[573].

e) Les autorités compétentes en matière de libération conditionnelle

Le Président de la République, le ministre de la justice, le procureur de la République ou l'un de ses substituts, le parquet comme structure, et le directeur de l'établissement pénitentiaire, constituent les différentes autorités qui interviennent en matière de libération conditionnelle :

1° Le Président de la République. Il détermine la forme des permis de libération, les conditions auxquelles la libération pourra être soumise et le mode de surveillance des libérés conditionnels.

2° Le ministre de la justice. Il accorde et révoque la mise en liberté pour les condamnés des juridictions civiles[574]. Tandis que le ministre de la défense est l'autorité compétente pour les condamnés des juridictions militaires[575].

3° Le procureur de la République ou l'un de ses substituts, ordonne l'arrestation provisoire du libéré conditionnel qui viole les obligations de son statut.

4° Le ministère public et le directeur de l'établissement pénitentiaire donnent leur avis au ministre de la justice avant l'octroi ou la révocation de la liberté conditionnelle.

---

572 Article 38 du Code pénal congolais.

573 Article 37 du Code pénal congolais.

574 Article 38 du Code pénal congolais.

575 Article 13 du Code pénal militaire.

§4. Extinction et effacement de la peine

En dehors des cas d'exécution totale de la peine, du décès du condamné avant terme et la dissolution de la personne morale, il y a lieu d'examiner les cas d'extinction de la peine avec maintien de la condamnation, d'extinction de la peine avec effacement de la condamnation et d'extinction de la peine par suite d'effacement de la condamnation. La peine peut être éteinte avec l'effacement concomitant de la condamnation, comme elle peut s'éteindre sans effacer la condamnation.

A. L'extinction de la peine sans l'effacement de la condamnation

a. L'accomplissement total de la durée de la peine

Pour mémoire, il sied de rappeler que le condamné qui a purgé la totalité de sa peine est quitte avec la justice.

b. Le décès du condamné personne physique ou la dissolution du condamné personne morale

Le décès du condamné met fin à la peine mais n'efface pas la condamnation, si bien que le délinquant peut être réhabilité post mortem[576].

Cependant, l'article 366 du décret du 20 janvier 1946 portant régime douanier, dispose que « lorsque l'auteur d'une infraction douanière décède avant l'intervention d'une transaction ou d'un jugement définitif, la douane est fondée, conformément aux dispositions de l'article 364 point 2, à exercer contre la succession une action tendant à faire prononcer par le tribunal la condamnation au paiement des amendes et à la confiscation des objets passibles de cette peine ».

A l'article 150 b du CP sur la répression des rémunérations illicites accordées aux employés des personnes privées, le législateur a prévu le recouvrement des sommes, biens ou valeurs provenant de ces infractions, après le décès du coupable, entre les mains de ses ayants droit à cause de mort.

Dissoudre une personne morale, c'est mettre fin à son existence juridique. Et donc une condamnation pénale de dissolution équivaudrait

[576] « Le décès du prévenu a pour effet d'éteindre l'action publique lorsque l'affaire est encore pendante devant le juge de fond. Cet effet extinctif ne concerne évidemment que le délinquant défunt, il ne profite pas à ses coauteurs ou complices. (Merle et Vitu cités par Kengo wa Dondo).

à la peine de mort d'une personne morale. Cependant, il y a lieu de se demander si, lorsque pour des raisons de liquidation, la personnalité juridique survit durant un moment, le droit pénal pourrait encore intervenir, après la dissolution mais avant la liquidation. C'est l'un des domaines où l'autonomie du droit pénal pourrait s'appliquer.

Une autre manière d'éteindre la peine est la prescription.

c. La prescription

La prescription a pour effet d'éteindre l'action publique lorsqu'un certain délai s'est écoulé sans qu'une poursuite n'ait été exercée.

Toutefois, la prescription de l'action publique acquise avant ou en cours d'instance peut avoir de l'effet sur le sort de l'action civile soit dans le sens de la prescription de celle-ci soit dans le sens de son maintien[577] ainsi que nous le verrons plus loin.

Il y a deux sortes de prescriptions en matière pénale : la prescription de l'action publique et la prescription de la peine.

1. La prescription de l'action publique

L'infraction ne peut plus être poursuivie après l'écoulement d'un certain temps.

a) Les délais de prescription de l'action publique

L'article 24 du CP détermine les délais de prescription de l'action publique[578] qui courent du jour où l'infraction est commise[579]. En réalité, cette disposition donne le principe, des lois particulières fixent d'autres délais ou fixent d'autres *dies a quo*. L'article 9 du code pénal militaire, par exemple, dispose que l'action publique résultant de l'insoumission ou de la désertion ne commencera à courir qu'à partir du jour où l'insoumis ou le déserteur aura atteint l'âge de cinquante ans. Les infractions à la réglementation de change se prescrivent par trois ans à dater du constat de l'infraction.

Il a été jugé que lorsqu'il se présente une incertitude en ce qui concerne la date exacte de la commission de l'infraction, en l'absence d'une solution légale, la doctrine et la jurisprudence décident qu'il faut,

577 Mercuriale, CSJ, BA 1979, p. 85.
578 Article 25 du Code pénal congolais.
579 *Idem*.

pour le calcul du délai de prescription, supposer que les faits se sont passés à l'époque la plus éloignée possible[580].

b) La suspension de la prescription de l'action publique

On dit qu'il y a suspension de la prescription de l'action publique, lorsque le délai de la prescription s'arrête de courir pendant un certain temps pour reprendre dès que la cause de la suspension aura disparu[581]. Le temps écoulé avant la suspension compte pour la computation des délais.

c) L'interruption de la prescription de l'action publique

La prescription est interrompue par des actes d'instruction ou de poursuite, réalisés dans les délais de un, trois, ou dix ans, à compter du jour où l'infraction est commise[582].

Concernant la législation relative à la banque centrale, la prescription est interrompue par tout acte d'instruction ou de poursuite ainsi que l'application des mesures suivantes : suspension de toutes les autorisations, retrait du bénéfice de toutes autorisations générales ou particulières en matière de change, confiscation des biens, y compris des créances, ayant fait l'objet de l'infraction ainsi que des bénéfices tirés de l'infraction, saisie de tous les biens appartenant aux délinquants à concurrence du montant de la transaction[583].

Le *dies a quo* de la prescription est le jour de commission de l'infraction en principe. Selon la jurisprudence, les interruptions de la prescription de l'action publique ne peuvent avoir pour effet de proroger celle-ci au-delà du double primitif[584].

La même jurisprudence donne quelques cas interruptifs de la prescription : des actes d'instruction comme les mandats, les réquisitions décernées par un officier du ministère public à charge du présumé auteur de l'infraction et des actes de poursuite tels la réquisition du ministère public aux fins de citation du prévenu et le jugement de remise de la cause[585].

---

[580] Boma, 30 novembre 1915, *doc. et jur.*, col, 1926, p. 26. Voir *les grands arrêts*, *op cit,* p.105.

[581] L'article 167 de la Constitution qui suspend les poursuites des infractions commises par le Président de la République ou le Premier ministre en suspend également la prescription.

[582] Article 26 du Code pénal congolais.

[583] Articles 17 et 20 de la loi n°005/2002 du 7 mai 2002 relatifs à la constitution, à l'organisation et au fonctionnement de la BCC.

[584] CSJ 8.2.1985 – RPA. 96. Voir le *Code pénal congolais annoté*, p. 27.

[585] *Les grands arrêts*, idem., p. 120.

d) Les conséquences de l'acquisition de la prescription

En dehors du fait que l'infraction ne peut plus être poursuivie lorsque la prescription de l'action publique est acquise, il y a lieu de se demander ce qu'il adviendrait de l'action civile. En ce sens, la Cour d'appel a jugé que la prescription de l'action publique est sans influence sur la prescription de l'action civile. Ainsi la juridiction répressive régulièrement saisie de l'action civile en réparation du préjudice causé par une infraction reste compétente pour connaître de l'action civile. Cependant, il faut que l'acquisition de la prescription de l'action publique soit intervenue en cours d'instance[586]. Par conséquent, une prescription de l'action publique qui serait acquise avant l'introduction d'une citation directe ne pourra que se heurter à la déclaration d'incompétence de la juridiction saisie, pour ce qui est de l'action civile[587].

2. La prescription des peines

L'exécution de la peine n'est plus possible lorsqu'il s'est écoulé un certain temps depuis la condamnation. La justification en est que, quelle que soit la personnalité du délinquant condamné, le trouble social, causé par son acte, est maintenant apaisé et qu'il est préférable de ne pas attirer l'attention sur la défaillance des services qui n'ont pas pu faire exécuter la sanction.

a) Les conditions de la prescription des peines

La prescription porte sur les sanctions susceptibles d'exécution forcée, qu'il s'agisse des peines privatives de liberté ou des peines pécuniaires ainsi que des mesures de sûreté.

Il faut noter que les peines frappant les crimes contre la paix et la sécurité de l'humanité sont également imprescriptibles, l'article 34 bis du code pénal n'ayant fait aucune distinction entre prescription de l'action publique et prescription des peines.

---

[586] CSJ 9.9.1980 – RP 429, *RJZ.* 1983 – P. 17.

[587] Kin-Gombe, 13 mai 1995, RPA 10.792, aff. MP et Ndala c/Dibwe in *Les grands arrêts de nos juridictions d'appel*, *op. cit.* p. 13.

b) Les délais de prescription des peines

Les articles 27 à 31 du CP indiquent les délais à prendre en considération pour la prescription des peines. En ce qui concerne l'amende, le délai est de 2 ans révolus si l'amende est inférieure à 500 « zaïres » et 4 ans révolus si elle est égale ou supérieure à 500 « zaïres ». Quant à la servitude pénale, le délai de prescription est le double de la peine prononcée, avec un minimum de 2 ans, si l'infraction est inférieure ou égale à dix ans. Il est de 20 ans si elle est supérieure à dix ans. La prescription pour une peine de servitude pénale à perpétuité est de 25 ans.

La prescription pour la peine de confiscation spéciale est la même que pour la peine principale dont elle est l'accessoire.

c) Le décompte de la prescription des peines

Les délais prévus par les articles 26, 27, 28 et 29 du CP courent, soit de la date du jugement rendu en dernier ressort, soit à compter du jour ou le jugement rendu en première instance ne peut plus être attaqué par la voie de l'appel[588].

Si le condamné qui subissait sa peine est parvenu à s'évader, la prescription commence à courir le jour de l'évasion[589].

d) La suspension et l'interruption de la prescription des peines

La prescription est suspendue durant des événements qui empêchent de mettre la peine à exécution tels que la guerre ou la démence du condamné. Si la cause de suspension disparait, le délai continue à courir.

L'arrestation du condamné interrompt la prescription[590].

3. La prescription des condamnations civiles

Les condamnations civiles prononcées par la juridiction répressive se prescrivent selon les règles du Code civil[591].

La question de l'imprescriptibilité des condamnations civiles en matière de crimes contre la paix et la sécurité de l'humanité n'a pas été résolue par le législateur. La solution disponible à l'article 34 du code

588 Article 30 du Code pénal congolais.
589 Article 32 du Code pénal congolais.
590 Article 33 du Code pénal congolais.
591 Article 34 du Code pénal congolais.

pénal qui renvoie au code civil, relève du droit commun. Cependant, afin d'augmenter la probabilité d'obtenir, un jour, réparation, les victimes devraient pouvoir, en droit interne, poursuivre l'exécution des décisions de justice dont elles sont bénéficiaires, durant une très longue période, d'autant que les auteurs de telles infractions sont dans la plupart des cas insolvables.

d. La grâce

La grâce est une faveur en vertu de laquelle un individu reconnu coupable et définitivement condamné se trouve soustrait, en tout ou en partie, à l'application de la sanction[592]. Conformément à la Constitution, la grâce est accordée par le Président de la République.

1. Les conditions

La grâce peut s'appliquer à toutes les peines principales ou complémentaires de droit commun, graves ou bénignes, sauf en matière de crimes contre la paix et la sécurité de l'humanité où elle ne peut être accordée[593]. Elle peut bénéficier à tous les délinquants (les mineurs étant exclus du champ pénal), primaires ou récidivistes. Il suffit qu'aucune voie de recours ne soit encore possible et que la condamnation soit exécutoire[594].

2. Les effets

La grâce dispense de l'exécution de la peine soit en totalité soit en partie. Elle peut commuer la peine en une autre plus douce.

La grâce laisse subsister la condamnation qui demeure inscrite au casier judiciaire. Il a été jugé que « la remise d'une peine par la grâce n'a d'effet que sur l'exécution de la condamnation, mais non sur la condamnation elle-même, qui subsiste et produit tous ses effets, notamment quant à la récidive »[595].

---

592 BOULOC, *op. cit.*, p. 648.

593 Article 34 bis du code pénal congolais.

594 BOULOC, *op. cit.*, p. 649.

595 1ère Inst. Elis., 13 mars 1925, Jur.kat., I, 206. *In* Ruffin Lukoo, *Jurisprudence congolaise en droit pénal, Volume I, op.cit.*, p. 158.

B. L'extinction de la peine avec effacement de la condamnation : l'amnistie

a. Notion

L'amnistie est synonyme de pardon légal. Elle supprime rétroactivement le caractère infractionnel des faits, éteint l'action publique et efface la condamnation. Elle n'efface néanmoins ni les faits matériels eux-mêmes ni les conséquences civiles de l'infraction[596].

Il faut noter que les crimes contre la paix et la sécurité ne peuvent pas être amnistiée[597].

b. Conditions

L'amnistie porte sur les faits commis avant l'entrée en vigueur de la loi qui l'octroie.

La CSJ a jugé que n'est pas fondé, le moyen invoquant le bénéfice d'une ordonnance-loi d'amnistie lorsqu'il apparaît que les faits jugés ont été commis à une époque antérieure à celle pour laquelle cette ordonnance-loi a été prise[598].

L'amnistie est d'ordre public. Dans un arrêt, la CSJ s'est clairement exprimée à cet égard : « lorsque dans ses réquisitions, le PGR invite la CSJ à appliquer une ordonnance-loi portant amnistie, promulguée ultérieurement à l'introduction du pourvoi, la CSJ peut soulever ce moyen d'office en vertu de l'article 15 de l'ordonnance-loi n. 69/2 du 8 janvier 1969 relative à sa procédure, l'amnistie étant d'ordre public[599] ».

Le législateur peut soumettre l'octroi de l'amnistie à certaines conditions.

« L'amnistie proclamée par la loi n° 78/012 du 28 juin 1979 est acquise au prévenu réfugié à l'étranger à la date du 24 juin 1978 et qui est rentré avant le 30 juin 1979 dès lors qu'il est constant que ce prévenu est de nationalité zaïroise bien que porteur de documents établissant en sa faveur une nationalité étrangère obtenue pour les besoins de la cause à la suite de fausses déclarations[600] ».

---

[596] *Lexique des termes juridiques*, *op. cit.*, p. 53.

[597] L'article 34 bis du code pénal.

[598] Mercuriale, CSJ, *BA* 1979, p. 84. CSJ du 30/06/1970, M.B., N.G. Théophane *c/*Ministère public, *in* R.J.C., p. 131 ; CSJ RP 17, 3/6/1970, R.C.D. 1971, II, p. 20 ; R.J.C. 1970, p. 131, cité par Ruffin LUKOO MUSUBAO, *op.cit.*, p. 19.

[599] CSJ, RP 19, 7 juin 1972, BA 1973, p. 79. Lukoo, p. 18.

[600] CSJ, RPA 44, 9 février 1979, BA 1984, p. 8. Lukoo, p. 19. On pourrait cependant s'interroger sur la valeur morale de cet arrêt qui avalise des fausses déclarations.

« N'est pas fondé le moyen invoquant le bénéfice d'une ordonnance-loi d'amnistie lorsqu'il apparait que les faits jugés ont été commis à une époque antérieure à celle pour laquelle cette ordonnance-loi a été prise[601] ».

c. Les effets de l'amnistie

L'amnistie constitue un obstacle au maintien de la poursuite ou de la condamnation. Elle supprime la condamnation déjà prononcée[602]. « L'amnistie, comme le décès, a pour effet d'éteindre l'action publique, mais cette extinction se fait dans des conditions très variables selon les dispositions de la loi qui l'institue (amnistie personnelle, amnistie de plein droit, amnistie dépendant de la peine prononcée, etc.)[603] ». La jurisprudence est abondante sur la question :

- Les infractions connexes à celle amnistiée ne peuvent être poursuivies car devenues sans objet. « L'action publique fondée sur l'infraction de détournement éteinte par l'effet d'une loi portant amnistie, l'infraction de recel de sommes d'argent ainsi détournées étant en relation directe avec elle ne saurait être retenue »[604].
- L'amnistie rend sans objet la poursuite du procès pénal. « Une demande sollicitée par le prévenu de réouverture des débats pour survenance d'éléments nouveaux devient sans objet lorsque, par suite d'amnistie, l'action publique est éteinte »[605].
- L'amnistie préserve les intérêts de la victime. « L'amnistie n'empêche nullement la chose jugée de produire son effet en ce qui concerne les responsabilités civiles »[606].

C. L'effacement de la condamnation

Il s'agit essentiellement de la réhabilitation, notion qui fait l'objet du présent point dont il faudra aussi présenter les conditions d'octroi ainsi que les effets.

---

[601] CSJ du 30/06/1970, M.B., N.G. Théophane c/ MP, in RJC 1970, p. 131 ; CSJ RP. 17, 3/6/1970, RCD 1971, II, p. 20 ; RJC 1970, p.131.
[602] LABORDE Jean-Paul, *« Amnistie »,* Dictionnaire des sciences criminelles, *op. cit., p. 49.*
[603] *Mercuriale,* 1979, p. 84.
[604] CSJ, RPA 32, 30 novembre 1974, *BA* 1975, p. 274, Lukoo, p. 19.
[605] CSJ RP 37, 29 novembre 1974, *BA* 1975, p. 272. Lukoo, p. 19.
[606] Cons. Sup, 15 décembre 1921, *Jur. Congo* 1021, p. 133. Lukoo, p. 19.

a. La notion

La réhabilitation[607] est une institution qui permet de faire disparaître une condamnation pénale ainsi que ses conséquences. Elle peut être légale, c'est-à-dire acquise de plein droit après l'écoulement d'un certain délai, ou judiciaire, c'est-à-dire accordée par le juge. Notre droit ne connaît que la réhabilitation judiciaire.

b. Les conditions

Cinq conditions sont nécessaires pour pouvoir bénéficier de la réhabilitation :
- l'exécution de la peine ou sa non-exécution par suite d'un sursis ou encore sa remise en vertu du droit de grâce ;
- la réparation civile ;
- l'écoulement d'une période de 5 ans depuis l'extinction de la peine ou la condamnation conditionnelle (sursis) ;
- la démonstration d'une conduite exemplaire et la résidence certaine ; et
- l'absence d'une mesure antérieure de réhabilitation[608].

c. Les effets

La réhabilitation fait cesser pour l'avenir toutes les conséquences de la condamnation. Elle entraîne dès lors : effacement au casier judiciaire, obtention possible d'un sursis, non application pour récidive de la peine complémentaire de l'éloignement ou de la résidence obligatoires, ou de la mise à disposition du gouvernement. La réhabilitation ne peut porter préjudice aux droits des tiers.

Sous-section 2 : L'application de la mesure de sûreté

Trois points essentiels font objet de la présente sous-section à savoir le prononcé, l'exécution et l'extinction de la mesure de sûreté.

§1. Le prononcé de la mesure de sûreté

Le juge prononce les mesures de sûreté au moment de la condamnation. Si l'on considère les obligations d'éloignement ou de

---

[607] Décret du 21 juin 1937, tel que modifié par le décret du 22 août 1959 et l'ordonnance législative du 28 août 1959.

[608] NYABIRUNGU mwene SONGA, *Traité de droit pénal général congolais, op. cit.*, p. 428.

résidence et la mise à la disposition comme des mesures de sûreté, elles peuvent être prononcées soit à titre principal soit en complément d'une peine.

Cependant, les mesures de sûreté sont également prises à l'encontre d'individus contre qui aucune condamnation n'a été prononcée, soit en raison de leur état dangereux soit lorsque la peine, vu les circonstances, est inapplicable ou inefficace. Le défaut d'élément moral par exemple contre un dément ou le défaut d'élément matériel par exemple *ante delictum* rend la peine inapplicable.

L'inefficacité résulte par exemple de la nécessité d'appliquer un traitement spécial pour des mineurs ou des anormaux.

§2. L'exécution de la mesure de sûreté

La mesure de sûreté ne doit pas avoir de caractère afflictif ou infamant parce qu'elle n'a pas de but rétributif ou d'intimidation. Elle poursuit deux objectifs possibles : la réadaptation ou la neutralisation, la première au bénéfice de l'individu, la seconde au profit de la société.

La durée de la mesure de sûreté est indéterminée et peut être révisée en cours d'exécution.

§3. L'extinction de la mesure de sûreté

La loi congolaise ne définit pas les circonstances d'extinction d'une mesure de sûreté. Il faudrait un texte clair à l'image de l'article 9 du code pénal marocain qui dispose : « L'exécution d'une mesure de sûreté cesse lorsque le fait qui l'avait motivée n'est plus constitutif d'infraction par l'effet d'une loi postérieure ou lorsque cette mesure de sûreté est elle-même supprimée par la loi [609] ».

Les causes d'extinction, d'exemption ou de suspension des mesures de sûreté sont :
- la mort du condamné s'il s'agit d'une mesure de sûreté personnelle ;
- l'amnistie s'il s'agit d'une mesure de sûreté personnelle ;
- l'abrogation de la loi pénale;
- la grâce, si la décision l'accorde expressément;
- la prescription de l'action publique ;
- la libération conditionnelle;
- la réhabilitation; et
- la transaction lorsque la loi en dispose expressément.

[609] http://adala.justice.gov.ma/production/legislation/fr/penal/Code%20Penal.htm, consulté le 05/09/2019.

N'ont pas d'effets sur la mesure de sûreté :
- Le sursis à l'exécution de la peine ; et
- La prescription de la peine principale.

Les causes d'extinction, d'exemption ou de suspension des mesures de sûreté, autres que la mort, ne s'appliquent pas à l'internement judiciaire dans un établissement psychiatrique et au placement judiciaire dans un établissement thérapeutique.

La déchéance de l'autorité parentale obéit aux règles d'extinction, d'exemption ou de suspension qui lui sont propres.

Sous-section 3 : La réparation civile

§1. Le principe

La victime de l'infraction ou ses ayants-droit, si elle est décédée, a le droit d'obtenir réparation du préjudice qui lui a été causé, sous forme de restitutions ou de dommages-intérêts[610], fixés par le tribunal[611]. La victime peut être une personne physique ou une personne morale. Elle est appelée partie civile au cours du procès.

Les règles à suivre par le juge pénal sont les mêmes que celles suivies par le juge civil à part le fait qu'en cas de non réclamation d'une réparation par la partie civile, il peut accorder des dommages-intérêts d'office[612] et peut même statuer dans ce cas *ex aequo* et *bono*, en l'absence d'élément d'évaluation[613]. Le fait pour le prévenu de ne pas contester les prétentions de la partie civile laisse libre champ au juge[614].

Lorsqu'il se prononce sur les intérêts civils, le juge est obligé d'examiner la preuve du préjudice avant de fixer la réparation. Il doit également vérifier si le préjudice est dû au seul auteur ou également à la victime[615].

---

[610] BA 1975. CSJ, RP 159, 26/9/1978, Bull. 1979, p. 100, *in* Dibunda, p. 75.

[611] Article 15 du Code pénal congolais.

[612] Si la victime a déposé des conclusions ayant trait à la réparation, le juge ne peut plus statuer d'office sur les dommages-intérêts, car cela montre que la victime voulait assurer elle-même sa défense. In CSJ RP 184/185, 2/2/1978, *BA* 1979, p. 22.

[613] CSJ RPP 2, 4/7/1980 in Dibunda, p. 75.

[614] CSJ, RP 220, 4/7/1977, *Bull.* 1978, p.61.

[615] La question de la réparation du dommage en cas de faute de la victime, antérieure, concomitante ou postérieure aux faits a été notamment examinée par Yannick Magueresse dans son ouvrage intitulé : « Des comportements fautifs du créanciers et de la victime en droit des obligations », Presses universitaires d'Aix-Marseille, 2007.

A. Réparation par dommages-intérêts

La réparation par dommages-intérêts oblige le juge à évaluer en argent, le préjudice subi par la victime ou ses ayants droit. Ce montant peut être contesté par le prévenu ou le civilement responsable. Le juge indique les éléments qui ont servi de base à la détermination des dommages-intérêts[616].

« Le fait unique constitutif d'infraction imputable à son auteur l'oblige ainsi que le civilement responsable à réparer distinctement les dommages matériel ou moral qui en sont résultés en faveur de chacune des victimes de l'infraction »[617].

« En désignant comme bénéficiaires de dommages-intérêts les parents d'une victime décédée suite à un accident de voiture, jeune fille mineure qui vivait avec eux, le jugement s'est expliqué amplement dans la désignation des bénéficiaires et n'a pas violé les articles 114 de l'OL n° 68/248 du 10 juillet 1968 portant code de l'organisation et de compétence judiciaires ni l'article 15 du code pénal, livre 1er »[618].

Lorsque deux prévenus sont condamnés à la suite des coups et blessures réciproques, il est admis d'allouer des dommages-intérêts à l'un d'eux en réparation du préjudice résultant de l'infraction commise par l'autre[619]. Dans le même sens de la réparation du préjudice en faveur d'une victime qui est en même temps prévenu dans la même cause, la Cour d'appel de Kisangani avait estimé valable l'allocation d'office de dommages-intérêts à une personne se trouvant dans cette situation[620]. En cas de préjudices réciproques, le juge devrait déterminer l'antériorité des faits pour décider lequel des deux protagonistes devra supporter la réparation de l'autre.

Lorsque la victime a adopté un comportement fautif, le jugement qui octroie des dommages-intérêts doit en tenir compte.

Par ailleurs, si un jugement allouant d'office des dommages-intérêts pour décès de la victime d'un meurtre ou d'un assassinat omet l'identification de l'ayant-droit de la victime qui en devient bénéficiaire, il doit être annulé pour insuffisance de motivation[621].

---

[616] CSJ RC 235, 29/8/1979, *BA* 1984, p. 240.

[617] CSJ, Arrêt RP 239 du 23/01/1978, *BA* 1979, p. 5.

[618] CSJ RP 159 du 26 septembre 1978, *BA*, p. 100.

[619] 1e instance, Appel –Bas –Zaïre, le 28 aout 1975, RPA. 598, in RJZ, n°1, 2 et 3, 1978, p. 110. Voir *les grands arrêts* p. 84.

[620] KIS., 23 novembre 1973, MP c/ NA et crts., in *RJZ*, n°1, 2 et 3, 1975, p. 128. Voir *les grands arrêts* p. 85. Voir *les grands arrêts* p. 85.

[621] KIS., 2 mars 1974, MP c/ L., in *RJZ*, n°2 et 3, 1975, p. 135. Voir *les grands arrêts* p. 85. Voir *les grands arrêts* p. 85.

B. Réparation par confiscation spéciale

La confiscation spéciale peut être prononcée à titre de réparation civile, dans certains cas[622].

Léon KENGO-wa-DONDO, à l'époque Procureur général de la République, avait examiné le régime juridique et les effets de la confiscation-mesure de réparation civile[623]. Il en appelait notamment au prescrit de l'article 26 du décret du 21 juin 1948 sur la protection du droit d'auteur qui dispose : « en cas d'infractions aux articles 22 et 24, les recettes pourront être saisies comme objet provenant de l'infraction. En outre, elles pourront être attribuées au réclamant qui se sera porté partie civile à valoir sur les réparations lui revenant, mais seulement en proportion de la part que son œuvre aura eue dans le montant des sommes perçues ».

En droit français, une telle réparation est également prévue en matière de propriété littéraire, artistique ou industrielle.

C. Réparation par restitution

La restitution peut être comprise de trois manières différentes : 1. La *« restitutio in integrum »* qui, au sens large, a pour effet la remise des choses et des lieux dans l'état où ils se trouvaient avant l'infraction ; 2. La restitution qui concerne les objets, saisis au cours et pour les nécessités de l'instruction, que l'on remet à leur propriétaire ; et enfin, la restitution qui nous intéresse ici, qui est le fait de remettre au propriétaire les objets qui lui ont été dérobés.

Selon l'article 14 de la loi n° 005/2002 du 7 mai 2002 relative à la constitution, à l'organisation et au fonctionnement de la Banque centrale du Congo, les infractions à la réglementation de change entraînent toujours pour le délinquant l'obligation de restituer à la RDC les devises transférées illégalement ou frauduleusement soustraites à l'encaissement.

Dans le cas où la restitution n'est pas possible suite à la disparition ou à la détérioration de l'objet, ou encore à l'impossibilité de remettre les choses ou lieux dans leur état initial, la réparation s'effectuera par le paiement de dommages-intérêts.

---

622 BOULOC, *op. cit.*, p. 480.

623 BA. de la CSJ, Kinshasa, 1974, éditions de la CSJ, 1974, pp. 232-235.

§2. Les effets

Le défaut d'exécuter les condamnations aux restitutions, aux dommages-intérêts et aux frais peut entraîner l'application de la contrainte par corps[624]. La durée de la contrainte par corps est déterminée par le jugement ; elle ne peut excéder six mois[625].

Les éléments du mécanisme étant ainsi décrits, il reste à voir dans le fonctionnement du système pénal, la marche du mécanisme.

CHAPITRE 2 : LA MARCHE DU MÉCANISME

C'est ici que s'opère véritablement au concret, l'application du droit pénal. Celle-ci exige une démarche rigoureuse qui permet de confronter les faits au droit afin d'en tirer les conclusions les plus adéquates. Les experts du droit sont ainsi appelés à comprendre et appliquer la lettre et l'esprit de la loi, c'est-à-dire à interpréter celle-ci. Cette interprétation implique un raisonnement juridique strict et fort précis dont les éléments se construisent peu à peu lors de l'enquête et de l'instruction. Finalement, ce raisonnement juridique guidera le juge dans l'élaboration de sa décision, que celle-ci soit d'acquittement, de condamnation ou d'incompétence.

SOUS-CHAPITRE 1 : LA DÉTERMINATION DE LA LOI PÉNALE APPLICABLE

La détermination de la loi applicable tient compte de diverses contraintes, notamment, celles du temps, de l'espace ou des faits sociaux.

Section 1 : La contrainte temps

La contrainte temps se vérifie dans la durée. En effet, le droit pénal est un droit évolutif. C'est-à-dire qu'il change au fil des temps. Cette évolution n'est cependant pas linéaire, même si l'on observe une augmentation sensible aussi bien de la criminalité que des dispositions pénales chargées de la combattre (phénomène d'inflation pénale). Souvent, des périodes de criminalisation et de décriminalisation s'alternent. Des lois apparaissent ou disparaissent ; des incriminations

---

[624] Article 16 du Code pénal congolais.
[625] Article 17 du Code pénal congolais.

ou des sanctions sont aggravées ou atténuées. L'on peut dès lors s'interroger sur la durée de la loi pénale et sur son champ d'application.

S'agissant de la durée, la loi pénale ne peut être appliquée que si elle a été promulguée, publiée, a réuni les conditions de son entrée en vigueur et n'a pas été abrogée ou rendue caduque. L'article 129 alinéas 1 et 2 de la Constitution donne une illustration de la caducité. En effet, le Gouvernement peut prendre sur l'autorisation de l'Assemblée nationale ou du Sénat, dans un domaine relevant normalement de la loi, des ordonnances-lois, pendant un temps limité et sur des matières déterminées. Ces ordonnances entrent en vigueur dès leur publication et deviennent caduques si le projet de loi de ratification n'est pas déposé devant le Parlement au plus tard à la date limite fixée par la loi d'habilitation et cessent de produire leurs effets à la fin du délai imparti par la loi d'habilitation si le Parlement ne les a pas ratifiées. Il arrive également que pour les situations postérieures, le législateur impose un délai durant lequel la loi nouvelle ne sera pas appliquée. Quant à l'abrogation, elle peut être expresse ou tacite.

Lorsque l'abrogation de la loi est prévue dans un texte, la situation est claire, mais lorsque par inadvertance ou par oubli, le législateur renvoie des dispositions, par exemple sur la pénalité, à des textes abrogées par d'autres textes, le risque est élevé d'avoir des incriminations sans sanction, donc des infractions imparfaites qui ne peuvent être poursuivies[626]. L'on parle d'abrogation tacite lorsque la loi nouvelle contient des dispositions inconciliables avec des lois antérieures non abrogées[627]. Quatre situations peuvent se présenter : la loi pénale nouvelle et générale entre en contradiction avec une loi pénale générale ancienne, la loi ancienne est abrogée ; la loi pénale nouvelle et générale entre en contradiction avec une loi pénale spéciale ancienne, la loi ancienne n'est pas en principe abrogée ; la loi pénale nouvelle est spéciale et entre en contradiction avec une loi pénale spéciale ancienne, celle-ci est abrogée ; la loi pénale nouvelle est spéciale et entre en contradiction avec une loi pénale générale ancienne, elle écarte les dispositions inconciliables de la loi générale ancienne[628].

Quant au champ d'application, en principe, la loi nouvelle ne dispose que pour l'avenir. C'est ainsi que l'on parle de l'application immédiate de la loi nouvelle. Ce qui veut dire que la loi nouvelle régit immédiatement les situations juridiques constituées après son entrée en

[626] DESPORTES et LE GUHENEC, *op cit*, p.269.
[627] DESPORTES et LE GUHENEC, *op. cit*, pp. 270-271.
[628] *Idem*, p. 271.

vigueur (sa publication) ainsi que les effets à venir des situations en cours. Cependant, il arrive que le législateur prévoie que l'entrée en vigueur de la nouvelle sera différée jusqu'à une certaine date. A titre d'illustration, on peut donner le cas du code de la famille qui promulgué en 1987 n'est entré en vigueur qu'en 1988.

Il arrive encore que l'entrée en vigueur de la loi trouve des situations juridiques en cours, soit qu'une infraction a été commise antérieurement et n'a pas été découverte, soit qu'elle est en cours d'enquête, d'instruction ou de jugement. Dans ces cas, le principe d'application immédiate de la loi nouvelle peut être modulé en fonction de la nature de la loi qu'elle remplace totalement ou partiellement. On distingue l'application de la loi nouvelle de fond de la loi pénale nouvelle de forme et dans un second temps, entre les lois pénales de forme elles-mêmes.

Cette contrainte amène la loi pénale à mettre en place des règles d'application dans le temps, marquées par les principes de la non rétroactivité de la loi pénale de fond plus sévère, de l'application immédiate, c'est-à-dire l'application aux situations juridiques en cours et évidemment application aux situations juridiques futures de la loi pénale plus douce et de l'application immédiate de la loi pénale de forme. Il arrive cependant que la règle soit assouplie pour la situation antérieure. La loi nouvelle plus sévère ne s'applique pas. Cette règle est systématique pour les lois pénales de fond mais pas pour la loi pénale de forme. Il y a dans ce dernier cas lieu de les distinguer selon la matière.

§1. L'application dans le temps de la loi pénale de fond

La loi pénale de fond est celle qui détermine les actes incriminés et les conditions de leur répression. Son application est assujettie à certains principes et aux règles de leur mise en œuvre. Deux principes gouvernent la matière. Il s'agit du principe majeur de la non rétroactivité de la loi pénale plus sévère et celui, mineur, de la rétroactivité de la loi pénale plus douce.

A. Le principe de la non rétroactivité de la loi pénale plus sévère

La non rétroactivité est le principe en vertu duquel une norme juridique nouvelle ne peut remettre en cause les situations anciennes nées de l'application de la règle antérieure, ce qui vise à la fois les situations terminées et les effets déjà réalisés des situations en cours[629].

a. Les textes de référence

Les dispositions pertinentes de référence sont à trouver dans la Constitution, les instruments juridiques internationaux dûment ratifiés et le code pénal.

L'article 17 alinéas 3 à 5 de la Constitution :

« Nul ne peut être poursuivi pour une action ou une omission qui ne constitue pas une infraction au moment où elle est commise et au moment des poursuites.

Nul ne peut être condamné pour une action ou une omission qui ne constitue pas une infraction à la fois au moment où elle est commise et au moment de la condamnation.

Il ne peut être infligé de peine plus forte que celle applicable au moment où l'infraction est commise ».

Quant aux instruments internationaux, les dispositions suivantes régissent la matière :

1) L'article 11.2 de la Déclaration universelle des droits de l'homme de 1948 :

« Nul ne sera condamné pour des actions ou omissions qui, au moment où elles ont été commises, ne constituaient pas un acte délictueux d'après le droit national ou international. De même, il ne sera infligé aucune peine plus forte que celle qui était applicable au moment où l'acte délictueux a été commis ».

2) L'article 15 du Pacte international relatif aux droits civils et politiques du 23 mars 1976

« 1. Nul ne sera condamné pour des actions ou omissions qui ne constituaient pas un acte délictueux d'après le droit national ou international au moment où elles ont été commises. De même, il ne sera infligé aucune peine plus forte que celle qui était applicable au moment où l'infraction a été commise. Si, postérieurement à cette infraction, la loi prévoit l'application d'une peine plus légère, le délinquant doit en bénéficier.

---

[629] Lexique des termes juridiques, 2011, p. 544.

2. Rien dans le présent article ne s'oppose au jugement ou à la condamnation de tout individu en raison d'actes ou omissions qui, au moment où ils ont été commis, étaient tenus pour criminels, d'après les principes généraux de droit reconnus par l'ensemble des nations ».

L'alinéa 4 de l'article 17 de la Constitution est plus précis que le point 2 de l'article précité quand il interdit de poursuivre et de condamner celui qui aurait commis des actes considérés comme infractionnels au moment de leur commission mais qui ne le sont plus au moment des poursuites ou de la condamnation.

3) L'article 7.2 de la Charte africaine des droits de l'homme et des peuples :

« Nul ne peut être condamné pour une action ou une omission qui ne constituait pas, au moment où elle a eu lieu, une infraction légalement punissable. Aucune peine ne peut être infligée si elle n'a pas été prévue au moment où l'infraction a été commise ».

En droit interne, il faut recourir à l'article 1er du code pénal qui dispose que « Nulle infraction ne peut être punie de peines qui n'étaient pas portées par la loi avant que l'infraction fut commise ».

b. La signification du principe de la non rétroactivité de la loi pénale plus sévère

Le principe de non rétroactivité de la loi pénale plus sévère signifie que la loi qui crée une incrimination nouvelle[630] ou qui modifie, en les aggravant, les éléments constitutifs d'une incrimination existante (ex. la nouvelle définition du viol), ou encore qui élève la peine applicable à une infraction antérieurement définie (ex. élever le maximum d'une peine) ne s'applique pas aux faits accomplis avant son entrée en vigueur.

---

[630] Par exemple l'édit n°005 du 9 octobre 2012 portant réglementation relative aux nuisances sonores dans la Ville de Kinshasa a interdit dans son article 4 alinéa 1er sur toute l'étendue de la ville de Kinshasa, les tapages nocturnes et diurnes dont la nature, l'importance et la fréquence sont constitutives des nuisances sonores. Jusque-là, seul le tapage nocturne était réprimé. Le tapage diurne est, selon l'article 2.2., tout bruit au-delà des décibels réglementaires se produisant la journée de nature à troubler la tranquillité des citoyens. Les sanctions sont prévues aux articles 13 et 14 : 10 000 à 500 000 francs congolais d'amende et en cas de récidive une servitude pénale de 15 jours et d'une amende de 20 000 à 1 000 000 francs congolais. Ces sanctions seront complétées le cas échéant par la fermeture des lieux ou la saisie des matériels.

c. La justification du principe de la non rétroactivité de la loi pénale plus sévère

Le droit pénal de fond fixe les limites de la liberté individuelle. Il est donc essentiel que chaque citoyen puisse, à tout moment, connaître les limites de sa liberté sans être par la suite surpris dans ses prévisions par une loi rétroactive. Le principe poursuivrait donc trois objectifs : soumettre le droit pénal au principe démocratique, respecter le principe de la légalité et éviter de prendre des lois de circonstance. Mais à ce principe comme à tout autre, il existe des exceptions.

d. Les exceptions au principe de la non rétroactivité de la loi pénale plus sévère

Le principe de la non rétroactivité de lois pénales de fond connaît en effet quelques dérogations. Ainsi, peuvent être appliquées immédiatement aux infractions commises sous l'empire de l'ancienne loi, les lois expressément rétroactives, les lois interprétatives, les lois qui modifient simplement le régime d'exécution sans en changer la nature, et les lois qui instituent des mesures de sûreté à condition qu'elles ne rendent pas plus sévères les peines prononcées par la décision de condamnation ; les lois à caractère variable et temporaire lorsque la volonté du législateur a été de réprimer un certain comportement en raison des circonstances.

Ces législations ont, dès lors, un caractère momentané. Les comportements incriminés demeurent susceptibles d'être jugés, même après l'expiration du temps légal de la loi temporaire ou de circonstance, suivant les dispositions en vigueur au moment où ils ont été accomplis[631].

Le deuxième principe dit mineur est celui de la rétroactivité de la loi pénale plus douce.

B. Le principe de la rétroactivité de la loi pénale plus douce

La notion de rétroactivité de la loi pénale plus douce doit être distinguée de celle de la d'application immédiate. En effet, le principe de l'application immédiate signifie qu'une loi pénale nouvelle régit immédiatement les situations juridiques constituées après son entrée en vigueur, ainsi que les effets à venir des situations en cours. Tandis que celui de la rétroactivité vise l'application de loi nouvelle à des faits

---

[631] Olivier MICHIELS et Elodie JACQUES, *Principes de droit pénal, Note sommaire et provisoire*, Université de Liège, 3ème éd., 2014, p. 14.

commis avant son entrée en vigueur, aussi bien sur le plan de leur validité que sur celui de leurs effets[632].

a. Le contenu et la force du principe

Ce principe est posé par la Constitution dans son article 17 alinéas 6 et 7 qui ne dispose cependant que pour les peines. Celles-ci cessent d'être exécutées lorsqu'en vertu d'une loi postérieure au jugement, elles sont supprimées ou si le fait pour lequel elles étaient prononcées n'a plus de caractère infractionnel. En outre, en cas de réduction de la peine, celle-ci est exécutée conformément à la nouvelle loi.

Quant au Pacte international relatif aux droits civils et politiques, il énonce en son article 15 que : « Si postérieurement à l'infraction, la loi prévoit l'application d'une peine plus légère, le délinquant doit en bénéficier ».

Il faut noter qu'aussi bien la Constitution que le Pacte international des droits civils et politiques ne parlent que de l'exécution de la peine et non de son prononcé. De même, l'hypothèse de la suppression ou de la restriction de l'incrimination n'est pas envisagée.

Le code pénal congolais est muet sur la question. Les rédacteurs de l'avant-projet du code pénal ont opté pour la formulation suivante :

> Les dispositions nouvelles s'appliquent aux infractions commises avant leur entrée en vigueur et n'ayant pas donné lieu à une condamnation passée en force de chose jugée lorsqu'elles sont moins sévères que les dispositions anciennes[633].

On doit cependant retenir que si l'incrimination n'est pas directement visée, il y a lieu de supposer que la suppression d'une peine peut provenir de la suppression d'une incrimination et que la réduction d'une peine tire sa justification de l'atténuation de la gravité d'une incrimination.

b. Le moment d'application du principe

Aucun des deux textes visés ci-dessus n'indique avec précision le moment où le principe doit être appliqué. Le jugement qui a prononcé la peine en cours d'exécution peut être un jugement en premier ressort, en dernier ressort ou coulé en force de chose jugée. Dans les deux premiers cas, l'admission du principe ne devrait pas poser de problème. La Cour suprême de Justice saisie d'un recours en cassation prendrait

---

632 CSJ 21.8.1974, RP. 213, *BA* 1975, p. 265; Kis, 3 août 1970, *RJC* 1970, n°3, p. 283 ; Kis, 30.12.1973, *RJZ*, 1974, n° 1 et 2, p. 99.

633 Article 142.2.1., de l'avant-projet du code pénal congolais, version mars 2014.

en compte la nouvelle loi et pourrait annuler, non pas casser, la décision portée devant elle, et renvoyer la cause devant la même juridiction inférieure mais autrement composée. Cela se justifie par le fait que celle-ci n'a pas failli, elle a dit le droit conformément à la loi en vigueur au moment de la condamnation.

Il en est autrement lorsque la cause a épuisé toutes les voies de recours, ordinaires et extraordinaires. Dans le dernier cas, l'on ne devrait plus revenir sur le droit qui a été dit, autrement s'appliquerait sur les délinquants concernés un traitement discriminatoire du fait de la lenteur ou de la rapidité de la procédure exécutée à leur égard. Quoiqu'il en soit, l'application du principe ne fait pas disparaître la condamnation en cas de suppression de la peine.

c. La justification du principe

C'est le principe de nécessité qui impose l'application immédiate des lois pénales plus douces. Comment en effet prétendre qu'il est nécessaire d'appliquer une peine à tel acte alors que cet acte n'est plus considéré aujourd'hui comme troublant l'ordre social ?

C. La mise en œuvre de ces principes

Deux cas de figure se présentent : le premier a trait à la date de commission de l'infraction, le second à la détermination du caractère plus sévère ou plus doux de la loi nouvelle.

a. Le moment de la commission de l'infraction

Le moment de la commission de l'infraction permet de distinguer trois catégories d'infraction : l'infraction instantanée, l'infraction continue et l'infraction d'habitude.

1. L'infraction instantanée, infraction permanente et infraction continuée

L'infraction instantanée est celle dont l'acte matériel s'accomplit en un rien de temps. Le moment de la commission de l'acte est le jour où l'acte est posé et le résultat atteint (ex. le vol, le meurtre, les coups et blessures). L'infraction permanente est une infraction instantanée dont l'acte matériel s'exécute en un rien de temps mais dont les effets se prolongent dans le temps, sans une nouvelle intervention de l'auteur des faits initiaux (ex. la bigamie). L'infraction continuée est une infraction instantanée par sa réalisation, mais composée de plusieurs actes successifs qui lui confèrent une certaine unité et le rapprochent de l'infraction continue.

Les infractions instantanées et leurs variantes (infractions permanentes et continuées) sont réalisées dès que l'acte matériel est posé. La Cour d'appel de Kinshasa/Gombe a relevé que « l'usage de faux est par nature une infraction instantanée qui se réalise en un trait de temps, au moment où l'auteur se sert d'une pièce ou d'un acte faux[634] ». En effet, pour déterminer l'infraction instantanée, l'on doit considérer le moment de l'acte ou de l'omission, sans se préoccuper de la persistance de ses conséquences et de la durée du mal provoqué[635]. La Cour d'appel de Kisangani a considéré comme délit continué, le fait pour un greffier qui, ayant reçu une somme d'argent par des manœuvres frauduleuses en vue de faire libérer un prévenu, a fait disparaître son dossier judiciaire après avoir échoué pour l'obtention de cette libération[636].

2. L'infraction continue

L'infraction continue est celle qui dure dans le temps sans réitération constante de la volonté de son auteur (ex. recel). Elle se commet tant que l'activité infractionnelle se poursuit.

3. L'infraction d'habitude

L'infraction d'habitude est réalisée dès l'accomplissement du second acte qui la caractérise (ex. l'exercice illégal de la médecine).

b. La notion de loi plus douce

Il est relativement aisé de distinguer une loi pénale entièrement plus douce d'une loi pénale entièrement plus sévère. La question de la distinction se pose avec délicatesse lorsqu'une loi comporte à la fois des dispositions plus douces et des dispositions plus sévères.

1. Les lois pénales plus douces relatives à l'incrimination et à la qualification

On considère comme lois pénales plus douces celles qui :

---

[634] CA-Kin/Gombe, 14 mars 2008, RP 563, MP c/ Lukombe. Voir *Les grands arrêts*, p. 106

[635] NYABIRUNGU mwene SONGA, *Traité de droit pénal général congolais*, *op cit*, p. 220.

[636] Kis., 20.8.1970 – *RJC* n3, p. 285. Voir Katuala *Code pénal annoté*, p. 24.

- suppriment une incrimination ;
- font disparaître des circonstances aggravantes ;
- admettent un fait justificatif nouveau ou une nouvelle cause de non-imputabilité ; établissent une excuse absolutoire ou atténuante ; donnent au juge la possibilité de tenir compte du mobile, d'accorder des circonstances atténuantes ou des sursis ;
- modifient les éléments constitutifs d'une infraction en les rendant plus rigoureuses ; changent la qualification d'une infraction en réduisant sa gravité.

D'autres lois sont neutres. Elles n'ont pas d'effet par rapport à l'application du principe lorsque :
- la suppression d'une incrimination laisse la possibilité de poursuivre le fait sous une autre qualification ;
- la modification de la rédaction ou de la présentation d'une incrimination sans réduction ni extension du champ d'application (c'est le cas notamment des lois interprétatives qui ont pour objet de préciser la signification de telle ou telle disposition d'une loi antérieure sans en modifier le contenu[637]) ;
- la confirmation d'une règle existante (c'est le cas des lois déclaratives qui « déclarent » que telle règle existe déjà).

2. Les lois pénales plus douces relatives à la répression

Sont considérées comme lois pénales plus douces relatives à la répression lorsqu'elles emportent :
- la suppression d'une peine et son remplacement par une mesure de sûreté ;
- le remplacement d'une peine par une peine de gravité ou de durée inférieure[638] ;

---

[637] DESPORTES et LE GUHENEC, *op. cit.*, n° 326.

[638] En cas de conflit de lois pénales dans le temps, si la loi du jugement diminue le maximum de la peine prévue par celle de l'infraction, elle doit être qualifiée de la loi la plus douce et applicable rétroactivement à la situation du prévenu. (CA Kisangani, 2 août 1973, MP c/ KAL et consorts, *RJZ*, Droit Ecrit et Droit Coutumier, 50e année, janvier à août 1954, n. 1 et 2, p.57).
Lorsque des faits de détournement de deniers publics ont été commis sous l'empire de l'ordonnance-loi n. 68/193 du 3 mai 1968 et que le jugement intervient après l'entrée en vigueur de la loi n. 73/017 du 5 janvier 1973 les prévenus passibles de la peine capitale suivant l'ancienne loi doivent être condamnés à des peines de travaux forcés prévus par la nouvelle qui est moins sévère que l'ancienne si l'on se réfère à l'échelle des peines fixée par le nouvel article 5 du code pénal livre 1er. (CA Kisangani, 30 décembre 1973, MP c/ J et consorts, RJZ, Droit Ecrit et Droit Coutumier, 50e année, janvier à août 1954, n. 1 et 2, p. 99).

- l'exclusion du champ d'application de la peine de certaines catégories de personnes ;
- la suppression de peines complémentaires.

Dans un cas particulier, les juges ont décidé que l'appréciation de la loi plus douce devait tenir compte du montant des deniers détournés, car celui-ci modifiait la peine principale[639]. Les mesures de police et de sûreté, qui ont pour seul but de prévenir la récidive, sont applicables immédiatement[640].

3. Les lois à la fois plus sévères et plus douces (lois complexes)

La loi est complexe lorsqu'elle comporte à la fois des dispositions plus sévères et des dispositions plus douces. Pour illustrer ces situations, l'on peut citer les cas où la nouvelle loi diminue le maximum de la peine mais ajoute des peines complémentaires ; ou encore réduit le champ d'application d'un texte mais aggrave la peine encourue.

Si la loi est divisible, c'est-à-dire « lorsque ses différentes parties, plus sévères et plus douces, peuvent être séparées sans qu'elle perde sa cohérence »[641], seules les dispositions plus douces seront appliquées rétroactivement. Si la loi est indivisible, deux solutions sont possibles ou bien le juge recherche la tendance globale de la loi pour déterminer si elle est plus douce ou plus sévère (système dit de l'appréciation globale) ; ou bien il cherche la disposition principale et étend sa nature plus sévère ou plus douce à toute la règle (système dit de la disposition principale)[642].

§2. L'application de la loi pénale de forme

La loi pénale de forme ne modifie ni les caractéristiques de l'infraction, ni la responsabilité de l'auteur, ni la fixation de la peine. Mais elle porte sur l'organisation et la compétence judiciaires ainsi que sur la procédure pénale et l'exécution des peines.

Il faut cependant distinguer trois catégories dans les lois de forme : les lois de compétence et de procédure, les lois d'exécution et d'application des peines et celles relatives à la prescription.

---

[639] Lorsqu'il y a conflit entre l'ordonnance-loi n°68/193 du 3 mai 1968 et la loi n°73-017 du 5.1.1973, l'appréciation de la loi favorable au prévenu se fait en considération de la peine principale encourue suivant le montant des deniers publics détournés (Kis. 2 mars 1973, *RJZ*, 1974, 1 et 2, p. 48). Voir Katuala Kaba Kashala, *Code pénal congolais annoté*, *op. cit*, p. 11.
[640] CLÉMENT et VICENTINI, *op. cit.*, p. 37.
[641] HERZOG-EVANS et ROUSSEL, *op. cit*, p. 79.
[642] Idem, p. 80.

A. Les lois de compétence, d'organisation judiciaire et de procédure

a. Le principe : l'application immédiate de la loi nouvelle

En l'absence de dispositions légales explicites, la référence peut être faite à la doctrine qui prévoit l'application immédiate des lois de procédure aux procès en cours. La justification avancée en est que les règles nouvelles de compétence, d'organisation judiciaire, des modalités de poursuite et des formes de procédure sont prises dans le but d'améliorer l'administration de la justice[643]. Cependant, le principe de l'application immédiate des lois nouvelles ne signifie pas que la loi va rétroagir pour modifier la procédure déjà engagée mais elle va s'appliquer sur la suite de la procédure. En effet, toute la procédure faite sous la loi ancienne reste soumise aux conditions de validité de la loi ancienne. Autrement dit, la loi nouvelle est sans impact sur la validité des actes accomplis sous l'empire de la loi ancienne. Des exceptions sont prévues même en cas d'acceptation du principe d'application immédiate, comme relevé ci-dessous[644].

Le principe d'application immédiate des lois nouvelles est écarté lorsqu'il s'agit de mettre en œuvre les lois de compétence, dans certains cas, et celles relatives aux voies de recours.

1. Les lois de compétence

Le principe n'est pas considéré si la cause a déjà connu un jugement sur le fond. En effet, l'on estime que le délinquant qui a déjà subi un jugement a le droit de demeurer sous l'empire de la loi sur la base de laquelle le jugement a été rendu.

2. Les voies de recours

De façon générale, les lois nouvelles modifiant la nature, les cas d'ouverture, les délais des voies de recours, la qualité des personnes qui ont compétence pour exercer les voies de recours ne sont pas d'application immédiate. Les recours eux-mêmes sont soumis aux règles en vigueur au moment où ils sont exercés.

---

[643] THAMBWE-MWAMBA Alexis, *op. cit.*, pp. 11-62.

[644] LUZOLO Bambi Lessa Emmanuel J. et BAYONA Ba Meya Nicolas Abel, *Manuel de procédure Pénale,* PUC, Kinshasa, 2011, p. 44.

B. Les lois sur les régimes d'exécution et d'application des peines

Traditionnellement, l'on considérait que les lois relatives à l'exécution et à l'application des peines, étaient d'application immédiate, même lorsqu'elles avaient pour conséquence d'aggraver le sort des personnes condamnées. La raison en était que l'on ne pouvait admettre qu'un infracteur puisse considérer qu'il avait un droit au maintien du régime d'exécution des peines en vigueur au moment de la commission des faits[645]. Mais on considère aujourd'hui, que si la loi nouvelle rend plus sévère la peine du condamné, on en revient à la position sur la non rétroactivité de la loi pénale plus sévère. Et donc la loi ancienne dans ce cas serait maintenue.

C. Les lois relatives aux prescriptions de l'action publique et des peines

La contrainte temps s'exerce aussi à travers l'institution de la prescription de l'action publique et de celle des peines, qui sont elles-mêmes liées à l'écoulement du temps. La prescription acquise forme un obstacle à une modification quelconque par la nouvelle loi. Ce qu'il faut examiner, ce sont les effets d'une nouvelle loi prise dans le domaine de la prescription, lorsque celle-ci est en cours. L'on considère que les lois sur la prescription des lois de forme sont d'application immédiate. Pourtant, elles sont susceptibles d'aggraver le sort d'un infracteur qui a déjà agi, en allongeant la durée de la prescription, soit directement, soit en augmentant les cas de suspension ou d'interruption des délais. Il nous semble que l'infracteur devrait bénéficier d'une durée plus courte de prescription, car cela signifie que le législateur a montré une moindre sévérité vis-à-vis du comportement prohibé.

D. Lois relatives aux modes de preuve

La doctrine reste divisée à ce sujet, d'autant plus que certains considèrent qu'il s'agit là des règles de fond et d'autres de règles de forme. Seraient des règles de fond, les lois qui régissent la force probante des preuves par exemple celles qui présument les éléments matériels ou moraux de l'infraction ou la responsabilité pénale de l'auteur, et des règles de forme, les règles de mode de procédure ou encore ceux des actes régissant les modes de preuve, par exemple, le changement de régime des perquisitions, la constatation des éléments

[645] DESPORTES et LE GUHENEC, *op cit,* p. 324.

de preuve et l'administration de la preuve, bref, les lois qui favorisent la découverte de la vérité. Les lois nouvelles s'apparentant aux règles de fond subiront le principe de non rétroactivité et celles portant sur la forme seront d'application immédiate.

Les rédacteurs de l'avant-projet du code pénal ont pris position sur l'application des lois pénales de forme : « sont applicables immédiatement à la répression des infractions intervenues avant leur entrée en vigueur, les lois de compétence et d'organisation judiciaires, tant qu'un jugement au fond n'a pas été rendu en première instance ; les lois fixant les modalités des poursuites et les formes de la procédure ; les lois relatives au régime d'exécution et d'application des peines ».

Cependant, ils ont écarté l'application de ces lois, lorsqu'elles ont pour résultat de rendre plus sévères les peines prononcées par la décision de condamnation. Quant aux lois relatives à la nature et aux cas d'ouverture des voies de recours ainsi qu'aux délais endéans lesquels elles doivent être exercées et à la qualité des personnes admises à se pourvoir, elles sont applicables aux recours formés contre les décisions prononcées après leur entrée en vigueur. Les recours sont soumis aux règles de forme en vigueur au jour où ils sont exercés[646].

L'environnement du système pénal comprend en deuxième lieu la contrainte espace.

Section 2 : La contrainte espace et l'application de la loi pénale dans l'espace

Selon les sphères géographiques, les lois diffèrent et sont susceptibles d'entrer en conflit. Ces conflits peuvent être d'autorité ou de souveraineté lorsque plusieurs juridictions entrent en compétition. Il peut s'agir des conflits entre les droits de deux ou plusieurs Etats aussi bien que de conflits entre les compétences des juridictions nationales et celles des juridictions internationales. Ces situations sont réglées au moyen des principes de conflit ou d'application des lois pénales dans l'espace[647].

Notoirement, lorsqu'on étudie l'application de la loi pénale dans l'espace, l'on se réfère aux règles régissant la poursuite des infractions qui sont commises hors du territoire national mais dont les auteurs se retrouvent sur le territoire national, ou celles commises sur le territoire national par des étrangers ou dont les victimes sont des étrangers. L'on

[646] Articles 142.2.2 et 142.2.3 de l'avant-projet du code pénal congolais, version mars 2014.
[647] BERGEL, *op. cit.*, pp. 153 à 169.

doit savoir que des problèmes de compétence se posent également entre les juridictions nationales lorsque des faits sont commis dans le ressort d'une juridiction autre que celle de la résidence de l'auteur ou de la victime de l'infraction.

Dans ces derniers cas, les lois nationales d'organisation et de compétence judiciaires ont prévu les règles de résolution des conflits de compétence de juridictions. Mais dans les cas où les juridictions compétentes relèvent des souverainetés nationales différentes, les règles nationales ne sont pas applicables sans l'accord des autres Etats concernés. Il a fallu dès lors élaborer des principes qui vont faire l'objet des développements ci-après.

§1. Les principes théoriques

Les infractions commises sur le territoire d'un Etat sont en principe poursuivies par les juridictions de jugement de cet Etat. Il s'agit de la compétence territoriale. Mais il arrive qu'un Etat soit compétent pour mettre en mouvement l'action publique contre les auteurs de faits infractionnels perpétrés à l'étranger. Dans ce cas, il est fait appel à d'autres compétences, notamment, les compétences personnelle, active ou passive, réelle et universelle.

A. Le principe de territorialité

L'Etat détermine librement les règles procédurales qui s'appliquent à toutes les infractions commises sur son territoire, quelles que soient la nature de l'infraction et la nationalité des auteurs ou des victimes de celle-ci. Le principe de territorialité concerne le territoire proprement dit, mais aussi l'espace maritime, l'espace aérien, les navires et aéronefs ainsi que les personnes se trouvant à bord de ces bâtiments et appareils. Mais dans ce dernier cas, on cas on parle de la loi du pavillon.

B. Le principe de personnalité

Le principe de personnalité s'attache à la nationalité du coupable (personnalité active) ou de la victime (personnalité passive). Il énonce que le droit et les tribunaux nationaux sont compétents dès lors que l'auteur (personnalité active) ou la victime (personnalité passive) de l'infraction est de la nationalité de l'Etat qui poursuit. La loi pénale doit s'appliquer à tous ses nationaux qu'ils soient sur le territoire ou en dehors de celui-ci.

C. Le principe de réalité

La loi pénale s'applique, quelle que soit la nationalité du coupable, lorsque l'infraction porte atteinte à une chose jugée fondamentale, par exemple lorsqu'elle porte atteinte aux intérêts fondamentaux de l'Etat[648].

D. Le principe d'universalité

a. La définition et la base juridique

La « compétence universelle » permet à un Etat de poursuivre et de juger l'auteur présumé d'une infraction, quels que soient le lieu de l'infraction, la nationalité ou la résidence de son auteur présumé ou de la victime.

Cette compétence peut s'exercer, dans le respect des règles du procès équitable, aussi bien dans le cas où l'auteur présumé est présent sur le territoire de l'Etat du for que s'il en est absent. Si le droit interne de l'Etat du for ne prévoit pas explicitement la compétence universelle, la justice de cet Etat peut l'exercer dans la mesure où la coutume internationale fait partie de son droit interne.

La mise en œuvre de ce principe relève de chaque Etat qui dispose de la latitude de l'adopter en fonction des intérêts qui lui semblent essentiels. Quoi qu'il en soit, les Etats qui l'ont choisi sont tenus à une série d'obligations.

b. La portée des obligations des Etats

La portée des obligations des Etats dépend de leur système juridique interne. Les Etats qui ont ratifié des conventions internationales qui les obligent à l'exercice de la compétence universelle doivent reformer leur législation interne de façon à pouvoir exercer cette compétence. Les expériences de certains pays comme la Belgique[649] et l'Espagne[650] ont

---

[648] En droit congolais par exemple, les intérêts fondamentaux de l'Etat sont définis au titre VIII et aux 2 premières sections du titre III du code pénal livre II.

[649] La loi belge du 16 juin 1993 instituant la compétence universelle a subi de multiples modifications jusqu'à la promulgation de la loi du 23 avril 2003 à la suite des divers incidents diplomatiques et juridiques dont la mise à néant par la CIJ du mandat d'arrêt international émis contre M. ABDULAYE YERODIA, au motif que ce mandat ignorait l'immunité reconnue aux chefs d'Etats étrangers et aux ministres des affaires étrangères en exercice. Disponible sur https://competenceuniverselle.wordpress.com/legislation-belge/ consulté le 3/12/2019.

[650] Devant les difficultés de mettre en œuvre cette compétence, l'Espagne a dû modifier sa loi organique de 1985 sur le pouvoir judiciaire en restreignant les conditions de sa mise en œuvre.

démontré que cette compétence n'était pas facile à mettre en œuvre du fait des pesanteurs diplomatiques. Dans la pratique, lorsqu'il n'y a aucun lien entre l'Etat de poursuite et l'auteur ou la victime de l'infraction, l'instruction peut être difficile à mener. Une solution plus aisée à mettre en œuvre serait d'extrader l'auteur de l'infraction vers le pays qui peut le poursuivre plus efficacement. C'est cette solution que la Belgique a adoptée.

Si l'extradition est demandée concurremment par plusieurs Etats, l'Etat requis statue en tenant compte de toutes les circonstances et notamment de celles énoncées plus bas.

c. Les conflits de compétences

La compétence universelle exclut les conflits négatifs de compétence : un tribunal national ne peut décliner sa compétence pour les crimes graves que si un tribunal d'un autre pays ou une juridiction internationale s'en saisit.

Les conflits positifs de compétence qui pourraient résulter de l'exercice de la compétence universelle dans le cas des crimes graves, devraient se résoudre par consultations ou négociations entre les Etats concernés, en tenant compte de toutes les circonstances pertinentes, notamment de la gravité relative des faits, du lieu des infractions, de la date d'ouverture des poursuites, de la résidence des victimes, de la nationalité de l'auteur présumé ou du respect du droit au procès équitable.

d. Le droit des victimes d'engager l'action publique et d'obtenir réparation

Ici encore, l'existence ou l'étendue du droit des victimes d'engager l'action publique et d'obtenir réparation dépend de la législation interne de chaque Etat. Ce droit peut leur être dénié au profit exclusif du magistrat du parquet ou au contraire, comme c'est le cas en France, permettre à la victime de prendre part au procès par une simple constitution de partie civile devant le juge d'instruction compétent[651].

Ainsi, les nouvelles dispositions, datant du 3 novembre 2009, prévoient que la compétence universelle ne sera appliquée que si les présumés responsables se trouvent sur le territoire espagnol ou si les victimes sont espagnoles et, dans tous les cas, quand une juridiction internationale ou le pays dans lequel les faits se sont produits n'a pas engagé de poursuites effectives. Disponible sur https://competenceuniverselle.wordpress.com/en-espagne/ consulté le 3 décembre 2019.

[651] Article 85 du code de procédure pénale français.

Dans les Etats où la procédure pénale admet que les victimes engagent l'action publique et participent aux procès, la loi ne peut restreindre ces droits ou les soumettre à des conditions qui réduiraient substantiellement leur portée.

§2. La position de la loi congolaise

A. Le cadre juridique

La RDC ne dispose pas d'une législation conséquente en matière de conflit des lois pénales comme c'est le cas en droit international privé. Cependant, l'identification des critères de compétence applicables en RDC passe par la lecture des articles 2 et 3 du code pénal congolais, 14 du code civil, livre Ier, et 2 de l'arrêté royal du 22 décembre 1934[652]. La lecture combinée de ces articles nous permet d'affirmer que le critère légal de compétence est celui de la territorialité, mais au renforcement duquel concourent d'autres principes.

Ainsi, l'article 2 du code pénal congolais dispose que : « l'infraction commise sur le territoire de la République est punie conformément à la loi ». Tandis que l'article 67 de la loi organique n° 13/011-B du 11 avril 2013 portant organisation, fonctionnement et compétences des juridictions de l'ordre judiciaire énonce qu'« en matière répressive, le ministère public recherche les infractions aux actes législatifs et réglementaires qui sont commises sur le territoire de la République ». Enfin, d'après l'article 14 du code civil livre Ier, tiré de la loi du 20 février 1891 relatif aux étrangers, « les lois pénales ainsi que les lois de police et de sûreté publique obligent tous ceux qui se trouvent sur le territoire de l'Etat ».

Toutes ces dispositions constituent le fondement du principe de la territorialité.

L'article 3 du code pénal, livre 1er détermine les conditions dans lesquelles des infractions commises à l'étranger peuvent être poursuivies par les juridictions congolaises, c'est-à-dire les conditions d'application du principe d'universalité.

B. Les infractions commises sur le territoire de la RDC

a. Le principe

Le principe de la territorialité de la loi pénale s'applique à toutes les infractions commises sur le territoire de la République, exception faite

---

[652] NYABIRUNGU, Traité de droit pénal général, op. cit., p. 120.

des cas d'immunités et de privilèges de juridictions (Chefs d'Etat étrangers, représentants diplomatiques et leurs familles, etc.)[653].

b. La mise en œuvre du principe

1. La notion de territoire

Le territoire de la RDC comprend :

- L'espace terrestre délimité par les frontières de la République ;
- Les lieux diplomatiques et consulaires ;
- Les eaux territoriales ;
- L'espace aérien au-dessus du territoire terrestre et des eaux territoriales ;
- Les navires et aéronefs immatriculés en RDC ;
- Le stationnement militaire en territoire non ennemi ;
- Les navires militaires en projection orthogonale sur le sol.

La compétence territoriale de la RDC est étendue aux infractions réalisées à bord des :

- navires battant pavillon congolais, ou à l'encontre de tels navires, en quelque lieu qu'ils se trouvent ;
- navires de la marine nationale ou à l'encontre de tels navires, en quelque lieu qu'ils se trouvent ;
- navires de commerce ou de plaisance en eau internationale ;
- aéronefs immatriculés en République Démocratique du Congo, ou à l'encontre de tels aéronefs, en quelque lieu qu'ils se trouvent ;
- aéronefs militaires congolais, ou à l'encontre de tels aéronefs, en quelque lieu qu'ils se trouvent.

2. La localisation des infractions

L'infraction est réputée commise en RDC si l'un de ses faits constitutifs est commis sur le territoire de la République.

c. Les infractions commises hors du territoire congolais

Les faiblesses qu'accuse le principe de la territorialité sont autant des causes d'impunité si d'autres principes ne viennent pas en secours ; tel est le cas lorsque, à titre d'exemple, une personne qui n'a pas la nationalité congolaise a commis l'infraction en dehors du territoire congolais, mais se trouve du moins sur ce territoire. La RDC se

[653] Convention sur les privilèges et immunités des Nations Unies, New York, le 13 février 1946.

trouverait dans l'impossibilité de juger le délinquant si elle s'en tient au bien-fondé du principe de la territorialité.

C'est pourquoi l'article 3 du code pénal dispose que : « toute personne qui, hors du territoire de la république, s'est rendu coupable d'une infraction pour laquelle la loi congolaise prévoit une peine de servitude pénale de plus de deux mois, peut être poursuivie et jugée en RDC, sauf application des dispositions légales sur l'extradition ».

Cette poursuite enclenchée indépendamment de la nationalité de l'agent et de l'Etat sur le territoire duquel l'infraction est commise, fonde le principe de l'universalité.

Les infractions commises hors du territoire de la RDC doivent, pour être jugées sur le territoire national, respecter les conditions suivantes :

- toute personne, donc congolaise ou étrangère ;
- une infraction punie d'une SP supérieure à 2 mois ;
- non application des dispositions légales sur l'extradition ;
- requête du ministère public obligatoire[654] ;
- plainte de la partie offensée si l'infraction est commise contre un particulier et que la peine maximale est supérieure ou égale à 5 ans ;
- dénonciation officielle de l'autorité du pays où l'infraction a été commise ;
- non application du principe *non bis in idem* notamment lorsque les infractions concernent le titre VIII et les 2 premières sections du titre III du 2e livre du code pénal.

L'inculpé doit se trouver en RDC[655].

Au-delà de ces conditions que donne la loi, il convient d'ajouter que la poursuite par l'Etat congolais d'une infraction commise à l'étranger, implique le respect du principe de la double incrimination qui voudrait que l'infraction incriminée par la loi d'un Etat, doit aussi l'être par la loi congolaise. Autrement, la poursuite sur le territoire congolais ne sera pas enclenchée. Le seul mécanisme à utiliser reste l'extradition si la convention entre la RDC et l'autre Etat existe.

Le 4ème alinéa de l'article 3 du code pénal congolais consacre le principe de la réalité. En effet, contrairement à l'alinéa 1 dont l'exposé

---

[654] « Les poursuites engagées du chef d'une infraction commise à l'étranger sur citation directe de la partie civile sont régulières si conformément à l'article 3 du code pénal, elles le furent également à la requête du ministère public ». CSJ. 4 juillet 1977, RP. 174, BA 1979, p. 66 in Katuala Kaba Kashala, Code pénal congolais annoté, *op cit.*, p. 11.

[655] « Est irrecevable, l'action publique dirigée contre une personne non trouvée au [Congo] pour une infraction commise à l'étranger ». CSJ 26 août 1980 – RP 22/C.R. in Dibunda Kabuinji Mpumbuambuji, Répertoire général de Jurisprudence de la Cour Suprême de Justice, 1969-1985, CPDZ, Kinshasa, 1990, V°Action, n°9, p. 4.

sur le principe de l'universalité est fait ci-dessus, les alinéas 4 et 5 se veulent protecteurs des intérêts fondamentaux de l'Etat congolais, lorsqu'il est lui-même victime d'une infraction commise à l'étranger. Dans ce cas, que l'auteur ait été jugé à l'étranger ou pas, qu'il ait été gracié ou bénéficiaire de n'importe quelle mesure de dispense, l'Etat congolais le jugerait sans tenir compte du principe de *non bis idem*. La seule condition exigée par l'article 3 est que l'inculpé puisse se trouver sur le territoire congolais.

Toutefois, une frange de doctrinaires pense que, pour les atteintes à la sûreté de l'Etat ou à la foi publique visées aux alinéas 4 et 5 et contenues dans le titre VIII du code pénal, le délinquant pourra être jugé et condamné même par défaut.

La conjonction de deux phénomènes, d'une part l'accroissement exponentiel du volume des connaissances à acquérir, d'autre part, les facilités offertes par les nouvelles technologies de l'information et de la communication, a rendu moins indispensable la nécessité d'accumuler dans son cerveau un nombre impressionnant des renseignements. Dès lors, la place du raisonnement, et spécialement du raisonnement scientifique, s'est accru à titre de compensation. Le raisonnement juridique n'est évidemment pas épargné par cette évolution.

SOUS-CHAPITRE 2 : LE RAISONNEMENT JURIDIQUE

Section 1 : La notion

D'après Bergel[656], le raisonnement se définit comme « une suite de propositions liées les unes aux autres selon des principes déterminés et aboutissant à une conclusion ». Il consiste dans la démarche intellectuelle susceptible de conduire à la solution des problèmes juridiques, grâce à un certain nombre de moyens rationnels. Le raisonnement juridique est donc un processus mental qui suit les principes de droit pour interpréter ou argumenter en droit. Il « ne se réduit pas à une simple déduction formelle et logique, mais à une constante confrontation entre la valeur d'une solution et sa cohérence avec le système juridique »[657].

[656] BERGEL, Théorie générale du droit, *op cit*, p. 262.
[657] (Perelman et Bergel, p. 28)

§1. La spécificité du raisonnement juridique ou raisonnement ordinaire appliqué à des problèmes juridiques

Certains auteurs, comme Pierre Brunet[658], se sont interrogés sur le point de savoir si le raisonnement utilisé en droit était un raisonnement spécifique ou un raisonnement ordinaire. La question est étroitement liée à celle du choix entre considérer le droit comme « ensemble de normes » ou comme « pratique sociale ». Quoiqu'il en soit, au nom de l'autonomie du droit pénal, on devrait concrètement adapter le raisonnement aux exigences du droit pénal.

Dans un article intitulé « Le raisonnement juridique dans tous ses états », Pierre Brunet précise sa pensée : « Pour penser comme un juriste (ou comme un avocat), il faut non seulement connaître les arguments auxquels sont sensibles les juges mais aussi savoir les dissimuler derrière des règles de droit qui parviendront à justifier telle solution plutôt que telle autre. Ainsi, même le plus réaliste des juristes a besoin de connaître le droit et de tenir compte des méthodes les plus classiques avec lesquelles les juges parviennent à justifier les règles qu'ils font. En d'autres termes, le droit n'est pas qu'un langage obéissant à certaines règles logiques, il est aussi une langue qu'il faut apprendre à parler pour se faire comprendre de ses locuteurs »[659].

A l'occasion d'un séminaire consacré aux théories du raisonnement juridique, Anthony Chamboredon avait fixé, entre autres objectifs, la distinction entre les « différentes réalités auxquelles renvoie la notion de raisonnement juridique en allant du général au particulier :
- tout raisonnement pratiqué dans la vie juridique ;
- le raisonnement qui concerne l'application de la loi ;
- le raisonnement spécifique du juge tel qu'il se manifeste dans un jugement ou un arrêt ;
- l'activité intellectuelle discursive du juriste destinée à interpréter les normes d'un ordre juridique donné pour justifier une décision »[660].

On retiendra donc que si le « raisonnement juridique a pour objet de confronter une situation de faits et des règles de droit en vue de dégager

[658] Pierre BRUNET « Le raisonnement juridique : une pratique spécifique? ». International Journal for the Semiotics of Law, Springer Verlag, 2013, pp.1-15. 10.1007/s11196-013-9310-4. halshs-00784098, consulté le 31/05/2019.

[659] Pierre BRUNET, « Le raisonnement juridique dans tous ses états », Droit et Société, 2013/1, no. 83: 193-202., 2013, www.cairn.info/revue-droit-et-societe-2013-1-page-193.htm., consulté le 31/05/2019.

[660] Anthony Chamboredon, « Théories du raisonnement juridique : interprétation, argumentation et justification », Séminaires de l'École doctorale, Programmes 2007-2008.

une solution juridique adéquate[661] », il sert également, de manière plus large, à interpréter les lois, en dehors des cas concrets.

Le raisonnement juridique est fait de mixité[662]. Il mêle en effet la méthode déductive qui, à partir des prémisses nécessaires, aboutit à des conclusions nécessaires, et la méthode inductive qui, de l'observation des faits, tire des principes puis des conséquences. Il allie la logique formelle à la dialectique car il doit considérer tous les aspects du problème soumis et non se contenter d'une démarche purement mathématique. La résolution des cas pratiques, le commentaire d'arrêts et des lois sont à cet égard d'excellents exercices de raisonnement juridique et d'application du syllogisme juridique, creuset de la décision pénale.

§2. Le raisonnement des juristes ou raisonnement des juges?

Autrement posée, la question tend à départager raisonnement juridique et raisonnement judiciaire. La distinction est pertinente. En effet, « le raisonnement juridique est une pratique qui en appelle à plusieurs acteurs tous complémentaires : on ne peut donc pas dire que les juges créent le droit, pas plus qu'on ne pourrait affirmer que le droit est tout entier contenu dans des textes. En réalité, le droit serait le produit d'une interaction et d'une collaboration de plusieurs acteurs. On aurait ainsi dépassé l'opposition classique entre autorité et raison et passé à la moulinette de l'Histoire le débat entre Coke et Hobbes »[663].

Dès lors, il faut accepter, d'une part, que le droit n'est pas entièrement contenu dans les textes mais, d'autre part, que par respect du principe de légalité des délits et des peines, les juges n'ont pas le droit de créer des lois.

Le juge n'utilise le raisonnement qu'après avoir établi les faits, ou plus exactement après avoir opéré la relation des faits, en vue de leur appliquer le droit qui convient. Souvent, il est amené à faire un mouvement d'interaction entre les faits et le droit pour coller à la réalité de l'événement. Il doit rechercher la qualification des faits pour trouver le droit applicable et lorsque plusieurs lois entrent en concours, il peut soit cumuler les infractions (hypothèse du concours matériel ou réel), soit n'en retenir qu'une seule comportant l'expression pénale la plus forte (hypothèse du concours idéal). L'interdiction de l'interprétation

---

661 www.cours-de-droit.net, consulté le 31/05/2019.

662 BERGEL, *op. cit.*, pp. 274-275.

663 https://www.researchgate.net/publication/257663561_Le_Raisonnement_Juridique_Une_Pratique_Specifique, consulté le 31/05/2019.

analogique lui commande de rejeter hors du procès les faits qui ne sont pas visés exactement par la loi.

§3. Le processus du raisonnement juridique

A. La déduction et l'induction

Devant la diversité des faits et des comportements, tant humains que sociaux, devant la multitude des qualifications pénales possibles des faits, devant la variété des régimes juridiques et des sanctions, il est bien difficile d'adopter la rigueur formelle d'un raisonnement mathématique en droit. Il en sera peut-être autrement avec le développement de la jurimétrie[664]. En outre, la nécessité des va et vient entre la loi et les faits amène à utiliser aussi bien le raisonnement déductif qu'inductif. La déduction partirait des règles et l'induction des faits.

1. La déduction

Le raisonnement déductif part d'une idée générale pour en déduire des propositions particulières. Cette déduction est obligatoire. En effet, à titre d'illustration, lors d'un procès, la présentation d'un moyen qui ne contiendrait aucune déduction logique bien qu'élaboré à partir des faits et de ses éléments probatoires n'engagerait aucunement le juge dans son appréciation[665].

Le syllogisme est un raisonnement déductif à trois étapes. Les deux premières consistant en des propositions, la majeure et la mineure, dont est tirée une conclusion de portée générale. En droit judiciaire pénal, on aurait par exemple comme majeure la règle de droit pénal, comme mineure, l'application de cette règle au fait présupposé infractionnel, et comme conclusion, la décision sur la culpabilité et le prononcé éventuel de la peine.

2. L'induction

Le raisonnement inductif ou induction part d'observations particulières pour aboutir à une conclusion de portée générale. Il procède par la décomposition des faits observés et les recompose de

---

664 La jurimétrie est l'usage des principes et instruments scientifiques appliqués au raisonnement juridique et à la mise en pratique de l'appareil légal. Lire à ce propos Goulet J., Révalorisation du droit et jurimétrie, les cahiers de droit, 9 (1), 9-36, 1967, disponible sur https://doi.org/10.7202/1004340ar, consulté le 10/12/2019.

665 SEGIHOBE BIGIRA Jean-Paul, *Argumentation juridique*, L'Harmattan, « Academia », 2019, p.62-63.

manière à identifier la loi applicable, puis appliquerait cette loi au cas d'espèce pour en déterminer la validité. En d'autres termes, il s'agit d'analyser les faits puis de les synthétiser en un ensemble cohérent. Cette allusion à l'analyse et à la synthèse nous amène à un autre débat né sur le plan philosophique de la manière la plus adéquate d'acquérir la connaissance scientifique par l'homme.

B. La logique ou l'expérience

Certains penseurs mettent en avant la logique et minimisent le rôle de l'expérience, d'autres par contre « affirment que l'expérience est la source de la connaissance humaine » et minimisent le rôle de la logique.

Cependant, « toute théorie qui met en avant une opposition entre le logique et l'empirique représente une incapacité à comprendre la nature de la logique et son rôle dans la connaissance humaine. La connaissance humaine n'est pas acquise par la logique indépendamment de l'expérience[666] ni par l'expérience malgré la logique, mais par l'application de la logique à l'expérience. Toutes les vérités sont le produit de l'identification, par la logique, des faits de l'expérience »[667].

C. La place de la morale dans le choix du juge : inspiration ou limitation [668]

Il s'agit ici de discourir sur l'impact des opinions personnelles des juges dans le traitement des dossiers judiciaires. Il serait irréaliste de considérer que les juges puissent être à même de respecter mathématiquement l'exigence d'impartialité et de neutralité. En effet, la nécessité d'interprétation des normes et des faits les amène à une lecture personnelle des droits et libertés fondamentaux des justiciables. C'est ce qui explique notamment que pour un même cas d'espèce, il arrive que des juges se prononcent de manière divergente. On peut, évidemment, s'en remettre à la collégialité des magistrats du siège dans les compositions judiciaires pour corriger quelque peu les divergences d'opinions.

---

[666] Fait d'acquérir, volontairement ou non, ou de développer la connaissance des êtres et des choses par leur pratique et par une confrontation plus ou moins longue de soi avec le monde.

[667] Leonard PEIKOFF, « La dichotomie analytique-synthétique », https://nicomaque.com/la-philosophie/logique/la-logique-et-lexperience/ consulté le 26/06/2019

[668] Luc BEGUIN, « L'impartialité des juges et la lecture morale des droits », « Les Cahiers de Droit », vol. 38, n°2, juin 1997, pp. 417-436 (1997) 38 Les Cahiers de Droit 417, https://www.erudit.org/fr/revues/cd1/1997-v38-n2-cd3811/043445ar.pdf , consulté le 28 juin 2019.

A côté des opinions personnelles, les juges peuvent avoir à faire avec des contraintes plus structurelles liées aux politiques pratiquées dans un Etat donné. Ces politiques ont un impact aussi bien sur la mise en œuvre des procédures que sur les décisions de justice elles-mêmes. Cependant, sur ces dernières, la publicité des décisions de justice réussit à limiter les dégâts. Les contestations électorales nées du scrutin de décembre 2018 en sont une criante illustration[669].

Les contraintes structurelles sont plus insidieuses car elles se cachent derrière des règles juridiques et autres qui véhiculent des idées permettant de sauvegarder des intérêts partisans. Dès lors, la position du juge est inconfortable car il doit tenir compte de son inspiration et se trouve limité par un cadre extérieur à sa personnalité.

Le raisonnement juridique ainsi défini, emprunte différentes modalités.

Section 2 : Les modalités du raisonnement juridique

Nous avons relevé deux modalités essentielles du raisonnement juridique à savoir l'interprétation (§1) et l'argumentation (§2).

§1. L'interprétation

Dans le contexte juridique, lorsque l'on recherche la compréhension d'un phénomène quelconque, on peut être amené à interpréter les textes (A), mais aussi les faits en présence (B). L'interprétation qu'on en fait a aussi des conséquences sur les progrès techniques qu'il convient de connaitre (C).

A. L'interprétation des textes

Plusieurs techniques de l'interprétation peuvent être mises en œuvre notamment l'interprétation de la lettre et de l'esprit de la loi (1) et l'interprétation dite axiologique (2). Il est cependant une qui est interdite, c'est l'interprétation analogique (3).

---

[669] La Cour constitutionnelle, sous prétexte de corriger des erreurs matérielles en vertu de l'article 74 quinquies dont le contenu se trouve ci-dessous, a en réalité revu certaines de ses décisions relatives à la contestation des résultats des élections législatives.

Article 74 quinquies de la loi électorale de 2006 telle que modifiée à ce jour :

Alinéa 1 : la décision de la juridiction est notifiée au requérant, au candidat dont l'élection est contestée ainsi qu'à la commission électorale nationale indépendante. Elle est susceptible de recours/sauf en ce qui concerne les arrêts de la Cour constitutionnelle.

Alinéa 3 : les juridictions saisies peuvent toutefois, à la requête des parties ou du ministère public, rectifier les erreurs matérielles de leurs décisions ou en donner interprétation, toutes les parties entendues.

1. L'interprétation de la lettre et de l'esprit de la loi

« Interpréter un texte pénal veut dire rechercher sa signification exacte, afin de l'appliquer ou de l'exclure dans des situations concrètes ». De manière générale, interpréter la loi, c'est en rechercher la signification exacte, de manière à permettre son application correcte aux cas concrets qu'elle doit régir[670]. Cette interprétation, cependant, doit être encadrée. Il convient, dès lors, d'en cerner les modalités.

a. Le principe de l'interprétation stricte

Corollaire direct du principe de légalité, le principe de l'interprétation stricte permet d'éviter que sous couvert d'interprétation, le juge n'ajoute à la loi en créant une incrimination nouvelle ou en condamnant à une peine qui n'était pas prévue pour un comportement donné.

b. Les cas admis

1) L'interprétation littérale

L'interprétation stricte peut être une interprétation littérale. Mais celle-ci est souvent trop restrictive, ce qui peut empêcher le juge de pouvoir surmonter les fautes de rédaction. L'exemple donné habituellement est celui d'un célèbre décret français de 1917 qui interdisait aux voyageurs de « descendre des trains ailleurs que dans les gares et lorsque le train est complètement arrêté », ce qui, littéralement, obligeait les voyageurs à sauter du train en marche. Par arrêt du 8 mars 1930, la Cour de cassation française a approuvé la condamnation d'un voyageur qui était descendu d'un train en marche, et qui prétendait que le texte de loi l'autorisait à le faire. Pour rendre sa décision, le juge avait usé d'une interprétation stricte mais téléologique, d'un texte pourtant clair et précis. Il s'agissait en effet pour le législateur de prévenir la survenance des accidents par une double interdiction : ne pas descendre hors des gares et ne pas descendre d'un train en marche.

2) L'interprétation téléologique

L'interprétation téléologique (de *telos*, le but) est une interprétation stricte qui permet cependant au juge de prendre en considération le but poursuivi par l'autorité qui a édicté la règle, la « *ratio legis* », c'est-à-

---

[670] MERLE Roger et VITU André, *Traité de droit criminel, Problèmes généraux de la législation criminelle, Droit pénal général*, Tome1, 6e édition, Cujas, Paris, 1984, p. 248.

dire la volonté déclarée ou présumée du législateur. Dans cette démarche, le juge recherche l'esprit du texte, la volonté de son rédacteur, notamment au moyen des travaux parlementaires. Cette interprétation permet d'éviter que l'adoption de la solution favorable à la personne poursuivie devienne une règle systématique car elle peut aboutir à des situations d'impunité ou de laxisme.

Ainsi, le juge qui se trouve en difficulté devant le sens qu'il faut donner à une règle de droit criminel déterminée, devra se livrer à une interprétation téléologique. Il peut alors compléter le législateur sans se substituer à lui. On trouve en droit français, une illustration à ce propos : l'article R. 412-6 du code de la route, qui impose à tout conducteur de se tenir constamment en état et en position d'exécuter commodément et sans délai toutes les manœuvres qui lui incombent, a servi de base pour interdire au conducteur en mouvement de tenir en mains un appareil téléphonique. En fait, l'infraction reste la même, seuls les moyens de la commettre ont changé.

2. Un cas en discussion : l'interprétation dite « axiologique »

Certains auteurs vont plus loin que la recherche de la volonté du législateur. Ils voudraient examiner également ce qui a motivé le législateur dans le choix qu'il a fait de réprimer tel ou tel comportement et dans celui de la manière adoptée. Lorsque deux textes d'égale valeur se contredisent, et que la volonté divergente du législateur transparaît clairement dans les deux textes, il faut alors opérer un arbitrage. Cet arbitrage pourrait faire appel à la sociologie du droit pénal et de la justice pénale qui étudie les divers aspects de la réaction sociale contre le crime et qui insère le droit dans un contexte social déjà établi, réduisant ainsi la liberté de manœuvre du législateur. Pierre Brunet l'exprime ainsi :

> Il demeure néanmoins qu'il y a un élément commun au raisonnement des juristes : tous ont pour objectif principal de montrer qu'ils suivent une règle, que telle interprétation est ou bien i) déjà existante ; ii) novatrice mais cohérente avec l'ensemble dans lequel elle s'insère ; iii) novatrice et peu cohérente mais nécessaire eu égard aux circonstances. En d'autres termes, que le droit n'est pas le résultat de la volonté de celui qui le pose mais que cette volonté est un instrument au service d'un ordre déjà établi

qui la contraint et auquel elle est définitivement et irrémédiablement subordonnée[671].

Cette liberté est encore plus réduite pour le juge avec l'interdiction de l'interprétation analogique.

3. L'interdiction de l'interprétation analogique

L'interprétation analogique est une interprétation extensive qui consiste à étendre une règle de droit d'une situation prévue par elle à une situation voisine non prévue par la loi. L'interprétation analogique viole la prévisibilité de la loi pénale et la sécurité juridique.

Merle et Vitu distinguent l'analogie juridique de l'analogie légale. La méthode de l'analogie juridique consiste pour le juge à créer l'incrimination absente ou la pénalité, à partir de l'éthique politique, religieuse ou sociale dont s'inspire le droit de son pays. Le juge crée ainsi librement le droit. L'analogie juridique est absolument à proscrire comme une méthode extrêmement dangereuse en droit pénal. Quant à l'analogie légale, elle « consiste à raisonner sur une espèce donnée à partir d'une règle légale existante, qui régit un cas semblable et qu'il s'agit d'étendre en dehors du cadre normal d'application qu'on aurait dû donner avec une interprétation téléologique ». Contrairement à l'analogie juridique, l'on admet quelquefois l'analogie légale, lorsqu'elle est favorable à la personne poursuivie. Par exemple, « quand elle accueille des faits justificatifs ou des causes de non-responsabilité non prévues par la loi, mais semblables à des faits justificatifs déjà consacrés par elle.

A titre illustratif de l'application du principe, il faut dire que pendant longtemps, l'on n'a pas pu poursuivre la personne qui se faisait servir des aliments en ayant l'intention de ne pas payer, car il n'existait pas d'infraction appropriée. En effet, le vol, parce qu'il exige une soustraction frauduleuse, ne pouvait pas atteindre la personne qui se faisait remettre volontairement la chose par le propriétaire ou son délégué. Le législateur a dû créer l'infraction de grivèlerie.

---

[671] Pierre BRUNET, Le raisonnement juridique, une pratique spécifique ?, *op.cit.*, consulté le 31/05/2019

B. *L'interprétation des faits*[672]

L'interprétation juridique est le processus qui permet au juge d'appliquer une norme juridique à un fait, celui-ci consistant en un comportement adopté ou en une parole exprimée par une personne déterminée. Il faut donc que l'interprète donne une signification à ce qu'il a observé lui-même ou à ce qu'il lui est rapporté, pour comprendre[673].

En effet, dans l'interprétation des faits, il y a d'abord ce que l'on observe directement, c'est-à-dire l'apparence immédiate, et ensuite, ce qu'on en pense, c'est-à-dire le sens qu'on lui donne. Le fait est une donnée constatée par l'expérience. Mais il peut être ambigu en lui-même ou discutable par rapport à son objectivité, dans la mesure où son sens dépend de la personnalité ou de l'expérience de l'interprète, tributaire de la société ou de son vécu personnel. L'interprétation peut même à la limite devenir partiale. Cette part de subjectivité s'aggrave lorsqu'il s'agit de déceler (ou détecter ?) l'élément moral de l'infraction. Celui-ci peut être déduit des faits, c'est l'hypothèse la plus favorable, mais quelquefois difficile à déterminer, rendant la démarche plus périlleuse.

A cette difficulté s'ajoute non seulement la sélection des faits eux-mêmes ou de leurs aspects les plus pertinents, par l'interprète, mais également la relation orientée des faits, délibérément ou involontairement, par la volonté de l'agent ou de la victime.

Enfin, deux dernières considérations : les faits doivent être interprétés dans leur contexte. Dans certains cas, l'interprétation n'est pas nécessaire, lorsque par exemple les conséquences sont une suite logique de ces faits.

C. *Les conséquences du principe de l'interprétation stricte face aux problèmes techniques*

Les avancées scientifiques et technologiques ont produit des comportements à l'évidence contraires aux normes d'éthique des sociétés modernes. Toutefois, il n'est pas évident, pour certains, de les faire correspondre aux éléments matériels des infractions existantes ou

---

672 http://www.guillaumenicaise.com/philosophie/interpretation/l'interpretation.pdf;https://www.cairn.info/revue-sociologie-de-l-art-2008-3-page-11.htm (ce que fait l'interprétation); https://halshs.archives-ouvertes.fr/halshs-01408730/document, Consultés le 28-06-2019.

673 http://www.guillaumenicaise.com/philosophie/interpretation/l'interpretation.pdf, p. 1, consulté le 28-06-2019

de démontrer l'élément moral. Il en est ainsi du vol d'électricité que l'on a voulu autrefois assimiler au vol, du vol des données informatiques qui pose encore problème, du trafic d'organes qui laisse le donneur en dehors de la répression lors même que son acceptation était volontaire en violation du principe de l'indisponibilité du corps humain. Les études sur la cybercriminalité ou la bioéthique tentent de trouver des solutions à ces problèmes.

§2. L'argumentation

A. La notion

L'argumentation est un ensemble de propositions que les parties à une discussion font valoir à l'appui de la position qu'ils défendent et à laquelle ils veulent obtenir l'adhésion. Elle suppose donc un auditoire, fictif ou réel. Elle peut être en effet, monologue ou dialogue. C'est un art mais également une technique. L'objectif du discours argumentaire consiste à soutenir un point de vue qui explique ou décrit une situation ou un phénomène qui soulève un questionnement.

L'argumentation revêt plusieurs caractéristiques dont la plus importante est qu'elle cherche à avoir raison. Argumenter, c'est vouloir convaincre par l'usage de la raison et persuader en faisant appel aux sentiments. Argumenter, selon SEGHIOBE, c'est « définir la stratégie la plus efficace, la plus habile pour faire connaître sa position, sa thèse, la faire admettre à un lecteur, à un interlocuteur ou à un auditoire, ébranler des contradicteurs, faire douter un adversaire, faire basculer des indécis, contredire une thèse opposée, critiquer une position contraire ou éloignée, démontrer avec rigueur, ordre et progression, se mettre en valeur, servir une cause, un parti, une foi, marquer les esprits par des effets de logique, de présentation, de mise en perspective, des procédés oratoires, etc. »[674]. L'argumentation juridique utilise les concepts et le langage juridique composé de la terminologie et de la phraséologie juridiques.

B. Les sortes d'arguments

1. Les arguments de fait et de droit

Les arguments sont des éléments de conviction tirés de considérations diverses en soutien à des propositions de base et appelés

[674] SEGHIOBE BIGIRA J.P., *op. cit.*, pp.24-25.

eux-mêmes à être développés. Ils sont invoqués pour soutenir des moyens de procédure ou de fond. Lorsque ces éléments sont tirés des données de fait ou de circonstances, ce sont des arguments de fait. S'ils le sont des règles de droit, ce sont des arguments de droit.

2. L'argument d'autorité et l'argument de raison

a. Les arguments d'autorité

Bergel distingue les arguments d'autorité et les arguments de raison. « Les arguments d'autorité[675] sont déduits de la force obligatoire de la loi, des précédents judiciaires, des opinions de la doctrine ou de l'interprétation administrative ». Ils servent à qualifier des situations de fait en vue de les soumettre aux règles qui leur sont applicables ou, au contraire, de les soustraire lorsqu'elles ne remplissent pas les conditions exigées. La gymnastique est facilitée par le jeu de présomptions diverses, telles la présomption d'innocence ou celle de connaissance de la loi.

Les arguments d'autorité excluent la justification, essentiellement les arguments *a pari*, *a contrario* et *a fortiori*.

1) L'argument *a pari* ou *a simili* ou encore raisonnement par analogie, consiste à déduire d'une ressemblance une autre ressemblance : devant les règles régissant une situation, on lui étend la règle édictée pour une situation semblable ;
2) L'argument *a contrario* déduit d'une proposition dans les hypothèses, une opposition dans les conséquences. Si une règle est subordonnée à certaines conditions, la règle inverse doit s'appliquer quand ces conditions ne sont pas réunies ;
3) L'argument *a fortiori* a pour objet d'utiliser une proposition pour un objet autre que le sien parce que la raison qui la justifie s'y applique encore mieux. Ainsi, la sanction prévue contre une faute simple s'applique à plus forte raison à une faute intentionnelle, même si elle n'a pas été expressément prévue. De même « qui peut le plus peut le moins ».

b. Les arguments de raison

Les arguments de raison portent sur les faits qui peuvent être historiques, sociaux ou psychologiques, et sur les valeurs. Ils font appel à l'appréciation personnelle de ceux qui doivent les interpréter :

[675] BERGEL, *op. cit.*, p. 272 et s.

législateurs, magistrats, plaideurs, chercheurs. Cependant, les faits sont souvent difficiles à établir qu'ils aient été constatés par ceux qui doivent les rapporter ou par ceux qui doivent les interpréter, leur sélection au niveau de la collecte de données se faisant souvent de manière subjective, notamment, en raison de leur complexité. En outre, les faits sont tributaires des contextes de temps et d'espace.

Les arguments de raison sont les mêmes que les arguments d'autorité. La différence se trouve dans le champ plus large de réactions possibles dues à la personnalité de ceux qui se livrent à l'exercice. En dehors des trois arguments cités plus haut, *a pari, a contrario* et *a fortiori*, d'autres peuvent également être utilisés en droit pénal : psychologique (raison de la loi, intention du législateur dégagée à partir des travaux préparatoires) ; téléologique (but poursuivi par la loi tel qu'il se dégage du texte) ; historique (présomption de continuité du droit, raisonnement avec les apports du droit antérieur) ; systématique (idée que l'ordre juridique est un système cohérent et que chaque élément doit être interprété en fonction de son contexte) ; etc.

Le raisonnement juridique est utilisé notamment dans la qualification nécessaire des faits en vue de leur appliquer les règles pénales adéquates.

Section 3 : La qualification des faits

La détermination de la loi applicable comprend la qualification des faits ou qualification pénale et la qualification des infractions. La qualification des infractions ayant été examinée lors de l'étude sur l'infraction, le second paragraphe sera consacré aux changements de qualification.

§1. Le choix de la qualification pénale

La qualification pénale a pour objet d'apprécier le caractère répréhensible des faits commis au regard du principe de légalité des délits et des peines et de déterminer le régime juridique qui leur est applicable. Cette qualification appelle une attention particulière à cause de la gravité des conséquences répressives. Dès lors, le magistrat du parquet ou du siège doit rechercher avec soin le texte pénal qui s'applique aux actes posés afin d'en tirer toutes les conséquences utiles. Il faut savoir que la qualification entraîne des effets importants tels que la classification de l'infraction et de la sanction, la désignation de la juridiction compétente, la computation des délais de prescription de l'action publique, etc.

Le choix de la qualification pénale obéit à des règles tenant au champ temporel et spatial de la cristallisation de l'infraction ainsi qu'à la détermination de la qualification la plus appropriée.

A. La cristallisation de la qualification pénale

En principe, la qualification pénale se cristallise au lieu et au moment des faits. Le juge qualifie les faits au moment même de leur commission, les circonstances postérieures ne pouvant que soit modifier cette qualification, soit éventuellement faire naître de nouvelles infractions.

Cette affirmation parait évidente de prime abord, mais il arrive que les éléments d'une infraction la constituent en des endroits et des moments différents. Dans ces cas, plusieurs moments ou plusieurs endroits peuvent être retenus comme lieu et moment de cristallisation.

La tentative d'infraction est réputée commise à l'endroit où est réalisé le fait qui constitue un commencement d'exécution et au lieu où dans l'idée de l'auteur, le résultat devait se produire.

Par ailleurs, un autre problème se pose lorsque l'on peut déterminer pour les mêmes faits des qualifications pénales différentes. Le juge doit alors choisir la qualification la plus adéquate.

B. L'appréciation de la qualification des faits

Le choix de la qualification la plus appropriée se justifie lorsque plusieurs textes paraissent s'appliquer à une même action infractionnelle. Par exemple, l'entrée par effraction au domicile d'autrui pour commettre un vol, garder une chose que l'on a volée, agresser sexuellement une personne dans un lieu public, etc. On peut qualifier ces différents faits, de vol avec effraction (article 81. 1° du code pénal) et violation de domicile (article 69 du code pénal) ; vol (article 79 du code pénal) et recel d'objet volé (article 101 du code pénal) ; attentat à la pudeur (article 167 du code pénal) et outrage public aux bonnes mœurs (article 156 du code pénal). Une appréciation des faits en présence est nécessaire pour dégager la plus appropriée des qualifications possibles.

1) Les qualifications exclusives

Deux qualifications peuvent s'exclure l'une l'autre, soit parce qu'elles sont incompatibles, soit parce qu'elles sont redondantes. Les qualifications incompatibles sont soit juridiques soit logiques. Elles sont juridiques lorsqu'elles résultent de la définition des qualifications (par exemple un homicide est soit volontaire soit involontaire ou vol avec violence et coups et blessures volontaires). Elles sont logiques, lorsqu'elles résultent d'une analyse de la psychologie de l'agent (par exemple vol et recel ou encore coups et blessures et non-assistance à personne en danger).

Les qualifications incompatibles sont redondantes lorsqu'elles recouvrent exactement des faits déjà inclus dans une autre qualification. Les qualifications redondantes sont soit générales, soit spéciales.

2) Les qualifications concurrentes ou les concours d'infractions

La doctrine distingue le concours idéal du concours matériel.

a. Le concours formel ou idéal d'infractions

1. La notion de concours idéal

Lorsqu'un fait unique peut recevoir plusieurs qualifications, basées sur des textes différents, et que chacune des qualifications en concours peut s'appliquer à des faits bien circonscrits, distincts les uns des autres, l'on se trouve dans l'hypothèse du concours idéal d'infractions prévu par l'article 20 du code pénal qui dispose que « lorsque le même fait constitue plusieurs infractions, la peine la plus forte sera seule prononcée ».

Il en est de même par exemple de l'outrage public aux bonnes mœurs, conséquence d'un attentat à la pudeur commis en public, ou encore d'un empoisonnement résultant de la mise en œuvre d'une épreuve superstitieuse réalisée par administration de substances nuisibles à la santé, ou enfin d'un enlèvement suivi de séquestration. De même, « Le recel et la détention illicite d'armes de guerre sont deux infractions en concours idéal[676] ».

« L'inspecteur judiciaire qui par ses fonctions a confectionné un extrait de casier judiciaire énonçant de fausses indications laissant croire à l'existence d'antécédents judiciaires et proposant sur cette base

---

[676] CA Kin du 22 janvier 1970, MP c/ B. Michel et Cie, *RJC* 1970, p. 144. Lukoo., *op. cit.* p.24.

le licenciement de l'administration de la personne ainsi signalée commet en concours idéal un faux en écritures publiques ainsi qu'une imputation calomnieuse écrite à un fonctionnaire public contre son subordonné [677] ».

L'obtention par un fonctionnaire dans l'exercice de ses fonctions d'une somme d'argent pour le règlement d'une fourniture fictive justifiée par une facture, constitue à la fois et en concours idéal les infractions de faux, usage de faux et de détournement pour lesquelles seule la peine de détournement qui est la plus lourde, sera d'application[678].

Les situations de concours idéal sont cependant assez exceptionnelles.

2. Le régime du concours idéal

a) La règle

Le juge doit relever toutes les qualifications possibles et exactes du fait unique, mais il n'applique qu'un seul texte d'incrimination. En effet, en principe, un même fait ne peut entrainer une double déclaration de culpabilité. C'est pourquoi, le concours idéal d'infractions se caractérise par une unité de qualification et une unité de sanction.

Dans la détermination de la qualification à retenir, le juge appliquera, si deux textes sont pareillement généraux, celui qui porte la plus haute expression pénale, c'est-à-dire la sanction la plus sévère (ex. empoisonnement et administration de substances nuisibles susceptibles de causer la mort, c'est l'empoisonnement qui sera retenu ; ou imputations dommageables[679] et dénonciation calomnieuse)[680]. Si les textes sont de gravité égale, l'infraction-fin aura la primauté sur l'infraction-moyen (épreuves superstitieuses par ingestion de substances nuisibles et ayant entraîné la mort et empoisonnement, l'épreuve superstitieuse sera retenue). Si par contre, les textes sont l'un général, l'autre spécial, c'est le texte spécial qui sera appliqué (ex. coups et blessures et coups et blessures sur un enfant ; escroquerie et

---

[677] RJC, Septembre-Octobre-Novembre-Décembre 1969, p. 265.
[678] CSJ 4.5.1974, *BA* 1975, p. 74.
[679] Article 74 du Code pénal congolais.
[680] Article 76 du Code pénal congolais.

tromperie ; Imputations dommageables[681] et révélation du secret professionnel[682] ; Détournement d'aéronef et prise d'otage[683]).

Lorsque plusieurs peines sont afférentes à la qualification la plus sévère, elles peuvent toutes être prononcées : par exemple une peine de servitude pénale et une peine d'amende. Par contre, les peines complémentaires rattachées aux sanctions écartées ne seront pas prononcées.

b) Cas où le juge peut prononcer plusieurs peines pour un même fait

Le juge peut cependant prononcer plusieurs peines pour un fait unique lorsqu'il apparaît qu'au-delà de l'unité d'action ou de fait, soit, plusieurs intentions distinctes animent l'auteur, soit des intérêts distincts ou de valeurs sociales distinctes sont protégées par des qualifications en concours. Il s'agit par exemple des cas d'explosion de grenades dans un immeuble habité ayant entrainé des pertes en vies humaines ou encore d'un acte d'incendie perpétré contre une habitation dans le but de tuer celui qui y habite[684].

b. Le concours matériel ou réel d'infractions

1. La notion de concours réel

Selon les prescrits de l'article 20 alinéa 2 du code pénal, « lorsqu'il y a concours de plusieurs faits constituant chacun une ou plusieurs infractions, le juge prononcera une peine pour chaque fait et il cumulera les peines prononcées… ».

Le code pénal congolais considère qu'il y a concours réel ou matériel de qualifications pénales chaque fois que le juge se trouve en face de plusieurs faits constituant chacun une ou plusieurs infractions.

C'est qu'en effet, il apparaît dans ces situations que plusieurs intentions distinctes animent l'auteur. Par exemple, « lorsque le faux ou l'émission de chèque sans provision n'a été commis qu'après consommation de l'abus de confiance dans le but d'échapper aux conséquences de celui-ci, il y a lieu d'appliquer le concours matériel et non le concours idéal d'infractions ». On peut rapprocher cette situation

[681] Articles 74 et s. du Code pénal congolais.

[682] Article 73 du Code pénal congolais.

[683] Article 157, 1. du Code pénal militaire.

[684] Boma, 18 avril 1916, Jur.Col. 1927, p. 172., *in LUKOO*, 2è éd., *op.cit.*, p. 118. A ce propos, le juge a estimé qu'il ne s'agissait pas d'une infraction unique, mais d'une infraction d'incendie et d'une tentative de meurtre.

avec les exemples suivants : le concours de l'infraction de meurtre et celle de vol à mains armées commises au préjudice d'une même victime en utilisant des armes différentes [685]; le concours de deux infractions de vol qualifié commis selon les mêmes modalités mais à deux dates différentes et au détriment de victimes différentes[686] ; l'excès de vitesse ayant entraîné un homicide involontaire ou des coups et blessures involontaires ; la profération d'injures publiques en état d'ivresse publique ; le refus de priorité avec conduite en état d'ivresse ; les imputations dommageables contenues dans une dénonciation calomnieuse ; les tromperie et administration de substances nuisibles.

2. Le régime du concours réel

a) La règle

Le juge procède à la qualification de chacun des faits puis cumule les différentes sanctions en respectant néanmoins les règles de cumul indiquées dans l'article 20 alinéas 2, 1° à 6°, et 3 du code pénal.

b) Cas où le juge peut prononcer une seule peine pour plusieurs faits

Le professeur Likulia écrit dans son ouvrage de Droit pénal spécial zaïrois que « la jurisprudence dominante, appuyée par la doctrine, considère comme un même fait permettant d'appliquer le principe de l'absorption, une répétition ou une succession d'actes criminels occasionnels de même nature exécutés au cours d'une même cérémonie ou une séance de travail du délinquant. On estime en effet que cette pluralité d'actions ne constitue que les modalités de la réalisation d'une entreprise criminelle d'ensemble caractérisée par une unité de conception et de but »[687].

Une ancienne décision de justice était prononcée dans le même sens en 1951. Il s'agissait de coups portés et des blessures faites à plusieurs personnes mais dans un même temps, dans un même lieu et au cours d'une même rixe non interrompue. Le tribunal avait considéré que les faits constituaient une infraction collective par unité de but et devaient être sanctionnées d'une peine unique[688]. De même, pour deux vols à main armée distincts dans le temps et dans l'espace mais qui n'ont formé que l'exécution continue et successive d'une seule et même

---

[685] CSE 21 juin 1974, *RJZ* n°1, 2 et 3, 1979, p. 98 ; *Les grands arrêts*, *op. cit.*, p. 108.
[686] CA Matete, 3 octobre 2008, MP c/ Mbujimayi, *Les grands arrêts*, *op. cit.*, p. 158.
[687] LIKULIA, *op. cit.*
[688] 1ère Inst. Kasaï, 13 septembre 1950, RJCB, 1951, p. 26. Voir les grands arrêts, p. 71.

résolution criminelle à laquelle ces vols se rattachent comme effets d'une cause unique, le juge ne prononcera qu'une seule peine car il s'agit d'une infraction collective[689]. Et lorsqu'aucun élément du dossier n'établit à suffisance que les infractions retenues à charge sont reliées par une seule intention persistance pour constituer une infraction collective, il y a lieu de les déclarer en concours matériel[690].

Par ailleurs, le juge peut prononcer une seule peine pour plusieurs faits de nature différente lorsqu'ils sont en concours et procèdent d'une même intention criminelle. On peut lire à ce sujet l'arrêt de la CSJ du 5 octobre 1979 sous RP 21 qui avait relevé qu'il y avait lieu de prononcer une peine unique, la plus forte lorsque des infractions de corruption et de détournement étaient en concours et procédaient d'une même intention coupable dont elles étaient des manifestations successives[691] ainsi que l'arrêt de la Cour d'appel de Lubumbashi du 3 avril 1969 qui a décidé que « la répétition d'actes produits au cours d'une même action résultant d'une même résolution criminelle préalable de tuer n'entraîne véritablement qu'une seule infraction d'assassinat ».

La Cour d'appel de Kisangani avait décidé dans un cas où plusieurs infractions avaient été commises et étaient les produits d'une même entreprise criminelle, qu'il fallait prononcer une seule peine[692].

Il ne faut cependant pas confondre les faits constitutifs d'une infraction avec les circonstances aggravantes d'une autre. Par exemple, la violation de domicile de l'article 69 est différente de la pénétration par effraction dans une maison pour voler, qui constitue le vol aggravé de l'article 81 du Code pénal.

§2. Les changements de qualification

A. Les changements de qualification en cours de procédure

En principe, les changements de qualifications en cours de procédure sont autorisés car le juge, dans la limite des faits saisis, doit donner la qualification la plus adéquate[693]. Il est astreint cependant au respect du

---

[689] Kis 22.1.1970 – *RJC* n2, 1970, p. 144.

[690] CSJ 4.5.1974 – BA 1975, p. 74, Katuala, code pénal annoté, p. 23.

[691] CSJ RP 21 du 5 octobre 1979 MP c/ IDNTM et L, in *RJZ* n°123 de janvier à décembre 1979, p. 68.

[692] Kis. 27 novembre 1978, *RJZ*, n°1, 2 et 3, 1979, p. 117. *Les grands arrêts de nos juridictions d'appel*, *op. cit.*, p. 109.

[693] Ainsi la CSJ a décidé qu'une infraction de détournement de deniers publics devait être disqualifiée en infraction d'abus de confiance car le prévenu n'avait pas l'une des qualités exigées par l'article 145 du code pénal. Voir CSJ RP 271, T c/ MP, *RJZ* 123 de janvier à décembre 1978, p. 74.

principe du contradictoire[694]. Ainsi, la disqualification des faits par le juge sans avoir avisé le prévenu au cours des débats et sans l'avoir mis à même de se défendre quant à la nouvelle qualification, viole les droits de la défense[695]. Il en est de même lorsqu'une nouvelle qualification comporte des éléments sur lesquels l'instruction n'a pas porté et donc sur lesquels le prévenu n'a pas pu se défendre[696].

Par ailleurs, le juge ne peut disqualifier ou requalifier les faits en cours d'instance, à condition d'interpeller au préalable le prévenu soit par voie de comparution volontaire, sur simple avertissement (article 55 du code de procédure pénale), soit par simple sommation verbale (article 66 du code de procédure pénale) pour respecter les droits de la défense et la saisine de la juridiction[697].

Cependant, sur le seul recours du prévenu, le juge d'appel ne peut requalifier en empoisonnement, les faits réprimés par l'article 50 du code pénal sur l'administration volontaire des substances qui peuvent soit entraîner la mort soit altérer gravement la santé, car ce faisant, il se heurterait à l'interdiction de la réformation *in pejus* et aggraverait la situation du prévenu[698].

Le juge pourra néanmoins requalifier les faits en appel sur recours du ministère public lorsque le prévenu a été interrogé sur la base de la nouvelle qualification[699].

B. Les changements de qualifications postérieurement au jugement

En général, le principe *non bis in idem* s'oppose à ce que l'on rejuge une personne pour les mêmes faits bien que poursuivis sous une qualification différente. Cependant, dans certains cas comme celui d'une poursuite pour homicide involontaire, l'on peut se rendre compte après qu'un jugement est intervenu qu'en réalité, il s'agissait d'un meurtre ou d'un assassinat. L'auteur de l'infraction pourra être poursuivi sous une nouvelle qualification. La justification réside dans

---

694 CJS RP 20 15 août 1979, *RJZ* n° 123 de janvier à décembre 1979, p. 57.
695 CSJ RP 171, 18/3/195, *BA* 1976, p. 98.
696 Kis., 19 décembre 1974, M.P. c/NG, *RJZ* n° 2, 3, 1975, p. 128, *Les grands arrêts de nos juridictions d'appel*, *op. cit.*, p. 89.
697 Kin-Gombe, 4 décembre 1997, aff. MP c/ Botethi c/ l'IPJ Mbaya, *Les grands arrêts de nos juridictions d'appel*, *op. cit.*, p. 25.
698 Kis., 10 mai 1973, M.P. c/LA, *RJZ* n°1, 1975, p. 39, *Les grands arrêts de nos juridictions d'appel*, *op. cit.*, p. 24-25.
699 Kis., 13 juin 1974, M.P. c/I, in RJZ n°1, 1975, p. 52, *Les grands arrêts de nos juridictions d'appel*, *op. cit.*, p. 25.

la différence de faute (dol et faute non intentionnelle) et le souci de protéger l'ordre public, l'homicide volontaire étant un fait gravissime.

Section 4 : Le contrôle de validité de la loi pénale

Les principes de contrôle de la validité de la loi pénale s'appuient sur la hiérarchie des normes.

§1. La suprématie de la Constitution

De la conjonction des articles 160 de la Constitution et 43 de la loi organique n°13/026 du 15 octobre 2013 portant organisation et fonctionnement de la Cour constitutionnelle, l'on tire que les traités et accords internationaux régulièrement ratifiés, les lois, les actes ayant force de loi, les édits, et les actes réglementaires des autorités administratives doivent être conformes à la Constitution.

S'agissant particulièrement des traités et accords internationaux, il convient cependant de noter qu'ils sont intégrés dans l'ordonnancement juridique interne dès leur ratification. Les articles 215 et 216 de la Constitution indiquent leur place et la condition de cette intégration. En effet, selon l'article 215 de la Constitution « les traités et les accords internationaux régulièrement conclus ont, dès leur publication, une autorité supérieure à celle des lois, sous réserve pour chaque traité ou accord, de son application par l'autre partie ». Et l'article 216 de la même Constitution d'ajouter que lorsqu'un traité ou un accord international comporte une clause contraire à la Constitution, la ratification ou l'approbation de ce texte ne peut intervenir qu'après la révision de celle-ci[700].

Quant aux actes réglementaires, ils doivent être conformes aux lois conformément à l'article 153 alinéa 6 de la Constitution. Il sied de préciser que cette disposition fait état des règlements subordonnés qui doivent se conformer aux instruments juridiques pour l'exécution ou l'application desquels ils ont été pris et ce, par opposition aux règlements autonomes qui, eux, tirent leur fondement de l'article 128 de la Constitution et doivent être conformes à celle-ci[701]. Enfin, selon

---

[700] Les dispositions des articles 48, 49 et 50 de la loi organique relative à la Cour constitutionnelle semblent suggérer que les traités et accords ne peuvent faire l'objet qu'un d'un contrôle à priori.

[701] Lire à ce propos ESAMBO KANGASHE Jean-Louis, *La Constitution congolaise du 18 février 2006 à l'épreuve du constitutionalisme, contraintes pratiques et perspectives,* Academia Bruylant, Louvain-la-neuve, 2010, p. 282.

l'article 205 de la Constitution, dernier alinéa, la législation nationale prime sur l'édit provincial. En conséquence, dans les matières concurrentes entre le pouvoir central et la province, l'édit provincial doit être conforme à la législation nationale et donc à la Constitution.

§2. Le contrôle de constitutionnalité

Le contrôle de la constitutionnalité des traités et accords internationaux, des lois et des actes réglementaires est confié à la Cour constitutionnelle. En effet, d'après l'article 160 alinéa 1er de la loi fondamentale, la Cour constitutionnelle « est chargée du contrôle de la constitutionnalité des lois et des actes ayant force de loi». Ce contrôle est soit préalable soit postérieur à la promulgation. Avant la promulgation, les lois organiques font obligatoirement l'objet d'un contrôle de constitutionnalité par la Cour Constitutionnelle. Ce contrôle est éventuel pour les autres lois[702]. L'article 162 donne à la Cour Constitutionnelle compétence pour connaitre des exceptions d'inconstitutionnalité soulevées devant ou par les juridictions. Ce contrôle concerne aussi bien les lois que les règlements[703]. En dehors de la Cour constitutionnelle, aucune autre juridiction ne peut connaître du contrôle de constitutionnalité.

§3. Le contrôle de la légalité des actes administratifs

L'acte administratif peut être général ou individuel. Il est subordonné à la Constitution, à la loi et aux actes réglementaires qui lui sont supérieurs. En substance, l'article 153 de la Constitution dispose que les Cours et Tribunaux, civils et militaires, appliquent les actes réglementaires pour autant qu'ils soient conformes aux lois. Et comme les lois doivent être conformes à la Constitution, les actes réglementaires sont également conformes à la Constitution. Outre le contrôle de la Cour constitutionnelle prévu à l'article 162 cité plus haut, et qui se limite aux actes réglementaires d'ordre général, la Constitution a prévu le contrôle par le Conseil d'Etat saisi des recours pour violation de la loi formés contre les actes, règlements et décisions des autorités administratives centrales (article 155).

---

[702] Article 160 alinéas 2 et 3 de la Constitution.
[703] Article 162 alinéa 2 de la Constitution.

CONCLUSION

La description du droit pénal général sous forme de système a eu comme ambition de placer la matière non seulement au cœur de l'ordonnancement juridique mais également dans celui de la société nationale entière par le jeu des fonctions axiologique et intégrante et au-delà en relation avec le monde entier par le jeu de la ratification des instruments juridiques internationaux pertinents.

Elle permet aux étudiants d'avoir du droit pénal une vue d'ensemble qui montre pourquoi, malgré les critiques souvent acerbes des non pénalistes qui voudraient le voir disparaitre ou à tout le moins voir son champ se restreindre, la matière ne fait que gagner en importance aussi bien à l'intérieur de la société nationale qu'au niveau de la communauté internationale. Les quelques velléités d'y échapper rencontrent des obstacles tels que ce qui est acquis d'un côté est perdu de l'autre. L'on peut en donner deux ou trois exemples à titre illustratif. Le premier concerne le droit de protection de l'enfant en conflit avec la loi qui, tout en exonérant celui-ci de la responsabilité pénale, a pris comme référence des manquements qualifiés d'infraction afin de déterminer les mesures adéquates à prendre à son encontre. Le deuxième porte sur la responsabilité pénale des personnes morales. Tout en gardant le principe de l'irresponsabilité, les personnes morales sont rattrapées par des lois particulières qui retiennent entre autres comme sanctions pénales des peines principales non prévues par l'article 5 du code pénal congolais[704]. La troisième enfin contourne l'interdiction de la responsabilité pénale pour autrui, en instituant une responsabilité pénale pour fait personnel basée non pas sur une infraction mais sur une faute de négligence liée à une carence dans la supervision des subordonnés. Il s'agit de la responsabilité pénale du supérieur hiérarchique.

En dehors de ces observations, il y a lieu de suggérer quatre pistes de réflexion concernant respectivement la place à accorder à la

[704] Lire l'article 81 alinéa 3 de la loi sur les marchés publics qui prévoit la déchéance définitive prononcée par la juridiction compétente à l'encontre des personnes physiques ou morales pour les actes d'improbité énumérés à l'article 80.

prévention dans la politique criminelle, les considérations à faire valoir lors de la création de la norme pénale, la détermination des cas d'irresponsabilité pénale et la problématique des sanctions pénales.

S'agissant de la prévention, l'on s'accorde à dire que la répression ne remplissant plus correctement le rôle de protection des personnes et des biens qui lui est assigné, il faudrait reporter l'attention sur la prévention du crime pour réduire la criminalité à défaut de la supprimer. Il faut cependant distinguer selon qu'il s'agit de prévenir la primo délinquance ou la récidive, selon qu'il s'agit de s'attaquer à la criminalité de manière globale ou à des criminalités spécifiques ; selon les cibles, personnes physiques à risque, agents, victimes, témoins, ou personnes morales ; selon les facteurs à risque, essentiellement les situations ; ainsi que selon la gravité des infractions dont il faut se prémunir. Les mécanismes à mettre en place, en terme d'organisations, d'acteurs et de procédures, dépendront évidemment de tous ces paramètres. Quoiqu'il en soit, les politiques de prévention devraient se baser fondamentalement sur des recherches concrètes, sur la diffusion d'information ainsi que sur la formation des professionnels de la justice et de toutes les personnes directement concernées.

Pour ce qui est de la norme pénale, l'on affirme couramment, sans d'ailleurs se baser sur une étude sérieuse de la question, que les lois congolaises sont bien faites, c'est leur application qui pose problème. Mais est-ce réellement le cas, quand on constate le nombre de textes pénaux surannés qui continuent à exister dans notre code pénal et dans des textes particuliers sans pouvoir être mis en œuvre ainsi que les nouvelles dispositions pénales prises sous la pression intérieure suite à des sentiments d'insécurité exacerbés ou pour résoudre des problèmes politiques ou encore sous la pression extérieure parce qu'il faut se conformer au droit international jugé plus démocratique et protecteur des droits fondamentaux et libertés publiques, qu'il s'agisse des crimes contre la paix et la sécurité de l'humanité ou des crimes de grand banditisme ou de criminalité organisée qui se commettent sans tenir compte des frontières nationales. A cela s'ajoute la donne coutumière ou traditionnelle à laquelle les citoyens continuent à se référer devant ou en dehors des juridictions.

Les cas connus d'exonération de la responsabilité pénale sont traditionnellement répartis en faits justificatifs et en causes de non imputabilité. Le code pénal dans sa révision du 31 décembre 2015 n'a pas tenu compte de cette répartition qui a pourtant son importance car dans la première catégorie, l'infraction est anéantie alors que tel n'est pas le cas pour la seconde. La lecture attentive de la jurisprudence récente devrait pouvoir donner des indications à ce sujet. D'ores et déjà, l'on peut retenir la pertinence de cette distinction et envisager une évolution législative heureuse à ce sujet.

Enfin, le législateur devrait prendre à bras le corps la question des sanctions pénales. La problématique de la peine de mort n'est pas la seule en cause, il faut également se prononcer sur le sort de la peine des travaux forcés et sur l'expression de celle de servitude pénale. Au-delà de ces aspects, il faut s'interroger sur la cohérence du système de sanctions englobant le droit pénal commun et les droits pénaux particuliers. Le principe de la loi pénale particulière dérogeant à la loi pénale générale ne devrait pas avoir comme conséquence de sortir du cadre tracé par le droit pénal général et aboutir ainsi à un dysfonctionnement de tout le système pénal.

BIBLIOGRAPHIE

1. OUVRAGES

A. Ouvrages généraux

- Avant-projet du nouveau code pénal de la République Démocratique du Congo, CTCP, CPRDC, Ministère de la Justice et Droits humains, octobre 2011.
- AKELE ADAU Pierre (dir.), *Réforme du code pénal congolais, tome II, A la recherche des options fondamentales du Code Pénal congolais*, Editions du CEPAS, Kinshasa, 2009.
- AKELE ADAU Pierre (dir.), *Réforme du code pénal congolais, tome III, Options axiologiques et Techniques fondamentales*, volume I, *Options axiologiques*, Editions du CEPAS, Kinshasa, 2009.
- AKELE ADAU Pierre et KALONGO MBIKAYI Bonaventure (dir.), *Réforme du code pénal congolais, tome I, Etat des lieux et inventaire des problèmes du droit pénal congolais*, Editions du CEPAS, Kinshasa, 2009.
- BENILLOUCHE Mikaël, *Leçons de droit pénal général, Examens & Concours*, 2è édition, Cours complet. Sujets corrigés, Ellipses, 2012.
- BOKOLOMBE BATULI Sam, *Droit pénal international. Cours magistral*, Kinshasa, DES, 2014.
- BORRICAND Jacques et SIMON Anne-Marie, *Droit pénal général et procédure pénale*, Edition Dalloz, Paris, 2000.
- BOULOC Bernard, *Droit pénal général*, 21ème édition, Précis Dalloz, Paris, 2009.
- BOULOC Bernard, *Droit pénal général*, 22ème édition, Précis Dalloz, Paris, 2011.
- CANIN Patrick, *Droit pénal général*, 6ème édition, Hachette Livre, Paris, 2013.
- CHARLES Raymond, *Histoire du droit pénal*, PUF, Paris, 1955.
- CIZUNGU Bony, *Les infractions de A à Z,* éd. LAURENT NYANGEZI, Kinshasa, 2011.

- CLEMENT Gérard et VICENTIN Jean-Philippe, *Fiches de droit pénal général*, 2ème édition, Ellipses, 2009.
- DANA Adrien-Charles, *Essai sur la notion d'infraction pénale*, LGDJ, Paris, 1982.
- DESPORTES Fréderic et LE GUNEHEC Francis, *Droit pénal général*, 16ème édition, Economica, Paris, 2009.
- GUERIN Marie-Cécile, *Droit pénal général,* Hachette supérieur, Paris, 2010.
- HERZOG-EVANS Martine et ROUSSEL Gilda, *Droit pénal général*, 3e édition, Vuibert, 2011.
- JOHNSON Philip E., *Criminal Law. Substantive Criminal Law in its Procedural Context, Cases, Materials and Text*, Second Edition, American Casebook Series, West Publishing Series Co, 1980.
- LARGUIER Jean, *Droit pénal général*, 17ème édition, Dalloz, Paris, 1999.
- LUKULIA BOLONGO., *Droit et science pénitentiaires. Vers un traitement scientifique de la délinquance au Zaïre.*, Kinshasa, Presses Universitaires du Zaïre, 1981.
- LIKULIA BOLONGO, *Droit pénal spécial zaïrois*, Tome I, LGDJ, Paris, 1985.
- LOBE FOUDA Madeleine, *Le droit pénal en schémas*, Ellipses, 2007.
- LUZOLO BAMBI LESSA E.J., *Traité de droit judiciaire, la justice congolaise et ses institutions,* PUC, Kinshasa, 2018.
- MARY Philippe (dir.), *Le système pénal en Belgique. Bilan critique des connaissances*, Bruylant, Bruxelles, 2002.
- MAYAUD Yves, *Droit pénal général*, 4ème édition, PUF, Paris, 2013.
- MEHAIGNERIE Pierre (dir.), *Le nouveau code pénal. Enjeux et perspectives*, Dalloz, Paris, 1994.
- MERLE Roger et VITU André, *Traité de droit criminel, Problèmes généraux de la législation criminelle, Droit pénal général, Procédure pénale*, Editions Cujas, Paris, 1967.
- MERLE Roger et VITU Merle, *Traité de droit criminel*, 1ère édition, Paris, 1967.
- MERLE Roger et VITU Merle, *Traité de droit criminel*, Tome I, *Problèmes généraux de la science criminelle. Droit pénal général*, 6e édition, Editions Cujas, Paris, 1984.
- RASSAT Michèle-Laure et Gabriel Roujou de Boubée, *Droit pénal général,* 3è édition, ellipses, Paris, 2014.

- NGOTO Ngoie NGALINGI, *L'essentiel du droit pénal congolais,* PUC, Kinshasa, 2018.
- NYABIRUNGU mwene SONGA, *Traité de Droit pénal général*, 2ème édition, Editions Universitaires Africaines, Kinshasa, 2007.
- RENOUT Harald, *Droit pénal général*, CPU, 2002.
- PRADEL Jean, *Droit pénal général,* 21è éd., CUJAS, Paris, 2016.
- ROGER Denis et MEUNIER Gatien, *Fiches de synthèse de droit pénal général*, Editions La Baule, 2013.
- SITA MUILA-AKELE Angélique, *La protection pénale de la famille et de ses membres*, ODF, Kinshasa, 2000.
- SORDINO Marie-Christine, *Droit pénal, Les grands principes, l'infraction, l'auteur, les peines, 29 exercices corrigés*, 2ème édition, Gualino, Lextenso éditions, 2013.
- TASOKI MANZELE., Procédure pénal congolaise, notes de cours, L'harmattan, *S.D.*
- TULKENS Françoise et KERCHOVE (van de) Michel, *Introduction au droit pénal. Aspects juridiques et criminologiques*, 5ème édition, *SD.*
- VERMEILLE Georges, *Le nouveau droit pénal, Connaissance du droit*, Dalloz, Paris, 1994.

B. Ouvrages spécialisés

- AGGREY Albert, *Code pénal, Codes et lois usuelles de Côte d'Ivoire*, Juris-Editions, Abidjan, Année ???
- BOSHAB Evariste, *Pouvoir et droit coutumier à l'épreuve du temps*, Academia Bruylant, Bruxelles, 2007.
- BOULOC Bernard, *Pénologie*, Précis Dalloz, Paris, 1991.
- CARBONNIER Jean, *Flexible droit. Pour une sociologie du droit sans rigueur*, 9ème édition, LGDJ, Paris, 1998.
- Code pénal français, Dalloz, Paris, 2007.
- ESAMBO KANGASHE Jean-Louis, *La Constitution congolaise du 18 février 2006 à l'épreuve du constitutionalisme, contraintes pratiques et perspectives,* Academia Bruylant, Louvain-la-neuve, 2010.
- ESAMBO KANGASHE Jean-Louis, *Le droit électoral congolais,* Academia l'harmattan, Louvain-la-neuve, 2014.
- ESIKA MAKOMBO eso BINA, *Le Code pénal Zaïrois annoté*, Livre premier, *Des infractions et de la répression en général*, Lubumbashi, 1977.

- GASSIN Raymond, CIMAMONTI Sylvie et BONFILS Philippe, *Criminologie*, 7ème édition, Dalloz, Paris, 2011.
- Hilaire Jean, *Adages et maximes du droit français,* Dalloz, 2013.
- IDZUMBUIR ASSOP Marie-Joséphine, *La justice pour mineurs au Zaïre, réalités et perspectives,* EUA, 1994.
- IDZUMBUIR ASSOP Marie-Joséphine, *Les lois de protection de l'enfant en République Démocratique du Congo : dfficultés de mise en œuvre,* Droit et société, Kinshasa, 2017.
- Instruments internationaux et régionaux relatifs aux Droits de l'Homme ratifiés par la RDC, *Journal Officiel*, numéro spécial, 5 décembre 2002.
- ISELIN Kevin, *Le droit pénal à la lumière de l'existentialisme sartrien*, Presses de l'Université de Laval, Laval, 2017.
- KATUALA K. K., *Code pénal annoté*, éd Asyst, Kinshasa, 1995.
- KATUALA KABA KASHALA, *Code pénal congolais annoté*, Editions BATENA NTAMBUA, Kinshasa, 2004.
- KENGO-wa-DONDO, *Vers une société sans prison*, Mercuriale prononcée le 4 octobre 1975, Cour suprême de justice, 1975.
- KIENGE- KIENGE R, *Le contrôle policier de la délinquance des jeunes à Kinshasa. Une approche ethnographique en criminologie*, Kinshasa-Bruxelles, éd. Kazi et Académia Bruyant, 2011.
- KIENGE-KIENGE Raoul et LIWERANT SARA (dir), *Violence urbaine et réaction policière à Kinshasa (RD Congo). Sens et non-sens*, Bruxelles, éd. L'Harmattan, 2017.
- LABADIE Jean-Michel, *Les mots du crime. Approche épistémologique de quelques discours sur le criminel, Perspectives criminologiques*, De Boeck-Wesmael, Bruxelles, 1995.
- LAZERGES Christine, *La politique criminelle*, PUF, Paris, 1987.
- Le code pénal de l'Empire d'Ethiopie (du 23 juillet 1957), Comité de législation étrangère et de droit international Centre français de droit comparé.
- LIKULIA BOLONGO, *Méthodes d'approche de la qualification des faits en droit pénal*, PUZ, Kinshasa, 1982.
- LIWERANT Sara et KIENGE KIENGE Raoul, *Puzzle de sorties de violence urbaine à Kinshasa (RD Congo),* Academia l'Harmattan, 2019.
- LOPEZ Gérard, PORTELLI Serge et CLEMENT Sophie, *Les droits des victimes*, 2e édition, Dalloz, Paris, 2007.

- MANASI N'KUSU KALEBA RB., *Aperçu synoptique du code pénal congolais enrichi avec des infractions prévues par la Constitution et par d'autres lois*, éd. Universitaire Européenne, *s.d.*
- MANASI N'KUSU KALEBA, *Corruption et subornation, contenu des incriminations en droit congolais,* éd. DES, Kinshasa, 2019.
- MANASI N'KUSU KALEBA RB., *Le code pénal congolais de l'OPJ., Kinshasa*, éd. D.E.S, 2011.
- MAKAYA KIELA Serge, *Le droit à la réparation des victimes des crimes internationaux en Droit positif congolais : Esquisse d'une approche holistique*, Kinshasa, PUC, Kinshasa, 2019.
- MUSHI BONANE, *Les instruments techniques de l'enquête criminelle, Elément de criminalistique*, Kinshasa, Éditions Universitaires Africaines, 2012.
- MUSHIZI Charles-M., *Justice transitionnelle. Mécanismes de lutte contre l »'impunité de violations graves des droits de l'homme et de réparation de victimes,* CERJI, 2014.
- MVAKA NGUMBU., *La lutte contre la néocriminalité en RDC : esquisse de la politique criminelle en bioéthique*, L'Harmattan, 2018.
- NYABIRUNGU mwene SONGA, *Droit international pénal. Crimes contre la paix et la sécurité de l'humanité*, Editions Droit et Société (DES), Kinshasa, 2013.
- THAMBWE-MWAMBA Alexis, *Organisation et fonctionnement des institutions judiciaires en République Démocratique du Congo. Critiques et perspectives*, PUC, Kinshasa, 2018.
- VUNDUAWE te PEMAKO Félix et MBOKO DJ'ANDIMA Jean-Marie, *Droit constitutionnel du Congo, textes des documents fondamentaux*, volumes 1 et 2, Editions Academia L'Harmattan, Nanterre, 2012.

2. ARTICLES ET REVUE

- AKELE ADAU Pierre et SITA MUILA-AKELE Angélique, « Le droit coutumier congolais », *Revue de la Faculté de droit de l'UPC*, 2ème année, Numéro 1, 1999, pp....
- BAKANDEJA wa MPUNGU, « La lutte contre les prédations et les prévarications économiques et financières comme éléments de la politique criminelle », in P. AKELE ADAU (dir), *La réforme du code pénal*. Tome 2 : A la recherche des options fondamentales du code pénal congolais, Kinshasa, Editions CEPAS, 2008, pp. 255-272.

- BALANDA MUKUIN, « Les éléments de la politique criminelle et les infractions découlant d'instruments internationaux ratifiés par la République Démocratique du Congo », *La réforme du code pénal.* Tome 2 : A la recherche des options fondamentales du code pénal congolais, Kinshasa, Editions CEPAS, 2008, pp.245-254.
- KAMINSKI Dan et GORIS Peter, Prévention et politique de sécurité arc-en-ciel, Actes de la Journée d'études du 28 mars 2003, Réseau Interuniversitaire sur la Prévention.
- KIENGE-KIENGE INTUDI., « La gestion des problèmes des jeunes en milieu urbaine du Congo belge(1950) à la RDC(2009) », in O. NDESHYO RIRUHOSE (dir), *la RDC : les défis récurrents des colonisations, de l'Etat de droit, et du développement social.* Mélanges célestin NGUYANDIA, Kinshasa, CEDESURK, 2012, pp. 859-902.
- KIENGE-KIENGE INTUDI R. « La justice pénale et la gestion de la violence urbaine des jeunes en contexte de porosité frontalière en Afrique centrale (RDC -République d'Angola –République du Congo) », in *Revue internationale de criminologie et de police technique et scientifique.* N° 3/14, pp. 260-286.
- LUZOLO BAMBI LESSA, « La contribution de la CPI au renforcement de la justice interne congolaise dans la lutte contre l'impunité des crimes internationaux », in O. NDESHYO RIRUHOSE (dir), *la RDC : les défis récurrents des colonisations, de l'Etat de droit, et du développement social.* Mélanges célestin NGUYANDIA, Kinshasa, CEDESURK, 2012, pp. 755-768.
- LUZOLO BAMBI LESSA, « Quelques considérations sur les lois du 31 décembre 2015 portant harmonisation de la législation congolaise avec le statut de Rome et leur impact sur les violations des droits de l'homme en RDC », *in Annales de la faculté de droit*, Kinshasa, DES, 2014-2016, pp. 11-28.
- *Revue de la Faculté de droit de l'UPC*, 1ère année, numéro spécial, 1998.

3. THESES

- AKELE ADAU Pierre, *La criminalité militaire au Zaïre,* Tome 1 et 2, Thèse de doctorat d'Etat en droit, Université de droit, d'économie et des sciences d'Aix-Marseille, 1983.

- BOKOLOMBE BATULI Y., *Un dualisme juridique pour la prévention et la répression des violations graves du droit international humanitaire en droit interne congolais,* Vol 1et 2, thèse de doctorat, Unikin, 2010.
- MANASI N'KUSU KALEBA RB., *Etude critique du système congolais de la répression de la cybercriminalité au regard du droit comparé*, Université de Kinshasa, Année de soutenance 2010- 2011.
- MUSHI BONANE Sylvanus, *La pression pénale et la pratique de la corruption dans les marchés publics en République Démocratique du Congo,* thèse de doctorat, Unikin, 2014.
- MVAKA NGUMBU Irénée, *La lutte contre la néocriminalité procréative en RDC,* Thèse de doctorat en droit, Unikin, 2010.
- NGOY ILUNGA WA NSENGA Théodore, *Contribution à la systématisation du droit congolais de la prévue,* Thèse de doctorat, Unikin, 2012.
- NGUMBI AMURI Augustin, *La protection pénale du patrimoine mondial naturel de la République Démocratique du Congo,* Thèse de doctorat en droit, Unikin, 2013.
- SITA MUILA A., *Le droit pénal et la famille. Essai d'analyse systémique et axiologique,* tome 1, *La quête définitionnelle de la famille*, Université de droit, d'économie et des sciences d'Aix-Marseille, 2001.
- SITA MUILA A., *Le droit pénal et la famille. Essai d'analyse systémique et axiologique,* tome 2, *Le cadre répressif de la famille*, Université de droit, d'économie et des sciences d'Aix-Marseille, 2001.
- SITA MUILA A., *Le droit pénal et la famille. Essai d'analyse systémique et axiologique*, tome 3, *L'organisation pénale de la famille*, Université de droit, d'économie et des sciences d'Aix-Marseille, 2001.

4. ENCYCLOPEDIES, DICTIONNAIRES ET LEXIQUES

- GUINCHARD Serge et DEBARD Thierry (dir.), *Lexique des termes juridiques 2011*, 18ème édition, Dalloz, Paris, 2010.
- HILAIRE Jean, *Adages et maximes du droit français*, Dalloz, Paris, 2013.
- LOPEZ Gérard et TZITZIS Stamatios (dir.), *Dictionnaire des sciences criminelles*, Dalloz, Paris, 2004.

5. NOTE DE COURS

- KALOMBO MBANGA wa MANSHIMBA, Introduction aux travaux pratiques de droit pénal à l'usage des étudiants de 2e graduat, Faculté de Droit, Université de Kinshasa.

INDEX ALPHABETIQUE

TABLE DES MATIERES

Structures éditoriales du groupe L'Harmattan

L'Harmattan Italie
Via degli Artisti, 15
10124 Torino
harmattan.italia@gmail.com

L'Harmattan Hongrie
Kossuth l. u. 14-16.
1053 Budapest
harmattan@harmattan.hu

L'Harmattan Sénégal
10 VDN en face Mermoz
BP 45034 Dakar-Fann
senharmattan@gmail.com

L'Harmattan Cameroun
TSINGA/FECAFOOT
BP 11486 Yaoundé
inkoukam@gmail.com

L'Harmattan Burkina Faso
Achille Somé – tengnule@hotmail.fr

L'Harmattan Guinée
Almamya, rue KA 028 OKB Agency
BP 3470 Conakry
harmattanguinee@yahoo.fr

L'Harmattan RDC
185, avenue Nyangwe
Commune de Lingwala – Kinshasa
matangilamusadila@yahoo.fr

L'Harmattan Congo
67, boulevard Denis-Sassou-N'Guesso
BP 2874 Brazzaville
harmattan.congo@yahoo.fr

L'Harmattan Mali
Sirakoro-Meguetana V31
Bamako
syllaka@yahoo.fr

L'Harmattan Togo
Djidjole – Lomé
Maison Amela
face EPP BATOME
ddamela@aol.com

L'Harmattan Côte d'Ivoire
Résidence Karl – Cité des Arts
Abidjan-Cocody
03 BP 1588 Abidjan
espace_harmattan.ci@hotmail.fr

L'Harmattan Algérie
22, rue Moulay-Mohamed
31000 Oran
info2@harmattan-algerie.com

L'Harmattan Maroc
5, rue Ferrane-Kouicha, Talaâ-Elkbira
Chrableyine, Fès-Médine
30000 Fès
harmattan.maroc@gmail.com

Nos librairies en France

Librairie internationale
16, rue des Écoles – 75005 Paris
librairie.internationale@harmattan.fr
01 40 46 79 11
www.librairieharmattan.com

Lib. sciences humaines & histoire
21, rue des Écoles – 75005 Paris
librairie.sh@harmattan.fr
01 46 34 13 71
www.librairieharmattansh.com

Librairie l'Espace Harmattan
21 bis, rue des Écoles – 75005 Paris
librairie.espace@harmattan.fr
01 43 29 49 42

Lib. Méditerranée & Moyen-Orient
7, rue des Carmes – 75005 Paris
librairie.mediterranee@harmattan.fr
01 43 29 71 15

Librairie Le Lucernaire
53, rue Notre-Dame-des-Champs – 75006 Paris
librairie@lucernaire.fr
01 42 22 67 13

www.ingramcontent.com/pod-product-compliance
Lightning Source LLC
LaVergne TN
LVHW011146061026
849535LV00003B/618